网络犯罪检察论
第3卷

CYBER CRIME

谢鹏程 主 编
周洪波 但 伟 连 斌 副主编

学术秘书：季美君

中国检察出版社

图书在版编目（CIP）数据

网络犯罪检察论. 第 3 卷/谢鹏程主编. —北京：中国检察出版社，2022.3
ISBN 978-7-5102-2708-0

Ⅰ.①网… Ⅱ.①谢… Ⅲ.①互联网络-计算机犯罪-研究-中国 Ⅳ.①D924.364

中国版本图书馆 CIP 数据核字（2022）第 013734 号

网络犯罪检察论（第 3 卷）
谢鹏程　主编

责任编辑：钟　鉴
技术编辑：王英英
封面设计：天之赋设计室

出版发行：中国检察出版社
社　　址：北京市石景山区香山南路 109 号（100144）
网　　址：中国检察出版社（www.zgjccbs.com）
编辑电话：（010）86423751
发行电话：（010）86423726　86423727　86423728
　　　　　（010）86423730　86423732
经　　销：新华书店
印　　刷：河北宝昌佳彩印刷有限公司
开　　本：710 mm×960 mm　16 开
印　　张：22
字　　数：403 千字
版　　次：2022 年 3 月第一版　2022 年 3 月第一次印刷
书　　号：ISBN 978-7-5102-2708-0
定　　价：85.00 元

检察版图书，版权所有，侵权必究
如遇图书印装质量问题本社负责调换

卷首语

随着现代信息技术的迅猛发展，网络已融入社会生活的方方面面，给人们的日常生活带来极大便利。目前，我国网民达9亿多人，居世界之首。互联网正在深刻地改变着人们的生产和生活方式，尤其是新冠肺炎疫情期间，大家居家办公、网上视频会议、网上论文答辩、网上两会旁听等，让人们进一步深深体会到网络的重要性。但是，在数字经济高速发展的同时，网络安全问题也日益凸显，网络已成为犯罪分子的犯罪对象、犯罪工具或者犯罪空间，各种网络犯罪活动日益猖獗。网络犯罪，不仅对公民的人身、财产造成极大损害，而且对公共安全也带来严重威胁，网络犯罪与网络安全问题已成为我国面临的突出社会问题。张军检察长撰文强调："没有平安网络就没有平安中国，要切实加大网络犯罪惩治和预防力度，促进健全网络综合治理体系。"

网络时代，网络犯罪及传统犯罪纷纷网络化不时冲击着人们的头脑。网络犯罪正在以每年30%的比例快速增长，而且犯罪手段层出不穷、花样翻新，技术和信息数据成为网络犯罪的两大核心要素，数据成为"网络犯罪的万恶之源"，技术黑产日益完善，网络犯罪呈现出集团化、链条化、产业化态势，其危害后果日益严重，严重损害了人民群众的合法权益，威胁到国家安全和社会稳定。2020年，全国检察机关起诉网络犯罪14.2万人，在刑事案件总量下降背景下，同比上升47.9%，表明我国的网络犯罪仍呈高发态势。网络犯罪数量和形式变化的速度，远远超出人们的想象和思维预期。网络的迅猛发展，给网络犯罪提供了滋生的温床，从网络作为"犯罪对象"的网络犯罪、网络作为"犯罪空间"的网络犯罪，到将网络作为"犯罪空间"的网络犯罪，网络犯罪对刑事立法、司法和刑法理论都产生了重大冲击。毋庸讳言，网络犯罪依托于网络的发展而生，有网络，有互联网的发展，必然存在利用网络进行违法犯罪的活动。

在社会快速发展的大背景下，网络犯罪也呈现出多维度发展的态势。在网络犯罪中，非法利用信息网络、网络数据爬取、流量劫持、侵犯个人信息等行为，严重侵犯了个人的合法权益和社会的基本秩序。面对严峻的网络犯罪形势，理论研究人员常常在为如何构建刑事理论与司法实践之间的桥梁而焚膏继晷。在刑法理论上，如何合理解释帮助行为正犯化，如何准确界定网络服务提供者的信息网络安全管理义务，如何规范划定公民个人信息的刑事责任边界等；司法实践中，如何界定数据爬取行为，如何应对流量劫持行为，如何治理网络商业贿赂等，都值得深入研究。正是由于网络犯罪的复杂与猖獗，给当前的司法实践带来诸多困扰，也给刑事立法、司法带来诸多挑战。

为了有效治理网络犯罪，遏制网络犯罪对社会秩序的进一步危害，2015年8月29日全国人大常委会通过的《刑法修正案（九）》，开始多视角、多维度思考网络犯罪的治理方向，从立法上对网络犯罪进行整治。对维护互联网管理秩序，促进互联网行业的健康发展，无疑具有非常重要的指导意义和实践价值。2019年10月25日，最高人民法院、最高人民检察院《关于办理非法利用信息网络、帮助信息网络犯罪活动等刑事案件适用法律若干问题的解释》发布。搜索引擎、网络支付、网络购物、网络游戏、网络直播、应用商店等信息网络应用服务造成违法信息大量传播、用户信息泄露的，将被纳入拒不履行信息网络安全管理义务罪的入罪标准，提供服务的单位和个人将承担刑事责任。该解释明确了拒不履行信息安全管理义务罪、非法利用信息网络罪、帮助信息网络犯罪活动罪的入罪标准，为严惩网络犯罪、维护正常网络秩序，营造风清气正的网络空间，提供了更为有力的法治保障。

2020年5月，最高人民检察院网络犯罪研究中心正式成立，在务实中低调前行。该中心旨在以问题为导向，以当下为视域，化解司法实务难点，选取网络犯罪中的热点难点问题，设立相关课题，组织全国范围内有志于网络犯罪问题研究的专家、学者以及检察系统的一线办案人员，对现实社会中正在发生的新型网络犯罪问题进行深入探讨研究，为司法机关办理网络犯罪案件提供理论支撑，同时也为相关立法提供有针对性的参考和建议。在前期认真准备、研商的基础上，2020年最高人民检察院网络犯罪研究中心定向发布了14项研究课题。

这14项研究课题，分为个人信息保护研究、网络犯罪程序研究、网络犯罪个罪行为研究三个方向。总体上看，这些研究成果既具有很强的实践性，又具有浓厚的理论性。各课题组，以信息网络时代被大众广泛关注的个人信息保护问题和网络犯罪问题中的某一角度为切入点，结合自己的日常工作经历，从所遭遇的现实困境出发，寻找我国现有的立法依据或理论基础，并提出具有可行性的解决路径。具体而言，其共同特色为：一是选题新颖，紧贴时代脉搏。各课题组成员紧跟网络时代的发展趋势，从司法实践中出发，具有较强的问题意识。如"非法利用信息网络罪和帮助信息网络犯罪活动罪"课题组，对 2015—2020 年涉及"非法利用信息网络罪"和"帮助信息网络犯罪活动罪"的公开裁判文书进行检索分析，分别提出了两个罪名在目前裁判中的疑难问题；"网络犯罪案件办案程序问题研究"课题组，以杭州数字经济迈向全面稳步发展的新特点为切入点，同时结合网络犯罪的特点，提出考量互联网犯罪的程序问题应融入社会治理的大格局中。二是观点前瞻，重视基础理论。各课题组以社会生活中最为热门的话题为研究对象，提出了颇具前瞻性的学术观点，同时又注重对基础理论的阐述，强调对立法目的、学说的理解和基本概念、边界的厘清。如"保护公民个人信息比较法研究"课题组，通过对《中华人民共和国个人信息保护法（草案）》中规定的相关制度的解读，进而分析出本法制定的立法精神和规范内涵。而"保护公民个人信息的刑事责任边界"课题组，则对侵犯公民个人信息罪边界的起点作了界定。三是阐述充分，采用多种研究方法。各课题组采用比较研究、实证研究等多种方法，充分阐述自己的观点，并紧密结合司法实践，提出诸多具有可行性的意见建议。如"流量劫持的刑法应对"课题组，注重理论联系实际，从"全国流量劫持入刑的第一案"（102 号指导案例）入手，对流量劫持犯罪行为进行审视，为司法机关打击计算机网络犯罪适用刑法提供了一些思考。

  本卷按照课题研究的主题，大致分为四编：个人信息保护、个罪研究、治理对策和程序研究。"个人信息保护法比较研究"课题组认为违法收集、使用个人信息等行为不仅损害人民群众的切身利益，而且危害交易安全，扰乱市场竞争，破坏网络空间秩序。因此，必须通过专门的立法来确立严密的制度、严格的标准、严厉的责任，以规范个人信息处理活动，落实企业、机构等个人信息处理者的法律义务和责任，维护网络空间良好生态。该研究从比较法的角度，对比境内外典型立法例，论述个人信息安全保护法的立法目的、个人信息的范围、对"敏感个人信息"的定义及处理规则以及处理个人信息的同意规则，高屋建瓴，从多角度论述了个人信息保护法并提出相应的立法建议。《论侵犯公民个人信息罪的"非法获取"》从公民个人信息的法益入手，阐释了公民个人信息的法益内核，将可识别性作为公民个人信息的本质属性及司法判断依据，认为侵犯公民个人信息罪是刑法介入公民个人信息保护的支点罪名，而非法获取公民个人信息是侵犯公民个人信息行为的源头行为。非法获取的认定是准确适用侵犯公民个人信息罪的关键点之一，而知情同意权制度是获取公民个人信息违法性判断的核心标准。

在司法实践中，对电子诈骗案件的电子证据如何收集与固定，公安机关调取数据的范围是否有限度，跨国企业在提供数据时如何符合多国法律要求，企业行为如何才能满足合规要求，相关课题对此也作了深入探讨。如《网络犯罪案件办案程序问题研究》基于现实数字经济新特点，对传统诉讼程序中的管辖问题、电子证据问题进行研究，针对网络犯罪，建议引入附条件不起诉制度，将已经形成的违法犯罪行为加以规制，并在一定期限内为企业建立较为审慎的合规制度奠定基础，形成刑事威慑力，同时完善行刑衔接联动程序和财产追缴配套程序。

为有效打击网络犯罪，各课题组对涉及网络犯罪的相关罪名、司法实践中认定的难点及解决路径等问题进行了针对性的分析与探讨。这些研究成果，主要从法律层面和司法操作角度为如何高效公正地办理网络案件、建立完善相配套的行刑衔接机制，提出了诸多有益的观点。如"非法利用信息网络罪和帮助信息网络犯罪活动罪研究"课题组考察非法利用信息网络罪与帮助网络犯罪活动罪的整体适用情况，认为不同地域、不同部门的司法机关在具体适用两罪名时存在对部分疑难问题理解不一，并对相关问题作出深度解读。"拒不履行信息网络安全管理义务罪研究"课题组认为，在对网络服务提供者进行刑法规制的过程中，因我国对信息网络安全管理义务的设置存在缺乏明确性、系统性、类型性的问题，建议在信息网络安全管理的实体性义务和程序性义务划分的基础上，根据网络服务提供者对终端信息数据的支配控制能力，对信息网络安全管理义务进行合理配置。

随着网络黑灰产业链的形成和危害性递增，数据爬取在很大程度上成为"网络黑产"的源头，数据爬取同时成为业界、学界、司法实务界以及行政监管等关注的共同话题。"数据爬取行为刑法应对问题研究"课题组认为，数据爬取行为在某种程度上改变了传统犯罪单一法益侵害模式，仅仅依靠单一罪名对犯罪行为难以进行全面评价，应当全面打击包括非法爬虫行为在内的上下游犯罪，阻断非法流通等源头，在行民分界、行刑分界的基础上，发挥民法、行政法等前位法的法律功能，兼而实现刑法对个人信息的精准保护。

可以说，这些课题研究报告从宏观和微观两个层面对网络犯罪的热点、难点问题进行了全面的梳理和总结，同时紧扣网络犯罪案件办理过程中的司法实践需要，其研究成果既有理论上的开拓性，又有实践上的指导性。我们希望检察系统内外网络犯罪问题的研究者和实务工作者能紧密结合网络犯罪的关键性、前沿性问题，对不断走向深水区的刑法理论进行探索研究，更好地为司法办案提供理论上的支撑。

目 录

第一编　个人信息保护

个人信息保护比较法研究 …………………………………………（ 3 ）
 一、个人信息保护法的立法目的 ………………………………（ 5 ）
 二、个人信息的范围 ……………………………………………（ 8 ）
 三、敏感个人信息的概念及其处理规则 ………………………（ 16 ）
 四、处理个人信息的"告知—同意原则" ………………………（ 20 ）
 五、检察机关在侵犯个人信息案件中的公益诉讼职能 ………（ 25 ）

论侵犯公民个人信息罪的"非法获取" …………………………（ 28 ）
 一、知情同意：获取个人信息违法性判断的核心要素 ………（ 30 ）
 二、时代困局：大数据时代知情同意的现实窘境 ……………（ 31 ）
 三、程序突破：个人信息收集者的合规证明责任 ……………（ 37 ）
 四、实体突破：场景理论下的司法终极解释权 ………………（ 41 ）
 五、结语 …………………………………………………………（ 44 ）

第二编　个罪研究

非法利用信息网络罪和帮助信息网络犯罪活动罪研究 …………（ 47 ）
 一、非法利用信息网络罪和帮助信息网络犯罪活动罪的司法
  现状 ……………………………………………………………（ 49 ）
 二、非法利用信息网络罪的疑难问题 …………………………（ 53 ）

三、帮助信息网络犯罪活动罪的疑难问题 …………………（59）

拒不履行信息网络安全管理义务罪研究 ……………………（65）
　　一、问题的提出 …………………………………………（67）
　　二、拒不履行信息网络安全管理义务罪的实证分析 ………（68）
　　三、拒不履行信息网络安全管理义务罪的主体 ……………（73）
　　四、拒不履行信息网络安全管理义务罪的主观方面 ………（77）
　　五、信息网络安全管理义务设置的合理性 …………………（79）
　　六、信息网络安全管理义务的合理配置 ……………………（86）
　　七、结语 …………………………………………………（91）

论"扩张的网络犯罪"的性质及处罚规则 …………………（92）
　　一、对"扩张的网络犯罪"的共犯理论解读及其局限性 ……（95）
　　二、"扩张的网络犯罪"的刑法性质 ………………………（103）
　　三、"扩张的网络犯罪"的处罚 ……………………………（110）
　　四、结语 …………………………………………………（116）

网络传销犯罪研究 ……………………………………………（117）
　　一、嬗变考察：网络传销犯罪历史演进 …………………（118）
　　二、法律规制：网络传销犯罪规制梳理 …………………（124）
　　三、罪与非罪：网络传销犯罪的刑事打击范围界定 ………（127）
　　四、此罪与彼罪：网络传销犯罪与相关犯罪的区分 ………（139）
　　五、证据审查：网络传销犯罪证据的审查判断 ……………（143）
　　六、结语 …………………………………………………（148）

我国洗钱罪上游犯罪扩展问题研究 …………………………（150）
　　一、域外洗钱罪之上游犯罪的现状 ………………………（151）
　　二、我国洗钱罪上游犯罪应否扩展的不同学说 ……………（152）
　　三、针对洗钱罪上游犯罪扩展不同学说的评价 ……………（154）
　　四、洗钱罪上游犯罪有限扩展的重要标准 ………………（158）
　　五、我国洗钱罪上游犯罪扩展的思考与建议 ………………（161）

第三编　治理对策

网络犯罪刑事规制的强化途径 …………………………………………（169）
　　一、刑事规制的发展 ……………………………………………（172）
　　二、刑事规制的创新 ……………………………………………（174）
　　三、实体刑法的强化 ……………………………………………（177）
　　四、程序刑法的强化 ……………………………………………（183）

网络时代商业贿赂现状与治理对策研究 ……………………………（191）
　　一、商业贿赂犯罪研究综述：基于宏观、中观、微观视角的
　　　　分析 …………………………………………………………（193）
　　二、我国互联网企业商业贿赂犯罪的特征、原因与对策 ……（208）
　　三、非国家工作人员受贿罪的教义学分析 ……………………（224）
　　四、结语 …………………………………………………………（234）

网络环境中的著作权刑事保护研究 …………………………………（236）
　　一、规避著作权技术措施行为的刑民责任界定 ………………（239）
　　二、P2P软件和服务提供商的刑民责任界定 …………………（244）
　　三、云盘技术下个人复制分享行为的刑民责任界定 …………（247）
　　四、搜索引擎运作和网页快照的民刑责任界定 ………………（248）
　　五、深度链接行为侵犯著作权的民刑责任界限 ………………（251）
　　六、技术中立与认定民事侵权和刑事犯罪的关系 ……………（256）

流量劫持行为的刑法应对 ……………………………………………（261）
　　一、流量劫持概述 ………………………………………………（264）
　　二、流量劫持的刑法应对基础 …………………………………（268）
　　三、流量劫持的刑事治理现状 …………………………………（270）
　　四、流量劫持行为的罪名适用选择——以短缩的二行为犯为视角 ……（275）
　　五、流量劫持的刑法应对建议 …………………………………（278）
　　六、结语 …………………………………………………………（281）

数据爬取行为刑法应对问题研究 ·· (282)
 一、数据爬取行为的异化 ·· (284)
 二、数据恶意爬取行为法益侵害的多元复杂性 ························· (287)
 三、数据恶意爬取行为刑事违法性的边界模糊性 ····················· (291)
 四、数据恶意爬取行为的刑事应对思路 ································· (297)

第四编　程序研究

网络犯罪案件办案程序问题研究 ·· (305)
 一、实然现状：杭州互联网经济的市域特征 ··························· (307)
 二、本体思考：对传统程序法的坚守与突破 ··························· (309)
 三、引申设计：对保障性程序的探索与创新 ··························· (314)

电信诈骗案件电子数据收集和固定研究 ····································· (322)
 一、问题的提出 ··· (325)
 二、网络服务提供者侦查协助义务的法律依据和义务类型 ········ (326)
 三、网络服务提供者协助侦查时的义务冲突及正当性来源 ········ (330)
 四、明确界定网络服务提供者侦查协助义务范围的路径 ··········· (334)

第一编　个人信息保护

个人信息保护比较法研究

课题组负责人：谢鹏程[*]

内容摘要

一、个人信息保护法的立法目的

从《个人信息保护法（草案）》第1条的规定来看，该项立法的目的主要表现在两个方面：一是"保护个人信息权益，规范个人信息处理活动"，即维护网络空间的良好生态。网络空间是亿万民众共同的家园，其并不是"法外之地"，必须在法治的轨道上运行。违法收集、使用个人信息等行为不仅损害了人民群众的切身利益，而且危害交易安全，扰乱市场竞争，破坏网络空间秩序。因此，必须要以专门的立法来确立严密的制度、严格的标准、严厉的责任，以规范个人信息处理活动，落实企业、机构等个人信息处理者的法律义务和责任，维护网络空间良好生态。二是"保障个人信息依法有序自由流动，促进个人信息合理利用"，即在确保个人信息安全的基础上促进数字经济的健康发展。当前，以数据为新生产要素的数字经济蓬勃发展，数据的竞争已经成为国际竞争的重要领域，甚至是核心领域，而个人信息数据是大数据的核心和基础。党的十九大报告提出了建设网络强国、数字中国、智慧社会的任务要求。按照这一要求，应当统筹个人信息保护与利用，通过立法建立权责明确、保护有效、利用规范的制度规则，在保障个人信息权益的基础上，促进信息数据依法合理有效利用，推动数字经济持续健康发展。总体来看，《个人信息保护法（草案）》第1条不仅强调对个人信息的保护，也兼顾了对个人信息的合理利用，较好地平衡了自然人与信息产业之间的利益，延续了《民法典》等法律的立法精神。

---

[*] 谢鹏程，最高人民检察院检察理论研究所所长、研究员。课题组成员：邓思清、高丽芹、袁梦博、董坤、蔡巍、彭玉、刘晓东、倪娜、张鹏、鄂宏伟、季美君、王振华、杨东时。

二、个人信息的范围

在接下来的立法工作中，不管是从法律体系的一致性考虑，还是从界定的合理性出发，都应该将草案中对个人信息的定义方式和范围与《民法典》的相关规定保持一致，理由有二：一方面，两部法律的衔接十分紧密，而《民法典》刚刚出台，为了维护法律稳定性，个人信息的定义不宜做太多变化；另一方面，关于个人信息界定的两个标准——"识别说"和"关联说"并不矛盾，核心仍是"识别说"，"关联说"也只进行描述，所以应沿用《民法典》中"能够直接或间接识别特定的自然人的身份信息"的表述。即使草案不采取《民法典》的表述，也应该将"与自然人有关"改为"与自然人身份有关"。

三、敏感个人信息的概念及其处理规则

《个人信息保护法（草案）》进行个人信息与敏感个人信息的分类有其内在依据，与《民法典》用语和表述上的差异也存在一定的合理性。但是，我们认为，就目前《个人信息保护法（草案）》第29条的条文内容来看，还存在一定的可完善之处，例如，根据草案的规定，处理敏感个人信息需要具有特定的目的，但"特定的目的"的表述不仅过于宽泛而且难于界定，从域外其他国家的立法表述来看，多采用"为了维护公共利益或者个人重大利益的目的""仅在存在法律所准许的普遍利益的情况下或在为统计或科研目的且不能识别数据所有者的情况下"等表述。也就是说，出于对敏感个人信息特殊保护的需要，一定要对其例外情况进行明确的规定，尽量不在立法上留下争议和模糊，否则就会导致立法目的的实质落空。

四、处理个人信息的"告知—同意原则"

目前草案的表述方式亟待改变、调整和完善，宜用一个独立的条款来规定处理个人信息的基本原则（取得个人同意），然后另起其他的条款来规定例外情形。此外，还需要对草案第13条第2项和第4项进行一定的修改和完善：就前者而言，宜修改为"为履行个人作为一方当事人的合同所必需"。之所以要删除该项中"为订立个人作为一方当事人的合同所必需"的表述，原因在于，如果这样规定的话，就会导致个人信息的处理者都可以以此为由、无须取得个人的同意而处理其个人信息；就后者而言，将"应对突发公共卫生事件"与"紧急情况下为保护自然人的生命健康和财产安全所必需"加以并列不妥，因为二者的性质不尽相同。

大数据时代，个人信息不仅是个人区别于其他个体的身份特征，更是实现自我发展的基础和重要保障，个人信息"能够显现个人的生活轨迹，勾勒出

个人人格形象，作为信息主体人格的外在标志，形成个人'信息化形象'。"①但是，随着移动互联网、云计算、区块链等技术的发展，信息交流、信息共享日趋便利的同时，也对个人信息的安全提出了严峻的挑战，个人信息的有效保护与高效利用之间的矛盾要求国家制定专门的法律法规加以调整。自1970年10月德国黑森州制定世界上第一部个人信息保护法以来，已经有100多个国家和地区先后出台了个人信息保护法。就我国而言，个人信息保护法的制定经历了较长的周期，可谓"千呼万唤始出来"，早在2003年，就出现了制定专门的个人信息保护法的立法建议，但10多年来，我国关于个人信息保护的条款散见于多部法律法规和规范性文件当中，不仅难以发挥立法合力，甚至这些法律法规与规范性文件之间还存在相互矛盾之处。专门立法的缺位导致对个人信息的保护成效并不乐观，据中国消协"App个人信息泄露情况"的调查报告显示，遇到过个人信息泄露情况的人数占被调查总人数的比例高达85.2%②，社会对加强个人信息立法保护的呼声越来越高。为了回应社会关切，2020年10月21日，《中华人民共和国个人信息保护法（草案）》（以下简称《草案》）正式公开征求意见，对我国个人信息立法保护的规范补充与体系完善具有重要意义。但是，作为个人信息保护领域的首部专门立法，《草案》中尚存在部分需要进一步解释和澄清的内容，比如，在立法目的上应该如何协调保护与发展的关系、值得立法保护的个人信息在类型上有哪些、个人信息中的"敏感信息"的特殊性、处理个人信息的"告知—同意原则"的内涵与运用、检察机关在侵犯个人信息案件中的公益诉讼职能，等等。有鉴于此，本文拟以《草案》为基础，就上述问题略陈管见，以求教于同人。

一、个人信息保护法的立法目的

近年来，随着信息化与经济社会的持续、深度融合，网络已成为生产生活的新空间、经济发展的新引擎、交流合作的新纽带。据统计，截至2020年3月，我国互联网用户已达9亿人，互联网网站超过400万个、应用程序数量超过300万个，个人信息的收集、存储、使用、加工和传输更为广泛。虽然近年来我国保护个人信息的力度不断加大，但在现实生活中，一些企业、机构甚至个人，从商业利益等出发，随意收集、违法获取、过度使用、非法买卖个人信

---

① 张新宝：《从隐私到个人信息：利益再衡量的理论与制度安排》，载《中国法学》2015年第3期。
② 杜慧敏：《大数据时代公民个人信息保护的法律思考》，载《山西经济日报》2020年11月10日，第7版。

息，利用个人信息侵扰人民群众生活安宁、危害人民群众生命健康和财产安全等问题仍十分突出。从现有的立法来看，党的十八大以来，全国人大及其常委会在《关于加强网络信息保护的决定》《网络安全法》《电子商务法》《消费者权益保护法》等法律法规中确立了保护个人信息的主要规则，在《民法典》中将个人信息受法律保护作为一项重要民事权益作出规定，在《刑法》中完善了惩治侵害个人信息犯罪的罪名体系和刑罚措施，我国保护个人信息的法律制度体系正逐步建立。但是，考虑到法律内容的专业性、针对性、专门性，这种综合性立法仍然难以适应信息化快速发展的现实情况以及准确、及时、全面保护个人信息的现实需要。因此，应当在现行法律的基础上制定、出台专门法律，增强法律规范的系统性、针对性和可操作性。在个人信息保护方面形成更加完备的制度、提供更加有力的法律保障，专门的《中华人民共和国个人信息保护法》呼之欲出。

在制定、出台专门的个人信息保护法的过程中，立法目的作为最基础也是最先需要确定的内容，有必要加以澄清，"立法目的是立法者通过制定法律文本，意图有效地调控社会关系的内在动机，它既是法律创制也是法律实施的内在动因"[1]，如果立法目的定位不准，就会导致后续的立法原则、具体措施、规范逻辑和关键问题处理上的混乱，损害立法、执法的效果和效率。从名称上看，个人信息保护法中的关键词落脚于"保护"，即是以立法的形式来保障个人信息的安宁状态。而就保护法的类型而言，主要有两种，一种是"为保护而保护"，典型如我国修订后的《未成年人保护法》；另一种是"为发展而保护"，即立法保护某种事物的原因并不只在于该事物本身的特殊价值，而是为了更好地发展和使用，典型如《物权法》《专利法》《商标法》等法律法规。那么，就个人信息保护法而言，其究竟属于"为了保护而保护"，还是属于"为了发展而保护"的保护法？这一问题直接关涉到该法立法目的的确定以及后续相关制度的构建。

《草案》第1条规定，"为了保护个人信息权益，规范个人信息处理活动，保障个人信息依法有序自由流动，促进个人信息合理利用，制定本法"。由此可见，该项立法的目的主要表现在两个方面：一是"保护个人信息权益，规范个人信息处理活动"，即通过维护网络空间的良好生态来保护个人信息的安宁。网络空间是亿万民众共同的家园，其并不是"法外之地"，发生在网络空间的行为也必须在法治的轨道上运行。违法收集、存储、使用、加工、传输、提供、公开个人信息等行为不仅损害了人民群众的切身利益，而且危害交易安

---

[1] 刘风景：《立法目的条款之法理基础及表述技术》，载《法商研究》2013年第3期。

全，扰乱市场竞争，破坏网络空间秩序。因此，必须要以专门的立法来确立严密的制度、严格的标准、严厉的责任，以规范个人信息处理活动，落实企业、机构等个人信息处理者的法律义务和责任，维护网络空间良好生态。二是"保障个人信息依法有序自由流动，促进个人信息合理利用"，即在确保个人信息安全的基础上促进数字经济的健康发展。当前，以数据为新生产要素的数字经济蓬勃发展，数据的竞争已经成为国际竞争的重要领域，甚至是核心领域，谁掌握了数据，谁就会在竞争中占据优势地位，也正是因为如此，党的十九大报告才明确提出了建设网络强国、数字中国、智慧社会等任务和要求，而个人信息作为大数据的核心与基础，对公民个人和国家发展均具有重要意义。因此，统筹个人信息保护与利用，通过立法建立权责明确、保护有效、利用规范的制度规则，在保障个人信息权益的基础上、促进信息数据依法合理有效利用，推动数字经济持续健康发展成为未来我国一项重要的立法任务，这也成为《草案》出台的时代背景。概言之，从《草案》第1条的内容来看，其不仅强调对个人信息的有效保护，同时注重维护个人信息自由流动与合理利用的良好状态。

但问题至此并没有得到完全解决，尚存在的疑问是，《草案》既重视个人信息的有效保护，又强调维护个人信息自由流动与合理利用的良好状态，那么在这两个立法目的中，是否存在位阶关系？这一问题并非没有实际意义，特别是在个人信息受保护与发展利用二者之间存在冲突与矛盾的场合，到底是个人信息的绝对安全不可动摇，还是在特定场合下可以存在例外情况？在本文看来，个人信息保护法在立法目的上当然要注重个人信息有效保护与发展利用之间的平衡与协调，既不能因为过度保护而阻碍了个人信息的处理和利用，这是与时代发展潮流相背离的，也要最大限度地防止个人信息的过度使用以及对个人正当权利的侵害，合理区分合法使用和非法滥用的边界，即"个人信息保护技术标准化发展表明了大数据时代个人信息作为社会基础资源的地位，个人信息的法律保护必须尊重这种信息自由流通的社会需求，在平衡信息自由流通和个人信息权利保护之间进行制度建构"[①]。比较来看，欧盟《通用数据保护条例》（General Data Protection Regulation，以下简称 GDPR）第84条第1款规定，"成员国应当制定可适用于违反本条例的其他惩罚的规则，特别是对于那些不受第83条规定的行政处罚约束的违法行为，成员国应当制定必要措施保

---

① 王秀哲：《"侵犯公民个人信息罪"司法解释之局限性及其破解》，载《河南大学学报（社会科学版）》2018年第5期。

证这些惩罚规则得到执行。此类惩罚应当是有效的、成比例的和劝诫性的"①，确立的追究侵犯个人信息行为刑事责任的原则是"有效的、成比例的和劝诫性的"。日本2017年修改后的《个人信息保护法》第1条规定，"在高度信息通信社会的深化所带来的对个人信息的利用显著扩大的背景下，通过对个人信息之正当处理的基本理念、由政府制定基本方针及采取其他保护个人信息的措施等基本事项作出规定，明确国家和地方公共团体的职责等，并对个人信息处理业者应遵守的义务等作出规定，从而重视个人信息的正当且有效利用在促进新兴产业的创造、实现充满活力的经济社会和富足的国民生活上的作用以及其他个人信息的作用，保护个人的权利或利益"。这与GDPR所倡导的理念十分相似，即在打造高水平个人信息保护环境的同时，进一步促进个人信息的自由流动。可见，上述立法与本文的上述观点基本保持了同样的立场。但是需要注意的是，当个人信息有效保护与发展利用之间出现了短期内难以妥善解决的矛盾时，还是应该将立法的重心向发展利用的这一方面进行倾斜。原因在于，我国进入信息社会已是客观现实，信息的高效流通与运用成为评价社会发展程度的重要指标，任何法律制度（乃至社会制度）都应该为此服务。如果囿于个人信息的"绝对安全"而把个人信息的流通、运转、利用限制的活力全无，则无异于因噎废食，许多新技术的发展与运用也将成为无源之水、无本之木。更何况，随着个人信息在类型上的不断扩展，有些特定类型的个人信息只有流通、运转起来才具有保护的价值，而且流通、运转的速度越快、次数越多，个人信息的价值就越加凸显。以上事实说明，虽然个人信息保护法应该尽可能在保护与利用之间寻找平衡点，但保护绝不意味着不利用、不发展。在满足了法律规定的条件时②，可以对个人信息进行收集、存储、使用和加工等。因此，在未来的《中华人民共和国个人信息保护法》中，有必要确立"保护与利用兼顾"的基本原则并在相关的制度中加以体现。概言之，就立法目的而言，个人信息保护法应该属于"为发展而保护"的类型。

二、个人信息的范围

在明确了个人信息保护法的立法目的后，与此紧密相关的另一个重要问题

---

① 原文是"Member States shall lay down the rules on other penalties applicable to infringements of this Regulation in particular for infringements which are not subject to administrative fines pursuant to Article 83, and shall take all measures necessary to ensure that they are implemented. Such penalties shall be effective, proportionate and dissuasive."

② 至于这些条件具体是什么，将在下文进行讨论。

是，个人信息的范围是什么？换言之，既然个人信息对个人、社会和国家都具有积极价值，那么值得立法保护的个人信息都有哪些类型？这一问题的回答又涉及两方面的内容，一是个人信息的概念界定，二是个人信息的权利属性。

（一）个人信息的概念界定

关于这一问题，2016年就有学者建议，在我国未来制定个人信息保护法时，应该特别注意以下两个问题：一是以列举的形式明确个人信息的基本内容。从我国目前分散保护个人信息的规范性文件[①]以及专门保护个人信息的规范性文件[②]的内容来看，尽管几乎包含了从生物特征、社会交往、财产、医疗、私人信仰、私人活动等多个方面的、较为全面的个人信息，但从内容上看还是局限于一般的社会交往信息。因此，在未来的专门立法中，应该体现系统化的思维方式、运用列举式的立法方法，把可能涉及的个人信息进行类型划分并据此来决定是否需要列举以及如何列举。二是需要特别注意"可识别个人性"的概括界定。所谓可识别个人性，强调的是信息与特定个人之间的连结性，即通过收集、储存、使用该信息能够侵犯该个人的合法权益。[③] 从《草案》的内容来看[④]，其主要以概念界定的方式来划定了个人信息的范围，并且明确将"匿名化处理后的信息"排除在个人信息之外。《草案》中的个人信息具有明显的"可识别"特点。这种立法模式与GDPR对个人数据的界定方法非常相似，尽管非常重视个人信息的"可识别"特征，但都没有采用列举式的规定方法。与此相对，我国《民法典》第1034条第2款规定，"个人信息是以电子或者其他方式记录的能够单独或者与其他信息结合识别特定自然人的各种信息，包括自然人的姓名、出生日期、身份证件号码、生物识别信息、住址、电话号码、电子邮箱、健康信息、行踪信息等"。这样一来，从表面上看，《草案》第4条第1款与《民法典》第1034条第2款在对个人信息的范围界定上就产生了一定的差异，即个人信息究竟是指可以直接或者间接地用于识别自然人的各种信息，还是指一个已经被识别或者可被识别的自然人相关的各种信息？其中的区别在于，前者侧重在信息本身的用途，即是否可以直接识别或间接识别特定的自然人。而后者还包括已被识别或者可能被识别的自然人

---

① 如《居住证暂行条例》《地图管理条例》《不动产登记暂行条例》等。
② 如《全国人大常委会关于加强网络信息保护的决定》《征信业管理条例》和最高人民法院《关于审理利用信息网络侵害人身权益民事纠纷案件适用法律若干问题的规定》等。
③ 参见王秀哲：《我国个人信息立法保护实证研究》，载《东方法学》2016年第3期。
④ 《草案》第4条第1款规定："个人信息是以电子或者其他方式记录的与已识别或者可识别的自然人有关的各种信息，不包括匿名化处理后的信息。"

的其他信息,即便该信息本身不能指向特定的自然人,两相对比,后者的范围似乎大于前者。那么,究竟是《草案》的规定方法更为科学,还是《民法典》的规定方法更值得《草案》借鉴?

从域外典型的立法例来看,在界定个人信息的概念与范围之时,有两个关键词被反复提及,一是"识别"(identity),二是"特定个人(数据主体)"(data person),这意味着,如果借由某信息能够锁定(或识别)某特定的(活着的)自然人,那么该信息就是该特定个人的个人信息,需要法律进行保护。这一点在 GDPR 中有着较为明显的体现[第 4 条(1)]。不过,GDPR 凭借着欧盟的影响,对全范围内的个人信息保护立法都产生了实质影响,考虑到其"某些条款的确显示了对数据隐私的人格权保护"①,也由此导致了个人信息与隐私权之间的关系问题。关于个人信息与隐私权之间的关系,主要有两种不同的立法模式:一种是欧洲法模式,以制定统一的个人信息保护法为主要特征,这种立法模式又以德国最为典型。德国联邦议会自 1970 年起就开始着手制定统一的《联邦个人资料保护法草案》,最后于 1976 年通过并于 1977 年生效,该法的正式名称是《联邦数据保护法》,该法第一次以立法的形式全面、系统地规定了个人信息的范围和类型,并赋予了个人信息以民事权利的基本属性。但需要说明的是,即便欧洲多个国家都制定了统一的个人信息保护法,但关于个人信息与隐私权的区分却普遍涉及较少。例如,《1995 年个人数据保护指南(欧盟)》在确立个人信息的保护价值时,认为主要包括了"基本权利""自由"以及"隐私"(fundamental rights and freedoms, notably the right to privacy)。由此可见,该指南所保护的个人信息中也包含了对隐私权的保护。另一种是美国法模式,该模式以分散立法而不制定统一的个人信息保护法为特点,即在各个行业分别制定有关个人信息保护的法律规则、准则,而不制定统一的个人信息保护法律。② 到目前为止,美国尚未制定统一的个人信息保护法,主要是依靠市场和行业自律来实现对个人信息的保护。③ 不过,在个人信息和隐私权的关系方面,美国法采取了将个人信息纳入隐私权的范围加以统一保护的模式。这从美国相关法案的名称也可以体现出来。例如,美国在 1974 年制定

---

① 参见张新宝:《从隐私到个人信息:利益再衡量的理论与制度安排》,载《中国法学》2015 年第 3 期。

② 参见周汉华:《个人信息保护法(专家建议稿)及立法研究报告》,法律出版社 2006 年版,第 79—80 页。

③ See Joel R. Reidenberg. Setting Standards for Fair Information Practice in the U. S. Private Sector [J]. Iowa L. Rev. 497, 1995 (80): 500.

了《隐私权法》，该法是针对联邦行政机构的行为而制定的，并着力于各类信息的收集、持有、使用和传输，该法以隐私权保护为基础，通过隐私权对个人信息加以保护。① 在该法通过后，许多学者将隐私权解释为对个人信息的控制，如按照 Daniel J. Solove 和 Paul M. Schwartz 的看法，个人信息本质上就是一种隐私，隐私就是我们对自己所有信息的控制。法律将其作为一种隐私加以保护，可以界定其权利范围。② 由此可见，在这种模式下，个人信息被置于隐私权的范畴而加以保护。

应该说，随着互联网、数据库、云计算等高新技术的发展，如何保护个人信息的安全成为现代国家普遍面临的难题。而立法的滞后性决定了短时间内难以对此作出有效回应，多数国家立法中个人信息与隐私权界限不清晰的现实就是对此最好的说明。如何从海量的信息中筛选出值得立法保护的、与个人利益紧密相关的个人信息，成为现代社会法律面临的新课题。③ 不过，有一点可以明确的是，鉴于我国目前的立法现状，通过隐私权来保护个人信息的做法不仅存在法理上的瑕疵，也难于实践操作，对个人信息的保护无法停留在个人秘密的范围内或者寻求事后救济的层面。值得借鉴的做法是，应该以立法的形式将个人信息确立为一项新型权利（权益），且个人信息在内容上不应该仅局限于该信息本身，还应该包括网络运营者、政府机关和其他社会组织在处理海量个人信息过程中以及之后所伴生的大量信息产品与服务。在此基础之上，处理好个人信息保护与利用的合理界限。然而，"个人信息相关的权利，其蕴含的法律属性在现阶段仍然具有较大争议，如公法与私法属性之争、被遗忘权、财产权、隐私权、人格权等的属性，各类理论与观点并未形成统一化与系统化"④，即由于个人信息能否作为一项独立的民事权利以及该项权利的属性与具体内容短期内尚难以达成一致意见，导致这种做法在我国现阶段仍旧面临不小的困难与挑战。⑤ 以上事实决定了，个人信息保护法作为保护个人信息与维护网络安全的基本法律，调整私法、公法领域内的个人信息的保护和使用关系，其应该

---

① See Department of Justice. Overview of the Privacy Act of 1974 [Z]. 2010: 1.

② See Daniel J. Solove, Paul M. Schwartz. Information Privacy Law [M]. Wolters Kluwer, 2009: 2.

③ 参见王利明：《论个人信息权的法律保护——以个人信息权与隐私权的界分为中心》，载《现代法学》2013 年第 4 期。

④ 鲁冰婉：《大数据背景下域外信息隐私权的困境及应对》，载《情报杂志》2020 年第 11 期。

⑤ 从《草案》的规定来看，似乎也对这一问题进行了回避。

更好地回应信息时代围绕着个人信息所产生的新问题。①

在本文看来，结合域外实践与已有的理论建议这两方面的内容，在未来的立法工作中，不管是从保持法律体系的内在一致性考虑，还是从界定的合理性出发，都应该将《草案》中对个人信息的定义方式和范围与《民法典》的相关规定保持一致。理由有二：一方面，两部法律的衔接十分紧密，而《民法典》作为"新中国法制史上首部以'典'命名的法律"②且刚刚出台，为了维护法律稳定性，个人信息的定义不宜做太多变化。另一方面，界定个人信息的两个标准——"识别说"③和"关联说"④并不矛盾，核心仍是"识别说"，"关联说"也只是进行描述，所以沿用《民法典》中"能够直接或间接识别特定的自然人的身份信息"的表述并不会对《草案》的既有框架造成较大冲击。退一步讲，即使《草案》不采取《民法典》的表述，为了凸显信息与特定个人之间的连结性，也应该将"与自然人有关"改为"与自然人身份有关"。此外，《草案》第4条第1款仅规定匿名化的信息不属于个人信息，但是没有进一步规定"去标识化"⑤的信息是否属于个人信息，也没有对后者的处理规则单独加以规定。但实际上，"去标识化"的信息与匿名化的信息以及经过知情同意而收集的信息在价值上具有较高的相似性。例如，在对个人信息进行去标识化处理后，不管企业的最终目的是广告营销还是信息推广，都只是为了投放至特定设备及设备后所对应的特定人。至于该设备使用者的真实身份则无关紧要，并不存在侵犯其个人权利的可能性，因此对这些情形下的个人信息处理应当予以特别规定。与此同时，将匿名化处理后的信息排除在个人信息之外这一做法本身是否妥当值得考虑。从《草案》第69条第4项的规定来看，匿名化

---

① 参见郑维炜：《个人信息权的权利属性、法理基础与保护路径》，载《法制与社会发展》2020年第6期。

② 徐建波等：《民法典的诞生与时代发展》，载《检察日报》2020年6月4日，第3版。

③ "识别说"主张从信息到个人，即个人信息的范围界定应以指向个人作为识别的前提，并以身份识别为基础、行为识别为补充。参见彭诚信、史晓宇：《个人信息识别标准的域外考察和在我国的转进——基于美欧国家制度互动的分析》，载《河南社会科学》2020年第11期。

④ "关联说"主张从信息到个人的识别，即已知既定个人而知晓或者收集关于该个人的其他信息。参见高秦伟：《个人信息概念之反思和重塑》，载《人大法律评论》2019年第1期。

⑤ 所谓"去标识化"，是指采用技术手段，对个人信息进行"脱敏"或"漂白"，进行去识别化或匿名化处理、使其成为普通的数据，用以大数据分析和商业促销推广活动。参见张勇：《个人信息去识别化的刑法应对》，载《国家检察官学院学报》2018年第4期。

是指"个人信息经处理无法识别特定自然人且不能复原的"过程，匿名化的信息也就是指"经过加工无法识别特定个人且不能复原的"信息。匿名化的信息是否绝对不能复原，本身就是一个问题。况且，我国现行的《网络安全法》《民法典》等法律也都没有将匿名化的信息排除在个人信息之外，只是规定向第三方提供匿名化的信息时可以不经自然人的同意，可是对于这些匿名化的信息，处理者依然必须履行个人信息保护的法律义务，如不得非法获取、泄露、非法买卖等。正因如此，GDPR（28）才明确规定，"对个人数据采用匿名化措施可以减少数据主体面临的风险并有助于控制者和处理者履行数据保护义务。在本条例中明确提出'匿名化'不是为了排除任何其他的数据保护方法"。[1] 基于此，为了防止发生误解，使人们误以为匿名化处理的信息不适用个人信息保护法的规定，宜删除本条第1款的最后一句。

（二）个人信息的权利属性

正如上文所述，区分个人信息与隐私权、对个人信息进行全面保护的首要前提就是明确个人信息是否能够作为一项新型权利。从《民法典》的相关内容来看，该法第111条规定，"自然人的个人信息受法律保护。任何组织或者个人需要获取他人个人信息的，应当依法取得并确保信息安全，不得非法收集、使用、加工、传输他人个人信息，不得非法买卖、提供或者公开他人个人信息"。可以看出，此条文并没有赋予个人信息"权"的属性。而且，《民法典》第110条明确规定，"自然人享有生命权、身体权、健康权、姓名权、肖像权、名誉权、荣誉权、隐私权、婚姻自主权等权利"。两相对比，不难得出个人信息虽受法律保护，但显然不能说是一项权利的结论，至多只能将其归入《民法典》第3条所规定的"其他合法权益"。但问题在于，《民法典》第111条位于总则第五章"民事权利"部分，由此来看，它好像又可以被视为一项权利，并且是具体人格权。法律规定上的这种模糊性导致理论上关于个人信息是否是一项权利的争论一直存在。

认为个人信息具有权利属性的观点主张，从保护的必要性角度来看，应该赋予个人信息以权利属性。例如，王利明教授认为，"个人信息是指与特定个人相关联的、反映个体特征的具有可识别性的符号系统，包括个人身份、工作、家庭、财产、健康等各方面的信息。从这个界定来看，它更多地涉及人

---

[1] 原文是"The application of pseudonymisation to personal data can reduce the risks to the data subjects concerned and help controllers and processors to meet their data-protection obligations. The explicit introduction of 'pseudonymisation' in this Regulation is not intended to preclude any other measures of data protection."

格,故只要承认个人信息权是一种民事权利,那么,个人信息权应为一种人格权"①,即主张将个人信息作为一项民事权利且是人格权的一种。持类似观点的还有杨立新教授,他首先提出了在缺乏法律明文规定的前提下,判断个人信息到底是法益还是权利的三个标准,即"确认法律规定保护的利益是否具有独立性,与其相近的民事权利所保护的利益是否存在明显的界分""在实践中,对于法律保护的某种具体民事利益,用权利保护抑或用法益保护,对于主体的保护是否存在较大差别""在比较法上,有无权利保护或者法益保护的立法例支持"。以这三条标准来看,尽管《民法总则》第111条规定了"自然人的个人信息受法律保护",却没有具体规定为法益保护抑或权利保护。但是从法律所保护的客体即个人身份信息的独立性、社会实践保护个人身份信息的必要性,以及从比较法的基础上进行分析,对于个人身份信息的保护,一是不能用法益保护方式,因为其显然不如用权利保护为佳;二是不宜以隐私权保护方式予以保护,因为隐私权保护个人身份信息确有不完全、不完善的问题。例如,我国的被遗忘权第一案,即任某某诉百度公司搜索引擎的相关搜索侵害被遗忘权案,就已经提出了被遗忘权应当归属于个人信息权,而不应当作为隐私权内容的问题。从结论上看,真正实现对个人信息的完善保护,就必须把《民法总则》第111条规定的个人信息解读为个人信息权。②

　　持相反观点的学者则认为,将个人信息作为一项权利缺乏必要的立法依据。例如,陈甦教授认为,根据法律的文义和体系解释,个人信息应当属于法益。《民法典》第110条规定的各种民事权利,不仅在表述上都冠有"权"字,在条文结尾处还写明"等权利"作为后缀,而《民法典》第111条对个人信息单独加以规定,其后也没有"权"字。可见,第111条的规定是对个人信息利益作出的保护性规定,宣示了个人信息法律保护的基本立场,而不属于确权规范,没有确立具备绝对权特征的个人信息权。③ 与此类似,有学者认为,在具体人格权的生成中,应当避免与其他权利重合或交叉。个人信息非常普遍地包括姓名、肖像、隐私以及其他与人格相关的信息,势必与既有的姓名权、肖像权、隐私权等存在广泛的重合。而个人信息的范围无法准确划定,其功能又与一般人格权发生部分重合。因此,个人信息权利最多算是在信息自动

---

① 王利明:《论个人信息权的法律保护——以个人信息权与隐私权的界分为中心》,载《现代法学》2013年第4期。

② 参见杨立新:《个人信息:法益抑或民事权利——对〈民法总则〉第111条规定的"个人信息"之解读》,载《法学论坛》2018年第1期。

③ 参见陈甦主编:《民法总则评注》,法律出版社2017年版,第787页。

化处理环境中对姓名、肖像、隐私等人格利益的特别保护,不能构成一种新的具体人格权。① 而且,为个人信息提供过高的保护,会影响行为自由。在法益保护模式中,除了法律所列举的禁止行为类型外,相对人可以享有较大的行为自由。在隐私信息已经通过权利路径进行保护的情况下,对于非隐私的个人信息,可以通过侵权法在个案中来确定行为人的责任,立法无须给予个人信息与隐私同等的保护强度。② 更关键的是,关于个人信息属性的判断不但关涉立法,也会对未来的法律适用产生重大影响,因此必须要妥善解决。而之所以会出现各种矛盾和纠结,是因为人格权(隐私权)保护与个人信息保护是根本不同的两项制度。人格权是一项传统的民事权利,个人信息权则是完全独立的一项新型公法权利,是随着计算机大规模采用才出现的新事物。以传统民事权利话语体系界定个人信息权利,将个人信息保护纳入私法人格权范畴,与隐私权并列在一节中,必然会出现逻辑矛盾与实践冲突。③

对于这一问题,从《草案》第 2 条规定的内容来看,该条只是规定自然人的个人信息受法律保护,任何组织、个人不得侵犯自然人的个人信息权益,但并没有将其规定为"个人信息权"。在本文看来,随着大数据时代的到来,未来不管是国家层面还是社会、个人层面,谁掌握了信息和数据谁就掌握了一定的主动权,个人信息的重要性由此可见一斑。恰恰也正是因为如此,个人信息遭到非法处理的可能性大大增加,需要在立法层面提供更多保护。因此,从现实需要出发,还是应该赋予个人信息以权利属性。这样一方面可以引起信息主体的足够重视,将个人信息作为自己一项与生命权、健康权、财产权等相并列的关键权利。④ 另一方面,只有将个人信息作为一项权利,才能够在个人信息保护法之外,使其同时受到民法、网络安全法等法律的保护,以构建起个人信息的全方位保护机制。此外,个人信息权利化的必要性还体现在以下几个方面:首先,将个人信息作为一项新型权利有助于提升其权利内容的确定性,这样可以帮助权利主体知晓自己有哪些权利受到法律的保护,提升其权利意识,有助于减少目前大多数社会公众由于权利观念薄弱而随意将自己的个人信息提供给他人使用的情况。其次,与互联网公司、企业相比,个人往往处于弱势地

---

① 参见刘召成:《论具体人格权的生成》,载《法学》2016 年第 3 期。
② 参见叶金强:《〈民法总则〉"民事权利章"的得与失》,载《中外法学》2017 年第 3 期。
③ 参见周汉华:《个人信息保护的法律定位》,载《法商研究》2020 年第 3 期。
④ 事实上,在目前很多案例中,个人信息都是在主体自身重视不够的情况下才泄露的,有些甚至是个人主动将自己的信息提供给他人。

位，导致双方难以在绝对平等的状态下签署合同、开展民事活动，日常生活中如果想要使用某款手机软件就必须同意由其提出的格式条款就是最好的说明。如果将个人信息确立为一项权利，在权利化的保护模式下，其确定性可以更好地保障各方（尤其是处于弱势一方的个人）的行为预期。最后，随着内涵与属性确定性的提升，在个人信息权遭受不法侵害的场合中，一定程度上可以减轻权利人的举证难度，法官也可以借鉴其他侵权案件的审理经验，提升裁判文书的说理性，实现定分止争，节约司法资源。基于上述理由，未来在《草案》的修订过程中，可以把第 2 条修改为"自然人的个人信息受法律保护，任何组织、个人不得侵害自然人的个人信息权利"。

三、敏感个人信息的概念及其处理规则

近年来，随着经济发展与个人信息保护之间矛盾的加剧，各国都注重以立法的形式来平衡信息安全与信息发展使用之间的冲突。敏感信息作为个人信息中的特殊存在，一旦遭到滥用或者不正当处理往往会给权利人的正常生活、人身安全、财产安全造成严重侵害。因此，多数国家的立法都对敏感个人信息给予了特殊保护。例如，韩国在 2020 年修订《个人信息保护法执行令》时，特别对敏感个人信息的范围进行了重新界定。[①] 又如，欧盟将个人数据（个人信息）划分为一般信息与敏感信息，这也是欧盟关于个人信息保护立法的一大特色。1995 年欧盟在《欧盟个人数据保护指南》第 8 条第 1 款规定了特殊类型信息（敏感信息），是指透露种族、民族本源、政治观点、宗教信仰、世界观、工会关系以及与健康和性生活有关的个人信息。[②] 这一定义反映了人权保障在个人信息保护领域的制度化表达。将这些信息规定为特殊类型并加以严格保护是因为其涉及个人隐私且易受侵害。《欧盟个人数据保护指南》第 8 条第 2 款还对处理敏感信息规定了较一般个人信息更高的保护标准，如"处理该类信息必须是为了公共利益或者健康、经当事人同意且其所属成员国国内法没有禁止""在遵守提供适当的保护的条件下，各成员国可以出于实际公共利益的原因，通过国家法律或监督机关的决议来处理特殊信息"等。从《欧盟个人

---

① 韩国《个人信息保护法执行令》第 18 条规定的敏感个人信息包括：（1）通过基因检查等方式得到的遗传信息；（2）符合《有关刑罚的实效等的法律》第 2 条第 5 款规定的犯罪记录的信息。

② 1995 年《个人数据保护指南（欧盟）》第 8 条规定，"各成员国应禁止处理显示种族或民族起源、政治观点、宗教或哲学信仰和工会资格的数据，并禁止对有关健康和性生活有关的数据进行处理"。

数据保护指南》对敏感信息的定义可以看出，欧盟对敏感信息采用客观判断标准，当上述内容直接或者间接归属于特定信息主体时，即为敏感信息，并不考虑信息主体的主观接受程度。在此后的GDPR中，在个人信息内涵层面仍然延续了《欧盟个人数据保护指南》的传统，以抽象的"识别性"对个人信息进行定义，但对匿名和化名信息增加了新的规定①。与此同时，GDPR还对敏感个人信息的类型进行了扩展，如基因数据、安全数据等②。此外，GDPR第8条还增加了对儿童的特别保护，规定网络收集13岁以下儿童的个人信息时，必须取得其父母或监护人的同意。③ 正如学者所言，与《欧盟个人数据保护指南》相比，GDPR给个人信息的保护带来了质的变化。④ 与此相对，美国对个人信息的保护采用了安全港模式，即将国家立法模式和民事主体的自律模式相结合的综合保护模式。⑤ 在这种保护模式下，个人信息也可以进一步分为一般信息和敏感信息，但在不同的州以及不同的行业中可能会存在细微差别。例

---

① 原文是 "'pseudonymisation' means the processing of personal data in such a manner that the personal data can no longer be attributed to a specific data subject without the use of additional information, provided that such additional information is kept separately and is subject to technical and organisational measures to ensure that the personal data are not attributed to an identified or identifiable natural person."

② 原文是 "'genetic data' means personal data relating to the inherited or acquired genetic characteristics of a natural person which give unique information about the physiology or the health of that natural person and which result, in particular, from an analysis of a biological sample from the natural person in question"、"'biometric data' means personal data resulting from specific technical processing relating to the physical, physiological or behavioural characteristics of a natural person, which allow or confirm the unique identification of that natural person, such as facial images or dactyloscopic data"、"'data concerning health' means personal data related to the physical or mental health of a natural person, including the provision of health care services, which reveal information about his or her health status."

③ 原文是 "Where point (a) of Article 6 (1) applies, in relation to the offer of information society services directly to a child, the processing of the personal data of a child shall be lawful where the child is at least 16 years old. Where the child is below the age of 16 years, such processing shall be lawful only if and to the extent that consent is given or authorised by the holder of parental responsibility over the child."

④ See Adele Azzi. The Challenges Faced by the Extraterritorial Scope of the General Data Protection Regulation [J]. 9 J. INTELL. PROP. INFO. TECH. & ELEC. COM. L. 126 (2018).

⑤ 参见汤敏：《个人敏感信息保护的欧美经验及其启示》，载《图书馆建设》2018年第2期。

如，在《美国——欧盟的隐私安全港原则》中，其"选择权"条款规定，个人敏感信息主要包括：医疗与健康、人种与种族、政治观点、宗教或哲学信仰、贸易组织的成员资格以及与某个人的性生活有关的个人信息。① 美国法律对个人信息保护的基本立场是反对滥用，其注重对个人经济关系的保护，将"贸易组织的成员资格"列为敏感个人信息就是对这一立法理念最真实的写照。与此同时，美国法律允许当事人之间就何为敏感个人信息进行协商约定，法律对约定的敏感个人信息同样给予特殊保护。不过，就对敏感个人信息的处理问题而言，美国与欧盟同样规定了例外条款，即一定情况下，信息处理者在处理有关的敏感个人信息时，需要提供明示的选择权，如"为了诉讼或医疗、为了信息主体或者他人的重要利益"等。②

从立法发展来看，在《草案》以前，我国已有部分法律对敏感个人信息进行了规定。例如，《征信业管理条例》第 13 条规定，"采集个人信息应当经信息主体本人同意，未经本人同意不得采集"；第 14 条规定，"禁止征信机构采集个人的宗教信仰、基因、指纹、血型、疾病和病史信息以及法律、行政法规规定禁止采集的其他个人信息"。这两个条文虽然没有直接采用个人信息与敏感个人信息的表述，但也明显对二者进行了区分且对敏感个人信息的保护力度更大。最高人民法院 2016 年发布的《关于人民法院在互联网公布裁判文书的规定》第 10 条规定："人民法院在互联网公布裁判文书时，应当删除下列信息：（一）自然人的家庭住址、通讯方式、身份证号码、银行账号、健康状况、车牌号码、动产或不动产权属证书编号等个人信息……"这意味着相较于姓名、性别等信息，对自然人的家庭住址、通讯方式等特殊类型的个人信息进行了区别对待。《关于依法惩处侵害公民个人信息犯罪活动的通知》"二"规定，"公民个人信息包括公民的姓名、年龄、有效证件号码、婚姻状况、工作单位、学历、履历、家庭住址、电话号码等能够识别公民个人身份或者涉及公民个人隐私的信息、数据资料"。文件虽然没有对一般个人信息与敏感个人信息的本质差别完全准确把握，但"隐含着对个人信息进行区分之意"。③《草案》同样对敏感个人信息给予了高度关注，其在第 29—30 条分别规定了敏感个人信息的概念、种类以及相关的处理规则。不过，与《草案》不同，《民法

---

① 齐爱民：《拯救信息社会中的人格：个人信息保护法总论》，北京大学出版社 2009 年版，第 103 页。
② 齐爱民：《拯救信息社会中的人格：个人信息保护法总论》，北京大学出版社 2009 年版，第 103 页。
③ 参见胡文涛：《我国个人敏感信息界定之构想》，载《中国法学》2018 年第 5 期。

典》第 1034 条将个人信息分为私密信息和非私密信息,且"个人信息中的私密信息,适用有关隐私权的规定;没有规定的,适用有关个人信息保护的规定。"由此带来的问题是,《草案》中使用的敏感个人信息与《民法典》使用的私密信息是否具有相同的内涵?如果答案是否定的,那么敏感个人信息与私密信息的界限在哪里?如果答案是肯定的,那么《草案》为什么不采用与《民法典》相同的表述?

  对于这一问题,我国有学者认为,个人信息与敏感个人信息、私密信息与非私密信息的区分是草案与《民法典》基于不同的规范目的对个人信息所作的两种不同的分类,二者均有其重要意义,并不矛盾,就原因而言:一方面,个人信息与敏感个人信息是《草案》从规范个人信息处理行为的角度进行的一种重要分类,并在该区分的基础上针对信息处理者提出了不同的处理规则上的要求,从而有针对性地提高处理者在处理敏感信息时的法定义务,更加充分保护自然人的个人信息权益。由于敏感个人信息对于维护自然人的人身财产安全与人格尊严极为重要,该信息一旦泄露或被非法使用势必会对自然人的人身财产权益造成严重的侵害或损害,故此法律上对处理者处理此类信息有非常严格的要求。另一方面,私密信息和非私密信息则是从民事权益保护的角度即为正确区分隐私权与个人信息权益的保护方法而由《民法典》对个人信息进行的分类。根据《民法典》第 1034 条第 3 款的规定,由于私密信息属于个人隐私,因此对于私密信息的保护首先应该适用隐私权的规定,隐私权没有规定的,才适用个人信息保护的规定。这意味着区分私密信息和非私密信息的侧重点在于民事权益的类型与保护方法上的差异,而非如敏感个人信息与一般的个人信息那样是基于对信息处理者处理个人信息时的行为规范的不同所做的分类,两种划分的规范目的存在明显的区别。①

  由此来看,《草案》进行个人信息与敏感个人信息的分类有其内在依据,与《民法典》用语和表述上的差异也存在一定的合理性。但是,本文认为,就目前《草案》第 29 条的条文内容来看,还存在一些需要继续补充和完善的地方:首先,根据《草案》的规定,处理敏感个人信息需要具有特定的目的,但何为"特定的目的"是一个见仁见智的问题,在缺乏立法明文规定的情况下容易导致认定标准的模糊和泛化。从其他国家的立法来看,多采用"为了维护公共利益或者个人重大利益的目的""仅在存在法律所准许的普遍利益的情况下或在为统计或科研目的且不能识别数据所有者的情况下"等表述,也

---

① 参见程啸:《个人信息保护中的敏感信息与私密信息》,载《人民法院报》2020 年 11 月 19 日,第 5 版。

就是说，考虑到敏感个人信息对个人发展的重要意义以及对其进行特殊保护的需要，在设置例外规定时一定要尽可能具体、详细，尽量不要出现由于立法上的疏漏与不足而导致的司法适用难题，否则就会导致立法目的的实质落空。其次，《草案》中关于敏感个人信息的种类以及相关法条用语的科学性还需进一步提升。以生物识别信息为例，《草案》第29条第2款使用的是"个人生物特征"的表述，《民法典》第1034条第2款使用的是"生物识别信息"，《网络安全法》第76条第5项使用的是"个人生物识别信息"，《反恐怖法》第50条第1款与《出境入境管理法》第7条第1款使用的是"人体生物识别信息"。在《民法典》刚刚颁布的背景下，究竟采用哪一种表述更为合理，需要进一步的讨论。最后，由于敏感个人信息与一般的个人信息在处理规则上存在很大的差别，为了使得信息处理者能够有明确的行为准则，保持法律规定的明确性，有必要限定敏感个人信息的范围，不能任由个人或其他组织加以解释，因此宜将《草案》第29条第2款修改为"敏感个人信息是指一旦泄露、公开或者非法使用，可能导致个人受到歧视或者人身、财产安全受到严重危害的个人信息，包括生物识别信息、医疗健康信息、金融账户、个人行踪及其他依法确定的信息"。此外，随着手机、移动互联网等的广泛应用，用户浏览网页的日志、好友关系和地理位置等是否属于敏感个人信息存在较大的争议，有必要进行立法上的明确。

四、处理个人信息的"告知—同意原则"

正如上文所言，个人信息保护法作为"为发展而保护"型的保护法，目的在于保障个人信息安全的前提下促进其合理利用。这意味着，尽管个人信息的安宁状态值得立法保护，但是为了促进国家、社会发展，保持信息的高效流动与交换不仅必要，而且必须，在满足法律规定的条件时，就可以对个人信息加以处理——处理个人信息的"告知—同意原则"由此应运而生。[①] 例如，1970年世界上第一部个人信息保护立法——《德国黑森州信息法》便将"告知—同意原则"作为收集个人信息的基本原则予以确定。又如，在美国政府1973年成立的"关于个人数据自动系统的建议小组"（Advisory Committee on Automated Personal Data Systems）发布的"公平信息实践准则"报告中所确立

---

① 所谓"告知—同意原则"，是指"信息业者在收集个人信息之时，应当对信息主体就有关个人信息被收集、处理和利用的情况进行充分告知，并征得信息主体的明确同意"。参见张新宝：《个人信息收集：告知同意原则适用的限制》，载《比较法研究》2019年第6期。

的五项准则中便包含了"告知—同意原则"的内容①,该原则在此后美国个人信息保护立法中具有关键性作用,基本确立了美国个人信息保护的基本框架。② 近年来,随着全球信息社会的进一步发展,上述文件纷纷进行了现代化更新,但毫无例外均保留或强化了"告知—同意原则"的相关内容。例如,2012 年欧洲委员会修订了《关于个人数据自动处理过程中的个人保护公约》,对信息主体作出同意的意思表示进行了明确限制,即数据主体的同意必须是自由的、特定的、知晓的以及明确的、不含糊的接受。③ 由此可见,"告知—同意原则"自发端以来便成为为个人信息保护设置例外情况时需要遵循的基本原则,反映了权利主体对个人信息所享有的高度的自治权与自决权。从《草案》第 13 条和第 14 条的规定来看,也采用这种立法模式,将"告知—同意原则"作为处理个人信息的基本前提。

不过,尽管"告知—同意原则"已经成为当前多数国家法律规定的处理个人信息基本的前提条件,但由于信息技术的发展以及大数据时代所带来的冲击,该原则"所承担的责任已经超越了其所能,它并没给人们提供控制自己数据的有实际意义的方式"④,因而在实践操作中会不可避免地遇到困难,即所谓的"同意困境"。这些困境主要表现在以下方面⑤:首先,适用"告知—同意原则"的成本过于昂贵。这里的成本,一是个人信息处理者发出通知以获得权利人同意的成本,二是权利人作出同意或不同意意思表示的成本。以后者为例,由于权利人无论是作出同意还是不同意的意思表示,都必须建立在充分了解个人信息要被以何种方式进行处理以及利用的程度、潜在的风险等基础之上,因此,信息处理者就需要详细告知与个人信息处理相关的各方面内容(一般网站称其为"隐私声明"或"隐私政策")。根据来自雅虎网站的一份调查报告显示,只有不到 1% 的网站用户阅读了隐私政策,而如果大部分网站

---

① Records. Computers and the rights of Citizens report of the Secretary's Advisory Committee on Automated Personal Data Systems [EB/OL]. https://www.onacademic.com/detail/journal_1000008620776499_6224.html. 2020 年 12 月 1 日访问。

② 参见丁晓东:《论个人信息法律保护的思想渊源与基本原理——基于"公平信息实践"的分析》,载《现代法学》2019 年第 3 期。

③ See the CHAPTER II "Principles" (Article 5 – Article 8) of GDPR.

④ See Daniel J. Solove. Introduction: Privacy Self – Management and the Consent Dilemma [J]. Harv. L. Rev. 2013 (126): 1880.

⑤ 参见徐丽枝:《个人信息处理中同意原则适用的困境与破解思路》,载《图书情报知识》2017 年第 1 期。

用户详细阅读又将会花费令人惊讶的成本。① 其次，权利人作出同意选择的有效性值得怀疑。实践中存在个人对同意的选择较为随意的现象，个人信息的处理者获得权利主体的同意较为简单。② 例如，为了使用某款手机 App 而在该软件要求获取用户的姓名、性别、手机号码、地理位置等信息时随意打勾。尤其是在信息时代，信息自由流动的速度前所未有，甚至是不可控的，在个人信息被处理前，人们要预测将来可能发生的事实，在假设的未来情景里考量自己现在的选择，对一般人（甚至是专业人士）而言的难度较大。最后，正如有学者所指出的，国际社会及主要国家在个人信息保护立法时虽然强调个人信息的流通利用目的，但是因为传统个人信息保护或隐私保护理论过分强调个人信息的私人属性并将基本权利上的自治延伸至个人信息，导致个人信息由个人控制成为普遍接受的观念。事实上，个人信息具有公共属性，关涉他人和社会利益，个人信息的使用不应当由个人决定。③ 换言之，传统的个人信息个人控制理论是建立在个人主义观念下，忽视了个人信息的社会性、公共性，不仅不能全面反映个人信息的法律属性，而且不能适应大数据时代个人信息利用的新环境和新方式，这预示着个人信息保护应从个人控制走向社会控制。

从《草案》第 13 条、第 14 条、第 24 条以及第 39 条的规定来看，其也基本遵循了国际通行的处理个人信息的"告知—同意原则"，即"大数据时代，同意原则成为个人信息收集、使用最重要的合法性原则之一"④。但随之而来的问题是，《草案》应该通过什么样的途径来避免"同意困境"，以实现保护与利用兼顾的立法目的？对于这一问题，我国学者提出了不同的解决方法。第一种观点主张对同意原则进行重构。例如，有学者认为，上述问题并不能靠否定同意作为个人信息保护合法性和正当性基础地位的方式去解决，而是要通过重构同意规则的法律构造，通过更为精细、更为清晰的类型化塑造，来更好地平衡和协调个人信息保护和利用上的利益博弈⑤。第二种观点认为同意是处理

---

① See Fred H. Cate. The Failure of Fair Information Practice Principle [C]. Con-sumer Protection in The Age Of The Information Economy, 2006: 365.

② See Daniel J. Solove. Introduction: Privacy Self-Management and the Consent Dilemma [J]. Harv. L. Rev. 2013 (126): 1880.

③ 参见高富平：《个人信息保护：从个人控制到社会控制》，载《法学研究》2018 年第 3 期。

④ 江海洋：《论大数据时代侵犯公民个人信息罪之告知同意原则》，载《湖北社会科学》2020 年第 9 期。

⑤ 参见陆青：《个人信息保护中"同意"规则的规范构造》，载《武汉大学学报（哲学社会科学版）》2019 年第 5 期。

个人信息的基本原则，不能动辄修改，但可以对同意的模式加以调整。例如，有学者认为，就同意原则重塑的方法而言，应坚持以自主为核心价值，以保护与利用的平衡为理念，巧妙设计适应大数据需求的新型同意模式。应从整齐划一的同意向基于信息分类、场景化风险评估的分层同意转变，从一次性同意向持续的信息披露与动态同意转变，允许有条件的"宽泛同意＋退出权"模式。①第三种观点主张重新界定个人信息的属性，即在更广泛的范围内承认个人信息的"社会属性"，进而实现个人信息保护从"个人同意"到"社会控制"的转变。例如，有学者主张，人类进入大数据时代以后，应当以社会本位为"元理念"来构建一整套以良好秩序构建为首要目标、以多重价值平衡为价值取向、以风险多元治理为立法核心、以社会利益最大化为最终追求的个人信息保护法律体系。就大数据时代个人信息保护的制度变革而言，基于社会本位理念的个人信息保护法，将以行为规制模式为主要立法模式，以个案分析为主要运行模式，以公力、私力、社会救济并重作为主要救济模式。②

在本文看来，上述三种解决方法中哪一种更具有合理性取决于"告知—同意原则"的合法性基础。换言之，从《草案》第13条的规定来看，只有符合该条所列情形之一的，对个人信息的处理行为才是合法的、才是法律所允许的。但问题在于，个人信息处理者处理他人个人信息的行为，其合法性的基础究竟是什么？如果承认个人信息的权利属性（尤其是在承认个人对自己的个人信息的处理享有知情权和决定权的前提下），那么就应当认为，告知并取得权利人的同意是个人信息处理行为具有合法性的基石，这是基本的原则，也是目前国际社会的通行做法。至于法律、行政法规规定的特殊情形，则属于例外。事实上，这一点从《民法典》第1035条第1款第1项也可以看出。但是，从目前《草案》第13条第1款所采用的表述方式（列举式）来看，是将取得权利人同意与其他例外的情形相并列，这就导致取得权利人同意只是使处理行为具备合法性的诸多途径中的一种，明显弱化了"告知—同意原则"在决定个人信息处理行为是否具有合法性时的基础地位。其实，从相关立法表述的惯例来看，对于原则的规定往往就是一条，而对于例外的规定则会有很多条，例如《民法典》侵权责任编规定的归责原则就是过错责任原则，关于该原则的规定只有一款（即第1165条第1款），但是对于过错推定责任、无过错责任

---

① 参见田野：《大数据时代知情同意原则的困境与出路》，载《法制与社会发展》2018年第6期。

② 参见王怀勇、常宇豪：《个人信息保护的理念嬗变与制度变革》，载《法制与社会发展》2020年第6期。

这些例外的情形,则使用了很多条文,甚至可以说《民法典》侵权责任编的大部分条文都是对特殊侵权责任的规定。有鉴于此,本文认为,目前《草案》第 13 条的这种表述方式亟待改变、调整和完善,具体而言:

一方面,要改变目前第 13 条的立法模式,宜用一个独立的条款来规定处理个人信息的基本原则(即取得权利人同意),然后再另起其他条款来规定例外情形;另一方面,还需要对《草案》第 13 条第 2 项和第 4 项进行一定的修改和完善。就前者而言,宜修改为"为履行个人作为一方当事人的合同所必需"。之所以要删除该项中"为订立个人作为一方当事人的合同所必需"的表述,原因在于,如果这样规定,就会导致个人信息的处理者都可以此为由、无须取得权利人的同意而处理其个人信息。例如,就下载、使用、注册某款手机软件的行为而言,用户同意服务方提供的"用户协议"等并使用该款软件,实质上就是在和服务方订立合同,如果将这种行为也纳入视为已经取得了权利人同意的情形,那么"告知—同意原则"的基石也就随之分崩离析,对信息主体合法权利的保护也就无从谈起。从 GDPR 的规定来看,其第 6 条第 1 款(b)的表述是"处理是数据主体作为合同主体履行合同之必要,或者处理是因数据主体在签订合同前的请求而采取的必要措施"①,也就是说,必须是数据主体即自然人在签订合同前主动提出请求(相当于提前同意)处理者处理其个人信息。例如,某自然人要求健身房提供能够满足其个性化要求的健身套餐服务而主动将个人信息(如身高、体重、工作生活习惯等)提供给处理者。从目前《草案》第 13 条第 2 项的规定来看,显然是没有注意到这一点,直接规定"为订立或者履行个人作为一方当事人的合同所必需",不能对个人信息提供全面的保护。就后者而言,将"应对突发公共卫生事件"与"紧急情况下为保护自然人的生命健康和财产安全所必需"加以并列似乎不妥,因为二者的性质不尽相同。"应对突发公共卫生事件"是疫情防控,更多是为了维护公共利益,此时也应当是由政府机关作为个人信息的处理者。"紧急情况下为保护自然人的生命健康和财产安全所必需"是为了保护自然人的合法权益,是《民法典》第 182 条规定的紧急避险的具体化,实施该信息处理行为的主体既可能是组织也可能是个人,既可能是国家机关也可能是普通的民事主体,因此有必要进行区分规定。此外,"保护自然人的生命健康"的表述过于抽象,宜采用与《民法典》相同的"生命权、身体权和健康权"的表达方式。

---

① 原文是 "processing is necessary for the performance of a contract to which the data subject is party or in order to take steps at the request of the data subject prior to entering into a contract."

同时还应当将一般的财产安全排除在外，进而与《民法典》第1036条第2项中的"重大利益"保持一致。就具体的条文表述而言，建议将本项分为2项加以规定，即第4项"为抢险救灾、应对突发公共卫生事件所必需"，第5项"紧急情况下为保护自然人的生命权、身体权和健康权或者其他重大利益所必需"。

五、检察机关在侵犯个人信息案件中的公益诉讼职能

为了让个人信息的立法保护真正落到实处、形成常态化的保护机制，《草案》在第七章"法律责任"部分明确规定了违法处理个人信息需要承担的法律责任（如罚款、没收违法所得、吊销相关业务许可或者吊销营业执照等），这也符合权责一致的基本原理，原因在于，如果只规定个人信息受法律保护，而不同时规定相关的法律责任，就难以形成有效威慑。《草案》的这一规定值得肯定。与此同时，考虑到当前侵犯个人信息案件的特点，即一个案件中涉及的权利主体的数量往往是较为巨大的（甚至是海量的），而且可能会损害公共利益、危及公共安全，"侵犯个人信息犯罪所侵犯的信息早已突破'个人'的范畴，其所侵犯信息的公共性更加明显，事实上与公共安全甚至国家安全相关联。在几乎所有的非法获取个人信息案件中，涉案的信息数量往往十分巨大，少则几万条多则数百万条，有的甚至多达3亿多条。而且其所侵害的已经远远不限于个人的信息安全，很多情况下已经危害公共安全乃至国家安全"[①]。《草案》第66条特别规定，"个人信息处理者违反本法规定处理个人信息，侵害众多个人的权益的，人民检察院、履行个人信息保护职责的部门和国家网信部门确定的组织可以依法向人民法院提起诉讼"，即检察机关对于侵害众多个人信息安全权益的案件，可以行使公益诉讼职能。

检察机关提起公益诉讼源起于2014年10月23日中国共产党第十八届中央委员会第四次全体会议通过的《中共中央关于全面推进依法治国若干重大问题的决定》中提出的"探索建立检察机关提起公益诉讼制度"，经过地区试点，该制度目前已经成为检察机关行使法律监督职能的一种重要方式。从目前多数学者赞同的观点来看，检察公益诉讼制度的合理之处在于：首先，与作为国家权力主体的人大监督以及行政机关的内部监督等常态化的监督方式不同，检察机关以提起公益诉讼的方式来行使法律监督权，更多的是一种个案监督。考虑到社会生活的多样化和复杂性，以个案监督的方式行使法律监督权能够更

---

① 皮勇、王肃之：《大数据环境下侵犯个人信息犯罪的法益和危害行为问题》，载《海南大学学报（人文社会科学版）》2017年第5期。

好地实现检察权与社会需要之间的有效衔接。其次,检察机关作为行使国家法律监督权的独立主体,身份与定位上的中立性决定了其可以更客观、更公正地实现公益诉讼的保护目的,也可以在一定程度上改变我国行政诉讼欠缺客观诉讼功能、弥补公益保护主体缺位的现状。最后,检察机关肩负着对刑事案件进行审查起诉的重任,检察官普遍具有着较为丰富的诉讼经验,由他们提起、参与公益诉讼案件,既可以防止滥诉,又可以全面实现诉讼请求。① 概言之,"公益诉讼是检察职能新的增长点,承载了检察机关'公益代表'的责任和希望"②。

近年来,关于加快推进我国个人信息保护专门立法进程的声音越来越多,从理由来看主要集中在改善目前越来越严峻的侵犯个人信息的违法犯罪形势。例如,张新宝教授认为,"我国当前的个人信息保护框架失衡,既不能为自然人提供充分的个人信息权利保障,也无力满足市场对个人信息利用的合理需求,更因国际视野缺乏,无法在国际规则制定和跨境执法中发挥应有的作用"。③ 齐爱民教授同样认为,"在互联网和信息化时代,大数据技术快速发展,并在各领域得到广泛应用。但是,作为'大数据'的核心和基础数据,个人信息在被各类主体竞相挖掘和利用的同时,其保护不足的问题也日益凸显,因公民信息泄露带来的侵权问题、欺诈事件愈益严重"。④ 由此不难看出,之所以迫切需要出台专门的个人信息保护法,重要的目的之一就是为个人信息提供更为全面的立法保护(这也顺应了本文在第一部分提出的观点)。但是,对于一些数量动辄上百万、上千万,甚至是上亿的侵犯个人信息的案件,公民个人尽管是受害人,却难以单独对此提起诉讼。此外,根据2020年公安部公布的2019年以来公安机关侦破的10起侵犯公民个人信息违法犯罪典型案例的特征来看,"暗网"⑤ 已经成为买卖个人信息的主要渠道,因其与生俱来的隐

---

① 参见刘艺:《检察公益诉讼的司法实践与理论探索》,载《国家检察官学院学报》2017年第2期。

② 谢鹏程、陈磊:《检察理论:在职能深刻调整中砥砺前行》,载《检察日报》2019年1月9日,第3版。

③ 张新宝:《我国个人信息保护法立法主要矛盾研讨》,载《吉林大学社会科学学报》2018年第5期。

④ 齐爱民:《中华人民共和国个人信息保护法学者建议稿》,载《河北法学》2019年第1期。

⑤ 所谓"暗网",是指那些存储在网络数据库里、但不能通过超链接访问而需要通过动态网页技术访问的资源集合。

匿性特征，成为被不法分子广泛运用于网络犯罪的工具。① 面对"暗网"，公民个人想要通过提起诉讼的方式来维护自己的个人信息权，其中的难度可想而知（如没有明确的被告人、繁重的举证责任和较高的举证难度），个人信息权受保护的需求与司法资源供给不足之间的矛盾日益激化。从现有的法律规范来看，检察公益诉讼主要集中在生态环境和资源保护、食品药品安全、国有财产保护、国有土地使用权出让管理、英烈名誉荣誉保护等领域，但正如前文所言，鉴于当前社会的实际需要以及检察公益诉讼制度发挥的积极作用，应当积极拓展检察公益诉讼的案件范围，拓展检察公益诉讼中公共利益的范围，对公共利益的维度、公共利益的时空、公共利益的类型、公共利益的考量方式等进行拓展性解释。② 从这一立场出发，考虑到个人信息对个人、社会和国家发展的重要价值，将一些涉案人数较多、受侵害个人信息数量巨大、社会影响较为恶劣的案件纳入检察公益诉讼的范围，既具有理论价值，更具有实践意义。《草案》第 66 条的规定基本满足了人们对个人信息保护法的期待。在未来的立法过程中，应进一步细化规定检察机关就侵犯个人信息案件提起公益诉讼的实体与程序问题，使个人信息保护法的立法目的真正落到实处，以回应社会关切。

---

① 参见微信公众号"信通院互联网法律研究中心"2020 年 4 月 23 日的推送文章《侵犯公民个人信息违法犯罪典型案例简析》。

② 参见谢鹏程、陈磊：《检察学：围绕"四大检察"解新题答难题》，载《检察日报》2020 年 1 月 6 日，第 3 版。

论侵犯公民个人信息罪的"非法获取"

但 伟 陈 峰[*]

内容摘要

网络时代，数据已经成为一种新型生产要素，而作为数据的源头公民个人信息的价值也不断扩容。正因如此，公民个人信息成为违法犯罪者觊觎的目标。侵犯公民个人信息罪是刑法介入公民个人信息保护的支点罪名，而非法获取公民个人信息是侵犯公民个人信息行为的源头行为。因而，非法获取的认定是准确适用侵犯公民个人信息罪的关键点之一。侵犯公民个人信息罪"非法获取"的司法判断应当跳脱出刑法学科的藩篱，特别是在个人信息保护写入《民法典》的时代背景之下，应当运用刑民一体化思维对"非法获取"进行判断。在民事法场域，知情同意权是个人信息收集语境下的"帝王条款"，正在审议的《个人信息保护法（草案）》仍将知情同意作为个人信息获取的基底性原则。不可否认，在大数据、人工智能等网络技术的冲击下，知情同意权面临功能失灵的窘境：在知情权方面，信息主体的自我放弃、告知文本的友好度不佳及大数据算法非线性运行模式造成的不可知性使得形式告知与实质知情之间形成巨大鸿沟；在同意权方面，信息收集者设置的"不选即走"模式和个人信息的外部可得性使得同意的价值变得稀薄。但即便如此，也不宜采用弱同意制度，试图将个人信息的保护防线后撤至选择退出或惩治滥用行为的思路会导致个人信息保护的系统性崩塌。友好界面制度、目的限制制度、区分授权制度和敏感分级制度等优化方案虽各有缺陷，但精打细磨之下的程序限制至少增加了信息收集者的违法成本。总之，侵犯公民个人信息罪"非法获取"的违法性判断不能径行放弃知情同意权，反而应当在知情同意权的基础上找寻破解之策。

我国已经构筑起民事、行政、刑事逐层递进式的规制阶梯，刑法作为保护

---

[*] 但伟，最高人民检察院检察理论研究所研究员；陈峰，西南政法大学博士研究生。

个人信息的最后手段当然不能袖手旁观。这就是需要刑事裁判者深入介入专业领域，重点审查信息主体同意有效性，从程序和实体两个维度探索刑事司法强化知情同意权的路径。从刑事诉讼程序维度看，在控方履行先期举证义务的前提下，确立信息收集者的合规证明义务。刑事诉讼为贯彻无罪推定原则，公诉机关负有当然的举证责任。但随着刑事证明责任理论的发展，"原则＋例外"的新型刑事诉讼证明模式逐渐成为理论新潮。所谓"例外"就是被告人在某些情况下也应当承担相应的举证责任。侵犯公民个人信息罪中"非法获取"的证明责任就应当建立动态分配模式：首先，控方应当履行先期举证义务，证明信息收集者在未尊重信息主体知情同意权的情况下收集其个人信息；其次，在控方证明信息收集者收集个人信息不合规后，信息收集者则需证明其收集行为符合知情同意的相关规定方可免责。如此分配，既能对信息收集者形成诉讼威慑，又符合信息收集者与公诉机关之间的专业能力，还能促进信息留痕技术的革新。从刑事实体法维度看，裁判者应当确立从形式审查到实质审查的裁判思路。刑事司法系统则应借助案例指导制度逐步磨合出个人信息收集合法性的裁判规则体系。在形式审查时，首先，判断信息收集者的收集行为是否符合敏感度分级的限制措施；其次，判断信息收集者设计的交互界面是否友好，是否达到易得、通俗、具体、提示的标准；最后，判断信息收集者收集个人信息的范围是否超出收集目的的限制。在实质审查时，应基于场景理论，将"敏感—非敏感信息""必要—非必要收集"等核心术语的实质标准评判转化为具体场景中的风险度，并根据风险度的高低得出个人信息收集是否合理的结论。场景理论的最大优势是能够实现"具体问题具体分析"，从而实现个案正义，而它的最大缺陷也是难以划定统一的裁判标准。因此，只能以案例的形式逐步构筑起个人信息收集的规则体系，即便付出巨大的司法成本和制度成本。

大数据时代，公民个人信息的保护不仅与个人的人格尊严和财产利益休戚相关，而且直接关涉数字产业的发展前景及国家和社会公益。正是因为公民个人信息所蕴藏的巨大的人格价值、经济价值和安全价值等，其成为不法者窥视的对象。为此，国家设置民事、行政、刑事逐层递进的规制阶梯试图保护公民的个人信息。特别是《民法典》的出台，为公民个人信息正名、赋权，成为公民个人信息法律保护的里程碑。民法是私法，刑法是公法，公法与私法的融合与互嵌已成为当今法治进程中的重要法现象。在此背景下，公民个人信息的刑法保护应跟进民法典的立法构造与制度安排，特别是在侵犯公民个人信息罪"非法获取"的判断方面。因为收集个人信息行为是个人信息利用的源头行为，源头治理的法律失灵必然产生波及效应直接导致个人信息保护的系统性坍塌。侵犯公民个人信息罪中"非法获取"的判断应当采用民刑一体化的思维，形成独具中国特色的公民个人信息刑法保护的全新模式。

一、知情同意：获取个人信息违法性判断的核心要素

民法领域将知情同意权制度作为不同法域间获取个人信息的"公因式"，其作为规范收集个人信息行为的基底性制度发挥着重要的法律效能。虽然在网络时代，大数据、人工智能等创新技术冲击使得知情同意权制度正面临失灵风险，但从世界各国个人信息保护立法看，知情同意权制度仍是获取公民个人信息的主流制度。我国的《个人信息保护法（草案）》亦肯定了知情同意是获取公民个人信息的合法性前提。因此，在判断获取公民个人信息的刑事违法性时，应当融合民事领域的最新理论成果，形成顺应大数据时代的违法性判断标准。

知情同意（informed consent），指某人在被充分告知作出明知决定所需事实的基础上，同意为某事。[1]"告知—同意"或"通知—选择"都是与其内涵相近的表达。知情同意权起始于医患关系语境，司法判例可以溯源至1914年的 Schloendorff v. Society of New York Hospital 案[2]。著名法官卡多佐在判词中写道："每一个成年的心智健全的人都有权利自主决定如何处置自己的身体，医生未经患者同意就进行手术构成侵袭（assault），并应因此负赔偿责任。"[3] 至今，知情同意仍然是医患法律关系的基石。知情同意制度以其独特的优势迅速向其他领域延展，及至个人信息保护领域，并得到各国法尊崇与确认。在个人信息保护的语境下，知情同意权是指信息收集者应当充分告知收集个人信息的目的、方式、内容等事项，信息主体具有是否同意收集的权利。个人信息保护是信息社会的焦点问题。对个人信息保护而言，知情同意原则具有"帝王条款"的意义，恰如意思自治原则在民法中的地位。[4]

知情同意权之所以能获得如此显赫的法律地位，与其背后的法哲学原理和立法支撑密不可分。首先，知情同意权根植于最具普世价值的自由。洛克在《政府论》中写道："一切自然人都是自由的，除他自己同意以外，无论什么

---

[1] 薛波：《原照英美法词典》，北京大学出版社2014年版，第693页。

[2] 本案中，原告 Schloendorff 到医院检查胃痛，医生建议使用麻醉后检查。原告同意检查，但明确表示不愿意手术。医生在检查中发现一个肿瘤，于是直接将肿瘤切除。事后，原告提起诉讼。

[3] 田野：《大数据时代知情同意原则的困境与出路》，载《法制与社会发展》2018年第6期。

[4] 齐爱民：《信息法原论》，武汉大学出版社2010年版，第58页。

事情都不能使他受制于任何世俗的权力。"① 当然，自由是相对的，当个人自由危及公共利益或他人合法利益时，个人的自由克减就获得了正当性根据。但在常态法治下，个人对私有财物享有自主决定权无可非议。而个人信息的生成源自个人出生，终于个人消亡，是与个人紧密相连的生成物。个人信息所独有的人格价值决定了个人对个人信息具有自主决定的权利。"我的信息我做主"，即使在网络时代，信息自决仍然是自由的表达方式之一。其次，知情同意权与私法的意思自治具有极高的理论契合度。蕴含抽象哲学价值自由的知情同意权要实现法律"变现"，还需要民法原则上的支撑点，而作为民法灵魂的意思自治原则与知情同意权高度契合。易言之，知情同意权是民法意思自治原则在个人信息保护领域的具体表达。在个人信息收集语境下，"告知"其实是信息收集者发出的要约行为。"同意"是信息主体的承诺行为，同意的实现意味着双方合意的达成。意思自治肯定了心智健全的成年人享有自主决定私法领域事务并对其行为选择负责。同样，知情同意权保障了个人对个人信息的绝对掌控力，并对自己是否输出个人信息的选择负责。因为从绝对理性的视角看，个人才是自身利益的最佳维护者，个人也是自身选择行为的第一责任人。知情同意权所涵摄的自由价值、意思自治理念使其成为域内外各大法系在个人信息保护中被普遍认可的制度规则。

二、时代困局：大数据时代知情同意的现实窘境

知情同意权在前网络时代备受推崇，直到其遭遇大数据和人工智能，而知情同意权的失灵风险为获取公民个人信息的刑事违法性判断提出了新的挑战。刑事违法性的判断是否应当放弃知情同意的判断标准而另辟蹊径，抑或固守知情同意，而通过其他制度的加持消解知情同意所面临的时代难题。这一问题是判断侵犯公民个人信息罪中"非法获取"的基础性命题。而回答这一问题，首先要从知情同意权所面临的时代困局入手，再行判断民事领域最新解决方案的具体成效，从而得出答案。

（一）知情同意权的功能困境

网络技术的更新迭代不断裹挟着人类向未知领域前行，改变着人类的生存、生活、工作、交际等方方面面。大数据、人工智能等科技创新源于以个人信息为素材的算法的更迭，因此，网络技术的发展必然深刻影响着个人信息的

---

① ［英］洛克：《政府论》（下篇），叶启芳、瞿菊农译，商务印书馆2013年版，第74页。

内涵、获取路径、使用方式、保护方式等。知情同意权生成和发展于前网络时代，网络科技已使得知情同意的社会坐标系发展代际变迁，社会基础的改变必然会使知情同意权面临功能困局。

1. 知情权困境

知情是同意的逻辑前提，未被充分告知情境下作出的同意表示的真实性与合法性存疑。因为信息收集者与信息主体之间在信息占有量上存在明显的力量不对称，知情权的确立意在弥合二者之间的力量落差。但在大数据、人工智能时代，知情权正面临塌陷风险，在形式告知与实质知情之间逐渐形成了看不见的鸿沟。第一，信息主体对知情权的自我放弃。知情权假定的理论起点是信息主体能理性、主动地了解隐私政策等文本。但事实上，信息主体多以非理性、盲目乐观、习以为常的心态出现在社会生活中，对信息收集告知条款的关注度极低。据相关报道，对于"隐私条款是逐字逐句阅读，还是快速按下同意键"，表示会细读相关条款的投票网友比例为零。52.9%的投票网友选择"快速按下同意键"，而有47.1%的投票网友则会稍加浏览再同意。[①] 信息主体对隐私条款等告知文本的消极应对，使得"不看""懒得看"的惯性思维横行，知情权的第一道关卡失守。第二，告知文本的用户友好度不佳。告知文本的易得、易读通常与同意的概率呈负相关。因此，信息收集者会利用专业、信息和技术等优势掏空隐私条款的告知功能。例如，只在 App 登录首次提供隐私条款，事后无法再次查看，以此躲避用户的再度审查；使用冗长的文字表述或高频次的告知，消磨信息主体的阅读耐心，促其作出概括同意的意思表示；利用专业鸿沟，设计艰深、晦涩的告知文本，造成信息主体"看也看不懂"的窘境。第三，大数据技术目的事项的不可知性。大数据技术的背后是算法的运行，算法之下不同数据的聚合将产出远超信息主体甚至信息收集者的理解能力和预设初衷。也就是说，大数据技术下的产出颇有些不可知论的色彩。大数据的非线性部分使得信息收集者无法提供清晰、具体、确定的告知事项，因此只能提供"改善用户体验""保护用户信息安全""产品提档升级"等模糊表述。而如此模糊的告知内容使得信息主体即使细致阅读也无法准确了解信息收集目的，陷入"看了也白看"的困局之中。信息主体的自我放弃可以随着信息主体对信息安全意识的觉醒而有所改善，告知文本的用户友好度差可以通过行政权力对告知文本易得性、易读性的加持而逐步改观。而大数据技术的暗箱模式使得收集信息的目的由明确变模糊，不可知的信息收集目的是技术给知情

---

① 吴梦姗、田姣：《嘴上重视行动轻忽？会细读隐私条款的网友比例为0》，载《南方都市报》2020年1月20日。

权带来的时代难题。

2. 同意权困境

同意权凸显信息主体对个人信息的主导地位，印证其具有控制信息和决定信息转移的权利。在前网络时代，个人信息的收集多以"一对一""面对面"的方式进行，信息主体多以签字捺印的方式表达同意，其真实性相对较高。但网络时代使得信息收集的同意权表达方式发生巨变，"一对多"（如一款 App 面向多个用户）成为个人信息收集方式的主流。屏幕点击成为表达同意权的方式，而交互界面、告知方式、同意方式等方面的变化使得同意真实性判断面临时代挑战。第一，信息收集者的缔约优势使得信息主体只能做"同意或离开"的单选题。在现代生活中，特别是 App 使用语境下，获取个人信息几乎成为提供服务的必选项。网络平台凭借其独特产品服务或市场支配地位，设置了"不选即走"的选择模式。一旦信息主体拒绝平台对个人信息的收集则无法使用平台的基本功能，在此情形下，信息主体只能被迫同意，同意权的实质效能被掏空。第二，个人信息的外部可得性使得信息主体丧失了拒绝的自由。拒绝为自由注入了灵魂，当拒绝的效果与不拒绝相差无几时，拒绝就丧失了现实意义。而大数据、人工智能等新型网络技术所蕴含的超强算力使得信息主体的拒绝形同虚设。因为收集者有能力通过已获得的他人信息来推断信息主体的个人信息。可见，在强大的计算面前，拒绝正逐步丧失其应有的效能，同意的价值也就变得稀薄。总之，信息收集者的缔约优势逐步蚕食了信息主体的拒绝的权利，同时，超强算力面前的拒绝无效从另一方面对信息主体的同意权形成夹击，导致同意权的名存实亡。

知情同意权在网络时代面临功能困境甚至失效风险已是不争的事实，究其原因：一是大数据算法的特殊运算模式带来的技术原因。大数据采用非线性、非相关性的挖掘方式，信息收集者对大数据运算的结果也并不明知。在此情形下，法律除了限制相关算法的适用范围、明确信息收集者的安全保管或销毁义务外，还真缺乏有效的法律工具。如果法律强行介入，必然对大数据、人工智能等新兴技术转向"保守"，遏制了技术创新和产业创新。二是信息收集者与信息主体之间客观存在的权力势差。在给定的社会关系中，主体间的抽象法律地位平等，信息水平、技术能力、需求弹性、社会权力等决定谈判筹码的因素却有势差。[①] 信息收集者与信息主体之间就存在巨大的势差鸿沟，信息收集者可以利用信息不对称、技术水平等优势设定对己有利的个人信息收集的"游

---

① 林凯、张建肖：《知情同意权的功能失灵与应对——兼评〈数据安全管理办法（征求意见稿）〉相关规定》，载《中国应用法学》2020 年第 2 期。

戏规则",弱化信息主体的知情权,变相剥夺其同意权,从而使同意收集的意思表达徒具形式。而这种权力势差的存在,也为法律留下了作为空间。

(二)知情同意权的优化方案

大数据算法的不可预知性、外部可得性等技术因素,法律只能在鼓励创新与安全保守之间作出选择,而在大数据、人工智能发展已成潮流的时代背景下,法律只能退守,为技术创新留足空间。因此,完善知情同意权的法律舞台更多是规制信息收集者与信息主体之间的权力势差。弥合两者势差的路径有二:一是放弃对信息收集者与信息主体在知情同意方面的势差修正,将规制重点置于信息收集后的使用行为;二是在承认知情同意势差的基础上,通过对信息主体的非对称赋权,缩减其与信息收集者的力量差。两条路径均有不同的探索者,并提出了相关论断。

1. 弱势同意制度

该制度认为,在大数据时代固守个人信息知情同意权的至高体系地位会导致数据流通受阻和价值减损,所以应当采取以退为进的策略,适度放弃对知情同意权的执着。有学者提出,"弱同意"的规范结构为"情境合理+拟制同意=合法处理",其中拟制同意化解了"强同意"因僵硬适用和过高标准所带来的有效性困境,情境合理测试则充分吸收了场景理念和风险认知。① 其实质是将场景合理作为个人信息获取的合法性事由,在此场景下,信息收集者无须征得信息主体的明示同意,从而使明示同意的适用范围得以限缩。

通过赋予信息主体退出权或惩治数据滥用行为实现个人信息的保护。还有学者提出合法利益豁免理论。当数据处理为实现数据控制者或第三方的合法利益所必需时,数据控制者可通过一个平衡测试证明其使用利益高于数据主体利益,使其无须取得数据主体同意也可对数据主体个人信息进行处理。② 弱势同意制度通过默示同意或拟制同意的方法修正知情同意在获取个人信息中的体系地位。为了防止个人信息保护力度的削弱,学者们也提出了不同方法:一是赋予信息主体反对权。信息主体声明"选择退出"对其个人信息的处理,即得基于特定的反对权对抗信息处理者,使自己从信息收集对象中被排除。③ 二是个人信息的保护从获取退守至使用,将滥用行为作为规制重心。建立"谁使用谁负责"的"使用者责任"机制,对于引发一定风险的个人信息处理行为,

---

① 蔡星月:《数据主体的"弱同意"及其规范结构》,载《比较法研究》2019年第4期。
② 谢琳:《大数据时代个人信息使用的合法利益豁免》,载《政法论坛》2019年第1期。
③ 冯恺:《个人信息"选择退出"机制的检视和反思》,载《环球法律评论》2020年第4期。

均统一进行风险评估以确定相应的保障责任,而不论机构是否与用户有直接联系。①

弱势同意制度是基于大数据、人工智能等网络技术给知情同意权带来的困局而作出的现实选择。但是,弱势同意制度将会对个人信息保护造成颠覆性影响:一是个人信息保护防线后撤,将加速收集行为的"源头污染"。收集个人数据是个人信息利用的源头,放弃源头治理,仅依靠主动退出或规制利用理性,其效果并不值得期待。二是规制重心的转移可能是制度成本不减反增。个人信息应用场景的多元化使得执法机关必须纠缠于无尽的场景是否合理的判断之中。即便如此,也难以保证个人信息违法处理"黑数"被悉数捕获。三是场景合理的不确定性为大数据产业合规发展带来变数,或是大数据产业利用其专业优势,获得场景合理的实质解释权,则信息收集者与信息主体之间的权力势差将进一步拉大,或是公权力紧握场景合理的判断权,那么,违法抑或犯罪的"达摩克利斯之剑"可能会高悬于大数据产业之上,对产业发展形成掣肘。

2. 友好告知制度

此优化方案是在肯定知情同意权在个人信息保护的基础性体系地位的前提下,以改善信息主体的知情权为目的,解决告知文本的易得性、可读性问题。具体规则有:(1)易得。文本应易于发现、访问,方便重复查看。(2)通俗。文本用语简练易懂,方便非专业人士阅读。(3)具体。文本应就收集使用个人数据的目的、种类、数量等作出明确而具体的表述。(4)提示。文本中应对重要事项作出标示,以利于用户重点阅读。此外,还有简明、个性化等其他维度的具体规则。友好告知制度能够体现信息收集者对信息主体的善意,在一定程度上减缩新兴网络技术与知情权之间的张力。

但是,友好告知制度并不能完全解决网络时代知情同意权所面临的困境:一是友好告知制度只是对知情权的改善,对同意权的实质化并无裨益。二是友好告知制度的多元目标之间存在不协调之处,集中体现在通俗与具体之间的冲突。通俗要求简短,但具体要求全面,二者存在一定的负相关;通俗要求易懂,而具体又不可避免的掺杂专业术语,造成用语晦涩。三是在文本阅读率畸低的当下,告知文本的改善虽然能一定程度提升用户的阅读意愿,但提升度有限。

3. 目的限制制度

在个人信息收集阶段的目的限制制度可以细分为三个层次:一是信息收集

---

① 刘迎霜:《大数据时代个人信息保护再思考——以大数据产业发展之公共福利为视角》,载《社会科学》2019年第3期。

者有明确、合法的目的。个人信息收集目的应在收集之前予以明确，而且应当明确具体，具有辨识度。过于含糊的目的，诸如"改进用户体验""保障产品及用户安全"等表述并不符合明确性要求。二是收集目的在事先被告知信息主体。[1] 目的明确要求信息控制主体在收集个人信息之前应告知收集、使用个人信息的目的。如此才能保障信息主体的知情权，并在对收集后果有明确预期的前提下作出是否同意被收集决断。三是收集个人信息范围为实现目的所必需。收集数据的必要性是目的限制制度的核心。收集者超过实现功能所必须的范围收集个人数据，譬如，信息收集者的目的是实现 A 功能，却收集了 a、b 两个数据，而 a 数据的运用足以实现 A 功能，那么，对 b 数据的收集就有违目的限制规则。

目的限制制度加重了信息收集者在明确收集目的、证明数据必要性等方面的义务，对慑止其数据收集失范、失序问题有一定功效。但该制度实现困难：一是目的明确性要求与大数据的不可预期性存在内在冲突。算法之下的数据聚合能够产生多样的运算结果，而这些结果在事先并不能完整地、准确地认知，这种大数据非线性运行模式下产生的不可预期性与目的限制制度的明确性要求相悖。二是个人信息收集必要性的标准不明。判断个人信息收集的必要性是贯彻目的限制制度最为关键的一步。数据收集者通常拥有专业背景，可能会利用专业槽争夺公众甚至司法对必要性的解释权，而一旦必要性的解释过于宽泛，那目的限制的制度核心将会被掏空。

4. 区分授权制度

区分授权制度与一揽子授权制度相反，拟通过对核心功能与非核心功能的划分，采取分别缔约、授权的方式收集个人信息，从而改变信息主体"不选即走"的选择困局。区分授权制度赋予信息主体拒绝收集的自由，但该自由的实现需要有如下方面的保障：一是信息主体拒绝后，信息收集者的服务体验度不降低。因为一旦信息收集者根据信息主体赋权程度提供相异服务，则会使信息主体陷入被迫选择的境地。二是核心—非核心功能区分得当。核心业务与非核心业务的区分是实施区分授权制度的前提，一旦二者含混不清，则会造成数据收集范围的混乱。三是核心功能所需个人信息的收集不能过线。区分授权制度要求个人信息的收集以核心功能的必须为限，否则就可能进入过度收集的范畴。

区分授权制度是弥合个人信息收集者与信息主体之前权力势差的突破性制

---

[1] 梁泽宇：《个人信息保护中目的限制原则的解释与适用》，载《比较法研究》2018 年第 5 期。

度，其实施难点在于信息收集者的刻意规避。譬如，信息收集者遵从保留核心功能的要求，但降低用户的体验感；以核心功能的实现需要交叉调用多种个人信息为由，淡化核心功能与非核心功能的区分；利用技术"黑箱"，假借核心功能之名收集非核心功能所需的个人数据。

5. 敏感分级制度

敏感分级制度是根据敏感程度的差异，将多样的个人信息划分为不同的等级，并辅之以严宽有序的保护措施。其意义在于打破了过往个人信息"隐私—非隐私"的二元分类模式，相应的保护手段也更加多元，更利于个人信息的差异化保护。从操作步骤上看，敏感度分级制度可以分为两大部分：一是准确认定个人信息的敏感度。敏感程度与保护力度呈正相关，敏感程度的误差将会直接导致保护力度的错配，影响个人信息保护的整体效能。二是根据敏感度施以适当的保护力度。公民个人信息保护力度的拿捏也至关重要，力度过弱会导致失范行为的违法成本过低，力度过强又会限制个人信息的合理利用。

敏感度分级制度是一项有着重要意义的个人信息保护制度，但它同样面临适用难题，其中最为突出的是个人信息敏感度的度量问题。不同地域、不同文化、不同观念等要素都会对个人信息的敏感度产生实质影响。即使在敏感度分级制度较早实施的欧美国家也无法列出清晰明确并得到广泛认可的敏感度清单。

总之，信息收集者与信息主体之间存有权力势差已是不争事实，而以弱势同意制度为代表的承认势差、重点后移路径很可能加剧个人信息收集的乱象，司法标准的调适也会付出的制度成本。因此，通过内部机制的加固来完善知情同意权的功能缺陷似乎是不二之选，《个人信息保护法（草案）》也是采用的此种方案。友好界面制度、目的限制制度、区分授权制度和敏感分级制度虽然仍存在自身缺陷，但都在不同维度对知情同意权的实现具有功效，至少精打细磨之下的程序限制增加了信息收集者的违法成本。也就是说，知情同意权仍是大数据时代收集个人信息的最优方式，基于此，侵犯公民个人信息罪中"非法获取"的刑事违法性判断也应继续建立于知情同意权之上。

三、程序突破：个人信息收集者的合规证明责任

诉讼是法治社会纠纷解决的最终方案，个人信息收集合法性的判断最终将交予司法者裁断，而刑法作为最严厉、最后性的手段，侵犯公民个人信息罪的适用将为公民个人信息的收集合法性划定最终的红线。故而，在知情同意权面临如此时代困局之时，司法者应当采取怎样的心证路径显得尤为重要。人工智能时代，知情同意权失灵是数据时代所产生的信息收集者与信息主体巨大权力

势差下的必然。友好界面制度、目的限制制度等方案实质上是以行政性的方式为信息收集者增义务，为信息主体赋权利，从而限缩二者之间的势差，因为信息主体的私力救济力度有限，只能依靠公权的引入。行政权的引入能够改变势差格局，但由于网络技术迭代频繁、个人信息应用场景多样，行政主体与信息收集者、信息主体等在"必要—非必要收集""核心—非核心功能""敏感—非敏感信息"的解释上发生争议。此时，作为最后手段的司法不能袖手旁观，而是需要深入介入专业领域，重点审查信息主体同意有效性，从程序和实体两个维度探索司法强化知情同意权的路径。鉴于信息收集者与信息主体之间巨大权力势差的客观现实，司法者首先应当从证明责任的分配入手对个人信息收集者的收集合法性进行判定。

从民事诉讼维度看，证明责任，又称举证责任、举证证明责任，常被认为是"民事诉讼的脊梁"，足见其重要性。德国刑法理论将证明责任分为主观证明责任和客观证明责任。主观证明责任，是指当事人就提出的有利于自己的事实，负有向法院提供证据证明的责任。① 主观证明责任立足于当事人视角，解决的是"哪一方当事人应当对具体的要件事实举证"② 的问题。客观证明责任是指在事实真伪不明又不能拒绝裁判时，法官作出裁判所依据的证明责任规则。客观证明责任立足于裁判者视角，将证明责任定性为事实真伪不明时的诉讼风险分配规则，更能揭示证明责任的本质，但立法者和实务者更多的是从主观证明责任的意义上使用证明责任一词，并将证明责任具化为证明责任分配的相关法律规范。回至个人信息侵权领域，获取个人信息合法性的证明有两种进路选择：一是信息主体的证明进路。"谁主张谁举证"是证明责任分配的基本原则，最高人民法院《关于适用〈中华人民共和国民事诉讼法〉的解释》第91条是该原则的法律表达，要求权利受到妨害的当事人对基本事实承担举证责任。因此，信息主体应当举证证明信息收集者在其未知情同意的情况下，非法获取了其个人信息。二是信息收集者的证明进路。考虑到个人信息侵权案件中，信息主体与信息收集者在举证能力、证明妨碍等方面存有巨大势差，该类案件的证明责任分配应突破"谁主张谁举证"的常规路径，以例外的方式加重信息收集者的举证责任。目前两种进路都已经在司法实践中出现，并呈现截

---

① 李浩：《证明责任的概念——实务与理论的背离》，载《当代法学》2017年第5期。
② ［德］汉斯·普维庭：《现代证明责任问题》，吴越译，法律出版社2000年版，第10页。

然相反的裁判结果。①

但从传统的刑事诉讼维度看,刑事诉讼应当贯彻无罪推定原则,公诉机关当然地负有举证责任。我国《刑事诉讼法》第51条规定:"公诉案件中被告人有罪的举证责任由人民检察院承担,自诉案件中被告人有罪的举证责任由自诉人承担。"公诉机关承担举证责任是无罪推定原则与不得强迫自证其罪原则的具体表达,也是刑事诉讼法治现代化的关键标识。但随着刑事证明责任理论的发展,学者们不再满足于公权力机关独揽证明责任的单一证明模式,而是依托越发复杂的刑事案件事实,探索"原则+例外"的新型刑事诉讼证明模式。所谓"例外"就是被告人在某些情况下也应当承担相应的举证责任。可以说,刑事诉讼举证责任"例外"的出现对现代刑事诉讼法治根基具有触动作用,因而饱受争议,形成了肯定说与否定说的理论争鸣。否定论者认为,刑事证明的本质在于有罪事实的证明,或者举证责任之责任行为所指向的对象是有罪证据而非一切证据这一本质出发,可以得出被告人无须承担证明责任之结论。②还有学者从我国传统的四要件犯罪构成理论推导出被告人不应承担证明责任。因为,四要件犯罪构成是由客体、客观方面、主体、主观方面组成的平面耦合式封闭型结构。要认定被告人的行为是否构成犯罪,这四大实质性要件必须同时具备,缺一不可,即无法将消极的评价以"排除犯罪性事由"的要件形式予以独立。③还有学者认为,从目前我国的刑事司法现实来看,贸然承认被告人承担部分举证责任将会危及现代刑事法治的根基。即使在普通的刑事案件中,无罪推定原则下的疑罪从无规则都难以得到司法的尊重与贯彻,如此情况下再明确要求被告人就所谓的"积极抗辩事由"而外承担说服责任,势必进一步弱化被告人的辩护能力与程序应对资源,令本应予以矫正的疑罪从有或者疑罪从轻的司法实务操作合法化,这无疑是难以令人接受的。④

但肯定论者认为,无罪推定原则的确立标志着控方承担举证责任应当作为一般性原则,但这并不意味着不允许例外的存在,并从各种视角论证被告人承担证明责任的现实需要与合理性。刑事诉讼中一般由控诉方承担证明责任,但对于量刑事实、非法证据排除、程序性事实、积极抗辩的事实和证明责任倒置

---

① 从北京市第一中级人民法院(2017)京01民终509号判决书可以看出,一审法院采用的是信息主体证明进路,判决驳回原告的诉讼请求,而二审法院采用的是信息收集者证明路径,改判侵权事实成立,被告承担侵权责任。

② 欧卫安:《论刑事被告人的证明责任及其履行——以积极辩护为中心》,载《法学评论》2018年第5期。

③ 孙皓:《论刑事诉讼中精神病问题的证明责任分配》,载《法学杂志》2017年第1期。

④ 李昌盛:《积极抗辩事由的证明责任:误解与澄清》,载《法学研究》2016年第2期。

的事实由辩护方证明。辩护方特定情形承担证明责任，体现了证明责任转移、倒置和推定的要求，没有违反无罪推定原则和不被强迫自证其罪规则。① 还有学者注意到，在目前我国法学理论研究中有将无罪推定原则意识形态化的倾向，即往往将刑事诉讼中被告人承担证明责任的问题与人权保障失范及强迫被告人自证其罪联系起来。这种认识实乃混淆证明责任之重大误解，实际上并不能为刑事诉讼中的被告人谋取任何实质利益，基本上不具有可操作性。②

其实，刑事诉讼中的证明责任分配并非静态的，因为刑事诉讼本身就是一个动态发展的过程。从这一角度看，控方承担绝对性的举证责任就与逻辑理性和司法现实不符。首先需要肯定的是，无罪推定原则决定了在一般情况下控方应当承担举证责任，这一点毋庸置疑，也不容动摇，否则就会对现代刑事法治造成毁灭性打击，这就决定了控方必须先期证明义务。但随着证明活动的推进，控方完成了适当的举证责任，导致法官对被告人逐渐形成了有罪心证。此时，为了避免法官有罪心证延续至判决形成阶段，被告人具有提出违法阻却事由和责任阻却事由等合理事实的主张并及时举证的义务，从而完成举证责任的转换。虽然乍一看，被告人的举证责任对被告人是一种法律负担，但由于控方先期举证义务的存在，被告人的举证责任只是对有利于己方的事实提出证据，并不会否定无罪推定原则下的不得自证其罪规则，而且会在某种程度上对辩方调查取证权制度具有促进和推动作用。

具体到侵犯公民个人信息罪中"非法获取"的证明责任分配问题。首先，控方应当履行先期举证义务，证明信息收集者在未尊重信息主体知情同意权的情况下收集其个人信息；其次，在控方证明信息收集者收集个人信息不合规后，信息收集者则需证明其收集行为符合知情同意的相关规定方可免责。信息收集者的合规证明责任是对控方承担举证责任基本原则的背离，因此，应当继续拷问"为何如此分配"，如此才能解释分配方案背后的正义逻辑与价值考量。信息收集者的合规证明责任的确立有以下考量：第一，合规证明责任的确立能够形成诉讼威慑效应，督促信息收集者合规经营。信息收集者只有在证明其收集信息时进行了友好告知、收集范围与收集目的妥适、获得用户授权且符合敏感等级规范后等，才能免除责任。这就要求信息收集者在收集个人信息之初严格合规，否则将会面临败诉风险甚至生存危机。第二，证据收集能力的力量对比决定了信息收集者的举证责任。在分配证明责任时，应将当事人与证据

---

① 房保国：《论辩护方的证明责任》，载《政法论坛》2012年第6期。
② 孙远：《法律要件分类说与刑事证明责任分配——兼与龙宗智教授商榷》，载《法学家》2010年第6期。

的远近、获取证据的可能性以及举证的难易等作为考量因素，在综合考察当事人的证明能力基础上分配证明责任。① 虽然控方拥有强大的国家公权力作为后盾，其证据收集能力较高，但在信息时代，个人信息的收集者通常是单位，甚至是拥有强大资源和财力的网络公司，它们的技术能力、信息收集的证据能力甚至强于公诉机关，况且，个人信息收集的合规证据本身就是其收集信息时所产生的，信息收集者是离合规证据的最近者。第三，信息收集者合规证明责任的确立有利于网络留痕技术的发展创新，能够为技术革新提供法律源动力。以区块链等代表的新兴技术能够提供可溯源的技术支持，合规证明责任的确立将进一步拓宽网络留痕技术的市场空间，从而为更为先进的技术革新提供充足的资金和资源保障。

四、实体突破：场景理论下的司法终极解释权

收集个人信息合法性证明责任的厘定并非司法介入知情同意权、保障信息主体有效同意的终点。因为证据的提供只是法官勾勒案件事实的起点，法律事实的呈现和法律规范的适用还需要裁判者的理性思维加工，法律漏洞的出现也需要裁判者的法律续造。侵犯公民个人信息罪中"非法获取"的理解与适用，必须建立在信息收集者与信息主体之间存在权力势差的客观现实之上，这就要求刑事法官在根据优化方案进行形式审查的基础上，与数据产业之间就"敏感—非敏感信息""必要—非必要收集"等核心术语的解释权展开争夺。而司法者要想获得胜利，就需要在场景理论的指导下，以案例指导的方式，逐步磨合出核心术语的实质判断标准。

（一）基于优化方案的形式审查

友好告知制度、目的限制制度、区分授权制度、敏感分级制度等知情同意权的优化方案虽然在一定程度上是"程序加程序"的改良，但对知情同意权的有效性实现仍大有裨益，特别是为裁判者判断信息收集者收集行为是否合规提供了坐标系。不同的优化方案有相异的侧重点，要求裁判者在裁判时需要厘顺裁判思路：首先，判断信息收集者的收集行为是否符合敏感度分级的限制措施。敏感分级制度根据个人信息的敏感度差异设置了诸如禁止收集、书面授权、重点提示、一般告知等宽严有度的限制措施。司法裁判者应当根据敏感度分级的相关规定对收集行为进行审查。例如，部分生物特征信息、性生活性取

---

① 参见程春华：《证明责任分配、证明责任倒置与证明责任转移——以民事诉讼为考察范围》，载《现代法学》2008 年第 3 期。

向信息等高度敏感性信息,将被设置为禁止收集,信息收集者一旦违反,则其违法性成立。其次,判断信息收集者设计的交互界面是否友好,是否达到易得、通俗、具体、提示的标准。如果隐私条款的设置隐蔽、晦涩、模糊、未重点提示,则信息主体的知情权被削弱,形式同意的有效性将大大折扣。再次,判断信息收集者区分授权的制度,重点审查核心业务与非核心业务的划分是否合理,区分授权后用户体验度是否下降等。最后,判断信息收集者收集个人信息的范围是否超出收集目的的限制。

不可否认,基于优化方案的形式审查并不能解决个人信息知情同意权面临的所有问题,但也不能据此否定形式审查的意义。在中国,社会民众对敏感度、界面友好度、核心业务、收集目的等存在基本共识,因此,在多数情形下,利用一般常理、常情、常识即可对收集合理性加以辨别。易言之,基于优化方案的形式审查能够解决多数个人信息收集合理性的判断问题。

(二)基于场景理论的实质审查

大数据、人工智能时代,个人信息收集和使用场景的纷繁复杂程度早已超过立法者的预见能力,试图通过立法先行的"前信息时代"的规制框架解决大数据时代个人信息的新生态,结局早已注定。场景理论与数据场景的多元性不谋而合,成为个人信息保护领域的强势理论,并被欧美个人信息立法所肯定,例如美国的《消费者隐私权利法案(草案)》和欧盟的《数据保护通用条例》,二者最鲜明的特点就是在不同程度上引入场景导向、风险判断的理念。场景理论由美国教授海伦·尼森鲍姆(Helen Nissenbaum)首创。场景理论的核心是将个人信息收集的合理性放置于其具体场景中加以审视,以具体场景中的风险度作为判断个人信息收集合理性的关键指标。换言之,个人信息收集的合理性与具体场景中个人信息的风险度成正比。风险导向的理念,即舍弃传统路径中全有全无的"二元化"判断,转而进行"程度性"评估,以个案分析的精神,在相应场景中具体地评估数据处理行为的风险。[①] 基于场景的风险评估理念为"敏感—非敏感信息""必要—非必要收集"等核心术语的实质标准判断提供了借鉴思路,即将上述术语的实质标准的评判转化为具体场景中的风险度,并根据风险度的高低得出个人信息收集是否合理的结论。风险度是一种"程度性"判断,而场景的构成要素必然是多元的,因此,个人信息收集的风险程度是多因素共同影响的结果。具体而言,包括但不限于以下因素:一是个人信息应用场景是否明确、具体地告知信息主体。在大数据时代,信息主体的

---

① 范为:《大数据时代个人信息保护的路径重构》,载《环球法律评论》2016年第5期。

授权收集行为必然产生一定的风险,告知其应用场景可以是信息主体形成合理的风险预期,也能为后续风险程度的判断提供坐标系。二是告知场景与实际场景是否存有差异及是否引发信息主体无法预期的风险。三是个人信息本身所蕴含的风险度。个人信息种类繁多,不同信息的敏感度、风险度不同,因此,在具体场景的风险度判断中,个人信息的本身属性是一个重要的考量因素。四是收集个人信息的目的。信息收集的目的是处于社会公益还是个人私利将直接影响当事人的容忍义务,如果信息收集者处于疫情防控、公共安全、犯罪追究、新闻报道等公益,信息主体对信息收集的容忍度增高,反之,则容忍度降低。总之,在具体场景下,个人信息的风险程度源自多个因素的共同作用,需要运用个案分析、综合分析的方法对风险程度进行评判。需要指出的是,司法裁判者必然存在认知局限性,网络技术的专业槽使得绝大多数的裁判者并不熟知相关知识,而与个人信息收集的风险评估又必然需要相关专业技术知识的参与。因此,为了弥补专业知识领域的势差,可以考虑第三方风险评估机构的司法参与,以其中立、专业的意见得出客观的风险值以便司法裁判者参考。

(三)案例指导的规则形成路径

"场景理论"试图构建出一套既可应用于不同具体情况,又可以充分考虑各方利益,以保护自然人隐私的制度,个人信息保护同样可以从中加以借鉴。[1] 场景理论的多元性可以尽力保证公正的实现,但同时难以划定统一的裁判标准,成为其最大缺陷。而案例制度能在一定程度上缓解场景理论标准的抽象化问题。案例的形成是基于个案的具体事实,这与场景理论的立足点不谋而合,二者能形成较高的契合度,这就具备了以案例方式践行场景理论的基本条件。同时,案例在司法实践中的首要价值是对今后同类案件裁判的指引。[2] 既成案例的形成将会对后来的裁判者形成实质约束力,既成案例所蕴含的法律价值判断、法律解释方法、案件处理规则等将在潜移默化中影响司法者的裁判思维。案例的累加将巩固相关规则的确立,而每一条规则的确立也会助力整个个人信息法律保护体系的形成。网络时代个人信息场景的多元性已经决定了个人信息知情同意权的完善没有捷径可走,司法者只能通过不断的磨合,以案例的形式逐步构筑起个人信息收集的规则体系,即使这将付出巨大的司法成本和制度成本。

---

[1] 谢远扬:《〈民法典人格权编(草案)〉中"个人信息自决"的规范建构及其反思》,载《现代法学》2019年第6期。

[2] 张骐:《论案例裁判规则的表达与运用》,载《现代法学》2020年第5期。

五、结语

个人信息保护是大数据、人工智能等网络科技带来的时代难题。侵犯公民个人信息罪是刑法介入个人信息保护的支点罪名。在新型网络技术的冲击下，"前信息时代"构筑的知情同意权面对信息时代信息收集者与信息主体之间巨大的权力势差，正陷入功能失灵的困局之中。然而径直放弃知情同意权，弃守作为第一道安全防线的个人信息收集环节的做法并不可取。知情同意仍应作为判断侵犯公民个人信息罪中"非法获取"的基本规则。而具体的判断过程并没有讨巧的办法，除了在运用友好界面制度、目的限制制度、区分授权制度和敏感分级制度等优化方案增加违法收集的程序成本外，还需要运用场景理论，以案例形式逐步磨合出个人信息收集合法性的实质判断标准。

第二编 个罪研究

非法利用信息网络罪
和帮助信息网络犯罪活动罪研究

课题负责人：林　维[*]

内容摘要

一、司法数据统计概况

通过考察非法利用信息网络罪与帮助网络犯罪活动罪的整体适用情况可以发现，自2015年至2020年，适用两罪名的案件数量比较明显地呈现逐年加快增长的态势。通过对比二罪名网上公开的司法文书，进一步发现：（1）以司法解释的出台为节点，二罪名案件量开始迅速上升，帮助信息网络犯罪活动罪的上升趋势尤为明显；（2）地域分布上，符合网络犯罪多发于经济发达地区的特点，但地方性刑事政策对于罪名适用的影响同样明显；（3）从检察文书构成比例看，检察机关在处理帮助信息网络犯罪活动罪时确实有更强的入罪倾向；（4）从审理程序与结案方式看，对于非法利用信息网络罪的定罪量刑标准在审判机关系统内部认知更为一致，但在审判机关与外部主体之间认知则更容易出现差异，而帮助信息网络犯罪活动罪在这一点上相反。以上现象说明，尽管2019年最高人民法院、最高人民检察院《关于办理非法利用信息网络罪、帮助信息网络犯罪活动等刑事案件适用法律若干问题的解释》（以下简称《解释》）已经为二罪名的定罪量刑确定了基本标准，但是不同地域、不同部门的司法机关在具体适用二罪名时还是对部分疑难问题理解不一，值得进一步探讨。

二、关于非法利用信息网络罪

其一，对于"违法犯罪"的理解。通常有限定为"犯罪"的严格解释立场，既包括违法行为也包括犯罪行为的扩张解释立场以及根据个案情况限缩入

---

[*] 林维，教授，博士生导师，中国社会科学院大学副校长。课题组成员：徐彪，广东省佛山市顺德区人民检察院检察长；方军，中国社会科学院大学法学院副教授，法学博士；李荣楠，广东省佛山市顺德区人民检察院检察官、北滘检察室负责人，法学硕士；陈玉荦，广东省佛山市顺德区人民检察院检察官。

罪的适度扩张解释立场三种立场。2019 年《解释》采取了折中立场。我们认为，"违法犯罪"不宜包括行政违法行为，对于某些值得处罚的发布行政违法信息的行为（如发布招嫖信息），事实上可以利用其他被认定为犯罪行为的路径（如组织卖淫罪等）入罪处罚。

其二，对"同时构成其他犯罪的，依照处罚较重的规定定罪处罚"的理解。对于非法利用信息网络犯罪与其他犯罪的关系，理论上有大竞合论说、牵连犯说、想象竞合说、法条竞合说、非法利用信息网络罪优先说等多种观点。考虑到非法利用信息网络罪的加强打击网络犯罪，简化犯罪证明的立法目的和本罪的兜底功能，我们倾向于大竞合论说和想象竞合说的观点，从一重定罪处罚较为合适。

三、关于帮助信息网络犯罪活动罪

其一，关于帮助信息网络犯罪活动罪的性质。有学者主张本罪属于帮助犯的量刑规则，其成立犯罪仍需以正犯实施不法行为为前提。但多数学者认为本罪属于帮助行为正犯化。我们倾向于认为帮助行为正犯化的立场更为合适，一来量刑规则与帮助行为正犯化的区分标准不明，二来刑法条文是否属于帮助行为正犯化是刑事政策的选择问题，应当优先遵循立法者的考量。

其二，帮助信息网络犯罪活动罪的罪量要素问题。由于本罪常见"一对多"的犯罪结构，常出现正犯单次犯罪的罪量不足不可罚，但帮助犯因多次犯罪的累积罪量达到要求而可罚的情况，出现了罪量从属性原理上的矛盾。目前的学说主要采取完全正犯化说、最小从属性说、共犯不法叠加理论等三种进路。我们认为理论上帮助犯正犯化的立场是较为合适的，但是从解释论上讲，不宜将司法解释的规定直接视为帮助行为正犯化条款，且绝大多数罪量要素都是表明行为违法的要素，上述路径均存在问题。《解释》第 12 条第 2 款承认了这种罪量从属性的难题，并作出了折中立场。然而该条款在司法实践中极少被适用，司法机关在考虑罪量要素时仍然采取较为保守的共犯从属性立场。

其三，对本罪中"犯罪"的理解。认为"犯罪"是符合构成要件且违法并达到罪量要求的情形的观点，实际否定了帮助行为正犯化。应对"犯罪"作扩张解释，本文同意此处"犯罪"是一种符合构成要件且违法的形态的观点。基于"共同犯罪是违法形态"的观念，"犯罪"与"构成犯罪"不完全等同，应当是一种违法意义上的概念。

其四，对于"明知"的认定方法。关键争议在于"明知"是否包括"应知"？主流观点从"推定知道"的角度肯定"应知"。2019 年《解释》出台以前，司法实践也肯定"应知"，认为"明知"包括"确知"和"知道有可能"。2019 年《解释》第 11 条明确了此问题，没有将"应当知道"作为故意的认定标准。笔者认为，"明知"不应该包括"应当知道"，但"明知"仍允许客观上间接证据的证明。

一、非法利用信息网络罪和帮助信息网络犯罪活动罪的司法现状

（一）适用概况

为应对网络犯罪迅速蔓延的势头，有效打击新型网络犯罪，对网络犯罪"打早打小"，2015年全国人大常委会通过并实施了《刑法修正案（九）》，新增了第287条之一非法利用信息网络罪和第287条之二帮助信息网络犯罪活动罪两个罪名。实施之初，由于二罪名行为边界宽泛、情节要件不明，不便把握定罪量刑标准，由此造成司法适用率偏低。根据对二罪名网上公开司法文书数量的统计，2015—2018年的4年间，非法利用信息网络罪仅有225份，帮助信息网络犯罪活动罪更是只有150份。

2019年9月最高人民法院、最高人民检察院发布《解释》，为二罪名解释定调，明确了包括"违法犯罪"的范围、"明知"的认定、"情节严重"的评价等争议性问题的办案标准，大大提高了司法机关适用二罪名的积极性。仅在2019年，二罪名的适用情况就显著上升，从统计数看甚至超过前4年的案件数量之和。而在2020年司法解释正式施行的1年里，目前可以统计的司法文书数量里，非法利用信息网络罪的司法文书数量已经超过了2019年度的司法文书数量，而帮助信息网络犯罪活动罪的司法文书数量更是惊人地达到2019年度的司法文书数量的6倍。[①]（参见图1、图2）

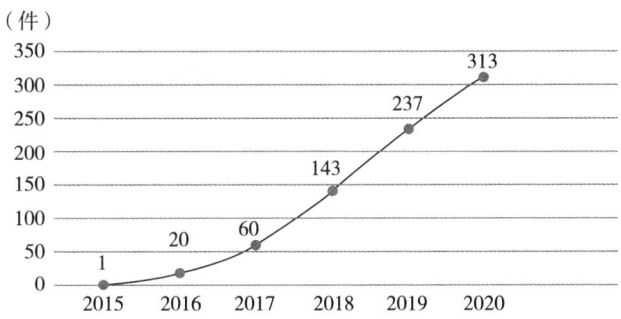

图1　非法利用信息网络罪2015—2020年网上公开司法文书数量

---

① 数据统计截止时间为2020年12月10日。考虑到司法文书上网的滞后性以及上半年疫情对于司法工作的影响，2020年的非法利用信息网络罪与帮助信息网络犯罪活动罪的案件量实际可能更高。

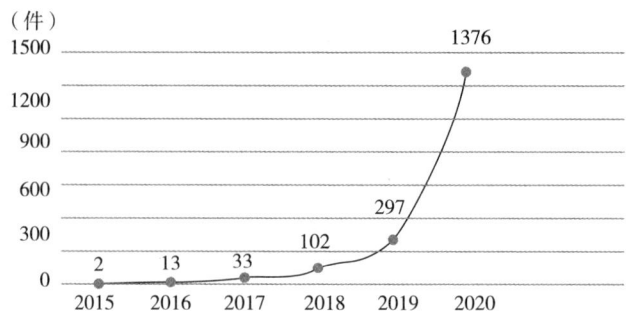

图2　帮助信息网络犯罪活动罪2015—2020年网上公开司法文书数量

案件数量的惊人增长，一方面反映了网络全面普及的大背景下网络犯罪行为的大量滋生，凸显二罪名的立法必要性；另一方面也需要反思二罪名在具体适用上是否有过度扩张进而演变为"口袋罪"的危险。

（二）二罪名司法文书的地域分布情况对比

通过对非法利用信息网络罪和帮助信息网络犯罪活动罪司法文书进行统计发现，在地域分布上，非法利用信息网络罪案件多集中于东部沿海地区，东多西少，并以江苏为最，但新疆地区又有相当可观的案发量。帮助信息网络犯罪活动罪在地域分布上依然大多集中于东南沿海经济发达省份，呈现东多西少趋势，但河南居于最高。两个罪名的案件分布在地域上与地区经济发展状况呈现明显的正相关，这与网络犯罪多发于经济发达地区的特点相符，但是个别省份（新疆、河南）数据反规律地偏高，说明在实际适用中二罪名受地方刑事政策影响可能较大。（参见图3、图4）

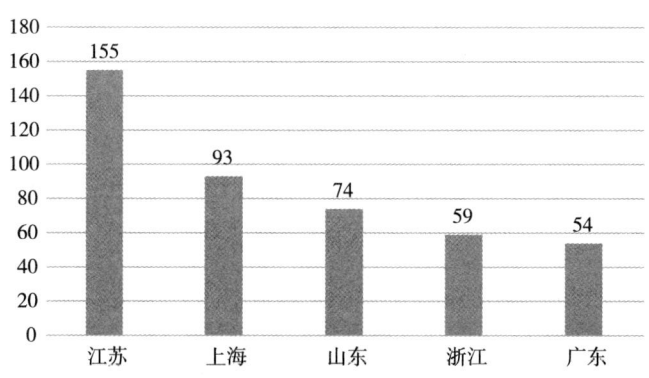

图3　非法利用信息网络罪2015—2020年司法文书地域分布情况

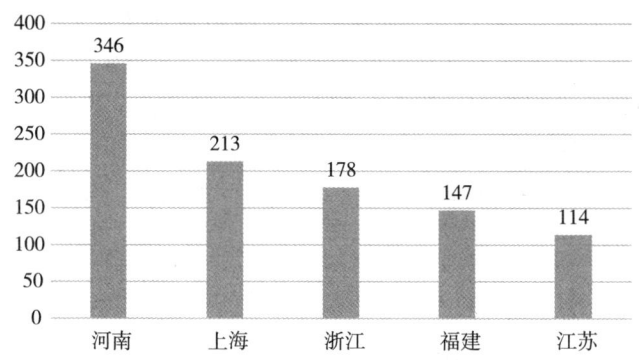

图 4　帮助信息网络犯罪活动罪 2015—2020 年司法文书地域分布情况

（三）二罪名司法文书的文书种类分布对比

非法利用信息网络罪司法文书中的起诉书占 36.26%，不起诉书占 13.68%，二者的比例约为 2.6∶1；而帮助信息网络犯罪活动罪司法文书中的起诉书占 33.15%，不起诉书占 8.86%，二者比例则约为 3.7∶1。① 同时考虑到图 1、图 2 中反映的帮助信息网络犯罪活动罪大幅激增的态势，相对于非法利用信息网络罪而言，司法机关在处理帮助信息网络犯罪活动罪时确实有更加强烈的入罪倾向。

表 1　2015—2020 年涉二罪名司法文书种类

罪名	判决书		起诉书		不起诉书		裁定书	
	案件数	占比	案件数	占比	案件数	占比	案件数	占比
非法利用信息网络罪 2015—2020 年司法文书种类分布情况	349	45.03%	281	36.26%	106	13.68%	39	5.03%
帮助信息网络犯罪活动罪 2015—2020 年司法文书种类分布情况	1007	55.09%	606	33.15%	162	8.86%	53	2.9%

（四）二罪名裁判文书的审理程序与结案方式分布对比

从裁判文书的审理程序分布情况看，非法利用信息网络罪案件二审案件的比例约为 7.48%，二审案件中维持一审判决比例为 44.83%，撤诉比例为

---

① 考虑到检察文书上网比例相对裁判文书偏低，对于检察文书和裁判文书比对的价值较低，因此只就起诉书与不起诉书进行对比。

31.03%，改判比例为24.14%；而帮助信息网络犯罪活动罪中二审案件比例约为5%，二审案件维持一审判决比例为41.54%，撤诉比例为30.19%，改判比例为26.41%，发回重审比例为1.89%。对比可见，尽管非法利用信息网络罪比之帮助信息网络犯罪活动罪二审比例更高，但二审过程中维持一审判决的比例也更高，撤诉和改判比例更低。这种情况或可说明，对于非法利用信息网络罪的定罪量刑标准在审判机关系统内部认知更为一致，但在审判机关与外部主体之间认知则更容易出现差异，而帮助信息网络犯罪活动罪在这一点上则相反。（参见表2、表3）

以上情况说明，尽管2019年《解释》已经为二罪名的定罪量刑确定了基本标准，但是不同地域、部门的司法机关在具体适用二罪名中还是对部分疑难问题理解不一，值得进一步探讨。

表2 2015—2020年涉二罪名裁判文书审理程序分布

罪名	一审案件		二审案件		刑罚变更案件	
	案件数	占比	案件数	占比	案件数	占比
非法利用信息网络罪	347	89.43%	29	7.48%	12	3.09%
帮助信息网络犯罪活动罪	1004	94.81%	53	5%	2	0.19%

表3 2015—2020年涉二罪名裁判文书一审结案方式

方式		非法利用信息网络罪	帮助信息网络犯罪活动罪
判决	案件数	342	992
	占比	98.56%	99.3%
撤诉	案件数	2	0
	占比	0.58%	0
其他	案件数	3	7
	占比	0.86%	0.7%

表4 2015—2020年涉二罪名裁判文书二审结案方式

方式		非法利用信息网络罪	帮助信息网络犯罪活动罪
判决	维持	13	22
	占比	44.83%	41.51%
撤诉	案件数	9	16
	占比	31.03%	30.19%
改判	案件数	7	14
	占比	24.14%	26.41%
发回重审	案件数	0	1
	占比	0	1.89%

二、非法利用信息网络罪的疑难问题

随着网络社会的到来，一些新型犯罪应运而生。与传统的共同犯罪行为模式不同，在网络空间里出现了节点扩散型的共同犯罪形态。有学者认为较为常见的模式是以某种服务提供者为中心向外辐射，网络共犯行为同时或连续与大量的用户（实际正犯）发生关联，形成了一种"一对多"的独特犯罪结构。比较典型的是在网络上向多人发送诈骗信息，这种情形按照传统理论只能认定为预备犯。根据对网络犯罪"打早打小"的刑事政策要求，立法机关认为应当有针对性地对尚处于预备阶段的网络犯罪行为单独入罪，于是《刑法》第287条之二规定了非法利用信息网络罪。一般认为，这一罪名有助于有效地制裁网络空间中的预备行为，是预备行为正犯化的重要表现。预备行为正犯化适应网络犯罪所具有的弥散性特征，为有效惩治网络诈骗等犯罪提供了法律根据。但本罪在司法适用中也出现了诸多疑难问题，有必要予以仔细探讨。特别是2019年最高人民法院、最高人民检察院发布了《解释》之后，非法利用信息网络罪从备而不用转向大量适用。在中国裁判文书网的检索结果显示，非法利用信息网络罪的判决已近千起，这为我们研究本罪提供了大量的案例资源。

（一）非法利用信息网络罪的保护法益

法益是刑法的核心概念。在刑法教义学中，法益作为指导解释的原理，刑法之目的是保护法益，因此构成要件的解释结论，必须以法条保护法益为指导。非法利用信息网络罪处于《刑法》分则妨害社会管理秩序罪一章，但其具体保护的法益是什么，刑法理论存在一定的争议。主流教科书的观点是非法利用信息网络罪的保护法益为国家对信息网络安全的管理秩序。① 有学者进一步认为，该罪保护的是网络与管理秩序交叉地带的一般意义上的网络安全管理秩序。② 还有论者主张是确保网络信息的"合法性、安全性、纯净性、真实性和正当效用性，从而维持正常、稳定的网络管理秩序，塑造健康、安全的虚拟网络空间"。③ 除此以外，还有论者对上述观点进行了反思，认为非法利用信息网络罪保护法益并非抽象、虚拟的网络空间秩序，而是行为人通过网络高速、广泛散布违法犯罪信息后，使得违法犯罪信息为不特定多数人接收而侵扰、破坏了现实社会秩序的有序和安定，因而扰乱国家对现实公共秩序的管理。④

上述关于非法利用信息网络罪法益的观点至少存在以下两点问题：一方面，将秩序作为法益的概念并不清晰，很难实现对构成要件的有效指导。诚然，人类的生活秩序是人类的生活利益，当然是一种法益。但是，秩序的具体内容是什么，仍然需要进一步明确。另一方面，无法对情节严重的罪量要求作出合理的解释和说明，导致难以区分行政违法与刑事不法。由于当前将刑法管理秩序法益界定为违反前置法及其所确立的管理秩序，那么如何以管理秩序法益区分行政违法与刑事不法就成为一个问题，仅靠"量"的差别不仅无法区分开这种抽象的秩序法益，还容易导致司法自由裁量权的滥用。

（二）非法利用信息网络罪的行为模式

对于非法利用信息网络罪的构成要件，司法实践也存在诸多争议：

1."违法犯罪"的理解

在非法利用信息网络罪的构成要件中出现了三处"违法犯罪"的表述。对"违法犯罪"这一概念主要有三种解读方式。第一种是严格解释的立场，认为"'违法犯罪'指的是犯罪的意思，'违法'两个字只是表达上的赘述"。⑤ 第二种是适度扩张解释的立场，认为从形式上"违法犯罪"包括违法行为和犯罪活动，但综合考虑非法利用信息网络罪轻罪的罪质和个案的具体情

---

① 参见高铭暄、马克昌：《刑法学》（第7版），北京大学出版社2016年版，第535页。
② 参见孙道萃：《非法利用信息网络罪的适用疑难与教义学表达》，载《浙江工商大学学报》2018年第1期。
③ 胡莎：《非法利用信息网络罪适用问题研究》，载《法治社会》2019年第3期。
④ 张尹：《非法利用信息网络罪的司法适用》，载《法律适用》2019年第15期。
⑤ 欧阳本祺、王倩：《〈刑法修正案（九）〉新增网络犯罪的法律适用》，载《江苏行政学院学报》2016年第4期。

况，还要严格限制入罪的条件。① 第三种是扩张解释的立场，认为"违法犯罪信息主要指的是法律规定中列举出的信息，但不限于这些信息，即还包括'其他违法犯罪信息'，实践中比较常见的发布招嫖、销售假证、假发票等信息"，也就是说"违法犯罪"既包含犯罪活动也包括所有的违法行为。② 司法解释采取了折中立场，根据2019年《解释》第7条的规定，"违法犯罪"包括犯罪行为和属于刑法分则规定的行为类型但尚未构成犯罪的违法行为。这一规定表达两层含义：一方面，"违法犯罪"行为的内涵不仅限于刑事违法行为，也包括一般违法行为；另一方面，刑法中没有规定而仅由行政法规制的违法行为，则不能认定为犯罪。否则的话这其实是将线下的违法行为转移到线上实施就按照犯罪处理。③ 例如，买卖驾照分数的行为，目前很难追究刑事责任，因此发布这类信息的，也不能构成非法利用信息网络罪。

主张严格解释的理由在于：其一，罪刑法定原则所派生的刑法明确性原则，要求构成要件应当具备定型性和类型性；其二，刑法中的兜底语或兜底条款。并不是可毫无限制地包容万象而是必须对其做严格的限定；其三，刑法中其他包含"违法犯罪"的条文亦对违法犯罪予以限缩。

例如在"黄某非法利用信息网络罪"中，被告人黄某通过语音在名为"穆斯林礼拜"的微信群（成员100人以上）中教他人做礼拜，也在名为"梁堡道堂文化学习"的微信群（成员100人以上）中讲解《古兰经》有关古尔邦节宰牲的内容。法院认为"黄某明知微信群里人数众多……在非宗教活动场所不能从事宗教活动，却私建微信群，进行讲经、教经等非法宗教活动，扰乱了正常的宗教活动管理秩序，违反了我国有关宗教事务管理的法律法规的规定……行为情节严重，社会危害性大，构成非法利用信息网络罪"。④ 而我国《宪法》第36条规定："中华人民共和国公民有宗教信仰自由。……国家保护正常的宗教活动。任何人不得利用宗教进行破坏社会秩序、损害公民身体健康、妨碍国家教育制度的活动。"当地法院认定黄某行为属于"在非宗教场所从事宗教活动"，违反了《宗教事务条例》第12条与第20条规定，因而构成

---

① 参见孙道萃：《非法利用信息网络罪的适用疑难与教义学表达》，载《浙江工商大学学报》2018年第1期。

② 朗胜：《中华人民共和国刑法释义》，法律出版社2015年版，第504页。

③ 参见缐杰、吴峤滨：《〈关于办理非法利用信息网络、帮助信息网络犯罪活动等刑事案件适用法律若干问题的解释〉重点难点问题解读》，载《检察日报》2019年10月27日，第3版。

④ 参见新疆维吾尔自治区高级人民法院伊犁哈萨克自治州分院（2017）新40刑终78号刑事判决书。

非法利用信息网络罪。不过，这样的理解可能是一种任意解释。一方面，黄某发布的内容是合法的，只是其没有在宗教场所进行传教。法院的做法实际上是对违法犯罪行为作了不当的扩大解释。"如果这样的逻辑能够成立，利用信息网络发布西游记或者聊斋志异的鬼神故事，都有可能构成非法利用信息网络罪——因为国家法律、法规禁止宣传封建迷信。这显然是毫无根据地扩大了非法利用信息网络罪的适用范围。"① 另一方面，这样的解释也有违宪法精神，既然宪法都保护这种言论自由，刑法自然没有必要对此过分干预。

不过，我国的立法实践使得严格解释也会带来一些问题。例如，对于发布招嫖信息的人员，严格解释论者会认为这种情形不构成非法利用信息网络罪，因为嫖娼行为不是刑法规定的犯罪。而根据司法解释的规定，这种行为由于不是刑法分则规定的不法行为也难以处罚。但是，我国刑法对于组织卖淫罪、协助组织卖淫罪、介绍卖淫罪都做了刑法的规制。因此，本文主张，对于部分发布招嫖信息的行为，仍然应当认定为非法利用信息罪。倘若行为人发布招嫖信息是为了自己亲自卖淫，则不构成非法利用信息网络罪。反之，倘若行为人发布招嫖信息是为了协助组织他人卖淫，则可以构成非法利用信息网络罪。此时违法犯罪信息就应该理解为组织卖淫的信息，当然不违反罪刑法定原则。例如，贾某某、郭某某等非法利用信息网络案中②，被告人贾某某等人利用多个网站发布北京市朝阳区某公寓等地介绍卖淫信息，并收取信息发布费和注册会员费牟利。法院判处被告人非法利用信息网络罪。通过这样的解释，可以更好地发挥非法利用信息网络罪的兜底功能。

进一步的问题在于，既然认为"违法犯罪"仅包含"犯罪"，那么对于"违禁物品、管制物品"的范围，是否应当进一步限缩在刑法规范所明确"违禁物品、管制物品"的范围内，以保障刑法解释的体系性和协调性？有学者主张，制作、销售其他违禁物品、管制物品如非法制作、销售管制刀具不构成犯罪，设立用于此类违法行为的网站、通信群组的，不应认定为非法利用信息网络罪。③ 其他法律未明确"违禁物品、管制物品"的概念，既有的生效规范也未对"违禁物品"和"管制物品"加以区分，这种兜底性的行为对象将冲

---

① 谢望原：《谨防刑法过分工具主义化》，载《法学家》2019年第1期。
② 北京市朝阳区人民法院（2018）京0105刑初2344号。类似案件还有陈某某非法利用信息网络案（贵州省罗甸县人民法院（2019）黔2728刑初144号）等。
③ 皮勇：《论新型网络犯罪立法及其适用》，载《中国犯罪科学》2018年第10期。

击罪刑规范的明确性。① 然而在 2019 年《解释》出台前，司法实践中往往将仅符合行政违法的管制刀具纳入本罪的处罚范围。例如，黄某某、陶某某等非法利用信息网络案②中，被告人在朋友圈发布或转载管制刀具图片、视频和文字信息，用以销售管制刀具，并从中非法获利，法院认定构成非法利用信息网络罪。本文认为，应当将"违禁物品、管制物品"的范围限缩在刑法规范所明确"违禁物品、管制物品"的范围内，一方面与"违法犯罪解释"相协调，另一方面也避免对于仅为行政违法的"违禁物品、管制物品"线下售卖不构成犯罪，而在线上推广广告却入刑的异常矛盾局面。另外，通过对裁判文书抽样后进行行为典型样态的统计，发现涉及发布"违禁物品、管制物品"主要包括迷奸药、流产药、枪支、弓弩、淫秽物品、假证、发票、外挂软件、窃听窃照设备、账号黑卡等，其中大部分物品都是可以受到刑法规范管制的"违禁物品、管制物品"，或者以前下游行为本身可能构成犯罪，可以适用"其他违法犯罪信息"进行处理，因此将"违禁物品、管制物品"的范围限缩为刑法规范所明确的"违禁物品、管制物品"范围不至于造成法律漏洞。

2. 对"同时构成其他犯罪的，依照处罚较重的规定定罪处罚"的理解

对于《刑法》第 287 条之一第 3 款的性质以及非法利用信息网络犯罪与其他犯罪的关系，刑法理论与实践有如下观点：第一种观点主张大竞合论说，不区分想象竞合说与法条竞合说。《刑法修正案（九）》之所以大量增设"同时构成其他犯罪的，依照处罚较重的规定定罪处罚"规定，说明立法者无意卷入学界因主张严格区分法条竞合说与想象竞合说，导致在特别关系法条竞合的场合，是适用特别法优于普通法，还是重法优于轻法之争的旋涡，而认为不必严格区分法条竞合说与想象竞合说，只要构成要件行为的主要部分存在重叠，从一重处罚即可。否则，原则上应数罪并罚，以实现罪刑相适应。③ 第二种观点主张牵连犯说，非法利用信息网络罪中的信息网络一般应指互联网，且破坏公用电信设施罪、扰乱无线电管理秩序罪、非法利用信息网络罪属于竞合犯，这些罪名又与诈骗罪构成牵连犯，应当择一重罪处罚。④ 第三种观点主张想象竞合说，认为非法利用信息网络罪与诈骗罪说想象竞合关系。⑤ 第四种观

---

① 汪恭政：《非法利用信息网络罪的兜底性规定及其教义学限缩》，载《西南政法大学学报》2020 年第 2 期。

② 江苏省滨海县人民法院（2019）苏 0922 刑初 349 号。

③ 陈洪兵：《〈刑法修正案（九）〉中"同时构成其他犯罪"相关条款的理解适用——"大竞合论"立场再提倡》，载《政治与法律》2016 年第 2 期。

④ 浙江省常山县人民法院（2015）衢常刑初字第 195 号刑事判决书。

⑤ 浙江省金华市中级人民法院（2016）浙 07 刑终 572 号刑事裁定书。

点主张法条竞合说,非法利用信息网络罪属于实质预备犯,作为网络犯罪的量刑规则,对于任何犯罪在网络中构成预备犯罪行为,不再适用刑法总则关于预备犯处罚的规定,直接根据特殊法条非法利用信息网络罪处罚。① 第五种观点主张非法利用信息网络罪优先说,当某关联罪名的基本罪形态与非法利用信息网络罪的法定刑档次是相同的,此时为了凸显立法者增设《刑法》第287条之一的导向作用,应首先考虑援引非法利用信息网络罪;当出现非法利用信息网络罪与其他犯罪的加重形态存在行为竞合时,符合更重犯罪的规定或特别法时,应直接援引更重的规定。②

从《刑法》第287条之一第3款的表述来看,立法者确实有意模糊法条竞合说和想象竞合说的区分,只要按照处罚较重的规定处罚即可。但是,由于非法利用信息网络罪的法定刑非常低,因此导致有些学者担忧本罪可能会导致虚置的危险。另外,本罪是新增的犯罪,如果较少适用的,将不利于实现对公民的一般预防。

事实上,从非法利用信息网络罪设立的初衷来说,其就是要发挥兜底功能。传统上诈骗的共犯认定需要极强的犯意联络,需要查明亲自实施诈骗的人,由此都给共犯的定罪带来了诸多困难。因此,非法利用信息网络罪设立后,一定程度上能够解决意思联络弱化这些问题,从而更有力地打击相关电信网络诈骗等犯罪。除此以外,究竟是构成想象竞合犯和牵连犯其实并不需要过多纠结,因为二者的处断原则本来就是一样的。因此,本文倾向于大竞合论说或者想象竞合说的观点。

在司法实践中,这样的问题屡见不鲜。例如,在邹某、彭某非法利用信息网络罪案中,自2014年5月以来,被告人邹某购买电脑、手机、手机卡等作案工具,租用房屋,利用网络平台群发内容为"想知道对方手机的通话和短信吗如需请拨:××××××经理"等诈骗短信,以出售复制他人的手机卡为幌子,骗取他人钱财。自2014年7月,被告人彭某伙同邹某共同作案。检察机关认为,二被告人应当构成诈骗未遂,以诈骗罪论处。不过法院最终认定二被告人构成非法利用信息网络罪,裁判理由指出:被告人邹某单独或与被告人彭某合伙利用信息网络为实施诈骗等违法犯罪活动发布信息,情节严重,二被告人的行为均已构成非法利用信息网络罪,部分系共同犯罪。在本案审理期

---

① 姜金良:《法益解释论下非法利用信息网络罪的司法适用》,载《法律适用》2019年第15期。

② 参见孙道萃:《非法利用信息网络罪的适用疑难与教义学表达》,载《浙江工商大学学报》2018年第1期。

间，《刑法修正案（九）》已施行，二被告人的犯罪行为符合《刑法修正案（九）》中规定的非法利用信息网络罪的犯罪构成要件，根据刑法从旧兼从轻原则，对二被告人应以非法利用信息网络罪定罪处罚。

在本案当中，公诉机关认为被告人构成诈骗罪，法院却根据从旧兼从轻原则认定为非法利用信息网络罪。表面上看是从旧兼从轻的溯及力的适用问题，但本质上是法院认为根据新法也只能构成非法利用信息网络罪。由此可见，本案中法院认为非法利用信息网络罪是诈骗罪的特别法条。但按照本文的立场，这样的案件仍应当按照想象竞合说的原则，从一重认定为诈骗罪较为合适。

三、帮助信息网络犯罪活动罪的疑难问题

（一）帮助信息网络犯罪活动罪的性质

在刑事立法中，需要讨论的是帮助信息网络犯罪活动罪的性质。对于该罪的性质，有论者认为是帮助犯的量刑规则。[①] 按照这种观点，为他人提供互联网技术支持的行为仍然是帮助行为，其成立犯罪仍应当以正犯实施不法行为为前提，这也意味着如果认为罪量要素是不法要素，那么在正犯未满足罪量要素时，帮助犯也不能按照犯罪论处。与此相对，多数学者认为该罪属于帮助犯的正犯化。一方面，量刑规则与帮助行为正犯化的区分标准并不清楚，量刑规则的理论逻辑和功能定位也不清晰；另一方面，刑法条文是否属于帮助行为正犯化，是一个刑事政策的选择问题。例如，刑法设置协助组织卖淫罪，规定了独立的法定刑，被认为是一种帮助行为的正犯化。实际上，即使没有协助组织卖淫罪的规定，对相关行为也完全可以按照组织卖淫罪的共犯处理。立法者之所以将协助组织卖淫这一帮助行为正犯化，可能是出于严密刑事法网、实现罪刑均衡的角度来考虑的。但不管立法者的考虑是什么，解释者都不应当逾越立法者的意思，自行将立法者已经作出的决定轻易推翻。再如，《刑法》规定了强迫劳动罪，对于协助强迫行为也独立设置一款加以规定，但并没有设置独立的法定刑，而只是规定按照强迫劳动罪的规定予以处罚。从类型学的角度而言，协助组织卖淫行为和协助强迫劳动行为在帮助类型上并没有什么太大的差别，但立法者就是将协助组织卖淫行为进行了正犯化，而对协助强迫卖淫行为仅仅设置了提示性处罚条款。可以说，这就是立法者的一种选择，立法者既然设置了独立的法定刑，就说明有意识地将这种帮助行为独立化，解释者不能再通过其他方法将立法者的这种选择轻易抹杀。在帮助信息网络犯罪活动罪中，立法

---

① 参见张明楷：《论帮助信息网络犯罪活动罪》，载《政治与法律》2016年第2期。

者已经为其设置了独立的法定刑,就说明意图对其独立处罚,因此没有理由否认其正犯化的性质。

反对者的可能辩解理由是,对刑法条文应当进行客观解释,而不能遵循所谓的立法原意。但在本文看来,立法原意是探寻刑法条文规范保护目的重要依据。更关键的是,对刑法条文作出偏离立法原意的客观解释,必须应当有一定的实质依据。比如社会形势的变化、犯罪类型的多样化、语言文字含义的变迁等。在立法者刚刚作出决定之时,不宜反对立法者的真实想法,以客观解释的名义行主观解释之时。更何况,立法原意通过立法资料、会议记录往往是可以探寻的,能够体现民主性,而解释者的客观解释则往往是自己的主观想法。从这一点来看,也不应当轻易反对立法者刚刚作出的带有刑事政策性质的决定。

(二) 罪量从属性难题

随着德日刑法学的引入,共犯从属性理论渐渐成为刑法学界的共识。不过,与德日刑法学不同的是,我国的刑事立法采取了定性+定量的模式。也就是说,行为人实施了某个刑法分则规定的违法行为还不一定能够构成犯罪,还要达到刑法分则罪名中所要求的罪量要求。随着信息社会的到来,网络犯罪层出不穷。"较之传统犯罪,网络犯罪更多的呈现出'积量构罪'之特性,表现为利用信息网络大量实施低危害行为,累计的危害后果或者危险已达到应收刑罚的严重程度。"[1] 有学者认为,与传统的共同犯罪行为模式不同的是在网络空间里出现了节点扩散型的共同犯罪形态。较为常见的模式说,以某种服务提供者为中心向外辐射,网络共犯行为同时或连续与大量的用户(实际正犯)发生关联,形成了一种"一对多"的独特犯罪结构。这种模式对传统的共犯教义学理论产生了一定程度的冲击。传统上在要素从属性这一环节一般采取了限制从属性理论。也就是说,共犯的处罚以正犯实施了符合构成要件且违法的行为为前提。而且,对于罪量要素,尽管有少数观点认为其属于客观处罚条件,但主流观点依然认为其属于不法要素。因此,在"一对多"的犯罪中,单独每一次的犯罪正犯和帮助犯的罪量可能达不到入罪的要求,但帮助犯的连续行为累积起来则达到了罪量的要求,具有了刑事上的处罚必要性。可是,针对每一次行为而言,正犯的行为不构成犯罪,帮助犯的行为也不构成犯罪。申言之,并不能直接认为帮助犯的多次行为累积起来就构成犯罪,这样的论证并不符合教义学原理。因此,必须要寻找解释论的可行方案。

---

[1] 皮勇:《论新型网络犯罪立法及其适用》,载《中国社会科学》2018年第10期。

从目前学说的观点看，主要三种进路：第一种进路立足于司法解释的争议规定，主张相关帮助行为已经被正犯化，因此不需要继续遵守罪量从属性的要求；第二种进路是对限制从属性进行反思，主张采取最小从属性说，共犯只需要以正犯实施构成要件为前提，而罪量要素属于客观处罚条件不需要考虑①；第三种进路则是利用竞合论中行为单数的概念，通过共犯不法叠加理论，解决共犯的可罚性。②

在本文看来，这几种进路是层层推进的，但首先应当明确的问题是，为什么要独立处罚相关的帮助行为，对其适用独立于正犯的定罪量刑标准。倘若帮助犯独立设置定罪量刑标准的正当性就不存在，那么后面的问题其实也就不需要讨论。其次，若肯定帮助行为独立设置定罪量刑标准的正当性，那么接下来就需要讨论相关的帮助行为是否在立法和司法解释中予以了正犯化，如果相关帮助行为已经被正犯化，那么实际上意味着对其独立定罪量刑标准就是应有之义，在教义学上也不存在疑问。最后，如果认为帮助行为没有被正犯化，那么才进入了真正的教义学的讨论，即如何解决罪量从属性的问题。但是，倘若认为罪量要素是违法和责任之外的客观处罚条件，那么罪量从属性的问题也就不复存在，帮助犯完全可以根据自己的标准独立定罪量刑。进一步讲，如果认为罪量要素是构成要件要素或者违法要素，那么罪量从属性的问题就很明显了。此时就会产生共犯从属性的限度问题。如果采取最小从属性说，并主张罪量要素是违法要素，那么问题同样会迎刃而解，因为此时共犯只需要以正犯实施构成要件为前提，罪量要素完全不需要考虑。但是，如果认为罪量要素是构成要件要素或者主张共犯限制从属性说的话，那么势必就要寻找其他破解罪量从属性的路径。

从解释论的角度，不应当将诸多司法解释的规定视为帮助行为的正犯化。绝大多数罪量要素都是表明行为违法的要素，而不是客观处罚条件。与最小从属性说相比，限制从属性说仍然具有不可比拟的优势。因此这些路径都存在问题。

《解释》第 12 条第 2 款承认了这种罪量从属性的难题，并作出了折中的处理：实施前款规定的行为，确因客观条件限制无法查证被帮助对象是否达到犯罪的程度，但相关数额总计达到前款第 2 项至第 4 项规定标准 5 倍以上，或

---

① 参见阎二鹏：《网络共犯中的罪量要素适用困境与教义学应对》，载《中国刑事法杂志》2020 年第 1 期。

② 参见王华伟：《网络语境中的共同犯罪与罪量要素》，载《中国刑事法杂志》2019 年第 2 期。

者造成特别严重后果的,应当以帮助信息网络犯罪活动罪追究行为人的刑事责任。《解释》的这一规定基本是以我国的数额累计计算的实践做法为依据的。

目前我国的司法实践中,司法机关对于《解释》第12条第2款的适用态度较为消极,截至2020年12月11日,网上公开的裁判文书中仅有一例①引用《解释》第12条第2款作为裁判依据。这种消极态度也反应了司法机关在考虑帮助信息网络犯罪活动罪之罪量要素时,仍然采取较为保守的共犯从属性立场。

(三)对"犯罪"的理解

根据《刑法》第287条之二的表述,帮助信息网络犯罪活动罪的帮助对象是"他人利用信息网络实施犯罪"。如何理解这里的"犯罪",至关重要。一种字面含义的解释是,这里的犯罪必须是符合构成要件且违法,达到罪量要求的情形。虽然帮助行为正犯化使得帮助信息网络犯罪行为不再受到共犯从属性原则本身的束缚,但是基于刑法文字含义的要求,实际在事实上仍然要求了共犯的从属性。换言之,法条的这种表述实际上承认了共犯仍然要从属于正犯。不过,这样的解释会带来处罚的漏洞,进而使帮助行为正犯化的功能丧失殆尽。因为帮助行为正犯化的功能其实就在于基于帮助行为的独立性特点,能够不依附正犯实现帮助犯的独立定罪量刑,如果帮助犯在从属性问题上仍然要依附正犯,那么其实根本没有必要将帮助行为正犯化。

正因如此,部分学者对"犯罪"的含义进行了扩张解释。有学者认为,"犯罪"的含义具有多层次,所以这里的"犯罪"包括因为达不到罪量的要求而认定为违法的情形。② 还有学者认为,应参照《刑法》第285条第3款和《刑法》第287条之一中的"违法犯罪",将这里的犯罪扩张理解为一般的违法行为。通过这样的解释完全可以化解罪量从属性的难题,即使正犯实施违法行为但达不到罪量要求,帮助犯达到罪量要求,也完全可以对帮助犯定罪处罚。不过,这样的解释可能会逾越刑法文义的范围,违反罪刑法定原则。

刑法分则中尽管对"犯罪"的含义有不同的理解,但基本都认为其至少是一种符合构成要件且违法的形态。例如《刑法》第310条的窝藏、包庇罪是指明知是犯罪的人而为其提供隐藏处所、财物,帮助其逃匿或者作假证明包庇的行为。对于这里的"犯罪的人"如何理解,就存在一定的争议。按照传

---

① 蒙某、王某某帮助信息网络犯罪活动案,广西省南宁市宾阳县人民法院(2019)桂0126刑初535号。

② 参见陈洪兵:《帮助信息网络犯罪活动罪的限制解释适用》,载《辽宁大学学报(哲学社会科学版)》2018年第1期。

统的四要件体系,犯罪是由犯罪客体、犯罪客观方面、犯罪主体、犯罪主观方面组成,四个要件缺一不可。因此,欠缺刑事责任能力的人实施刑法分则的构成要件违法行为就不可能属于这里的"犯罪的人"。再如《刑法》第 29 条规定:教唆不满 18 周岁的人犯罪,应当从重处罚。这里的"犯罪"按照传统理论也被认为是达到刑事责任年龄、具备刑事责任能力的人实施刑法分则规定的构成要件行为。传统理论也以此作为区分教唆犯和帮助犯的标准,如果行为人教唆的是未达到刑事责任年龄的人实施刑法分则中规定的构成要件行为,那么其只能构成间接正犯。不过,这种传统立场已经受到了挑战,随着"共同犯罪是违法形态"这一观念的引入,"犯罪"不再与构成犯罪完全等同,而是被理解为一种违法意义上的概念。只要行为人实施的行为符合构成要件且违法,就属于这里的犯罪。

正如有论者所言,从所谓处罚的必要性出发,将《刑法》第 287 条之二中的信息网络"犯罪"解释为一般的信息网络"违法行为",则更是明显地逾越了文义射程范围、违背罪刑法定原则,也将直接造成该罪处罚边界无限扩张。①

(四)"明知"的认定方法

在网络语境的共同犯罪中,双向意思联络难以确定。而帮助信息网络犯罪活动罪的增设很大程度上缓解了这一难题,行为人只要单方面在主观上明知他人将要实施信息网络活动犯罪即可。但对明知的认定,刑法理论上争议较大。关键性的争议是明知是否应当包括应知。② 而主张包括应知的观点也并不明确,理论上有观点从过失的角度来理解,也有观点从推定知道的角度来理解。但主流观点及司法解释的相关规定采取的是后一种观点,因为前一种观点会导致故意和过失的混淆。③ 除此以外,明知的主观认识程度可能有很大不同,相关犯罪既可能被认定为只包含直接故意,又可能被理解为包含间接故意。④

2019 年《解释》出台前,司法实践中主要采取肯定"应知"的立场,将明知理解为"确知"和"知道有可能",并将"知道有可能"主观状态的归责基础,建立在行为人因为身为专业人员应该拥有对本行业中常见违法犯罪行

---

① 王华伟:《帮助行为正犯化的批判化解读》,载《法学评论》2019 年第 4 期。
② 王华伟:《网络语境中帮助行为正犯化的批判解读》,载《法学评论》2019 年第 4 期。
③ 参见王新:《我国刑法中明知的含义和认定——基于刑事立法和司法解释的分析》,载《法制与社会发展》2013 年第 1 期。
④ 参见陈兴良:《刑法分则规定之明知:以表现犯为解释进路》,载《法学家》2013 年第 3 期。

为的敏感性和识别能力而带来的审慎义务之上。①

2019年《解释》第11条明确，为他人实施犯罪提供技术支持或者帮助，具有下列情形之一的，可以认定行为人明知他人利用信息网络实施犯罪，但是有相反证据的除外：（1）经监管部门告知后仍然实施有关行为的；（2）接到举报后不履行法定管理职责；（3）交易价格或者方式明显异常的；（4）提供专门用于违法犯罪的程序、工具或者其他技术支持、帮助的；（5）频繁采用隐蔽上网、加密通信、销毁数据等措施或者使用虚假身份，逃避监管或者规避调查的；（6）为他人逃避监管或者规避调查提供技术支持、帮助的；（7）其他足以认定行为人明知的情形。

相比以往的司法解释，该《解释》的进步之处在于没有将"应当知道"作为故意的认定标准。从刑法理论来说，明知不应该包括应当知道。应当知道从事实上来说，是指有义务知道。它包含事实上行为人并不知道的情形，而果真事实上不知道就不应当作为故意犯罪。但从刑事诉讼的角度来说，明知需要客观上间接证据的证明。通过《解释》所确立的七条具体规则可以推定行为人是知道的。倘若行为人确实有上述七种行为，那么否定行为人具有明知还有两种路径：其一，有其他客观事实证明行为人确实不明知；其二，行为人提出证据说明自己不明知。对于第二种情形，涉及的是证明责任转移的问题。只要公诉机关提出了《解释》规定的七种情形，那么证明责任就转移给被告人。但仍要注意的是，此时被告人仍然仅负有提出证据的责任，而不具有说明责任。

---

① 例如，李某、李某某帮助信息网络犯罪活动案（浙江省丽水市松阳县人民法院（2018）浙1124星厨168号）、赵某帮助信息网络犯罪活动案（浙江省义乌市人民法院（2017）浙0782刑初1563号）、侯某某、刘某某、蔡某某等帮助信息网络犯罪活动案（浙江省金华市婺城区人民法院（2018）浙0702刑初915号）。

拒不履行信息网络安全管理义务罪研究

涂龙科、陈洪兵、吴菊萍、马嘉阳、王　浩[*]

内容摘要

《刑法修正案（九）》增设相关网络犯罪罪名以来，拒不履行信息网络安全管理义务罪的具体适用就陷入了困境。对拒不履行信息网络安全管理义务罪的实证分析显示该罪在当前司法实践中被束之高阁。其原因在于实务中缺乏对该罪构成要件的分析，尤其是对网络服务提供者及其信息网络安全管理义务的必要性缺乏认知，忌惮于对构成要件进行分析。

通过检索中国裁判文书网，对拒不履行信息网络安全管理义务罪进行案例检索，共获得有效判决书3份。仅有的3份判决书显示出该罪在适用上的几个问题：（1）对原本属于犯罪的行为处以行政处罚，下发行政处罚通知书，事后以拒不履行信息网络安全管理义务罪定罪，模糊了行政违法与犯罪的界限。（2）对该罪"网络服务提供者"的类型未予以说明，进而无法确定被告负有何种"信息网络安全管理义务"。（3）"监管部门"繁杂，如公安部门、文化行政部门、市场监管部门，行政措施有约谈、罚款、责令改正，与该罪名"责令采取改正措施"区别较大。（4）现有判决，均未对本案是否符合本罪四种法定情形作充分说理，即现有案例是否符合本罪四项结果要件，司法人员未作出法律证成。

基于上述司法实践现状，对拒不履行信息网络安全管理义务罪的主体、主观方面、信息网络安全管理义务存在的问题及合理配置作出论述。

主体方面，结合网络服务提供者的技术性特点，在考虑网络服务提供者距离信息终端远近差异的基础上，根据网络服务提供者对信息终端的支配和控制

---

[*] 涂龙科，上海社会科学院法学研究所研究员、博士生导师，法学博士，上海市杨浦区人民检察院副检察长；陈洪兵，东南大学法学院教授，博士生导师，法学博士，主要从事刑法解释学研究；吴菊萍，上海市人民检察院第二分院第一检察部副主任、四级高级检察官、法学博士，华东政法大学刑事司法学院兼职教授；马嘉阳，中南财经政法大学刑事司法学院刑法学硕士研究生；王浩，上海社会科学院法学研究所刑法学硕士研究生。

能力，可以将其分为没有支配控制能力、可能具有支配控制能力以及具有绝对支配控制能力三种类型。主观方面，本罪的罪过形式是直接故意。

在信息网络安全管理义务设置的合理性方面，虽然当前对信息网络安全管理义务罪的内涵和外延还存在一定的争议，但是在刑法中为网络服务提供者设定信息网络安全管理义务的合理性是能够予以证明的。从现实需要看，互联网的迅速发展对网络治理提出了新的要求，其中不仅包括秩序的维护，也包括风险的防控、网络犯罪治理等方面。为网络服务提供者设置信息网络安全管理义务具有刑事合规的价值，可以实现网络安全监管的双主体能够产生网络治理的"双赢"局面，有助于推动网络治理的现代化。从网络犯罪治理理论困境来看，为网络服务提供者设置信息网络安全管理义务是解决传统刑法理论在规制网络犯罪时所遇困境的重要途径之一，即采用法律拟制的方式，将帮助行为正犯化。将拒不履行信息网络安全管理义务的行为独立入罪，一方面能够解决传统刑法理论在认定共同犯罪时对犯罪故意和正犯行为依赖的难题；另一方面亦能解决网络犯罪中的"责任倒挂"问题。

而当前我国对信息网络安全管理义务的设置存在缺乏明确性、缺乏系统性和缺乏类型性的问题。虽然我国《刑法》第286条之一规定了拒不履行信息网络安全管理义务罪，但是其并未对信息网络安全管理义务作出明确的界定，而是将该义务的具体内容指向了法律和行政法规的规定。从具体内容看，一方面，其多表现为一般性的、抽象性的义务规定；另一方面，基于信息网络安全管理义务内容的空泛，从而丧失了该义务在实践中被予以履行的可行性。缺乏系统性表现在刑法与非刑事法律规范之间缺乏对应性、各非刑事法律规范之间缺乏协调性。缺乏类型性体现在我国对信息网络安全管理义务的设置而言，其并未充分考虑到不同网络服务提供者在技术方面存在的差异，未根据不同的主体对信息网络安全管理义务进行类型化的设置。

应当在信息网络安全管理的实体性义务和程序性义务划分的基础上，根据网络服务提供者对终端信息数据的支配控制能力，对信息网络安全管理义务进行合理的配置。在对信息网络安全管理义务进行配置时，应当从信息网络安全管理的实体性义务和程序性义务两个角度出发，根据网络服务提供者对终端信息数据的支配控制能力。

自2019年最高人民法院、最高人民检察院《关于办理非法利用信息网络、帮助信息网络犯罪活动等刑事案件适用法律若干问题的解释》（以下简称《解释》）施行以来，非法利用信息网络罪和帮助信息网络犯罪活动罪的案件量大幅增长，二罪名中部分疑难问题仍有争议。就非法利用信息网络罪而言，对于本罪中的"违法犯罪"应当严格解释为"犯罪",对于值得处罚的发布行政违法信息的行为,可通过其他路径处理;对"违禁物品、管制物品"进行体系解释也应当限制在刑法规制范围内;对于涉及本罪与其他犯罪竞合时,宜采取大竞合论说或想象竞合说的立场。就帮助信息网络犯罪活动罪而言,本罪属于帮助行为的正犯化,但在解决罪量从属性问题时,不宜将司法解释的条款直接视为帮助行为正犯化条款。司法解释实际采取了折中立场,但当前司法实践仍采取保守的从属性立场。本罪中的"犯罪"应理解为符合构成要件且违法的形态,本罪的"明知"不包含"应当知道",司法解释亦肯定这一立场。

一、问题的提出

从 1994 年开始至今中国互联网发展已经有 20 余年了。中国互联网从无到有、从封闭到开放,深深改变着人们的生活。随着互联网、计算机科学技术的不断发展,网络正渗透着人们生活的方方面面。网络在很大程度上已经摆脱了作为一种工具的被动性,而正成为不断催化社会发展的"互联网基础设施",构建起全新的人类社会关系。根据中国互联网络信息中心(CNNIC)《第 45 次中国互联网络发展状况统计报告》① 结果显示,截至 2020 年 3 月,我国网民规模达 9.04 亿人,较 2018 年底增长 7508 万人,互联网普及率达 65.5%;我国手机网民规模达 8.97 亿人,我国网民使用手机上网比例达 99.3%。从企业层面,2019 年以来,我国互联网产业继续保持稳步发展,企业广泛应用互联网,我国连续 7 年成为全球最大的网络零售市场,移动支付、网络广告、人工智能、云计算、大数据等对数字经济发展的作用不断增强;从个人层面,人们几乎可以通过互联网满足各种需求,即时通信、搜索引擎、网络行为、社交应用、网络支付;从政府层面,截至 2020 年 3 月,我国在线政务服务用户规模达 6.94 亿人,全国一体化政务服务平台初步建成,尤其是在 2020 年突如其来的新冠肺炎疫情中,电子政务提供疫情信息服务、推行线上办理、协助推进精准防疫、统筹推进疫情防控和复工复产中,发挥着有力支撑。正因如此,互联网空间高速发展,现实空间与网络空间逐步走向交叉融合,原本的"虚拟世界"与"现实世界"的藩篱也被打破,犯罪行为也在互联网中滋生。互联网、计算机技术不单是犯罪的工具与对象,更成为犯罪本身的场所、平台和途径。相较于传统犯罪而言,网络犯罪更加难以防范控制。网络犯罪的实施者往往不是一个人在战斗,除去直接侵害法益的实行行为的犯罪人,网络服务提供者"中立帮助行为"也为网络犯罪添柴加火。部分学者认为,网络空间具有

---

① 《第 45 次中国互联网络发展状况统计报告》,中国互联网信息中心,2020 年 4 月。

公共性，具有公共性就意味着作为信息看门人地位的网络服务提供者需为空间中所有用户提供最低限度的信息网络安全保障义务。[①] 在"多链条"的网络犯罪活动中，仅追究实行行为人的刑事责任，而忽视网络服务提供者所承担的信息网络安全保障义务，不符合日益严峻的网络安全形势，也不利于降低逐步增长的网络风险。

我国刑法在契合社会现实需求的基础上对网络犯罪作出的回应体现了对我国传统刑法的理论突破。例如，共犯正犯化。提供侵入、非法控制计算机信息系统的程序、工具罪，帮助信息网络犯罪活动罪的设立就是帮助行为正犯化的具体表现。又如，对片面共犯的承认。根据我国相关司法解释的规定，利用计算机实施的共同犯罪往往放弃了对"共同意思联络"的要求。[②] 再如，对中立帮助行为的刑法规制，对提供网络服务的网络服务提供者予以刑法规制。新增网络犯罪罪名、对传统刑法理论的突破在有效打击网络犯罪、治理维护网络安全方面发挥了重要的作用。

然而，自《刑法修正案（九）》专门增设拒不履行信息网络安全管理义务罪以来，该罪名的具体适用就一度陷入困境。在理论方面，拒不履行信息网络安全管理义务罪设立的必要性遭到了质疑。例如，有观点认为，该罪名的设立存在情绪性立法的色彩。[③] 笔者通过对本罪仅有的几个案例进行实证分析，力图更大效能发挥本罪的适用价值。

二、拒不履行信息网络安全管理义务罪的实证分析

本文的判决书检索自中国裁判文书网[④]，案件检索的方法如下：进入中国

[①] 梅夏英、杨晓娜：《网络服务提供者信息安全保障义务的公共性基础》，载《烟台大学学报（哲学社会科学版）》2014年第6期。

[②] 《关于办理危害计算机信息系统安全刑事案件应用法律若干问题的解释》第9条规定："明知他人实施刑法第二百八十五条、第二百八十六条规定的行为，具有下列情形之一的，应当认定为共同犯罪，依照刑法第二百八十五条、第二百八十六条的规定处罚：（一）为其提供用于破坏计算机信息系统功能、数据或者应用程序的程序、工具，违法所得五千元以上或者提供十人次以上的；（二）为其提供互联网接入、服务器托管、网络存储空间、通讯传输通道、费用结算、交易服务、广告服务、技术培训、技术支持等帮助，违法所得五千元以上的；（三）通过委托推广软件、投放广告等方式向其提供资金五千元以上的。"

[③] 参见刘宪权：《刑事立法应力戒情绪——以〈刑法修正案（九）〉为视角》，载《法学评论》2016年第1期。

[④] 最高人民法院裁判文书网，https://wenshu.court.gov.cn/，最后访问日期：2020年9月16日。

裁判文书网,点击搜索栏,输入"拒不履行信息网络安全管理义务罪",点击搜索,截至本文写作之时即 2020 年 9 月 16 日,共获得案例 8 份。其中刑事裁定书主要是关于本罪的财产执行情况,剩下的 7 份刑事判决书中,排除与本罪无关的判决书 4 份,因此共获得有效判决书 3 份。这是公开案例中,关于本罪仅有的 3 份判决书。

(一) 拒不履行信息网络安全管理义务罪的判决梳理

从仅有的这 3 份判决书来看,该罪名适用存在两个问题:首先,该罪名自 2015 年《刑法修正案(九)》颁布后,一直处于"休眠"状态,该条款为"死"条款。其次,由于司法实践中适用该条款少,司法人员对该罪的构成要件认识不足,不适用,怕错误适用。具体包括:(1) 对原本属于犯罪的行为处以行政处罚,下发行政处罚通知书,事后以拒不履行信息网络安全管理义务罪定罪,模糊了行政违法与犯罪的界限。(2) 对该罪"网络服务提供者"的类型未予以说明,进而无法确定被告负有何种"信息网络安全管理义务"。(3) "监管部门"繁杂,如公安部门、文化行政部门、市场监管部门,行政措施有约谈、罚款、责令改正,与该罪名"责令采取改正措施"区别较大。(4) 现有判决,均未对本案是否符合本罪四种法定情形作充分说理,即现有案例是否符合本罪四项结果要件,司法人员未作出法律证成。四项结果要件包括:致使违法信息大量传播的;致使用户信息泄露,造成严重后果的;致使刑事案件证据灭失,情节严重的;有其他严重情节的。在"同案同判"的司法大背景下,这不利于其他司法人员借鉴适用,间接导致了本罪的适用率远低于其他网络犯罪。

案号	定罪理由	网络服务提供者类型	监管部门及文书	具体内容
(2018) 赣 0102 刑初 585 号	被告管理盘古公司的辰龙游戏平台的过程中,不履行法律、行政法规规定的信息网络安全管理义务,经监管部门责令采取改正措施而拒不改正,且明知他人利用信息网络实施犯罪,为其犯罪提供技术支持	提供网络游戏服务	金华市网络警察支队、金华市文化行政综合执法支队、金华市市场监督管理局网络经营监管处《责令限期整改通知书》	被告人何某某、李某某在经营、管理盘古公司的辰龙游戏平台的过程中,利用该平台的"捕鱼""五子棋"游戏提供给参赌人员进行赌博活动

续表

案号	定罪理由	网络服务提供者类型	监管部门及文书	具体内容
（2018）鄂1003刑初150号	被告人朱某某身为网络服务的提供者不履行法律、行政法规规定的信息网络安全管理义务，经监管部门责令采取改正措施而拒不改正，公诉机关指控其行为构成提供侵入、非法控制计算机信息系统的程序、工具罪的罪名不当，应当以拒不履行信息网络安全管理义务罪，予以处罚	未予说明	荆州市公安局关停VPN业务通知	创建www.un-idc.com、www.vpnadsl.cc等网站，用于推广其代理销售和自己建立并销售的VPN软件。用户购买该软件后，可以访问国内IP不能访问的境外互联网网站。2017年7月1日，朱某某在接到荆州市公安局关停VPN业务的通知后，仍停止经营，拒不改正
（2018）沪0115刑初2974号	被告人胡某为了违法谋求利益，租赁了国内以及国外的服务器，自己制造、出租了"土行孙""四十二"各种翻墙软件，为境内2000多位互联网用户违法提供境外网络接入服务。上海市公安局浦东分局对被告人胡某利用上海丝洱网络科技有限公司擅自建立其他信道进行国际联网的行为，作出责令停止联网、警告。被告人胡某拒不改正	未予说明	上海市公安局浦东分局两次约谈、责令停止联网、警告、罚款、没收违法所得	被告人胡某为非法牟利，租用国内、国外服务器，自行制作并出租"土行孙""四十二"翻墙软件，为境内2000余名网络用户非法提供境外互联网接入服务。2次被上海公安局浦东分局约谈、处罚

从上述现有判例来看，法院的定罪理由均是相同的，即认定被告人为网络服务提供者，不履行信息网络安全管理义务，监管部门责令其加以改正而拒不改正，因而构成本罪。然而，被告人究竟如何被认定为"网络服务提供者"，违反了具体哪些"信息网络安全管理义务"，符合四项结果要件中的哪种情形，本罪与其他罪名的界限在何，判决书中并未对此予以说理证明。案例二、案例三，同为"翻墙""售卖VPN软件"类犯罪，以本罪定罪，罪名适用正

确,但因司法机关未对本案犯罪事实是否符合本罪的构成要件作出明确说理,既不能将本案作为典型案例指导其他司法机关适用,也不利于其他网络服务提供者。尤其是"翻墙"软件制作者主动履行监管义务,保障网络秩序,维护网络安全。从长远效果来看,对定罪量刑说理不明确,容易导致司法公信力的下降,对网络服务提供者的威慑作用下降,从而违背了本罪的立法本意。由于司法人员对该罪名构成要件理解不清晰,罪名内涵理解不明确,而导致司法适用中惮于说理。受理不充分,导致其他法院未将仅有的几个判例作为典型案例参照适用,造成本罪名的"休眠"状态。

(二)拒不履行信息网络安全管理义务罪适用的司法逻辑

虽然《刑法》第 286 条之一对拒不履行信息网络安全管理义务罪作了规定,同时 2019 年 11 月 1 日施行的"两高"《解释》对本罪的入罪标准作出了较为细致的规定,但在司法实践中由于司法人员未能正确理解本罪构成要件,司法实务中忌惮对构成要件进行说理,进而导致本罪的低适用率。

首先,对该罪名构成要件要素内涵不明确,导致该罪错误适用。对于拒不履行该信息网络安全管理义务罪中"安全管理义务"的范围,全国人大常委会通过的《关于加强网络信息管理办法》,国务院制定的《互联网信息服务管理办法》《计算机信息网络国际联网安全保护管理办法》《电信条例》以及《网络安全法》对网络服务提供者的信息网络安全管理义务作出了直接或间接的规定。从司法实践来看,司法实务人员并未对犯罪嫌疑人、被告人违反何种"信息网络安全管理义务"作出解释说明。

其次,司法实务人员未厘清本罪与他罪的具体区别。以案例一[①]为例,法院认定被告人何某某、李某某的行为同时触犯拒不履行信息网络安全管理义务罪、帮助信息网络犯罪活动罪,择一重罪处罚。对被告人何某某、李某某的行为以开设赌场罪定罪处罚,以想象竞合说吸收拒不履行信息网络安全管理义务罪,属于错误认识本罪的客观要件,错误理解本罪与帮助信息网络犯罪活动罪等其他罪名的界限而致错判。拒不履行信息网络安全管理义务罪与帮助信息网络犯罪活动罪一道,同属于故意犯罪。但拒不履行信息网络安全管理义务罪,对实质损害信息网络安全秩序的行为,提供的是"中立帮助行为"。帮助信息网络犯罪活动罪,对网络犯罪活动,提供的是积极帮助行为。二者在主观上有"中立帮助"与"积极追求"之别。本案中,被告人何某某、李某某架设网络赌博平台,其行为本身有"积极追求"之意,构成开设赌场罪和帮助信息网

---

① 参见(2018)赣 0102 刑初 585 号刑事判决书。

络犯罪活动罪，不属于拒不履行信息网络安全管理义务罪的适用范围，即使有"责令改正而拒不改正"。

最后，案例二、案例三当中，司法实践人员对本罪构成要件理解不深刻，而忌惮与对本罪构成要件进行说理论证。更由于"翻墙"软件性质不确定，"中国长城防火墙"（GFW）的法律地位不明确，害怕说理出错，作出不良示范。笔者认为，以拒不履行信息网络安全管理义务罪对售卖"翻墙"软件的行为进行打击，是适合的，正确的。首先，案例三[①]中，朱某与胡某利用境内、境外服务区，使用技术手段架设虚拟网络通道，不属于工信部《关于清理规范互联网接入服务市场的通知》中提及的"虚拟专用网络 VPN"。电信业务 VPN 业务包括两种，IP-VPN（虚拟专用网，相当于假设在公用网络上的企业内部局域网）与 MPLS-VPN（境外专网），该两种业务均需要申领牌照。无论是 IP-VPN 还是 MPLS-VPN，都需要物理信道，如通信光缆、电缆等进行通信。本案胡某架设"土行孙"翻墙软件，既不是"国际出入口信道"，也不是"互联网接入服务"。其次，我国政策并未禁止普通民众访问国际互联网，仅通过一定技术手段限制国内用户访问部分境外网站，但并没有相应的法律法规对此进行规定，"长城防火墙"并没有官方的承认，对此认为违法，于法无据。最后，刑法打击提供"翻墙"软件行为于法无据。翻阅《网络安全法》《电信条例》《国际通信出入口局管理办法》《网络产品和服务安全审查办法》等法律法规，找不到提供互联网接入服务或者提供国际互联网信道等相关方面的刑事罚则。直接对提供"翻墙"软件的行为进行刑事打击，于法无据。

对于通过租售"翻墙"软件的行为，在司法实践中有按照非法经营罪，提供侵入非法控制计算机信息系统工具、程序罪，破坏生产经营罪处理的判例。然而上述三罪名的适用，均有不妥。首先，对提供翻墙服务的网络服务提供者不适合以非法经营罪定罪处罚，原因是我国并没有明确信息关防的说法，翻墙行为亦不属于行政许可范围，行政规定中无刑事罚则，用口袋罪非法经营罪的第 4 款规定已饱受诟病，使用虚拟专用网加密数据进行国际联网不属于提供电信服务，故不宜以非法经营罪定罪处罚；其次，该行为不适合用侵入、非法控制计算机信息系统的程序、工具罪定罪处罚，主要原因在于该罪提供的程序、工具要对网络造成实质性伤害，即改变计算机代码，而"翻墙"软件一般采用穿透、加密或者规避信息关防的方式实现浏览境外网站的目的，通过租借境内、境外两地的服务器进行通信，其本身对信息关防系统并不造成实质性损害。

---

① 参见（2018）沪 0115 刑初 2974 号刑事判决书。

虽然"两高"《解释》对该罪的构成要件解释已愈加完善，名义上对负有信息网络安全管理义务的个人和单位有拘束力，但刑法的目的在于保护法益，若司法实践人员因惮于对本罪的构成要件进行说理，将会使本罪名存实亡，束之高阁，无法达到示范效应，从而以刑事角度规范网络服务提供者的行为，维护互联网秩序。这就要求对本罪的构成要件即本罪的构成要件尤其是信息网络安全管理义务有更深的认知。

三、拒不履行信息网络安全管理义务罪的主体

（一）网络服务提供者的性质

网络服务提供者（internet service provider），从广义的角度看，指通过信息网络为获取信息等目的提供服务或者为公众提供信息的单位或个人。网络服务提供者的外延较广，包括通过提供服务从而保证网络空间得以正常运行的一切机构与个人。信息网络是一个整体，由诸多不同的功能单位组成，不可或缺。根据各提供者功能的不同，可以将网络服务提供者分为网络接入服务提供者、网络平台服务提供者、缓存服务提供者、网络内容服务提供者、访问软件提供者等。[①] 在刑事法领域，"两高"2019年11月1日实施的《解释》对网络服务提供者作出细致规定，其中第1条规定："提供个下列服务的单位和个人，应当认为刑法第二百八十六条之一第一款规定的'网络服务提供者'：（一）网络接入、域名注册解析等信息网络接入、计算、存储、传输服务；（二）信息发布、搜索引擎、即时通讯、网络支付、网络预约、网络购物、网络游戏、网络直播、网站建设、安全防护、广告推广、应用商店等信息网络应用服务；（三）利用信息网络提供的电子政务、通信、能源、交通、水利、金融、教育、医疗等公共服务。"网络服务提供者提供的服务不同，各网络服务提供者在网络系统中的地位、对信息的控制能力、组织违法犯罪行为的可能性都有差异，故其所应承担的信息网络安全管理义务的多少应当有所差异，所承担的刑事责任应当区分对待，做到权利与义务相统一，义务与责任相适应，罪责刑与其应当承担的信息网络安全管理义务相适应。正因基于"网络服务提供者"所提供的服务的个同，导致其所应承担的信息网络安全管理义务不同，其承担的刑事责任也有不同，因而在司法实践中有必要对其是何种"网络服务提供者"作出明确说明，以明晰其所应当的刑事责任。而类型化区分是评

---

① 参见涂龙科：《网络内容管理义务与网络服务提供者刑事责任》，载《法学评论》2016年第3期。

价"网络服务提供者"（ISP）的大前提，并非所有 ISP 都要承担规定刑事责任。

关于网络服务提供者的分类方面，我国学界和司法界基本接受了国际通常的做法，网络服务提供者主要包括以下几种①：（1）网络接入服务者（IAP），其服务内容主要是为网络用户提供互联网连接设备、技术路径，使网络用户顺利连接网络，为网络信息的传播提供渠道。在此过程中，IAP 对信息内容的注意义务因其无法对网络数据中的内容信息直接进行编排、删改，其信息网络安全管理义务相较于 ICP 明显轻一个档次。（2）网络服务提供者（ISP），其主要提供接入、缓存、主机存放等服务，而不提供信息服务，如国内云计算服务提供企业，如阿里云、华为云等服务器托管公司。（3）网络中介服务平台提供者，提供信息发布、即时通信、网络支付、网络购物、网络游戏等平台，供用户使用，其相当于现实生活在互联网上的替代品，用互联网技术提高社会效率。网络中介平台服务提供者，其网络监管义务包括对违法信息的审核、修改、删除。（4）网络内容提供者（ICP），其用过网页或 App 主动使信息处于可被公众获取的状态，并且可以主动监管内容本身，对内容进行筛选、编排，如新浪微博、知乎等。在笔者看来，ICP 有对信息内容直接监管、控制的能力，应当赋予其更高的监管义务，承担更重的刑事责任，而 ISP 与 IAP、网络中介平台服务提供者，因对信息的把控能力不及 ICP，其更多的只承担着记录、存储义务。

对不同的网络服务提供者做类型化分析，一方面，提醒司法机关应当在相应司法文书中对其予以说理，使被告人明白其因何而获罪；另一方面，根据"网络服务提供者"类型的不同，确定不同网络服务提供者的信息网络安全管理义务，承担与其义务相匹配的刑责责任。事实上，随着互联网技术的不断创新发展，网络服务种类的不断增加，在有限的认识能力和科技水平的基础上，是不可能形成一劳永逸的分类方法的。尽管如此，为实现对信息网络安全管理义务的合理配置，应当在把握设置义务的标准的基础上对网络服务提供者作出相对合理的分类。

（二）网络服务提供者类型化的判断标准

网络服务提供者的具体划分应当立足于信息网络安全管理义务配置的依据。换言之，网络服务提供者义务的来源是对其进行类型化的关键。拒不履行

---

① 鲁春雅：《网络服务提供者侵权责任的类型化解读》，载《政治与法律》2011 年第 4 期。

信息网络安全管理义务罪是不作为犯,因此信息网络安全管理义务的来源也应当以不作为犯作为义务来源作为理论依据。

关于不作为犯作为义务来源的根据,理论上主要存在形式的法义务说和实质的法义务说。形式的法义务说将不作为犯义务的来源诉诸于法令、契约、事务管理以及习惯和条理,不仅在内容上具有不确定性,同时亦难以说明设置相应义务的合理依据。实质的法义务说意图从实质的角度探讨设置义务的根据,其中包括先行行为说、事实上的接受说、因果经过支配说等多种学说。当前,"机能的二分说"占据主流的地位。其以行为人为中心,根据行为人与受保护法益之间的关系,行为人与被监督危险之间的关系把作为义务分为保护义务和安全义务。其中,保护义务主要来源于:第一,规范的根据,即为防止特定的法益受到侵害,法律对特定的人设定的保护义务;第二,任意的根据,即不作为者与被害人因合意而设定的保护义务;第三,机能的根据,即因被害人的法益机能性地依附于特定的人而设定的保护义务。① 安全义务主要来源于:第一,因自身产生的危险性的先行行为而制造了危险的场合;第二,属于行为人所支配的社会领域的场合;第三,对受其监督的被监督者实施监督的场合。②

能够对某一具有风险性的对象予以实际支配的行为人,对于被支配对象所制造的风险就具有相应的监督管理义务,换言之"支配的另一面就是答责"。③ 因此,为网络服务提供者设定信息网络安全管理义务能够从"机能的二分说"中的安全义务找到根据。网络服务提供者作为网络虚拟空间的制造者和参与者,能够通过掌握的技术优势实现对特定网络信息数据的支配和控制。正是基于网络服务提供者在网络虚拟空间中的特殊地位,对于在其能够施以支配和控制范围内出现的风险,就产生了相应的安全义务。换言之,网络服务提供者是否具有对特定网络信息数据的支配控制能力,是设置相应的信息网络安全管理义务的核心。因此,对网络服务提供者予以类型化的判断标准就在于对特定网络信息数据的支配控制能力。

(三) 网络服务提供者的具体类型

结合网络服务提供者的技术性特点,在考虑网络服务提供者距离信息终端远近差异的基础上,根据网络服务提供者对信息终端的支配和控制能力,可以

---

① 参见张明楷:《外国刑法纲要》(第二版),清华大学出版社2007年版,第100页。
② 参见[德]汉斯·海因里希·耶塞克、托马斯·魏根特:《德国刑法教科书》,徐久生译,中国法制出版社2017年版,第841页。
③ 参见[德]乌尔斯·金德霍伊泽尔:《刑法总论教科书》(第6版),蔡桂生译,北京大学出版社2017年版,第375页。

将其分为没有支配控制能力、可能具有支配控制能力以及具有绝对支配控制能力三种类型。

第一，没有支配控制能力。没有支配控制能力是指网络服务提供者对于终端信息数据没有支配和控制的能力。这一类的网络服务提供者主要指的是提供接入、传输等技术性服务的主体。例如，网络传输服务提供者。网络传输服务提供者是指"通过通信网络，将他人的信息进行传输或者接通获得使用这些信息的通道的服务者"。① 网络传输服务提供者可以具体分为两种类型：一是提供网络接入服务，即在网络用户和互联网之间搭建相互连接的通道；二是提供网络信息传送服务，即在网络用户和网络信息之间搭建相互连接的通道。② 对于此类网络服务提供者而言，其具有以下的特点：其一，提供的服务具有纯粹技术性的特点。网络传输服务提供者作为网络用户与互联网，网络用户与网络用户之间架接的桥梁，其提供的是具有纯粹技术性的服务。其二，并不介入被传输信息的内容。网络传输服务提供者仅为网络空间的构建搭建相互连通的桥梁，而不具体介入被传输信息内容的选择和生成之中。

第二，可能具有支配控制能力。可能具有支配控制能力是指网络服务提供者具有对终端信息数据进行支配和控制的可能性。例如，储存服务提供者为网络用户提供了信息数据的储存空间，因此其具有通过技术以实现对该储存空间内的信息数据进行支配控制的可能。又如，缓存服务提供者以提高访问效率为目的，将网络用户频繁访问的内容予以临时性的储存，因此其对于缓存的内容也具有支配控制的可能。对于这类网络服务提供者而言，其是否现实性的能够对终端信息数据进行支配和控制，要判断其是否介入信息数据内容的选择和生成。如果网络服务提供者对信息数据内容的选择和生成施加了影响，则其具有现实的支配控制能力；反之，则仅具有支配控制的可能。

第三，具有绝对支配控制能力。具有绝对支配控制能力是指网络服务提供者能够对终端信息数据进行完全的支配和控制。最典型的就是网络内容服务提供者。网络内容服务提供者是指为网络用户提供具体网络内容的主体。对于此类网络服务提供者而言，其具有以下的特点：其一，是具体网络信息数据的制造者、发布者；其二，能够直接控制网络信息数据内容的生成。因此，对终端信息数据具有支配控制能力的网络服务提供者应当承担最大限度地信息网络安

---

① 鲁春雅：《论网络传输服务提供者的审查与阻断义务》，载《河南大学学报（社会科学版）》2011年第5期。

② 鲁春雅：《论网络传输服务提供者的审查与阻断义务》，载《河南大学学报（社会科学版）》2011年第5期。

全管理义务。

四、拒不履行信息网络安全管理义务罪的主观方面

（一）本罪罪过形式的性质

关于本罪的主观罪过，有学者认为，网络服务提供者的主观罪过属于类似英美法系中"过于自信"和"间接故意"复合的"轻率"主观罪过，是否妥当，还值得推敲；有学者认为，本罪可以参照监督过失理论，罪过形态是过失，必须予以批判；还有学者认为，《刑法》第286条之一规定的拒不履行信息网络安全管理义务罪的罪过形式是故意，既包含直接故意[1]，也包括间接故意，并无不妥[2]。关于本罪罪过形式方面的争议，主要涉及两个问题：一是"拒不改正"能否认定行为主观上为故意？二是对行为的故意与对结果的故意是否具有同一性？

可以肯定的是，"拒不改正"中的"拒不"，在刑法体系中，推定为明知且故意的主观要素。所谓"拒不"，在现代汉语中，此词是双向否定，加强了否定，"拒"有拒绝之义，代表主观上的否定。"不"代表行为上的否定，二者组合，加强了否定的含义，代表行为主体既在主观上否定，行为上也对应为之事予以否定。我国刑法中，很多条文中含有"拒不"一词，且包含该词的罪名均为故意犯罪。例如，《刑法》第202条规定，"以暴力、威胁方法拒不缴纳税款的，处三年以下有期徒刑或者拘役，并处拒缴税款一倍以上五倍以下罚金"；第270条规定，"将代为保管的他人财物非法占为己有，数额较大，拒不退还的，处二年以下有期徒刑、拘役或者罚金"；第282条第2款规定，"非法持有属于国家绝密、机密的文件、资料或者其他物品，拒不说明来源与用途的，处三年以下有期徒刑、拘役或者管制"。此外，罪名中包含"拒不"的拒不执行判决、裁定罪，拒不支付劳动报酬罪，主观上均属于故意，上述犯罪属于故意犯罪毫无争议。因此，在刑法体系中，"拒不"一词代表行为人的故意心态，并无异议。本罪就所谓"拒不履行"而言，所要探讨的问题并不是网络服务提供者拒绝履行监管部门的"责令"的主观心态，而是其"拒不履行"后，对四种犯罪情节的心态是否属于故意的问题。理论界对于拒不履行信息网络安全管理义务罪的罪过形式主要有四种观点。

其一，认为本罪的罪过形式只能是直接故意，且故意内容中不要求具有特

---

[1] 谢望原：《论拒不履行信息网络安全管理义务罪》，载《中国法学》2017年第2期。
[2] 赵秉志、詹奇玮：《论拒不履行信息网络安全管理义务罪的罪过形式》，载《贵州社会科学》2019年第12期。

定目的。其原因在于本罪法条使用了"经监管部门责令采取改正措施而拒不改正"的语句,"拒不改正"恰恰反映了行为人对危害结果的积极追求或希望的态度,因而本罪不可能是间接故意,也不可能是过失[①]。

其二,认为本罪的罪过形式可以参照监督过失理论,罪过形态是过失。因为具有监管责任的网络服务提供者在具有预见可能性和回避可能性的情况下,"拒不改正",实施了不作为的监督过失行为,该行为与本罪的危害结果具有因果关系,因而承担相应的刑事责任[②]。

其三,认为本罪应引入类似英美法系中"过于自信"和"间接故意"复合的"轻率"主观罪过。网络服务提供者在"不履行义务"上可能是故意不履行,也可能是过失不履行;"拒不改正"无疑是故意不改正;但对"造成严重后果"主观心理则是过于自信的过失和间接故意的复合心理。有学者认为本罪的责任是网络服务提供者基于故意心理下所承担的过失责任。

其四,主张本罪的罪过形式是一种模糊罪过,虽然网络服务提供者在"拒不改正"上持故意态度,但对于造成"违法信息大量传播"等严重后果,既可能是放任甚至希望态度,也可能是因疏忽大意而没有预见,或者已经预见而轻信可以避免。无论网络服务提供者对因拒不改正而导致的严重后果是故意还是过失的态度,只要具有预见可能性,都不妨碍该罪的成立。因而司法工作人员没有必要查明网络服务提供者对"拒不改正"所导致的"违法信息大量传播"等严重后果,是持故意态度还是过失态度。本罪的罪过形式是模糊罪过,只要网络服务提供者对"拒不改正"而导致的结果具有预见可能性,就不妨碍本罪的成立。[③]

(二)本罪直接故意之肯定

综观以上各种观点,笔者赞同第一种观点,认为本罪的罪过形式是直接故意。

对于第一种观点,有学者批评直接故意说过分限缩了本罪的成立范围。其主要原因是在刑法理论中,直接故意的认识因素与意识因素具有高度的一致性。即行为人不仅能够认识到自己实施的行为及其危害结果的性质,而且还将其作为直接追求的目标。本罪中,"拒不改正"的对象是监管部门的责令,责令的内容是信息网络安全管理义务,但是意志方面,并未直接表明网络服务提

[①] 谢望原:《论拒不履行信息网络安全管理义务罪》,载《中国法学》2017年第2期。

[②] 陆旭:《网络服务提供者的刑事责任及展开》,载《法治研究》2015年第6期。

[③] 参见陈洪兵:《论拒不履行信息网络安全管理义务罪的适用空间》,载《政治与法律》2017年第12期。

供者追求或希望本罪的四种危害结果的发生。

笔者认为，该学者批评观点一的理由有待商榷：其一，从本罪罪状和社会危害性表现形式来看，本罪属于情节犯，并非结果犯。在刑法理论中，结果犯的故意要求对行为和危害结果（包括危险结果和实害结果）都具有故意。而情节犯、行为犯只要求行为人对自己行为的性质有所认知且故意，即可认定行为人具有故意的主观罪过。其二，本罪"拒不改正"已表示监管部门对网络服务提供者履行告知义务。网络服务提供者在明知自身的信息网络安全管理义务的情况下，拒不履行该义务，主观上有故意的心态，客观上"拒不改正"行为本身就具有一定的社会危害性。只有达到本罪所规定的四种处罚条件时，才入罪：（1）致使违法信息大量传播的；（2）致使用户信息泄露，造成严重后果的；（3）致使刑事案件证据灭失，情节严重的；（4）有其他严重情节的。其三，现行法律、司法解释明确将经监管部门告知后仍实施有关行为的，认定为"明知"。2019年11月1日施行的"两高"《解释》采取了主观明知的推定规则。《解释》第11条规定，为他人实施犯罪提供技术支持或者帮助，具有下列情形之一的，可以认定行为人明知他人利用信息网络实施犯罪，但是有相反证据的除外：（1）经监管部门告知后仍然实施有关行为的；（2）接到举报后不履行法定管理职责的；（3）交易价格或者方式明显异常的；（4）提供专门用于违法犯罪的程序、工具或者其他技术支持、帮助的；（5）频繁采用隐蔽上网、加密通信、销毁数据等措施或者使用虚假身份，逃避监管或者规避调查的；（6）为他人逃避监管或者规避调查提供技术支持、帮助的；（7）其他足以认定行为人明知的情形。这与以往将"明知"解释为"知道或应当知道"的做法不同。拒不履行信息网络安全管理义务罪的行政前置程序，属于"经监管部门告知后仍然实施有关行为"。根据体系解释，可以认定拒不履行信息网络安全管理义务罪的主观罪过为故意。

五、信息网络安全管理义务设置的合理性

《刑法修正案（九）》通过设立拒不履行信息网络安全管理义务罪，为网络服务提供者设置了信息网络安全管理义务。虽然当前对信息网络安全管理义务罪的内涵和外延还存在一定的争议，但是在刑法中为网络服务提供者设定信息网络安全管理义务的合理性是能够予以证明的。

（一）实现现代网络治理的现实需要

"法律可以界定社会，正如它可以调控社会，但它只能根据社会本身提供的条件来界定社会。"① 社会的发展催生了现代网络治理为网络服务提供者设置信息网络安全管理义务的现实需要。这种现实需要主要表现在：

第一，互联网的迅速发展对网络治理提出了新的要求。互联网技术的出现和发展不仅影响着我国的社会经济，同时也深刻地改变了人们的生产生活方式。互联网在实现技术创新的同时亦创造了三种物质形态，即硬件形态、软件形态以及信息交互网络。② 由互联网产生的移动支付、电子货币、信息传输等新型产业打破了传统社会中物理时空的限制。因此，在互联网迅速发展的驱动下生成了网络治理新的现实需求。

首先，互联网发展下虚拟空间的形成对秩序的维护提出了新的要求。在计算机技术产生和发展的初期，由此形成的计算机以及计算机系统仍然表现为现实空间中的物质形态。然而，随着建立在计算机网络基础上的互联网的形成，其构建出区别于现实空间的网络虚拟空间。有学者认为这种网络空间在具备虚拟性的同时更带有现实性的特征：一方面，网络空间成为继现实空间之后人们交往活动的主要场所之一，即互联网实现了由单纯的"信息媒介"向"生活平台"的转变；另一方面，网络行为具有了社会意义，网络行为造成的影响可能会延伸到现实的世界。因此，如何维护人们生产生活的"第二空间"，即网络空间的秩序就成为不得不关注的话题。

其次，互联网发展下新型风险的产生对风险的防控提出了新的要求。"网络的匿名性、开放性和跨地域性"③ 孕育了现代社会中的一种新型风险。有学者认为网络不仅具有工具的属性，还具有经营平台、传播媒介、技术平台、虚拟社会以及意识形态的属性。互联网在给人们的生产生活带来便利的同时，也制造了信息安全、财产安全等风险隐患。而这种新型的风险一旦成为现实则可能会对社会管理秩序、经济安全产生更加强大的破坏力。因此，如何有效地对网络制造的安全风险进行防控就成为网络治理过程中需要予以应对的难题。

最后，互联网发展下日益增加的网络犯罪对犯罪的治理提出了新的要求。犯罪作为一种社会现象，具有与社会变动之间的联动性，社会的重大变动总是在犯罪中反映出来。随着互联网的迅速发展，由此而衍生出的网络犯罪也成为刑事案件中的重要组成部分。根据最高人民法院发布的《网络犯罪特点和趋势》司法大数据专题报告显示，2016—2018 年，全国各级法院一审审结的网

---

① 转引自劳东燕：《风险社会与变动中的刑法理论》，载《中外法学》2014 年第 1 期。
② 参见陈兴良：《网络犯罪的刑法应对》，载《中国法律评论》2020 年第 1 期。
③ 陈磊、陈晨：《刑法新设网络犯罪的立法目的与司法适用》，载《中国应用法学》2019 年第 1 期。

络犯罪案件共 4.8 万余件，占到了全部刑事案件的 1.54%。同时，网络犯罪案件的数量也呈现出逐年上升的趋势。随着互联网由"联"字当头向"互"字当头的过渡，传统犯罪呈现出网络异化的特点。其一，在犯罪对象方面，计算机技术的发展不仅制造了可以作为犯罪对象的新的物质实体，例如计算机的硬件设备，同时也创造了可以作为犯罪对象的新的数字化虚拟物体，例如计算机系统、虚拟货币。其二，在犯罪行为方面，网络犯罪行为显示出专业性、职业化的特点。例如，将利用木马程序侵入计算机系统作为实施犯罪活动的手段。其三，在犯罪结果方面，互联网的无限延展性使得传统犯罪中的危害结果可能在网络空间中被无限地放大。例如，通过传统的传单、报纸等方式传播虚假信息的行为往往会受到时间、地域的限制，但是以网络的方式传播虚假信息则可以打破时空的限制，产生更大的社会影响。其四，在犯罪主体方面，"链条式"的网络犯罪，更易生成专业化的犯罪团体，因而使共同犯罪成为网络犯罪的主要形式。网络犯罪相较于传统犯罪的特殊性，使互联网犯罪的预防和惩治成为网络治理待以解决的重要问题之一。

第二，将网络服务提供者纳入网络治理的主体范围符合网络治理模式转变的现实需要。随着互联网技术的创新和发展，传统的以国家为主导的单一治理模式在网络治理的过程中逐渐失灵。面对互联网信息内容数量的庞大、传输速度的即时以及物理空间的无障碍，由国家通过立法规制网络违规行为的传统治理方式已经难以充分保障事后惩治作用的有效实现，更不用说发挥事前预防的功能。将网络服务提供者纳入网络治理的主体范围是实现网络治理由传统的"国家—行为人"的二元对立模式向"国家—网络服务商—行为人"的三元关系[①]转变的现实需要。这种做法，对信息网络安全管理秩序的维护具有重要的意义。

首先，为网络服务提供者设置信息网络安全管理义务具有刑事合规的价值。刑事合规是指"避免因企业或企业员工相关行为给企业带来的刑事责任，国家通过刑事政策上的正向激励和责任归咎，推动企业以刑事法律的标准来识别、评估和预防公司的刑事风险，制定并实施遵守刑事法律的计划和措施"[②]。刑事合规强调企业的内部控制机制，即通过企业的自我控制和管理以实现对犯罪的预防和自身责任的消解。将网络服务提供者作为网络治理的主体之一，通

[①] 参见李本灿：《拒不履行信息网络安全管理义务罪的两面性解读》，载《法学论坛》2017 年第 3 期。

[②] 孙国祥：《刑事合规的理念、机能和中国的构建》，载《中国刑事法杂志》2019 年第 2 期。

过法律法规为其设置信息网络安全管理义务，并施加相应的非刑事责任，甚至是刑事责任以倒逼网络服务提供者实现自我管理，体现了刑事合规的重要价值。

其次，将网络服务提供者和网络安全监管部门作为网络安全监管的双主体能够产生网络治理的"双赢"局面。就网络服务提供者而言，为其设置信息网络安全管理义务，一方面，可以督促其建立健全内部的安全管理机制，不断完善提升网络技术手段，从而不仅能够有效防止他人利用其实施网络犯罪，同时也能够有效降低网络服务提供者被非法攻击的可能；另一方面，内部控制管理机制的建立，能够在网络服务提供者被他人利用实施犯罪时实现出罪或者是刑事责任的减轻。① 就国家和社会而言，双主体的治理方式，在减轻网络安全监管部门监管负担的同时，能够有效提升网络治理的质量和效率，对网络犯罪起到一般预防的作用。

最后，将网络服务提供者纳入网络治理主体的范围有助于推动网络治理的现代化。社会治理是国家治理现代化的重要组成部分，其强调发挥多元治理主体的作用。推进国家治理体系和治理能力现代化"需要围绕多元治理的结构重塑政府与社会关系"②。换言之，在实现国家治理现代化的进程中，多元主体的治理模式将逐渐取代一元主体的治理模式，即"政府必须与各种社会组织一起形成协作网络，在共同分担社会责任的基础上形成多元协同治理机制"③。网络犯罪治理是国家治理中的重要内容之一，将网络服务提供者纳入网络治理主体的范围内体现了在推进国家治理体系和治理能力现代化的进程中，促进国家与社会协同互动的思路，有利于实现"国家与社会共治"的犯罪治理结构。④

（二）解决规制网络犯罪理论困境的重要途径

网络犯罪不同于传统犯罪，一方面，其表现出专业化、职业化的特点。网络犯罪的实施者常常能够通过互联网技术形成环环相扣、链条式的"犯罪共

---

① 参见李本灿：《拒不履行信息网络安全管理义务罪的两面性解读》，载《法学论坛》2017年第3期。

② 胡宁生：《国家治理现代化：政府、市场和社会新型协同互动》，载《南京社会科学》2014年第1期。

③ 姜晓萍：《国家治理现代化进程中的社会治理体制创新》，载《中国行政管理》2014年第2期。

④ 参见冯卫国：《寻求更加有效的犯罪治理——走向国家与社会合作共治》，载《甘肃理论学刊》2015年第1期。

同体"。① 另一方面，传统犯罪可能借助网络技术跳出传统现实空间的束缚而转移到网络虚拟空间。因此，传统刑法理论在应对网络犯罪时，常常会出现以下的困境：其一，难以认定共同的犯罪故意。由于网络打破了时空的物理界限，因此，共同构建起同一犯罪链条的多个行为人之间可能并不存在犯罪意思的联络。在网络犯罪中，虽然各个行为对于具体犯罪的实施具有不可分割的关联性，但是行为主体的相对独立性使得共同的犯罪故意难以成立。其二，难以认定共犯的成立。根据共犯的从属性理论，共犯的成立需要以正犯的实行着手为前提。然而，在网络犯罪中，一方面，由于难以肯定共同犯罪的故意，因而难以认定共同犯罪的成立，那么对于共犯的成立也就无从谈起；另一方面，即使双方具有犯罪意思的联络，也可能由于正犯的行为尚未达到需要刑法予以规制的程度，而难以认定共犯的成立。其三，存在违背罪责刑相适应的刑法基本原则的可能。在网络犯罪中，网络技术帮助行为有时会超越被帮助行为处于犯罪活动的中心地位，从而具有更加严重的社会危害性。然而，根据传统刑法理论对帮助行为的定位，其所承担的刑事责任必然小于正犯行为，因此难以满足罪责刑相适应的刑法基本原则的要求。

设立拒不履行信息网络安全管理义务罪，为网络服务提供者设置信息网络安全管理义务是解决传统刑法理论在规制网络犯罪时所遇困境的重要途径之一，即采用法律拟制的方式，将帮助行为正犯化。就提供网络服务的行为本身而言，其应当属于一种业务行为。当该种业务行为与犯罪活动产生关联时，就可能会存在"中立帮助行为"的问题。中立帮助行为是指在外观上无害的生活行为、业务行为等日常性行为在客观上对犯罪活动提供了帮助的一种情形。一般认为，为了保护国民的自由，中立帮助行为在原则上不应作为帮助犯予以处罚。这一原则也成为对拒不履行信息网络安全管理义务罪合理性提出质疑的理由之一。然而，根据拒不履行信息网络安全管理义务罪构成要件的规定，事实上已经不存在"中立帮助行为"的问题。

首先，"中立帮助行为"的核心在于帮助行为的中立性。然而，被本罪予以规制的是不履行法律、行政法规规定的信息网络安全管理义务，经监管部门责令采取改正措施而拒不改正，并产生一定后果的行为。虽然中立帮助行为因其具有的日常性和无害化的特征而被原则性地排除在犯罪行为之外，但是被本罪规制的行为已经丧失了中立性的特点。其一，法律、行政法规为网络服务提供者创设了信息网络安全管理义务，因此没有履行该义务的网络服务提供者的

---

① 参见叶良芳：《风险社会视阈下拒不履行信息网络安全管理义务罪之法教义学分析》，载《贵州省党校学报》2019年第6期。

业务行为已经具备了非法的性质。其二,"监管部门责令采取改正措施而拒不改正"的前提条件,不仅增加了网络服务提供者不履行信息网络安全管理义务行为的危险性,同时也印证了网络服务提供者对于实际可能产生的危害结果在主观上具有的故意。其三,由于成立本罪需要具备法定的四种情形之一,因此其亦丧失了"无害化"的外观特征。其四,一般能够被归为"中立帮助行为"的情形常常具有可替代性的特点,例如对意欲杀人的行为人出售刀具的行为,既可以由甲商店出售,也可以由乙商店出售。然而,在拒不履行信息网络安全管理义务罪中,由于网络服务提供者对特定网络信息内容具有支配控制的可能,因而也就成为能够对特定网络信息内容进行管理的不可替代的主体。正是基于上述的原因,能够纳入本罪调整范围的行为事实上已经丧失了中立性的特点。

其次,"中立帮助行为"本身应当是一种帮助行为。在客观方面,"中立帮助行为"除了具备中立性的特点之外,其与一般的帮助行为并无实质的差别。该类行为在客观上能够对实施犯罪活动的主体提供物理或者心理上的支持。然而,本罪予以规制的行为并非是对犯罪活动提供技术帮助的帮助行为,而是经由法律拟制,在附加了限制性条件后的正犯行为。换言之,立法者通过帮助行为正犯化的方式,将网络服务提供者客观上能够对犯罪活动提供帮助的行为置于可能受到刑法规制的范围内。在此种意义上,这种行为已经不能被评价为帮助行为。

帮助行为的正犯化是刑法对具有特殊性的网络犯罪的一种积极回应。在传统的共同犯罪中,帮助行为的社会危害性程度难以脱离,甚至是超越正犯行为。然而,在网络犯罪中,传统的共同犯罪结构出现异化,帮助行为的社会危害性可能远远超过正犯行为的社会危害性。在拒不履行信息网络安全管理义务罪中,当网络服务提供者不履行信息网络安全管理义务时,则可能会产生聚集和扩散的双重效应。网络服务提供者的技术帮助行为可能会导致违法犯罪活动在其控制领域内的聚集。换言之,其可能会同时为多个网络犯罪活动提供技术上的帮助,从而间接产生多名受害人。由于网络服务提供者具有广泛的受众群体,其往往面向不特定的多数人,因而以其作为实施媒介的犯罪活动又会在短时间内产生扩散性的影响。因此,在拒不履行信息网络安全管理义务罪中,网络服务提供者的技术帮助行为在网络犯罪中处于中心的地位,从而具有了将帮助行为正犯化的必要性。

为网络服务提供者设置信息网络安全管理义务,将拒不履行信息网络安全管理义务的行为独立入罪,一方面能够解决传统刑法理论在认定共同犯罪时对犯罪故意和正犯行为依赖的难题;另一方面能够解决网络犯罪中的"责任倒挂"问题。如前所述,在本罪中,网络服务提供者的帮助行为在法律的规定下成为拟制的正犯行为,在刑法规范评价方面具有了独立的意义。当网络技术支持的对象,如违法信息的制造和传播尚未达到需要刑法予以规制的程度时,对于具有严重社会危害性的不履行信息网络安全管理义务的行为就可以采取刑罚的手段予以制裁。

(三) 网络服务提供者具有特殊的地位

网络服务提供者在网络空间中的特殊地位主要表现在事实的层面和规范的层面。

在事实的层面,第一,网络服务提供者发挥着承上启下的中介作用。虽然网络服务提供者的内涵和外延在理论和实践中还存在一定的争议,但是对于向公众提供网络接入传输服务以及网络平台服务的主体应当是被纳入网络服务提供者的范围之内的。因此,网络服务提供者在事实上成为信息发送方和信息接收方的中介。第二,网络服务提供者能够通过自身的技术实现对信息的管理和控制。例如,网络服务提供者可以将其平台上存在的违法信息及时删除或者断开链接。正是基于网络服务提供者具有的技术优势,法律才能为其设置在其技术控制范围内的对诸如违法信息、用户信息、刑事案件证据信息的管理义务。第三,网络服务提供者具有管理者和被管理者的双重身份。网络服务提供者作为网络活动的参与主体,无疑是网络监管部门的监管对象。同时,由于网络服务提供者能够对信息网络进行管理和控制,因而其又成为能够对信息网络安全进行管理的主体之一。

在规范的层面,对网络服务提供者设定信息网络安全管理义务能够从"义务犯"中找到法理的依据。义务犯是指行为人违反了根据其所处的社会地位而应当负有的义务。刑法虽然没有明文规定实行行为的外在形式,但是只要行为人违反了此种义务,就应当构成犯罪。"义务犯"的理论从功能性的规范视角解释了没有积极履行义务的人需要承担刑事责任的根据,即"一个人违反了自己所承担的社会角色提出的履行性要求"[1]。"特别社会领域不同于一般社会领域之处,在于它对某些人提出了特别的积极要求,行为人只要进入该领域,就必须依要求行事。"[2] 在拒不履行信息网络安全管理义务罪中,基于网络服务提供者在网络空间中的特殊地位,其对构成要件结果的发生具有潜在的

---

[1] [德] 克劳斯·罗克辛:《德国刑法学总论(第2卷)》,王世洲主译,法律出版社2013年版,第80页。

[2] 转引自周光权:《拒不履行信息网络安全管理义务罪的司法适用》,载《人民检察》2018年第9期。

支配可能，因此法律赋予了其在该特殊领域内的特定义务。

六、信息网络安全管理义务的合理配置

如何对网络服务提供者的信息网络安全管理义务进行合理的配置，是拒不履行信息网络安全管理义务罪能否发挥网络治理实然效果的关键。当前，对于信息网络安全管理义务的设定主要包括以下几种方式：第一，根据网络信息数据流转的各个环节，对相关义务进行归纳和划分。① 第二，以《刑法》第286条之一规定的三种后果为出发点，对其要求的具体义务的合理适用进行探讨。② 第三，通过字面限缩的方式，将信息网络安全管理义务限定在与"安全"有关的范围内。③ 第四，在对网络服务提供者类型化的基础上，为各类主体配置不同类型与限度的义务④。

在上述义务配置的方式中，以网络信息数据流转的环节作为类型化的标准，虽然意识到了对义务进行归类划分的重要性，但是仅考虑网络信息数据流转的环节，而忽视不同网络服务提供者在技术能力方面的差异是难以实现对义务的合理配置的；以刑法规定的三种后果作为义务的具体内容予以构建，虽然能够与刑法的规定相互呼应，但是却不当地限缩了信息网络安全管理义务的范围；通过字面限缩的方式，突出"安全"的核心地位，是限制义务不当扩大的手段，而并未实现对具体义务的合理配置。义务的设置不能忽视主体履行义务的能力，因此，建立在对网络服务提供者类型化的基础上，对各类主体配置不同类型与限度的义务是较为可取的方式。

（一）信息网络安全管理义务的类型化分析

根据《网络安全法》《全国人民代表大会常务委员会关于加强网络信息保护的决定》《信息网络传播权保护条例》《互联网信息服务管理办法》等法律

---

① 参见朱佶、宋励等：《拒不履行信息网络安全管理义务罪的适用研究》，载关非、朱任飞主编：《2019互联网安全与治理论坛论文集》，《信息网络安全》编辑部2019年版，第114页。

② 参见韦婉：《拒不履行信息网络安全管理义务罪若干问题研究》，载《广西政法管理干部学院学报》2019年第3期。

③ 参见刘子铭、朱晓彤：《拒不履行信息网络安全管理义务罪之"信息网络安全管理义务"的界定——空白罪状的限缩性填补规则》，载胡云腾主编：《司法体制综合配套改革与刑事审判问题研究——全国法院第30届学术讨论会获奖论文集（下）》，人民法院出版社2019年版，第1490—1491页。

④ 参见张琪、汪鹏：《刑法第二百八十六条之一的"信息网络安全管理义务"的内涵及其问题点》，载《河南警察学院学报》2020年第2期。

法规的规定，根据不同的分类标准，可以将信息网络安全管理义务划分为下述几个类型。

1. 网络风险预防义务和网络风险控制义务

根据对网络风险应对阶段的不同，可以将网络安全管理义务分为网络风险预防义务和网络风险控制义务。网络风险预防义务是网络服务提供者在进行业务活动的过程中应当履行的具有基础性的义务，其主要包括：制定相应的内部安全管理制度和操作规程、制定网络安全事件的应急预案、进行网络安全评估、采取维护网络安全的相关技术措施、提供符合国家标准的服务和产品、健全用户信息保护制度、规范用户信息的收集和使用、对信息内容的审查等义务。网络风险控制义务是指在出现网络安全风险时，网络服务提供者应当履行的对风险予以降低、抑制、消除的义务。网络服务提供者在其业务活动的领域范围内，能够通过技术优势实现对特定网络空间的控制。因此，当网络安全风险在其能够施加控制的网络空间内产生时，特定的网络服务提供者就应当履行相应的风险控制义务。网络风险控制义务主要包括：启动网络安全事件应急预案、采取相应的补救措施、及时向有关部门进行报告、对用户信息的更正和删除、对违法信息的限制和删除、协助执法等义务。

2. 网络信息安全义务和网络系统安全义务

根据信息网络安全管理对象的不同，可以将信息网络安全管理义务分为网络信息安全义务和网络系统安全义务。网络信息安全义务是指网络服务提供者应当履行的与维护网络信息安全有关的义务。例如，根据《网络安全法》第40条的规定：网络运营者应当对其收集的用户信息严格保密，并建立健全用户信息保护制度。网络信息安全义务主要包括：建立网络信息安全投诉、举报制度，对用户信息的保护，对用户发布信息的管理，对相关信息的留存等。网络系统安全义务是指网络服务提供者应当履行的与维护网络系统安全有关的义务。例如，根据《网络安全法》第21条的规定，网络运营者应当采取防范计算机病毒和网络攻击、网络侵入等危害网络安全行为的技术措施。网络系统安全义务主要包括采取维护网络系统安全的技术措施，监测、记录网络的运行状态，对网络产品、服务提供安全维护，对网络系统安全进行评估和报告等义务。

3. 信息网络安全管理的实体性义务和程序性义务

根据义务内容的不同，可以将信息网络安全管理义务分为实体性义务和程序性义务①。信息网络安全管理的实体性义务是指网络服务提供者应当履行的具体的信息网络安全管理义务。例如，用户信息保护义务、用户发布信息的管理义务、信息系统安全的维护义务等。信息网络安全管理的程序性义务是指网络服务提供者为实现具体的信息网络安全管理义务所应当采取的相应的技术手段。例如，为实现对用户信息的保密而采取的技术手段；为防止对信息网络的非法入侵而采取的技术手段。之所以对信息网络安全管理义务进行实体性和程序性的划分，其原因在于信息网络安全管理义务带有浓厚的技术性特点。每一个具体实体性义务的履行都离不开特定技术的支持。而针对同一具体义务，不同的网络服务提供者可能被赋予了不同的技术要求。

(二) 信息网络安全管理义务的具体配置

不同的网络服务提供者基于对终端信息数据不同的支配控制能力，在信息网络安全管理义务的承担方面往往存在一定的差异。这种差异性主要表现在两个方面：一是不同的网络服务提供者可能承担不同的信息网络安全管理义务；二是不同的网络服务提供者对相同的信息网络安全管理义务可能存在履行程度上的差异。因此，对信息网络安全管理义务的具体配置应当建立在网络服务提供者以及信息网络安全管理义务双重类型化的基础上。由于信息网络安全管理义务具有较强的技术性特点，因此，本文以实体性义务和程序性义务的划分为基础，对不同的网络服务提供者的信息网络安全管理义务进行具体的配置。

1. 信息网络安全管理程序性义务的具体配置

信息网络安全管理的程序性义务是网络服务提供者为实现其实体性义务而应当采取的相应的技术手段。不同的网络服务提供者基于其对终端信息数据不同程度的支配控制能力，不仅对不同的实体性义务可能存在不同程度的程序性义务要求，对于同一实体性义务亦可能产生不同程度的程序性义务要求。因此，对信息网络安全管理的程序性义务的配置，不仅需要考虑不同网络服务提供者技术能力的差异，同时还要考虑实现不同实体性义务的具体要求。由于信息网络安全管理的程序性义务具有较强的技术性，因此，其具体的配置应当根据有关信息网络安全管理的国家标准、行业标准予以确定。根据《网络安全法》第15条的规定，国家应当建立和完善网络安全标准体系。国务院标准化行政主管部门和国务院其他有关部门应当根据各自的职责，组织制定并适时修订有关网络安全管理以及网络产品、服务和运行安全的国家标准、行业标准。

---

① 关于信息网络安全管理实体性义务和程序性义务的具体表述，不同学者之间可能存在一定的差异。参见马荣春、王腾：《拒不履行信息网络安全管理义务罪的适用困境与解脱》，载《山东警察学院学报》2018年第3期。

2. 信息网络安全管理实体性义务的具体配置

根据《网络安全法》《全国人民代表大会常务委员会关于加强网络信息保护的决定》《信息网络传播权保护条例》《互联网信息服务管理办法》等法律、行政法规的规定，网络服务提供者的信息网络安全管理实体性义务的内容较为广泛，因此本文选取其中较为常见的用户信息保护义务、用户发布信息的管理义务以及协助执法义务予以具体论述。

第一，用户信息保护义务。根据《网络安全法》第 22 条的规定，网络服务提供者具有对用户信息予以保护的义务。关于用户信息保护义务，主要包括：其一，建立健全用户信息保护制度。其二，规范用户信息的收集和使用。网络服务提供者在收集和使用用户信息的过程中，应当以合法、正当、必要为原则；履行用户信息的保密义务，不得泄露、篡改、毁损；采取相关措施，确保个人信息安全。其三，更正、删除的义务。在用户要求的情况下，网络服务提供者对于错误的信息有义务进行更正，对于违规收集、使用的信息，遭到泄露的信息有义务予以删除。用户信息保护义务应当是网络服务提供者的一项基础性义务。因此，无论网络服务提供者是否对终端信息数据具有支配控制能力，只要其具有收集用户信息的功能，就应当依法履行用户信息保护义务。

第二，用户发布信息的管理义务。根据《网络安全法》第 47 条的规定，网络服务提供者负有对其用户发布信息的管理义务。根据违法信息的出现时间，网络服务提供者对用户发布信息的管理义务可以分为三类：一是预先审查的义务；二是实时监控的义务；三是对违法信息的报告、删除义务。① 是否需要设置以及设置何种程度的对用户发布信息的管理义务，需要根据不同网络服务提供者对终端信息数据的支配和控制能力作出不同的规定。

首先，对于没有支配控制能力的网络服务提供者而言，其不应当承担对用户发布信息的管理义务。网络信息数据不仅数量庞大，同时还具有很快的传播速度。如果对所有的信息数据都进行审查，不仅可能存在技术上的困难，还会大大增加网络服务提供者的经营成本，甚至有可能侵犯网络用户的隐私。因此，对于诸如网络接入、传输等不具有支配控制能力的网络服务提供者而言，不应当承担对用户发布信息的管理义务。

其次，对于具有支配控制可能性的网络服务提供者而言，一般仅需要承担"通知取下"的义务。"通知取下"的义务是指网络服务提供者不承担对信息数据内容进行主动审查的义务，但如果被通知存在违法信息，则应当立即采取

---

① 参见涂龙科：《网络内容管理义务与网络服务提供者的刑事责任》，载《法学评论》2016 年第 3 期。

断开链接、删除等措施以防止违法信息进一步扩散传播。例如，根据《信息网络传播权保护条例》第 15 条的规定，提供信息存储空间或者提供搜索、链接服务的网络服务提供者在接到权利人的通知后，应当对涉嫌侵权的作品、表演、录音录像制品立即采取删除、断开链接的措施。"通知取下"义务的设置实质上是网络服务提供者权利与义务相互权衡的结果，也就是所谓的"避风港原则"。根据《信息网络传播权保护条例》第 22 条、第 23 条的规定①，网络服务提供者在履行了"通知取下"的义务后，往往不需要对侵权信息承担赔偿责任。需要注意的是，对于具有现实支配控制能力的网络服务提供者而言，由于其对信息数据内容的选择和生成施加了影响，因而其应当承担更进一步的对用户发布信息的管理义务。对于其施加影响的信息数据，其应当承担主动审查的义务。

最后，对于具有绝对支配控制能力的网络服务提供者而言，由于这类主体往往就是信息数据的制造者或者传播者，因而其应当对信息数据的内容承担全部的责任，即承担最为严格的信息管理义务。

第三，协助执法义务。根据《网络安全法》第 28 条的规定，网络服务提供者应当为公安机关、国家安全机关依法维护国家安全和侦查犯罪的活动提供技术支持和协助。关于协助执法的义务，主要包括：其一，配合有关部门依法实施监督检查的义务；其二，保留、提供有关信息和证据的义务。例如，根据《信息网络传播权保护条例》第 13 条的规定，著作权行政管理部门为了查处侵犯信息网络传播权的行为，可以要求网络服务提供者提供涉嫌侵权的服务对象的相关信息。一般而言，协助执法义务是网络服务提供者的一项基础性义务，即任何的网络服务提供者都应当对公权力机关的执法活动提供技术支持和协助。然而，需要注意的是，网络服务提供者提供的技术支持和协助应当在其

---

① 《信息网络传播权保护条例》第 22 条规定，网络服务提供者为服务对象提供信息存储空间，供服务对象通过信息网络向公众提供作品、表演、录音录像制品，并具备下列条件的，不承担赔偿责任：（1）明确标示该信息存储空间是为服务对象所提供，并公开网络服务提供者的名称、联系人、网络地址；（2）未改变服务对象所提供的作品、表演、录音录像制品；（3）不知道也没有合理的理由应当知道服务对象提供的作品、表演、录音录像制品侵权；（4）未从服务对象提供作品、表演、录音录像制品中直接获得经济利益；（5）在接到权利人的通知书后，根据本条例规定删除权利人认为侵权的作品、表演、录音录像制品。第 23 条规定，网络服务提供者为服务对象提供搜索或者链接服务，在接到权利人的通知书后，根据本条例规定断开与侵权的作品表演、录音录像制品的链接的，不承担赔偿责任；但是，明知或者应知所链接的作品、表演、录音录像制品侵权的，应当承担共同侵权责任。

技术能力允许的范围之内。例如,就违法信息而言,不具有支配控制能力的网络服务提供者,仅能采取诸如停止传输、断开链接等措施配合执法;具有支配控制能力的网络服务提供者,可能就需要进一步承担信息数据留存等协助执法义务。

七、结语

《刑法》第286条之一规定的拒不履行信息网络安全管理义务罪,将网络服务提供者不履行信息网络安全管理义务的行为纳入了刑法可能规制的范围。为网络服务提供者设置信息网络安全管理义务是实现网络治理现代化的必然要求,亦是今后网络治理的一种重要趋势。当前我国的法律、行政法规虽然为网络服务提供者设置了较为广泛的信息网络安全管理义务,但是仍然存在缺乏明确性、缺乏系统性和缺乏类型性的问题,从而加剧了对"不履行法律、行政法规规定的信息网络安全管理义务"的判断难度。因此,在对信息网络安全管理义务进行配置时,应当从信息网络安全管理的实体性义务和程序性义务两个角度出发,根据网络服务提供者对终端信息数据的支配控制能力,为其设置具有差异性的信息网络安全管理义务。

论"扩张的网络犯罪"的性质及处罚规则*

——从网络犯罪共犯问题切入

皮 勇**

内容摘要

学者们讨论了帮助信息网络犯罪活动罪、非法利用信息网络罪和拒不履行信息网络安全管理义务罪的性质、立法适当性和司法规则，分歧较大，相关理论主张没有反映其立法需求和解决司法适用难题，需要厘清"扩张的网络犯罪"立法的性质，解决其适用规则问题。

一、对"扩张的网络犯罪"的共犯理论解读及其局限性

"扩张的网络犯罪"的罪状有显著差别，将三者置于共同犯罪理论下解读本来是困难的，但是，由于学者们对其罪状有不同理解，共同犯罪理论成为分析这三罪的共同理论工具。

（一）对帮助信息网络犯罪活动罪的理论解读及其局限性

1. 帮助犯说及其不足

张明楷教授认为，帮助信息网络犯罪活动罪只是帮助犯的量刑规则。笔者认为，其结论及论证过程值得商榷：（1）对正犯不法行为的认识及帮助行为与之有因果性，不是成立我国刑法规定的共同犯罪的充分条件。（2）该学者列举的前述三类帮助犯不完全符合其提出的帮助犯成立条件。（3）将该罪定性为帮助犯会导致其侵犯的法益不确定，从而否定立法的适当性。

黎宏教授认为该罪必须遵循共犯从属性原则，只是帮助犯的量刑规则。笔者认为，除了刑法为该罪行为设立了独立的罪刑单元以及前文提到的法益独立性问题，黎宏教授的论证有以下值得商榷之处：（1）该罪行为可以不遵从共

---

* 本文为最高人民检察院项目（编号：GJ2020WLB08）的阶段性研究成果。
** 同济大学上海国际知识产权学院教授、博士生导师。

犯从属性。（2）该罪的行为不同于传统帮助犯行为，不应将其全部限定在帮助犯的范围内。

2. 网络犯罪帮助犯的正犯化说及其不足

该观点认为，帮助信息网络犯罪活动罪实际上是网络犯罪的帮助犯。立法者将其规定为独立的犯罪，笔者认为其至少在以下几方面值得商榷：（1）行为定性问题。从技术原理和客观事实分析，其行为不是帮助犯行为，应当从整体上认定为实行行为。（2）评价对象问题。其评价不是在共同犯罪关系中对个体诈骗犯罪的帮助犯的评价，而是对网络技术支持和帮助行为整体危害性的评价，后者行为不是共同犯罪帮助犯行为。（3）理论基础问题。网络犯罪帮助犯并不符合实质正犯的构成特征，与下游犯罪之间根本不可能满足前述三个条件，其理论根据不恰当。

3. 中立的帮助行为说及其不足

该观点批评该罪立法"是以立法的形式肯定了'明知非促进型'的中立帮助行为的可罚性"。笔者认为，以上观点值得商榷，理由如下：（1）理论不被广泛接受。（2）帮助信息网络犯罪活动罪规定的行为不应都定性为不可罚的中立帮助行为。（3）刑法分则中的其他犯罪立法不支持该观点。

（二）对非法利用信息网络罪和拒不履行信息网络安全管理义务罪的理论解读及其局限性

1. 对非法利用信息网络罪的理论解读及其不足

关于非法利用信息网络罪，有学者将其解读为正犯化预备犯，也有学者认为该罪行为不全部是预备行为正犯化。笔者认为，非法利用信息网络罪不满足实质预备犯的下游实行犯条件，不具有侵害重大法益的抽象危险，也不能解释情节要件的必要性。

2. 对拒不履行信息网络安全管理义务罪的理论解读及其不足

较多的讨论是网络服务提供者是否应当负有信息网络安全管理义务。笔者认为，该罪立法规定的是网络服务提供者拒不履行信息网络安全管理义务行为，是不作为犯，运用帮助犯理论分析该罪立法的合理性是不恰当的。

二、"扩张的网络犯罪"的刑法性质

"扩张的网络犯罪"不同于传统犯罪的帮助犯或未完成形态犯罪，它们具有以下特性：

（一）"扩张的网络犯罪"侵犯独立的公共法益——信息网络秩序

"扩张的网络犯罪"的同类客体是公共秩序，直接客体是信息网络秩序，具有扰乱公共秩序罪的共同特点，保护网络社会特有的信息网络秩序，其侵害的是独立法益，不从属于下游犯罪的法益，不应将行为与下游犯罪侵害的法益的因果性作为犯罪成立的条件。

（二）"扩张的网络犯罪"是多种妨害信息网络秩序行为的犯罪化

"扩张的网络犯罪"规制的违法行为不是某一种性质或类型的行为，而是多种性质或类型的行为，规制的是违法发布信息及为之创造条件的行为、故意向利用信息网络犯罪活动提供帮助的行为，包括预备行为和帮助行为性质的两类行为，且不限于预备犯、未遂犯和帮助犯的行为范围。拒不履行信息网络安全管理义务罪规制的是网络服务提供者违反命令性信息网络活动规范的行为。

（三）"扩张的网络犯罪"是具有积量构罪结构的典型情节犯

"扩张的网络犯罪"是典型的情节犯，与一般的行政违法行为的主要区别是具有严重情节，达到"情节严重"可以有单次构成和积量构罪两种方式。相比于一般的行政违法行为，该类犯罪具有特殊的犯罪方法，即利用了信息网络技术或服务实施，但是，该犯罪方法不能直接使其满足"情节严重"的条件，只是使其客观方面的社会危害性具有了不同的形成过程。

"扩张的网络犯罪"的危害行为包含多种性质的行为，在单个危害行为达到情节严重程度的情形下，可以构成多种类型的犯罪竞合。

三、"扩张的网络犯罪"的处罚

（一）拒不履行信息网络安全管理义务罪的司法认定

拒不履行信息网络安全管理义务罪是行政犯、不作为犯，《网络安全法》等法律法规对相关行为规定了行政法律责任。该罪适用中应当明确犯罪与行政违法行为的边界，避免扩张适用或以刑代管，给我国网络服务业发展和网络社会活动的正常进行造成不必要的阻碍。（1）正确认定网络服务提供者的犯罪主体身份；（2）合理界定信息网络安全管理义务范围，缩限情节要件的边界。

（二）非法利用信息网络罪的认定

非法利用信息网络罪是典型的"积量构罪"构造的轻罪，通常是以"低量损害×积数"的方式，实现违法行为由一般违法行为到犯罪行为的转化。"低量损害"的危害行为和"积数"是评价行为是否达到应受刑罚处罚程度的关键客观要素，司法机关在判断这两个要素时，要注意以下几点：（1）危害行为性质严重时，单次危害行为的社会危害性达到应受刑罚处罚程度时，应认定为其他犯罪的预备犯或未遂犯，不宜以非法利用信息网络罪定罪处罚。（2）"低量损害"的危害行为范围不应太宽。（3）"积数"标准不应太低。

（三）帮助信息网络犯罪活动罪的认定

前文分析到，帮助信息网络犯罪活动罪是独立的扰乱信息网络秩序犯罪，不是其他犯罪的帮助犯，司法机关应当避免依据帮助犯的成立条件来认定该罪，要注意以下几点：（1）"明知他人利用信息网络实施犯罪"是主观构成要件要素，不应按照帮助犯的共同犯罪故意认定。（2）"他人利用信息网络实施犯罪"中的"犯罪"应当解释为严重的"违法犯罪"。

通常认为网络犯罪是指侵犯计算机数据和信息系统安全的犯罪和传统犯罪的网络化（也被称为纯正的网络犯罪和不纯正的网络犯罪）。近10多年以来，在网络犯罪生态中，向前述网络犯罪提供网络技术支持的中间性网络违法犯罪的作用越来越大，引起立法和司法机关的高度关注专门制定了若干司法解释，《刑法修正案（九）》还增设了新型网络犯罪，实现了刑法在网络犯罪领域的扩张，但相关规定的司法适用面临诸多难题。近年来，学者们针对以上"网络犯罪的立法扩张"提出许多见解，焦点是帮助信息网络犯罪活动罪、非法利用信息网络罪和拒不履行信息网络安全管理义务罪三种"扩张的网络犯罪"立法的性质、立法适当性和司法规则。然而，观点分歧较大，相关理论主张没有满足"扩张的网络犯罪"立法的理论需求，也没有很好地解决司法适用难题。厘清"扩张的网络犯罪"立法的性质，才能解决好其适用规则问题，有必要对两个问题进行深入研究。

一、对"扩张的网络犯罪"的共犯理论解读及其局限性

"扩张的网络犯罪"的罪状有显著差别，将三者置于共同犯罪理论下解读本来是困难的，但是，由于学者们对其罪状有不同理解，如认为非法利用信息网络罪的行为包含为他人提供网络技术支持，网络服务提供者在明知情形下向淫秽信息传播者提供网络服务涉嫌成立帮助信息网络犯罪活动罪，共同犯罪理论成为分析这三罪的共同理论工具。在对三罪的论述中，关于帮助信息网络犯罪活动罪的观点分歧最大，下文首先分析该罪相关理论主张。

（一）对帮助信息网络犯罪活动罪的理论解读及其局限性

关于帮助信息网络犯罪活动罪的性质，学者们运用共同犯罪理论中的不同学说进行分析，形成了帮助犯、帮助犯的正犯化和中立的帮助行为三种主要观点，评析如下。

1. 帮助犯说及其不足

张明楷教授认为，《刑法》第287条之二所规定的帮助信息网络犯罪活动罪，并不是帮助犯的正犯化，只是帮助犯的量刑规则；帮助信息网络犯罪活动罪的成立，以正犯实施符合构成要件的不法行为为前提。

笔者认为，研究该罪的性质首先要确定共同的理论基础和概念。如果对帮助犯的成立条件有不同的立场，必然得出不同的结论。而该学者认同的共同犯罪成立条件及其使用的帮助犯概念是否符合我国《刑法》第25条对共同犯罪

的规定，是存在疑问的，其结论及论证过程值得商榷。

（1）对正犯不法行为的认识及帮助行为与之有因果性，不是成立我国刑法规定的共同犯罪的充分条件。按照该学者的观点，即使帮助者没有认识正犯的刑事责任能力和故意，也可以构成共同犯罪，从而将帮助不具有刑事责任能力和适格罪过形式的情形都纳入帮助犯的范围。例如，向不满14周岁的人或误认为是帮助房主开锁的人提供开锁工具的行为，将被认定为帮助犯，这与我国刑法规定的"共同犯罪是二人以上共同故意犯罪"相悖。

（2）该学者列举的前述三类帮助犯不完全符合其提出的帮助犯成立条件。首先，《刑法》第120条之一规定的是帮助恐怖活动罪，这种类型的帮助行为正犯化，实际上是针对特定的、具有严重社会危害性的人的帮助，而不是针对特定行为的帮助。其第1款规定的"资助恐怖活动组织、实施恐怖活动的个人"行为"实际上是针对特定的、具有严重社会危害性的人的帮助，而不是针对特定行为的帮助"，不存在具体的恐怖活动犯罪行为，从而并不满足其提出的帮助犯需要认识正犯的具体不法行为及相关因果性条件，将其划为帮助犯难以自洽。其次，在该学者列举的协助组织卖淫罪相关两类案件中，其意图的被帮助者没有组织卖淫行为，自然谈不上成立犯罪和与帮助者构成共同犯罪。将帮助者的行为仍定性为帮助犯，与我国刑法规定的共同犯罪条件不符。最后，帮助信息网络犯罪活动罪是明知他人利用信息网络实施犯罪而提供帮助和支持且情节严重的行为，这里的情节严重至少有两种情形，一是对帮助某一人犯罪的评价，二是对相互独立的多人各自实施轻罪的帮助行为的整体评价。前者可以成立帮助犯，后者情形下帮助者对每一人的帮助都达不到犯罪的程度，不能成立帮助犯，将其整体定性为帮助犯，与中间性网络犯罪活动的事实不符。

（3）将该罪定性为帮助犯会导致其侵犯的法益不确定，从而否定立法的适当性。该学者认为，"帮助犯独立性说缺乏理论的根基与刑法的实质依据。因为只要承认犯罪的本质是侵犯法益、刑法的目的是保护法益，就难以采取共犯独立性说"。"之所以处罚帮助犯，是因为帮助犯通过使正犯实施实行行为，参与引起了法益侵害的结果"，这意味着帮助犯侵犯的法益从属于正犯侵犯的法益。该学者列举的前两类帮助犯都是其所在具体章节中存在相应的实行犯，帮助恐怖活动罪对应于其他恐怖活动犯罪，协助组织卖淫罪对应于组织卖淫罪，具有相同的侵犯法益。而该罪的下游犯罪是利用信息网络实施的犯罪，可以是刑法分则规定的所有类型犯罪，其侵犯的法益并不固定于某一类法益，如果将该罪定性为帮助犯，其侵犯的不限于扰乱公共秩序罪的法益，导致该罪立法不只是多余的，更是错误安置在分则中，应当被放在刑法总则"共同犯罪"

节中。假若如此,《刑法》第 27 条中将同时出现从犯的一般量刑规则和特殊量刑规则,这种立法是不可思议的,只能将该条废除才能解决问题。

黎宏教授赞同前述帮助犯的量刑规则的观点,但其论证过程不同。该学者认为,我国刑法中的帮助行为正犯化形式的立法大致上有两种。第一种是不遵循共犯从属性原则的帮助行为正犯化的规定,如容留他人吸毒罪和帮助恐怖活动罪;第二种是要遵循共犯从属性原则的帮助行为正犯化的规定,如资助危害国家安全犯罪活动罪和帮助信息网络犯罪活动罪。该观点虽然没有直接说帮助信息网络犯罪活动罪是帮助犯,但认为因为法条规定了行为人必须"明知他人利用信息网络实施犯罪",因此,其必须遵循共犯从属性原则,进而推断出该罪立法"并不是将帮助犯正犯化,只是帮助犯的量刑规则"。

笔者认为,除了刑法为该罪行为设立了独立的罪刑单元以及前文提到的法益独立性问题,黎宏教授的论证有以下值得商榷之处:

(1) 该罪行为可以不遵从共犯从属性。黎宏教授认为该罪之所以是帮助犯,原因是其遵守共犯从属性,然而,从法条规定中并非只能进行这一推断。"明知他人利用信息网络实施犯罪"既可以包括明知他人在着手实行犯罪,也可以包括明知他人尚出于预备行为阶段或将要实行犯罪,没有理由认为后二者不属于"明知他人利用信息网络实施犯罪"。该条件在本质上只是行为人的主观要件要素,限定行为人的主观违法性认识,并不能必然推导出处罚行为人的条件是被帮助者实行了正犯行为。行为人明知他人利用信息网络犯罪,但意图帮助的人实际没有实施犯罪的,其帮助行为仍然具有违法性。例如,明知他人以做菜为名借砍骨刀去杀害某人,借刀者半途打消杀人意图的,行为人出借刀具的行为不能否定其违法性。在帮助者能够利用网络大量实施同类行为的情况下,其违法行为的积量危害性可以达到情节严重的程度,从而满足成立犯罪的可罚性要求,但并不以被帮助者实行正犯行为或成立犯罪为条件。

(2) 该罪的行为不同于传统帮助犯行为,不应将其全部限定在帮助犯的范围内。在当前网络黑产泛滥情势下,部分行为人"明知他人利用信息网络实施犯罪"不同于传统帮助犯情形下故意心态,其为他人提供网络技术支持或帮助时,对他人的个人情况、主观心态和行为具体内容并不清楚,主要是出于非法牟利的目的,而不是希望他人实现其犯罪目的的心态。这种心态不同于传统共同犯罪中共同故意指向正犯的犯罪目的的强连接心态,也不同于片面帮助犯的将自己的行为加工于被帮助者的行为以实现后者犯罪目的的心态,是一种以自己非法牟利为目的的弱连接心态。如果仅因为行为人认识到他人利用信息网络实施犯罪,就将其等同于帮助犯,进而将其限制在共犯从属性的框架下,不符合当前中间性网络犯罪的实际情况。前述行为仅在客观方面对他人发挥了帮助、支持作用，主观上不具有帮助犯的共同犯罪故意或片面帮助故意的程度，应考虑对其给予客观的刑法应对。事实上，前述行为在网络犯罪生态中具有独立性，并不依附于特定的下游犯罪，具有自身的独立的违法犯罪意图和牟利目的。其向下游犯罪提供网络技术支持和服务是出于自身牟利的需要，并不追求加工下游犯罪行为，引起危害结果，将其认定为帮助犯或具有共犯从属性，是站在帮助犯的立场上以下游犯罪为中心的评价。如果站在行为人中心的立场上，其行为只是一种黑产链条中的非法网络服务行为，下游犯罪人是其非法交易的众多"顾客"之一，只要能够非法获利，无论"顾客"行为是否违法犯罪。虽然该罪行为可以按照帮助犯来评价，但是，当下游犯罪都属于轻罪时，各帮助行为单独不足以成立犯罪，仍有必要从行为人的非法网络服务行为整体角度进行独立评价。如果符合情节严重的，没有理由不作犯罪处罚，而这种情形下将其仍视作帮助犯，将其处罚规定视作特殊的帮助犯量刑规则就是不恰当的。

2. 网络犯罪帮助犯的正犯化说及其不足

该观点认为，帮助信息网络犯罪活动罪实际上是网络犯罪的帮助犯，过往相关司法解释也规定将该罪行为按帮助犯处罚，但是，网络犯罪的帮助犯可以具有独立性，并在共同犯罪中起主要作用，按照传统帮助犯处罚受限于帮助犯从属性，没有真实反映该类犯罪行为的特性，因此，立法者将其规定为独立的犯罪，实现网络犯罪帮助犯的正犯化。其观点及论据详述如下：第一，网络帮助行为可以实现危害性超越，在共同犯罪中起主要作用，应按主犯对待。第二，网络帮助行为具有独立性，与实行行为的关联关系淡化，司法实践中认定复杂和困难。第三，司法实践中已经采纳实质正犯论的立场，将网络犯罪帮助犯正犯化。对于以上观点及其论述，笔者认为至少在以下几方面值得商榷：

（1）行为定性问题。该观点认为司法解释采纳了"共犯行为的正犯化解释"立场，根据是《淫秽电子信息解释（二）》第3条至第6条规定的行为被认定为正犯行为，而不像第7条规定为按照共同犯罪处罚。笔者认为，这些行为是否应当定性为帮助行为值得商榷，从技术原理和客观事实分析，以上行为人的行为不是帮助犯行为，应当从整体上认定为实行行为，理由详述如下：第一，主要用于传播淫秽电子信息的群组的建立者、管理者是淫秽电子信息传播体系的搭建者和共同犯罪的组织者，主观上有传播淫秽电子信息的故意，并通过自己的行为搭建起接纳和分发淫秽电子信息传播的空间和渠道，其利用网络技术构建的信息传播系统基于接收者请求传播信息，对其发送淫秽电子信息，因此，其行为是传播淫秽电子信息的实行行为，而且，在通信群组的共同犯罪人中发挥的是组织者的作用，应当被认定为发挥主要作用的实行犯，而不只是帮助犯；第二，网站建立者、直接负责的管理者明知他人利用其网站发布淫秽电子信息而允许的，同样存在前述利用自己的网站信息传播系统发送淫秽电子信息的故意和传播行为，其行为也是传播淫秽电子信息的实行行为，而不是帮助行为；第三，电信业务经营者、互联网信息服务提供者明知是淫秽网站而为其提供互联网接入、服务器托管、网络存储空间、通信传输通道等服务，同样存在故意利用自身的网络服务器功能发送淫秽网站上的淫秽电子信息行为。服务器托管和通信传输通道服务对淫秽电子信息发送起主要作用，互联网接入和网络空间存储服务起辅助作用。《刑法》第287条之二规定的危害行为也包括互联网接入、服务器托管、网络存储空间、通信传输等技术支持，这些行为并非一律都是帮助性质的行为。如果行为人对传输的对象信息属于淫秽电子信息有明确的认识，符合传播淫秽物品犯罪的构成要件，应当认定为传播淫秽电子信息行为；如果只认识到下游犯罪人实施其他犯罪的，其行为仍然属于帮助行为。综合以上，前述三种行为实质上不是帮助行为，而是实行行为，有的甚至还是发挥组织作用的实行行为，其行为在共同犯罪中发挥主要作用，并且，不从属于其他实行犯的行为。

（2）评价对象问题。该观点认为网络犯罪帮助犯在共同犯罪中发挥主要作用，社会危害性超越实行行为，笔者认为，其评价的对象行为是否是共同犯罪意义上的帮助犯行为值得商榷。前文分析过，前述司法解释规定的三种行为实际上是实行行为，《刑法》第287条之二规定的其他网络技术支持和帮助行为，如果置于共同犯罪关系中，例如，明知他人利用其网站发布诈骗信息而为其提供服务器托管和通信传输服务的，在一对一的犯罪关系中，网络技术支持和帮助行为没有直接侵犯公私财产权，无论有多少人点击了诈骗信息链接，其社会危害性都难以超越诈骗犯罪实行犯，因为实行犯对同样多的人实施了诈骗犯罪的实行行为。只有在网络技术支持和帮助成为独立的平台服务情形下，行为人向众多诈骗犯罪人提供的帮助从整体上超越了某些个体的诈骗犯罪实行犯的社会危害性。但是，这种评价不是在共同犯罪关系中对个体诈骗犯罪的帮助犯的评价，而是对网络技术支持和帮助行为整体危害性的评价，后者行为不是共同犯罪帮助犯行为。

（3）理论基础问题。该观点的理论基础是实质的正犯论，它也被称为价值的、实质的行为论，是实质上扩张实行的概念，在规范主义、价值上将"共谋"与实行行为或者其分担的一部分等量齐观。该理论从解决日本刑事审判中处罚共谋共同正犯问题中提出来，本来所企图的是，在所谓共谋者中，可能存在着与实际上担当了实行行为的人相比却潜在于其背后的更大人物，要对其赋予作为正犯者的可罚性，但是，并非只要参与了共谋，就可以成立共谋共同正犯。只有符合三要件，即"数人之间存在为了实现犯罪的意思结合""没有到现场的共谋者对直接的实行行为起到了指导的、积极的作用，这种作用具备可以评价是现场实行行为的一部分的分担这种程度的实质""对犯罪实现具有极其强烈的关心"，来肯定共谋共同正犯的成立。而网络犯罪帮助犯并不符合实质正犯的构成特征，《刑法》第287条之二规定之罪与下游犯罪之间根本不可能满足前述三个条件，用其作为论证网络犯罪帮助犯正犯化的理论根据并不恰当。而且，共谋共同正犯的观点本身饱受批判，日本学者大塚仁认为是"优越支配共同正犯的另一观念"。"作为刑法的解释，对没有作出实行行为的单纯共谋者，不外乎要根据其共谋的性质，追究其作为教唆犯或者从犯的责任"，而不是认定为共同正犯。"没有担当实行行为，怎么评价为具有实行行为的性质，却没有说清楚，因而难以令人信服"。有学者批判以实质正犯论为基础的网络犯罪共犯正犯化观点，认为将《淫秽电子信息解释（二）》第3条至第6条的解释与《刑法》总则相关规定相抵牾，导致定罪困境，间接扩展了网络犯罪界阈。实质正犯论不仅内部"山头林立"，在解释上不及"形式正犯概念能够最大限度地维持构成要件的定型性机能，保障罪刑法定原则的实现"。

3. 中立的帮助行为说及其不足

该观点以中立帮助行为理论批判前述两种观点。首先，认为"所谓帮助的故意是指要求行为人具有双重的帮助故意。第一重故意是帮助他人从事特定犯罪行为的故意，第二重故意则是指具有帮助他人实现犯罪构成要件的故意。在帮助信息网络犯罪活动罪中，即使当事人明知正犯意欲实施犯行，但是由于认为自己所实施之行为是正常的交易行为，并没有任何促进该正犯犯行既遂的意思，显然也难以认定其行为构成帮助犯。因此，可以说帮助信息网络犯罪活动行为是典型的中立帮助行为"。批评该罪立法是以立法的形式肯定了"明知非促进型"的中立帮助行为的可罚性，而这种情形在德、日等国的刑法学理论上以及诸多判例中均被认为不应处罚。其次，认为帮助犯的量刑规则论会导致刑法总则设立的一般原理被刑法分则架空，刑法规定的独立的法定刑是以行为独立成罪为前提。认为共犯行为正犯化论断偏颇，会导致间接的帮助行为被认定为直接帮助行为，从而肯定了间接帮助犯的可罚性。

笔者认为，以上观点值得商榷，理由如下：

（1）理论不被广泛接受。中立帮助行为理论是为了解决行为人"即便对其为正犯行为提供方便的事实具有认识，但也不一定能构成帮助犯"问题而提出，其基础仍然是共同犯罪理论。该观点将帮助犯限定为直接故意的帮助行为范围内，间接故意的中立帮助行为不构成帮助犯，这种观点并不代表主流观点。中立帮助行为理论在国内外存在多种不同学说观点，在德国存在主观说和客观说。罗克欣（Roxin）教授持主观说，认为可罚的中立帮助行为包括两种，一是帮助者确实认识到正犯的犯罪计划即直接故意的情形，二是只是认识到自己的帮助行为有可能被他人用于犯罪即间接故意的情形。这种观点得到德国不少学者和判例的支持。雅克布斯（Jakobs）教授持客观说，认为如果客观上促进了正犯的行为本身具有独立的社会意义，则不应受处罚。但是，二者都认为向正在吵架的一方出售菜刀等可能被用于犯罪的日常用品构成帮助犯。因此，客观说并非主张日常经营和交往行为绝对的不受处罚。客观说的观点内部也有不同主张，除了雅克布斯教授的溯及禁止论，还有弗里希（Frisch）教授的假定的代替原因考虑说和赫芬德尔（Hefendehl）教授的利益衡量说等。我国国内不少学者支持主观说或客观说的观点，但是，少有人赞同其限于直接故意的帮助犯说的立场。

（2）帮助信息网络犯罪活动罪规定的行为，不应都定性为不可罚的中立帮助行为。该罪规定的"提供互联网接入、服务器托管、网络存储、通讯传输等技术支持，或者提供广告推广、支付结算等帮助"行为，并非都是网络服务提供者、广告业者和支付服务提供者的正常业务行为，也包括一些非法提供以上网络技术支持和服务的人员。即使是业务活动，如果违反相关行业规范，深度参与他人犯罪活动，提供针对特定对象专门用于犯罪活动的网络技术支持或其他帮助的行为，可能成立帮助信息网络犯罪活动罪或者诈骗等罪共犯。

（3）刑法分则中的其他犯罪立法不支持该观点。除了帮助信息网络犯罪活动罪之外，《刑法》分则还规定了强迫劳动罪（明知他人实施强迫劳动行为，为其招募、运送人员或者有其他协助强迫他人劳动的行为）、提供侵入、非法控制计算机信息系统的程序、工具罪、制造毒品罪（明知他人制造毒品而为其生产、买卖、运输制造毒品的物品行为）等，都包含明知他人犯罪而提供帮助的行为。可见，帮助信息网络犯罪活动罪立法模式并非新创，而是早已被立法和司法认可的成熟立法模式。

（二）对非法利用信息网络罪和拒不履行信息网络安全管理义务罪的理论解读及其局限性

1. 对非法利用信息网络罪的理论解读及其不足

关于非法利用信息网络罪，有学者将其解读为正犯化预备犯，也有学者认为该罪行为不全部是预备行为正犯化。笔者认为，非法利用信息网络罪不是实质预备犯或者预备犯的正犯化，不满足实质预备犯的下游实行犯条件，不具有侵害重大法益的抽象危险，也不能解释情节要件的必要性。从对该罪判决案例的统计分析来看，"为自己和为他人实施下游违法犯罪都是该罪犯罪人的行为目的,且后者情况占大多数。可见,前述对该罪作实质预备犯解读不符合案件处理实际,因为预备犯是为自己或者共同犯罪人准备工具或创造条件,如果是为了他人犯罪则可能构成帮助犯"。有学者认为,为了实行犯罪包括为了自己实行犯罪(自己预备罪)与为了他人实行犯罪(他人预备罪),提出这是日本学说与判例的通行见解。笔者注意到,日本学者并不赞同这种观点,如大塚仁教授认为,"预备犯只能是以实现自己的犯罪为目的进行其准备,所谓他人预备行为或不真正预备行为的扩张预备罪的观念是不妥当的"。更重要的是,在我国刑法和刑法学体系中,预备犯被置于未完成形态犯罪架构中,与共同犯罪中的帮助犯有明确的界分。我国多数学者采取"基于目的论的限缩解释立场,主张为了实行犯罪不包括为了他人实行犯罪,而仅止于为自己实行犯罪。为自己实行犯罪包括为本人独自实行犯罪,也包括与具有共同犯罪决意的同伙实行犯罪,因此,可能构成预备犯的共犯"。

至于认为该罪同时也是帮助犯正犯化的体现,正如前文论述的那样,无论在理论上还是司法实践中都缺乏有力支持,更何况该罪的下游行为不限于"犯罪"而是"违法犯罪",更不可能套用帮助犯理论来解释。

2. 对拒不履行信息网络安全管理义务罪的理论解读及其不足

在论及拒不履行信息网络安全管理义务罪时,较多的讨论是网络服务提供者是否应当负有信息网络安全管理义务。有学者认为,"基于网络媒介的科技特点与社会属性,网络服务提供者只具备中立义务,对之不应简单地以共犯理论或不作为犯罪理论入罪"。笔者认为,该罪立法规定的是网络服务提供者拒不履行信息网络安全管理义务行为,是不作为犯,而不是帮助犯。运用帮助犯理论分析该罪立法的合理性是不恰当的,应当从犯罪的本质属性——行为具有严重的社会危害性和应受刑罚惩罚性来研究该罪立法,并推动该罪立法的合理适用。

综合以上,可以得出以下结论:(1)扩张的网络犯罪是在网络空间社会环境下衍生的新型网络犯罪,具有以下几个特征:第一,该类网络犯罪是一种中间性网络犯罪,表现为提供网络技术支持、数据服务和其他网络服务,对下游犯罪的实施发挥重要作用;第二,能够通过从众多下游违法犯罪行为人身上攫取非法利益,不依赖特定的下游犯罪人,在网络犯罪生态中独立生存,其社会危害性也是从积累的危害中体现,而并非总是在特定的犯罪活动中表现出来;第三,这种具有网络技术性行为可以表现为多种犯罪形态,可以实行犯、帮助犯、预备犯和一般违法行为,在具体个罪中也可以包含多种犯罪形态行为。(2)传统共同犯罪理论在解读扩张的网络犯罪过程中"力不从心",需要退回到犯罪成立的基础上,及时更新发展出网络时代的犯罪理论。

二、"扩张的网络犯罪"的刑法性质

刑法增设"扩张的网络犯罪"不只是为了解决惩治网络犯罪的司法困难问题,而是对网络犯罪生态中已经占据独立地位的中间性网络犯罪的刑法回应。"扩张的网络犯罪"不是传统犯罪的帮助犯,也不是帮助犯的正犯化或帮助行为的正犯化,而是网络空间社会环境下新产生的独立的妨害信息网络秩序罪,是严重违反信息网络秩序行为的犯罪化。

(一) 我国网络犯罪生态及其刑法应对

我国网络犯罪立法经历了重点保护计算机信息系统安全和打击传统犯罪网络化两个阶段。当前防控网络犯罪的重点是打击网络化的传统犯罪,如电信网络诈骗犯罪等,重视遏制部分网络犯罪类别和打击重大网络犯罪案件,没有阻断网络犯罪生态的内部循环,处于"打而不绝、越打越烈"的被动应付局面。我国网络犯罪起步于《刑法》第285条和第286条规定的两个侵犯计算机信息系统安全犯罪。为了更全面地打击此类网络犯罪,2009年《刑法修正案(七)》增设了非法获取计算机信息系统数据、非法控制计算机信息系统罪和提供侵入、非法控制计算机信息系统程序、工具罪。网络犯罪的另一个重要发展是传统犯罪网络化,其社会危害性越来越大,成为打击的重点。2000年通过的《关于维护互联网安全的决定》为追究网络化传统犯罪的刑事责任提供法律依据,之后最高司法机关也颁布了多部相关司法解释。但是,网络犯罪泛滥态势并未得到遏制,相关办案困难严重,以前者罪名判决的案件数量不多。因此,前者网络犯罪立法被学者评价为"象征性立法",认为"有效治理网络空间安全,并非象征性网络犯罪立法力所能逮"[①]。笔者认为,出现以上问题是立法没有跟上网络犯罪生态的发展。

首先,侵犯计算机信息系统安全犯罪日益成为网络化传统犯罪的中间阶段行为。当前网络犯罪普遍具有特定目的,在司法实践中大多按照传统犯罪立法定罪处罚。而非法侵入计算机信息系统、非法获取计算机信息系统数据、非法控制计算机信息系统、破坏计算机信息系统行为都被视为犯罪过程中的手段行为,只有按传统犯罪定罪处罚遇到困难时,才考虑适用前者网络犯罪立法。这说明通过扩大传统犯罪立法的适用张力,使之适用于网络化的传统犯罪,具有一定的合理性,前述理论刑法学者也是循着延伸适用现行刑法规定的思路,来

---

① 刘艳红:《象征性立法对刑法功能的损害——二十年来中国刑事立法总评》,载《政治与法律》2017年第3期。

解决各种网络犯罪问题。

其次,对独立的中间性网络犯罪难以延伸适用原有刑法规定。"扩张的网络犯罪"是在网络空间社会环境下衍生的新型网络犯罪。这种新型网络犯罪具有以下几个特征:第一,该类网络犯罪是一种中间性网络犯罪,表现为提供网络技术支持、数据服务和其他网络服务,对下游犯罪的实施发挥重要作用;第二,能够通过从众多下游违法犯罪行为人身上攫取非法利益,不依赖特定的下游犯罪人,在网络犯罪生态中独立生存,其社会危害性也是从积累的危害中体现,而并非总是在特定的犯罪活动中表现出来;第三,这种具有网络技术性行为可以表现为多种犯罪形态,可以实行犯、帮助犯、预备犯和一般违法行为,在具体个罪中也可以包含多种犯罪形态行为。对前述独立的中间性网络犯罪适用传统犯罪立法及相关犯罪形态的规定,需要符合相关犯罪及共同犯罪、未完成形态犯罪的刑法规定,而此类网络犯罪并不具有以上特征,既不能适用侵犯计算机信息系统安全犯罪立法,适用传统犯罪立法也有困难,以至于此类网络犯罪滋生蔓延得不到控制,并助长其他网络犯罪的泛滥。

最后,以上问题的根源是防控网络犯罪的策略不当,片面重视打击网络化的传统犯罪,过分倚重传统犯罪立法的延伸适用。传统犯罪立法包括总则规定是对过去社会环境下犯罪的回应,相关规定有其扩张解释的极限,面对完全不同的网络社会和网络犯罪行为,即使能动解释传统犯罪理论,也难免陷入前述"削足适履"或"捉襟见肘"的困境。

笔者认为,解决以上问题的出路是调整网络犯罪防控策略,对网络犯罪进行全面刑法治理,增设独立的中间性网络犯罪立法。经过较长时间的司法实践,我国刑法增设了妨害信息网络秩序犯罪,以更好地规制前述独立的中间性网络犯罪。在过去10多年里,最高司法机关通过了若干部司法解释,以规制帮助支持特定领域犯罪的违法行为,但是,这些司法解释不能很好地解决前文中分析的问题,即使在处理网络赌博、传播网络淫秽电子信息等特定领域犯罪和其他领域犯罪的关联违法犯罪过程中,司法机关遇到的法律困难依然严重,因此,增设新的网络犯罪不仅是必然的,也为打击网络犯罪所必需。2015年通过的《刑法修正案(九)》增设了前述三种新的网络犯罪,使得这三罪行为的处罚不再依附于下游犯罪,有助于解决前述司法困难,同时,纠正了前述网络犯罪立法不全面问题,补全了网络犯罪的刑法治理短板,能够更好地保护信息网络秩序,对我国防控网络犯罪具有重要意义。

(二)"扩张的网络犯罪"的特性

前述"扩张的网络犯罪"不同于传统犯罪的帮助犯或未完成形态犯罪,它们具有以下特性。

1. "扩张的网络犯罪"侵犯独立的公共法益——信息网络秩序

我国刑法学通说认为,"犯罪客体是我国刑法保护的、为犯罪行为所侵害的社会关系。犯罪客体是构成犯罪的必备要件之一。行为之所以构成犯罪,首先就在于侵犯了一定的社会关系,而且侵犯的社会关系越重要,其对社会的危害性就越大。如果某一行为并未危害刑法所保护的社会关系,就不可能构成犯罪"[1]。近年来,我国刑法学者较多使用"法益"概念,而"在犯罪构成中,保护(的)法益与侵害(的)客体之间具有相对性,这是从不同角度对犯罪性质所作的描述……两者是可以替换的"[2]。任何具体各罪必然侵犯一定的犯罪客体或刑法保护的法益,犯罪客体或法益不仅能够决定犯罪的成立,也是判断犯罪性质及其严重程度的重要依据。各罪的直接客体或法益具有独立性,各章各节中的犯罪具有相同的同类客体,但不依赖于其他犯罪。而刑法总则规定的共同犯罪和未完成形态犯罪则对实行犯侵犯的法益具有依附性,或者是通过实行犯的犯罪行为来实现,如帮助犯和教唆犯,或者对实行犯的刑法法益构成某种程度的威胁,如预备犯或未遂犯,都不具有独立于实行犯的法益。因此,犯罪侵犯的客体或刑法保护的法益对确定犯罪性质和区分不同犯罪具有关键作用。

"扩张的网络犯罪"的同类客体是公共秩序,直接客体是信息网络秩序,具有扰乱公共秩序罪的共同特点,保护网络社会特有的信息网络秩序。犯罪客体或法益具有法定性,刑法分则将各罪设置于特定章节中,确立了该罪立法主要保护的法益。"扩张的网络犯罪"被设置在"妨害社会管理秩序罪"中的"扰乱公共秩序罪"中,表明前述三罪侵犯的法益是社会管理秩序中的(社会)公共秩序,是超个人法益或称集体法益中的一种,既不同于公共安全、社会主义市场经济秩序或社会管理秩序中正常的司法活动秩序、国(边)境管理秩序、公共卫生管理秩序等,也不是个人法益如公民人身权利、民主权利或财产权利等,因此,如果将该三罪按照侵犯其他法益的犯罪认定,就不符合该罪的犯罪客体或法益要件。作为扰乱公共秩序罪中的一类新犯罪,"扩展的网络犯罪"既要符合该节犯罪的共同特征,也具有自身的独特之处:首先,具有扰乱公共秩序罪的共同特征。除了侵害社会公共秩序,扰乱公共秩序罪的特征通常不造成一定危害结果,而是实施违反行政法规或其他禁止性规范的危

---

[1] 高铭暄、马克昌主编:《刑法学》,北京大学出版社、高等教育出版社2011年版,第52页。

[2] 陈兴良:《寻衅滋事罪的法教义学形象——以起哄闹事为中心展开》,载《中国法学》2015年第3期。

害行为，社会危害性达到一定程度或者情节严重，通常只在社会危害性程度上违反《治安管理处罚法》等行政法规规定的一般违法行为。"扩展的网络犯罪"同样具有以上特征，该三罪规定的行为是《网络安全法》《互联网信息服务管理办法》《计算机信息网络国际联网安全保护管理办法》等维护网络空间公共秩序的行政法律法规所禁止的行为，具有侵害网络空间公共秩序的性质，并且都是典型的情节犯，需要达到刑法要求的严重情节才能成立犯罪。其次，前述三罪具有侵犯信息网络秩序犯罪的特殊性。这表现在两个方面：一是犯罪行为作用于网络空间，具有"不在场性"。而不同于传统扰乱公共秩序罪限于物理空间和具有"在场性"，所侵害的公共秩序是特殊的信息网络秩序。二是犯罪手段的特殊性，即利用信息网络技术和服务特性实施，该特殊手段使得其行为具有了隔地、隔时和对不特定对象大量实施等特性，从而使得该类犯罪行为侵害公共秩序的能力越强于传统物态社会环境下的扰乱公共秩序罪。

"扩张的网络犯罪"侵害的是独立法益，不从属于下游犯罪的法益，不应将行为与下游犯罪侵害的法益的因果性作为犯罪成立的条件。行为成立犯罪必须符合刑法规定的犯罪构成，"在我国刑法中，有多少种罪行就有多少种犯罪构成……犯罪构成是唯一无二、与众不同的……使刑法规定的878种犯罪构成（罪行）相互区别开来……罪行与法定刑具有不可分割的联系。一种罪行配置一档相应的法定刑是我国刑法关于个罪的立法模式"①。罪行和法定刑的组合称之为罪刑单元，刑法分则中每个罪刑单元都是独立的、完整的定罪处罚系统，规制特定的单个犯罪主体的完成形态犯罪行为。前文有学者将帮助信息网络犯罪活动罪定性为帮助犯，并以论证帮助犯的从属性的方式来否定刑法分则中的罪刑单元的独立性、完整性，不符合我国刑法分则中犯罪立法，否则，诸如拐卖妇女儿童罪中的接送和中转行为、运输毒品罪等许多犯罪都可以解释为帮助犯，并将其法定刑规定解释帮助犯的量刑特别规则。该观点不为我国众多刑法学者所赞同，如有学者提出，"刑法规定独立的法定刑是以行为独立成罪为前提的。而这一独立的罪名，正是将信息网络帮助行为作为独立于被帮助的网络犯罪行为而设立的。该种立法，不是对刑法总则共犯处罚规定的补充，而是为共犯帮助行为独立入罪新增的罪名"②。不只是帮助信息网络犯罪活动罪，拒不履行信息网络安全管理义务罪和非法利用信息网络罪也是独立的扰乱公共秩序犯罪，不能因为非法利用信息网络罪中的部分行为具有其他犯罪的预备行为、未遂行为或帮助行为的特征，就将其定性为其他犯罪的未完成形态犯罪、

---

① 赵廷光：《量刑标尺论》，武汉大学出版社2015年版，第31—32页。
② 刘艳红：《网络犯罪帮助行为正犯化之批判》，载《法商研究》2016年第3期。

帮助犯或其正犯化。虽然以上三罪的设立是为了打击网络化的传统犯罪，但是，这不是将其从属于后者的合理、合法依据，将其侵害的法益等同于其他关联犯罪的法益，违反其作为扰乱公共秩序罪的立法规定，即没有理由在立法已经将其设置在扰乱公共秩序罪中的情况下，强行从具体案件中不同关联犯罪来确定其侵害法益，否则，在涉及多个或者大量不同关联犯罪时，该三罪侵害的法益具有了不确定性。

2. "扩张的网络犯罪"是多种妨害信息网络秩序行为的犯罪化

信息网络秩序是网络空间的公共秩序，既包括计算机信息系统安全管理秩序，也包括正常的信息网络活动秩序，"扩张的网络犯罪"是侵犯后者的犯罪。截至 2015 年通过《刑法修正案（九）》前，我国刑法保护的信息网络秩序限于计算机信息系统安全管理秩序，保护计算机信息系统（含网络系统）及其中数据的保密性、完整性和可用性。显然，这一保护范围是狭隘的，也不符合我国《网络安全法》《计算机信息系统安全保护条例》《计算机信息网络国际联网暂行规定》等法律法规规定的信息网络秩序范围。网络安全秩序只是信息网络秩序的一部分，传播淫秽色情信息等违法信息和侵害合法权益的行为侵害的信息网络秩序中的信息网络活动秩序①，侵害该法益的违法行为较宽泛，"扩张的网络犯罪"规制的违法行为不是某一种性质或类型的行为，而是多种性质或类型的行为。

非法利用信息网络罪和帮助信息网络犯罪活动罪规制的是多种违反禁止性信息网络活动规范的行为。非法利用信息网络罪规制的是设立用于违法犯罪的网站或通信群组、发布违法犯罪信息或为实施违法犯罪活动发布信息的行为，既包括为违法犯罪活动创造条件的行为，也包括着手违法犯罪的"初期"行为。在司法实践中，这些行为既可以是为自己或共同犯罪人的违法犯罪创造条件，也可以是帮助他人违法犯罪②，具有预备行为和帮助行为性质。但是，另有学者认为该罪立法不是"整体犯罪的预备行为实行化立法"，也不是所谓的"暗度陈仓"式的帮助行为正犯化，只是其将多种性质的妨害信息网络活动秩序行为规定为该罪的危害行为，处罚的行为范围较宽、行为种类多样。帮助信息网络犯罪活动罪规制的是明知他人利用信息网络实施犯罪，故意为其提供技术支持或帮助的行为。该罪行为具有帮助行为性质，相比于非法利用信息网络罪中的为他人实施违法犯罪活动提供前述三类特定帮助行为，该罪的帮助行为

---

① 参见皮勇：《我国网络犯罪立法的回顾与展望》，载《光明日报》2005 年 11 月 29 日，理论版。

② 参见皮勇：《论新型网络犯罪立法及其适用》，载《中国社会科学》2018 年第 10 期。

涵摄范围要宽泛得多。可以认为，后者主要规制前述违法发布信息及为之创造条件的行为，而前者主要处罚以网络技术支持和网络服务帮助他人利用信息网络犯罪的行为。虽然该罪行为具有帮助行为性质，但是，不应将其缩限解释为帮助犯，对多个相互独立的不同性质的轻罪行为提供技术支持或帮助，整体上被评价为"情节严重"的，也是该罪处罚的行为。① 总之，"扩展的网络犯罪"规制的是违法发布信息及为之创造条件的行为、故意向利用信息网络犯罪活动提供帮助的行为，包括预备行为和帮助行为性质的两类行为，且不限于预备犯、未遂犯和帮助犯的行为范围。

拒不履行信息网络安全管理义务罪规制的是网络服务提供者违反命令性信息网络活动规范的行为。网络社会建构在网络服务基础上，网络服务提供者是"网络社会生态环境的主要创建者、网络活动规则的主要制定者，与包括违法犯罪者在内的服务接收者共生互利，有责任向社会平衡提供便捷和安全的产品"，② 没有网络服务提供者参与信息网络安全管理，就不可能实现对网络犯罪生态的良好治理。与国外要求网络服务提供者承担协助管理义务一样，我国《网络安全法》《反恐怖主义法》《互联网信息服务管理办法》等法律法规规定网络服务提供者承担一定的信息网络安全管理义务，③ 并被《刑法》提升为刑法义务，网络服务提供者依法履行信息网络安全管理义务成为刑法所保护的网络活动秩序的重要组成部分。该罪是违反双重义务的行为，网络服务提供者仅违反信息网络安全管理义务并不必然构成该罪，只有进而违反监管部门要求改正的具体命令，且情节严重的，才以该罪定罪处罚。在具体的行政执法和严厉的刑事责任的威慑下，网络服务提供者仍不履行信息网络安全管理义务的可能性极小，因此，该罪主要发挥威慑犯罪的作用，实际上处罚的行为范围较窄。

3. "扩张的网络犯罪"是具有积量构罪结构的典型情节犯

"扩张的网络犯罪"是扰乱公共秩序的轻罪，大多数单次危害行为的性质与一般的网络化的违法行为性质无异。"扩张的网络犯罪"立法规制的是违反协助管理义务的不作为行为、帮助行为性质或预备及其他未完成行为性质的行为，社会危害性较小，与扰乱公共秩序的一般行政违法行为无异，是法定刑在3年有期徒刑以下的轻罪。该类犯罪立法的目的是全面遏制网络犯罪生态，对网络犯罪"打早打小"，阻断网络犯罪族之间的相互支持，构建

---

① 参见皮勇：《论新型网络犯罪立法及其适用》，载《中国社会科学》2018年第10期。
② 皮勇：《论新型网络犯罪立法及其适用》，载《中国社会科学》2018年第10期。
③ 参见皮勇：《论网络服务提供者的管理义务及刑事责任》，载《法商研究》2017年第5期。

遏制网络犯罪所必需的网络空间安全管控体系，为相关行政法律的实施提供最后的法律保障，维护正常的网络活动秩序。为了实现以上立法目的，不需要设立处罚严厉的重罪，只需要建立起有刑法强制力保障的行为规范即可。

"扩张的网络犯罪"是典型的情节犯，与一般的行政违法行为的主要区别是具有严重情节，达到"情节严重"可以有单次构成和积量构罪两种方式。相比于一般的行政违法行为，该类犯罪具有特殊的犯罪方法，即利用了信息网络技术或服务实施，但是，该犯罪方法不能直接使其满足"情节严重"的条件，只是使其客观方面的社会危害性具有了不同的形成过程。"情节严重"的形成方式有两种：一种是单次危害行为即达到情节严重，如设立用于违法犯罪活动的假冒最高司法机关网站的行为；① 另一种是以积量构罪方式达到"情节严重"，即利用网络技术特性或网络服务，多次或大量实施前述社会危害性较低的行为，危害行为从整体上评价达到"情节严重"的情形，如多次发布有关违法犯罪活动信息的行为②，该种情形在"扩张的网络犯罪"案件中占大多数。积量构罪的罪行构造只存在于网络犯罪中，与利用网络技术特性的特殊犯罪方法有着紧密联系，它利用了信息网络技术的"一对多"的信息发布和网络服务能力以及网络服务的低成本等技术特性，使前述危害行为大量、反复对特定和不特定的多人实施，倍增其社会危害性程度，从而能够被评价为"情节严重"。

"扩张的网络犯罪"的危害行为包含多种性质的行为，在单个危害行为达到情节严重程度的情形下，可以构成多种类型的犯罪竞合。我国刑法总则规定了预备犯、未遂犯和帮助犯的基本构成条件和处罚原则，这些犯罪是社会危害性超过"情节显著轻微危害不大"的单个危害行为，不能包含前述积量构罪方式的、针对多个或者大量相互独立、不同性质的下游犯罪的行为，当"扩展的网络犯罪"中的单个危害行为达到情节严重程度，可以构成该类犯罪与传统犯罪的预备犯、未遂犯、帮助犯的犯罪竞合。《刑法》第287条之一、第287条之二在各自第3款中都规定了犯罪竞合的处罚原则，即从一重罪处罚。同时，由于前述两条规定的危害行为都包含对他人实施违法犯罪实施帮助性质的行为，二者之间也可能构成犯罪竞合，虽然二者法定刑相同，但仍然需要研究适当的认定规则来确定罪名。

---

① 参见北京市海淀区人民法院刑事判决书（2016）京0108刑初2019号。
② 参见舟山市定海区人民法院刑事判决书（2017）浙0902刑初187号。

三、"扩张的网络犯罪"的处罚

2019年6月"两高"还通过了《关于办理非法利用信息网络、帮助信息网络犯罪活动等刑事案件适用法律若干问题的解释》(以下简称《解释》),解决了前述犯罪立法的主要司法适用问题,但是,还存在一些问题。笔者认为,惩治"扩张的网络犯罪"是网络犯罪生态的全面刑法治理的组成部分,应当合理、正确适用法律,在法律适用中应避免过度依赖传统犯罪立法及相关刑法理论解释,坚持独立适用原则,同时处理好相关犯罪竞合问题。

(一) 拒不履行信息网络安全管理义务罪的司法认定

拒不履行信息网络安全管理义务罪是行政犯、不作为犯。《网络安全法》等法律法规对相关行为规定了行政法律责任,该罪适用中应当明确犯罪与行政违法行为的边界,避免扩张适用或以刑代管,给我国网络服务业发展和网络社会活动的正常进行造成不必要的阻碍。前述《解释》第1条至第6条规定了网络服务提供者的范围、对监管机关责令改正的认定标准以及四种严重情节的认定标准,解决了该罪司法认定中的多数问题,不过,司法适用中还应注意以下几点。

1. 正确认定网络服务提供者的犯罪主体身份

国外通常将网络服务提供者大致分为单纯技术服务类网络服务提供者和内容信息服务提供者,并对其规定了不同的法律义务或免责范围。我国对网络服务提供者的分类与之不完全相同,没有依据技术服务类型进行分类,如分出网络平台服务提供者、软件接入服务提供者等,而是主要按照网络服务行业分类。前述《解释》第1条将网络服务提供者分为三类:其一,提供网络接入、计算、存储、传输服务等中间技术性网络服务的提供者;其二,提供信息发布等信息网络应用服务的提供者;其三,利用信息网络提供电子政务等公共服务的提供者。该规定界定的网络服务提供者范围广泛,当前所有类型的网络服务提供者都可以成为该罪的犯罪主体。但是,在具体的案件中,对犯罪主体的认定,必须考虑其违反的信息网络安全管理义务的具体内容。

我国《刑法》只规定了信息网络安全管理义务的概念,能从该罪立法条款中推导出的义务只有阻断违法信息传播、防止用户信息泄露和留存数据三项义务,其他义务则由其他法律法规设立。《网络安全法》《反恐怖主义法》《关于加强网络信息保护的决定》三部法律规定了技术支持与协助、保护个人信息、管理发现的违法信息、主动审查含有恐怖主义、极端主义内容信息、真实身份验证、对不提供实名认证者拒绝服务共6项义务。《国务院互联网信息服务管理办法》规定了互联网信息服务和接入服务提供者承担数据留存义务,各类网络服务提供者的管理义务几乎完全相同。

但是,并非任何网络服务提供者对以上任何义务都承担该罪的刑事责任,有的网络服务提供者不负有特定义务,不应认定违反该义务构成该罪。例如,向网络空间提供自己生成内容信息的信息发布服务提供者不负有管理自己发布的违法信息的义务,网络服务提供者介入内容生成的行为,可能导致提供者身份与内容管理义务的转化。在此类情形下,网站平台的提供者应当以网络内容的发布、提供者的身份,承担相应的刑事责任。即承担的是传播违法信息的作为犯的刑事责任,而不是拒不履行信息网络安全管理义务罪。再如,网络接入服务提供者的业务活动范围不包括对内容信息的管理,也不负有管理违法信息的义务,不应使之因未履行该项义务而承担该罪的刑事责任。

总之,我国相关法律法规对各类网络服务提供者规定了较宽泛的信息网络安全管理义务,在实践中仍需要判断其是否实际承担某项义务,进而正确认定是否能够成为该罪的犯罪主体。

2. 合理界定信息网络安全管理义务范围,缩限情节要件的边界

拒不履行信息网络安全管理义务罪是不作为犯,违反刑法规定的信息网络安全管理义务是成立该罪的前提条件,合理界定该义务范围对认定犯罪具有重要意义。笔者认为,该罪中的信息网络安全管理义务具有两个特性:第一,法定性。《刑法》第286条之一将该义务限定为"法律、行政法规规定的信息网络安全管理义务",因此,部门规章和地方性法规不是该义务的来源。目前规定网络服务提供者承担协助管理信息网络法律义务的法律、行政法规只有《网络安全法》《反恐怖主义法》《全国人民代表大会常务委员会关于加强网络信息保护的决定》《国务院互联网信息服务管理办法》,如果未来增加新的义务,也限于法律、行政法规规定的范围。第二,违反义务后果的实害性。该罪立法列举了三种违反该义务的后果情形,即"违法信息大量传播""用户信息泄露造成严重后果""刑事案件证据灭失、情节严重",这些后果都具有实害性特征,即对社会秩序、公众合法权益和司法活动秩序造成现实的危害,有的是危害结果,有的是危害事实,而不包括对危害行为本身的违法情节。不应将该罪的义务范围做过于宽泛的界定,否则,不利于区分刑法意义上的信息网络安全管理义务和网络安全行政管理意义上的网络服务提供者的协助管理义务。

该罪是情节犯,应当合理缩限该罪情节要件的边界。该罪立法列举了前述三项实害性情节,同时,其第四项规定了兜底性的"其他严重情节",对其认定应当比照前三项后果进行同类解释和体系性解释[①],不应扩大为无所不包的

---

① 参见柏浪涛:《罪量要素的性质与评价》,载《上海政法学院学报》2017年第1期。

犯罪情节。将该罪与消防责任事故罪对比，该罪侵犯的法益的重要性不如后者，网络服务提供者违反的义务具有协助管理性质，犯罪的性质要轻于后者，后者只处罚结果犯，从罪刑平衡角度分析，没有必要将该罪提升为行为犯。而前述《解释》第6条规定的"其他严重情节"中，规定了"对绝大多数用户日志未留存或者未落实真实身份信息认证义务的""二年内经多次责令改正拒不改正的"两种情节，都属于对危害行为本身的评价，本身不引起危害后果或造成危害事实，与该条规定第3项至第6项规定的后果性情节完全不同，有违同类解释和体系性解释原则。《网络安全法》等法律法规已经规定了网络服务提供者违反实名认证、限制提供服务等义务的法律责任，将其解释为刑法义务并追究刑事责任，属于以刑代管、越俎代庖，不合理地扩大了该罪的义务范围和处罚范围。

（二）非法利用信息网络罪的认定

非法利用信息网络罪是典型的"积量构罪"构造的轻罪，其危害行为不直接侵犯下游犯罪的法益，并且行为性质不严重，与一般的行政违法行为没有区别，单次危害行为具有低量损害的性质。该罪通常是以"低量损害×积数"的方式，实现违法行为由一般违法行为到犯罪行为的转化而利用信息网络技术特性的特殊犯罪方法，为该罪行为的实施和危害量的积累发挥了关键作用。"低量损害"的危害行为和"积数"是评价行为是否达到应受刑罚处罚程度的关键客观要素，司法机关在判断这两个要素时，要注意以下几点：

1. 危害行为性质严重时，单次危害行为的社会危害性达到应受刑罚处罚程度时，应认定为其他犯罪的预备犯或未遂犯，不宜以非法利用信息网络罪定罪处罚

如果行为人的犯罪手段极为恶劣、社会影响极坏，或者下游犯罪的性质极为严重，单次危害行为已经达到应受刑罚处罚的程度，如设立假冒最高人民检察院的网站实施诈骗犯罪[①]，应当认定为诈骗罪的预备犯，如果已经有被害对象与该网站联系的，应当认定为诈骗罪的未遂犯。虽然其犯罪情节也可以评价为"情节严重"，但是，从其犯罪手段和意图诈骗的对象范围来看，按照目的行为的性质定性，比认定非法利用信息网络罪更恰当。当然，如果认定目的行为犯罪存在证据等方面的办案困难，也可以按照非法利用信息网络罪定罪处罚。但是，冒充国家机关、金融机构名义，设立用于实施违法犯罪活动的网站的行为并非都达到应受刑罚处罚的严重程度。例如，设立冒充乡政府、农村信

---

① 参见北京市海淀区人民法院刑事判决书（2016）京0108刑初2019号。

用社支行的非法集资网站的,就难以一律评价为"情节严重"。前述《解释》第10条第1项规定,"假冒国家机关、金融机构名义,设立用于实施违法犯罪活动的网站的",属于非法利用信息网络罪的"情节严重",显然是将认定标准放得过松。建议在司法实务中,将国家机关按照县级以上国家机关、金融机构按照分行级以上金融机构的标准来把握。在这种情况下,由于不需要"多次"的"积数"条件,一般应按照目的行为犯罪定罪处罚。

2. "低量损害"的危害行为范围不应太宽

在"积量构罪"的罪行构造中,"低量损害"的危害行为是倍增危害量的基础。如果单次危害行为的危害基本量过低,不仅会要求有更高的"积数",才能是危害行为整体达到应受刑罚处罚的程度,而且会使该罪的适用过分扩张,错误地处罚本应由民事、行政法律调整的一般违法行为,如把网络化的一般行政违法行为当作犯罪处理。① 因此,对《刑法》第287条之一规定的"违法"不能作过分宽泛的解释,应当排除民事违法和一般行政违法行为。前述《解释》较好地解决了这一问题,其第7条规定,"刑法第二百八十七条之一规定的'违法犯罪',包括犯罪行为和属于刑法分则规定的行为类型但尚未构成犯罪的违法行为"。将"违法"行为限定为"属于刑法分则规定的行为类型但尚未构成犯罪的违法行为",避免了下游违法行为从性质上不可能构成犯罪,而较之危害性更低的帮助、未完成性质行为因"触网"而致罪。这一解释得到刑法学者的支持。②

3. "积数"标准不应太低

"低量损害"的危害行为要达到应受刑罚处罚的严重程度,必须是积量的危害量使之发生行为性质的改变,"积数"在评价"情节严重"的客观因素中发挥重要作用。如果将"积数"标准放得太低,对于较低危害程度的危害行为而言,就难以实现整体行为的"犯罪性"转化,导致该罪适用边界的过度扩张。前述《解释》第10条第2项、第3项规定了两种严重情节就存在"积数"标准放得过低的嫌疑。这两项严重情节为"设立用于实施违法犯罪活动的网站,数量达到三个以上或者注册账号数累计达到二千以上的""设立用于实施违法犯罪活动的通讯群组,数量达到五个以上或者群组成员账号数累计达到一千以上的"。二者对"违法犯罪活动"的范围不作限制,包括刑法分则中

---

① 参见新疆维吾尔自治区高级人民法院伊犁哈萨克自治州分院刑事判决书(2017)新40刑终78号。

② 参见欧阳本祺、王倩:《〈刑法修正案(九)〉新增网络犯罪的法律适用》,载《江苏行政学院学报》2016年第4期。

轻罪的危害行为类型,而只要设立的网站数达到 3 个或者通信群组数达到 5 个,就会被认定为该罪成立。而司法实践中可能存在难以认定成立犯罪的情形,如设立用于侮辱他人的通信群组 5 个。但是,其群组成员账号数累积未达 1000 人的,就不适合作为犯罪处理。建议在司法实务中,根据违法犯罪的严重性质进行区别对待:如果是用于实施法定刑在 3 年有期徒刑以上的犯罪行为的,按前述《解释》第 10 条的规定认定"情节严重";如果是用于其他"违法犯罪"的,按"注册账号数累计达到二千以上""群组成员账号数累计达到一千以上"认定"情节严重",不单独根据设立的网站数量和通信群组数量来评价,以避免打击面过宽。

(三)帮助信息网络犯罪活动罪的认定

前文分析到,帮助信息网络犯罪活动罪是独立的扰乱信息网络秩序犯罪,不是其他犯罪的帮助犯,司法机关应当避免依据帮助犯的成立条件来认定该罪,要注意以下几点:

1. "明知他人利用信息网络实施犯罪"是主观构成要件要素,不应按照帮助犯的共同犯罪故意认定

"犯罪构成是我国刑法规定的,决定某一行为成立犯罪所必需的一切客观要件和主观要件的有机统一的整体(有机统一体)。"① 无论是哪种犯罪或犯罪形态,都有主观要件,并且与相应的客观要件形成有机统一的联系。帮助信息网络犯罪活动罪是故意犯罪,行为人向他人提供技术支持和帮助的犯罪故意中,其认识因素中必须具有"明知他人利用信息网络实施犯罪"的主观违法要素。前述帮助犯论者认为,"明知他人利用信息网络实施犯罪"是共同犯罪故意(片面帮助犯的犯罪故意)的构成特征,因此,将该罪解释为帮助犯或者帮助犯的正犯化。但是,前述《解释》没有采纳这一观点,依据如下:

首先,下游违法犯罪行为人可以不是刑法意义上的犯罪主体。前述《解释》第 13 条规定,"被帮助对象实施的犯罪行为可以确认,但尚未到案、尚未依法裁判或者因未达到刑事责任年龄等原因依法未予追究刑事责任的,不影响帮助信息网络犯罪活动罪的认定"。该条明确将该罪的下游违法犯罪行为人包括不负刑事责任的自然人,行为人帮助这些人时,依据我国刑法的规定和共犯从属性理论,不能成立帮助犯,而只可能成立独立的犯罪,要么构成该罪,要么构成所帮助之罪的间接正犯。有学者认为,"只要现有证据表明他人利用信息网络实施了符合构成要件的不法行为,根据限制从属性说的原理,实施帮

---

① 马克昌:《犯罪通论》,武汉大学出版社 1999 年版,第 70 页。

助行为的人就成立帮助犯。至于他人究竟是谁、他人是否被查获、他人是否具有责任，都不影响帮助犯的成立"①。这是依据德、日刑法从不法层面肯定其成立帮助犯，不符合我国刑法规定的共同犯罪成立条件。

其次，不要求下游犯罪齐备其构成要件。实行犯在共同犯罪的基础，帮助犯的成立依附于实行犯，如果不能查证存在实行犯，帮助犯的成立就失去了处罚依据。前述《解释》第12条第2款规定，"实施前款规定的行为，确因客观条件限制无法查证被帮助对象是否达到犯罪的程度，但相关数额总计达到前款第二项至第四项规定标准五倍以上，或者造成特别严重后果的，应当以帮助信息网络犯罪活动罪追究行为人的刑事责任"。该款取消了司法机关查证被帮助对象的行为成立犯罪的法律义务，使得依赖于被帮助对象犯罪的帮助犯失去了存在依据，前述不法层面的帮助犯论也无法给予合理解释。

最后，该罪立法目的是打击独立的网络帮助行为犯罪，按照帮助犯定罪处罚将使其失去存在意义。如果该罪处罚的行为限于其他犯罪的帮助犯，根据现有帮助犯立法和相关司法解释，"只要打破传统理论的束缚，重新解释共同犯罪的成立条件，即使《刑法修正案（九）》不增设帮助信息网络犯罪活动罪，也完全能够妥当处理所有的帮助行为"②。事实证明，这种扩展的理论解释解决不了司法实践中的困难，反而会使该罪立法禁锢在帮助犯的桎梏之中，导致无法惩治其他非帮助犯的独立的帮助性质犯罪行为，失去其独立犯罪立法的意义。前述《解释》的两条规定则是对帮助犯论者立场的明确反对。

"明知他人利用信息网络实施犯罪"是该罪的主观构成要件要素，要求行为人认识到他人利用信息网络实施的是刑法分则规定的行为类型，并且已经达到严重危害社会的程度，在此认识因素基础上，仍然故意向其提供技术支持和帮助，表明其具有严重的主观恶性，结合其向他人提供技术支持和帮助的危害行为以及严重情节，符合该罪的构成要件，也达到了应受刑罚处罚的严重程度，无须从被帮助者行为侵犯的法益的因果性上证成犯罪成立。

2. "他人利用信息网络实施犯罪"中的"犯罪"应当解释为严重的"违法犯罪"

前述《解释》第12条、第13条从实体和程序上免除了公诉机关证明前述他人"犯罪"是刑法意义上的犯罪的义务，第11条规定了对"明知"的推定证明方式，无须直接证明该罪行为人明知他人实施的是刑法分则规定的行为

---

① 张明楷：《论帮助信息网络犯罪活动罪》，载《政治与法律》2016年第2期。
② 张明楷：《网络时代的刑事立法》，载《法律科学（西北政法大学学报）》2017年第3期。

类型，并且满足其他客观方面的构成条件。笔者认为，前述条款并非从实体上改变"明知"他人犯罪的立法，只是在程序上可以不限于直接证明方式，这里的"犯罪"应当按照客观上的严重刑事违法行为来认定。

非法利用信息网络罪和帮助信息网络犯罪活动罪属于相同性质的独立犯罪，法定刑也相同，二者规定的"违法犯罪"和"犯罪"所起作用也应当相同，都是主观构成要件要素，因此，这两个概念的内涵应当具有相关性。前述《解释》第7条将非法利用信息网络罪中"违法犯罪"解释为"犯罪行为和属于刑法分则规定的行为类型但尚未构成犯罪的违法行为"，帮助信息网络犯罪活动罪立法中的"犯罪"可以相应解释为"符合刑法分则规定的客观要件的危害行为"。同时，由于后罪的认识因素限于明知他人"犯罪"而非"违法犯罪"，主观恶性要比前罪更严重，如果情节特别严重的，如前述《解释》第12条第2款规定的"造成特别严重后果的"，没有理由仍为轻罪，立法机关有必要增设该罪的重罪类型，并配置相应的更重法定刑。[①]

四、结语

"扩张的网络犯罪"是网络环境下的独立的中间性犯罪，是网络犯罪生态的新组成。该类犯罪立法是与我国贯彻全面惩治网络犯罪策略的刑法回应。"扩张的网络犯罪"侵犯独立的公共法益——信息网络秩序，是多种严重妨害信息网络秩序行为的犯罪化，是具有积量构罪结构的典型情节犯。该类犯罪不同于物态社会环境下的传统犯罪帮助犯，传统共同犯罪理论不能为对该类犯罪正确适用刑法提供指导。"两高"《解释》解决了该类犯罪立法的大多数司法适用问题，明确了该类犯罪的独立性。司法机关适用该类犯罪立法时，应当避免过度依赖传统犯罪立法及相关刑法理论解释，坚持独立适用，合理解释相关构成要件，处理好相关犯罪竞合问题。

---

① 参见皮勇：《论网络服务提供者的管理义务及刑事责任》，载《法商研究》2017年第5期。

网络传销犯罪研究*

郭 莉 王东海**

内容摘要

本文系统梳理了传销的由来、发展，网络传销的历史演进、特征、现状等，勾勒出传销在我国大陆地区所经历的，从经营型传销到诈骗型传销再到互联网集资型传销的历史脉络；网络传销的手段隐蔽、受害群体涉众性广、标的虚拟化、违法成本低、首脑高智化、监管难、侦查取证难、司法认定难等特征；以及网络传销总量大，呈现出爆炸式增长的现状。

面对传销这一外来新事物，以及其在发展过程中出现的违法犯罪的变异情况，我国通过行政法规和刑事法律对其进行规制。1994年8月11日，国家工商管理总局发布了《关于制止多层次传销活动中违法行为的通告》后，相关部门相继出台了《传销管理办法》《关于禁止传销经营活动的通知》《关于严厉打击传销和变相传销等非法经营活动的意见》《禁止传销条例》等对其进行规范。在刑事方面，经历了20世纪八九十年代的刑事规制空档阶段→21世纪初期以非法经营罪为主进行规制阶段→2009年以组织、领导传销活动罪为主进行规制阶段。

对传销犯罪进行刑法判定，存在罪与非罪、此罪与彼罪等难题。罪与非罪方面，首先，需要辨析直销与传销，直销不能作为犯罪化处理，对两者进行区分，要从是否存在金字塔式层级、企业是否需要经过审批设立、从业人员是否需要满足一定条件、是否存在物有所值的商品或服务、是否创造了社会价值、是否"拉人头""收取入门费"、是否缴纳个人所得税、是否骗取财物等方面

---

* 本文为2020年度最高人民检察院检察理论研究课题"网络传销犯罪研究"（项目批准号：GJ2020WLB12）结项成果。

** 郭莉，法学博士，国家检察官学院刑事检察教研部主任、副教授，研究方向为刑事法学；王东海，法学博士，重庆市江北区人民检察院经济职务犯罪检察部（检察五部）主任，检察委员会委员。

加以综合判断。其次,需要辨析团队计酬型传销与诈骗型传销,后者才纳入刑事打击范畴,应当从加入门槛是否需要高额的入门费、"上线"收入是否来源于"拉人头""收取入门费"、商品销售是否真实和是否有退货保障、退出团队是否自由、终极目的是否为了骗取财物等五个方面进行考量。最后,面对网络传销的虚拟性以及传销人员故意规避层级人数入罪标准的情况,需要增加依据骗取财物数额入罪、故意规避层级的按照总体人数入罪、具有同类前科"减半"入罪等罪量标准,以弥补3级30人单一罪量标准的不足,形成严密的刑事法网。在此罪与彼罪的判断方面,组织领导传销活动罪与集资诈骗罪、非法经营罪、非法吸收公众存款罪、帮助信息网络犯罪活动罪等存在竞合关系。要在罪刑法定、罪刑相适应原则的指导下,心存正义理念,善于运用竞合理论妥善认定构成何罪,实现罪责刑相统一。

在证据审查上,应当坚持客观性证据优先、从客观到主观的阶层式审查方式,加大对电子证据来源、提取、鉴定等方面的审查判断,运用电子证据构建证明体系。应注重对身份去重和人机同一证据的审查判断。综合运用电子证据、鉴定意见、犯罪嫌疑人供述和辩解、证人证言等证据,善于运用"规律呈现""鉴—数—取"等证明方法进行证明。

一、嬗变考察:网络传销犯罪历史演进

(一) 传销的由来与发展

传销源于国外的直销,直销(direct selling, personal selling)包括直接销售、自动售卖和狭义的直销,而狭义的直销则包括单层次直销(Uni-Level Marketing)(展览销售、聚会销售和上门推销)和多层次直销(Multi-Level Marketing)①,其中不正当的多层次直销又被称之为"金字塔骗局"(Pyramid Scheme)"老鼠会""滚雪球"等②;直销产生之初采用的是一种合法的无店铺式经营方式,其在社交媒体平台或者销售人员以及潜在消费者的住所,由直

---

① 也有学者将直销分为传统的直销、新型单层次直销和新型多层次直销。传统的直销,是指销售人员为公司雇员的无店铺销售;新型单层直销,是指销售人员不是公司的雇员,其只是从公司进货,进货后直接销售给消费者;新型多层次直销,也就是我们讨论的传销,销售人员不是公司的雇员,他们在销售公司产品的同时,通过招募和训练直销人员的方式发展他的下线,并从这一网络中或者称之为层级中获取差额利益。参见郑也夫:《走向杀熟之路——对一种反传统历史过程的社会学分析》,载《学术界》2001年第1期。

② 苏雄华:《中国传销的概念清理及其入罪检讨》,载《河北法学》2010年第2期。

销人员直接向最终消费者推销商品或服务,其绕开了批发商和实体店铺,节省了地皮和实体店铺的费用,从而使得消费者或者销售人员获得这部分费用,有利于消费者或者能够激励销售人员的销售动力。然而,直销在其发展的过程中,为非法传销人员所利用,被精心设计成"金字塔式传销骗局",牟取不法收益,破坏经济秩序。目前学界主流观点认为,传销最早出现于"二战"后期的美国,① 随后相继传入欧洲等国家,成型于战后的日本,20 世纪 80 年代从日本登陆到我国。传销进入我国初期,由于法律规制不健全、人口体量大、熟人社会和裙带关系突出等原因,便在我国迅猛发展。②

那么,何为传销?目前,通说认为,传销是指组织者、领导者通过对被发展人员以其直接或者间接发展的人员数量或者业绩为依据,计算和给付报酬;或者要求被发展人员以缴纳一定费用为条件取得加入资格等方式获得财富的违法行为。传销的本质是"庞氏骗局",国际上也将其称之为"金字塔骗局(pyramid scheme)"③。当然,传销一词,在不同地区有着不同的含义。在我国香港特别行政区和我国台湾地区,泛指所有合法直销,不论其是单层次直销还是多层次直销都称之为传销;而在我国大陆地区,传销一词的官方定义目前是多层次直销和层压式推销的合称,属于一种经济犯罪行为。

传销于 20 世纪 80 年代出现在我国大陆地区,最开始出现于南方和沿海大中城市。1990 年 11 月 14 日,雅芳为中国大陆第一家正式以传销申请注册的公司,正式名称为"中美合资广州雅芳有限公司"。此后,各种名目传销公司遍地开花。1992 年开始,国外传销公司打着独资、合资旗号进入中国,国内一些企业也纷纷转入传销。到 1993 年几乎所有省会城市、沿海大中城市都有传销活动,随着未经注册或注册未被通过的非法传销引起的纠纷通过传媒从正反两方面不断曝光,官方开始重视该行业。1994 年,上海、深圳、广州等地行政管理部门开始组织人员,草拟有关管理办法。1994 年 8 月 11 日,国家工商管理局发出 233 号《关于制止多层次传销活动违法行为的通告》,9 月 2 日再次发出 240 号《关于查处多层次传销活动中违法行为的通知》,至此传销在

---

① 刘敏:《直销与传销》,中国工商出版社 2007 年版,第 198 页。
② 当然,关于传销这一"经济邪教"传入我国的时间,有人认为是 20 世纪 80 年代末。参见张浩:《非法传销揭秘》,东方出版社 2005 年版,第 223 页。但也有人认为传销传入我国是 1990 年。参见林力源:《新编传销学》,广东旅游出版社 1997 年版,第 96 页。尽管学者说法不尽一致,但是可以肯定的是传销传入我国是在 20 世纪 80 年代末 90 年代初。
③ See Anonymous, *Business Guidance Concerning Multi-Level Marketing*, at https://www.ftc.gov/tips-advice/business-center/guidance/business-guidance-concerning-multi-level-marketing (Last visited on June 5, 2020).

中国进入第一个平静期。

1995年后传销开始向着违法犯罪的方向变异，一瓶定价十几元的护肤品经过传销人员层层转手后，交易价格竟能虚高到1000多元。面对传销的变异，1995年3月28日，国家内贸部办公厅（今商务部）发文，宣布正式成立"多层次传销管理条例"立法工作机构，开始起草国家关于多层次传销管理办法。1995年9月22日，国务院办公厅发出《关于停止发展多层次传销企业的通知》，对国内再次过热的传销进行规范限制。1996年4月，我国首次批准了41家传销企业可以开展传销业务。1996年6月26日，上海市传销行业召开第一次会议，首次向全社会公布了行业守则。至此传销基本开始进入相对健康的成熟期。1997年9月，国家工商总局在青岛向500多家传销公司授牌。当然，其间由于绝大多数传销人员是被亲戚、朋友、同学、战友等熟人以介绍工作为手段欺骗的人员。只要进入此地和介绍者见面，人身自由就被完全控制，手机、身份证被扣，新来者即刻被要求以各种谎言动员家庭急速汇款，金额一般在3000—5000元。这时新来者想摆脱或者传销者中间退出完全不可能，由此导致的纠纷、斗殴、凶杀层出不穷，人员混杂，地方治安一片混乱。此时当老会员越来越多，而新入会的人越来越少，造血机制几近枯竭的时候，庞大的营销网络即面临崩盘危险，到了非整顿不可的地步。

1998年4月21日，国务院颁布了全面停止任何形式的传销活动的命令，对整个传销业的全面封杀，不管是规范经营还是违规炒作，所有从事传销业务的公司全部停止营运，听候国家后续政策的处理。此后不久，国务院发出了要求原有传销企业全部转型为传统批发、零售销方式，从而实现一个过渡性的转制工作。1998年7月，国务院颁布通过了成功转型的10家规范直销企业的名录。2005年8月23日，国务院颁布《直销管理条例》和《禁止传销条例》；《禁止传销条例》自2005年11月1日起施行，《直销管理条例》自2005年12月1日起施行。这就是传销在我国大陆地区发展的大致情况。

（二）传销的网络化进程

传销在我国大陆地区的发展，经历了传统经营型传销、诈骗型传销和互联网集资型传销的进程[1]，而其每一步进程，都深深地烙上时代的印迹，特别是与时代发展相合拍而不断演进。传统的经营型传销是早期的传销模式，此时的传销行为多以销售商品和服务为幌子，以经营销售为名行传销诈骗之实。同

---

[1] 参见黄罕敏：《组织、领导传销活动罪：法益的嬗变与行为特质》，载《厦门大学法律评论》2019年第1期。

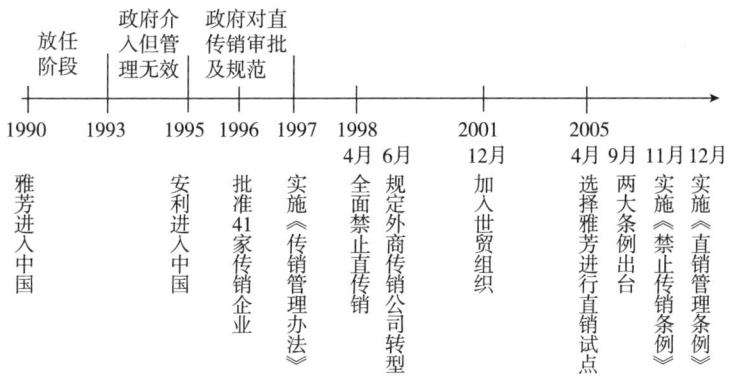

图1 传销在我国发展的简要路线

时,传统的经营型传销往往还伴随着和销售商品密切相关的制假售假、走私等违法犯罪行为。如1998年4月18日国务院《关于禁止传销经营活动的通知》(以下简称《通知》)第3条列举的行为方式中指出,假借专卖、代理、特许加盟经营、直销、连锁、网络销售等名义,采取会员卡、储蓄卡、彩票、职业培训等手段进行传销和变相传销。因此,该阶段对于传销活动的理解更倾向于认为是对商品经营秩序的破坏,在情节严重的情况下,以非法经营罪定罪处罚。

网络传销是在传统传销的基础上发展而来,是传统传销的变种,"是在互联网普及时代传统传销模式借助网络的便利升级而成的'加强版'传销"①。随着经济的发展和科技的进步,特别是互联网的飞速发展和广泛普及,我国进入信息化时代。传统传销以其敏锐的嗅觉,迅速搭上互联网这一载体,借助互联网迅速散播传销信息、发展传销人员、牟取非法利益,开启了网络传销的新阶段。网络传销的类型多种多样,大致有六种:"虚拟互联网"式、"资本运作"式、"混合传销"式、"免费获利"式、"互联网博弈"式、"各种互助"式。无论形式如何变化,其本质是以下线缴纳的费用满足上线的酬劳与回报。

(三) 网络传销的特征

发端于20世纪60年代美国的互联网,经历不断发展后,至1995年开启了全面商业化。我国自1994年接入互联网后,获得迅速发展,2007年底的网

---

① 韩玲:《网络传销的司法认定》,载《警学研究》2019年第2期。

民数量便超过美国。① 随着互联网的日益发达,人们已经被深深地镶嵌在互联网的世界之中,衣食住行都与互联网紧紧勾连在一起。有学者认为网络空间与现实空间正逐步地走向交叉融合,"双层社会"正逐步形成。同时,犯罪行为也逐渐走向互联网领域,网络空间逐渐成为犯罪空间,传统犯罪面临着被网络化的新挑战②。传销犯罪也不例外,传统传销与互联网技术相勾连,逐渐从物理空间走向网络空间,实现了传销犯罪的网络化。这种以互联网为载体和手段的新型传销模式,存在手段隐蔽、受害群体涉众性广、标的虚拟化、违法成本低、首脑高智化、监管难、侦查取证难、司法认定难等特点。

在"互联网+"背景下,传销人员充分利用网络进行传销活动,比传统意义上的传销更具欺骗性和隐蔽性。他们往往打着远程教育、培训个人创业、电子商务的旗号吸引人,掩人耳目,遮盖其发展会员(下线)牟利的本质。网络传销突破了地域和国界的限制,即使在一国内,也是遍地开花。传销骨干人员经常是"狡兔三窟",采取"游击战"的打法,全国各地流窜作案。执法司法机关往往只能抓获当地的头目,但对销毁整个传销集团却无能为力,治标不治本。对于跨国网络传销,仅仅依靠一国的力量难以有效打击,需要国际社会的通力合作,但目前各国对传销褒贬不一,要统一执法标准极其困难。可见,网络传销在传播力度、参与人员和涉案金额等方面,都获得了不可思议的几何式"升级"。如"Plus Token"平台网络传销案,短短1年时间发展会员200余万人,层级关系高达3000余层,涉案金额500多亿元③,严重破坏了社会经济秩序,造成网络诚信危机,已成为影响社会和谐稳定的新问题。

(四) 网络传销犯罪的现状

互联网的飞速发展,在给人们衣食住行带来便利便捷的同时,也被不法分子所利用,成为不法分子从事违法犯罪行为的工具。互联网具有无边际性和无限传播性,其传播的地域广泛、效率极高,且不受时间和空间限制。互联网的快速和无边际性被犯罪分子利用后,给犯罪分子从事犯罪行为带来极大便利,加之网络犯罪效率高、查处难、成本和风险低等特点,网络犯罪呈现出爆炸式增长。关于网络犯罪的相关统计数据显示,"2017年,全国利用网络实施犯罪

---

① 参见李耀东、李钧:《互联网金融》,电子工业出版社2014年版,第143—145页。
② 参见梁根林:《传统犯罪网络化:归责障碍、刑法应对与教义限缩》,载《法学》2017年第2期。
③ 参见卢志坚、伏晶、周雨晴:《揭开500亿"区块链"骗局》,载《检察日报》2020年9月29日,第6版。

的发案数和涉案人数分别为 14720 件、36677 人；2018 年为 15766 件、45495 人；2019 年为 19826 件、60163 人。2018 年、2019 年全国利用网络实施犯罪的发案数同比分别增长了 7%、26%，涉案人数同比分别增长了 24%、32%，均呈快速增长趋势"①。2019 年 11 月 19 日，最高人民法院召开网络犯罪大数据报告及电信网络诈骗犯罪典型案例新闻发布会，发布《司法大数据专题报告：网络犯罪特点和趋势》。该报告显示，2016—2018 年，全国各级法院一审审结的网络犯罪②案件共计 4.8 万余件，在全部刑事案件总量中的占比为 1.54%，案件量和占比均呈逐年上升趋势。2016 年网络犯罪案件占当年刑事案件的 1.15%；2017 年案件量同比上升 32.58%，占比上升 0.24 个百分点；2018 年案件显著增加，同比升幅为 50.91%，占比继续上升 0.63 个百分点。

网络传销犯罪也不例外，传销人员利用互联网从事传销犯罪活动后，网络传销犯罪也呈现出快速增长的趋势。有学者通过中国裁判文书网对网络传销犯罪进行了统计分析③，该学者通过中国裁判文书网，检索了 2015 年 1 月 1 日至 2020 年 6 月 30 日之间的"组织、领导传销活动罪"，共有裁判文书 9506 份；再通过"网络""平台""电子""积分/币"等网络传销关键词对 9506 份裁判文书进行筛选，排除影响统计结果的"人民币"等重合词后共筛选出 6711 份判决书（含一审判决书 6384 份，二审判决书 327 份），占总数的 70.6%。并对筛选出的 6711 份判决书按判决日期分年分季度进行分析（参见表 1），可以看出近年来网络传销案件仍呈高发态势。其中，2015—2017 年判决书总量趋于平稳，仅有小幅上升，每年的判决书数量均在 1000 份以下；2018 年判决书数量有了大幅提升，总量达到了 2096 份，较 2017 年增长了 115.6%；2018—2019 年处于高态势平稳期，2019 年度判决书总量仍有 2003 份；而 2020 年上半年受疫情等因素的影响判决书数量较少，只有 272 份，但是仍达到了 2015 年上半年总量的 85%。此外，2019 年 11 月 19 日，最高人民法院发布的《司法大数据专题报告：网络犯罪特点和趋势》显示，2016—2018 年，全国网络犯罪④案件共涉及 258 个罪名，其中诈骗案件量占比最高，为 31.83%；其次为开设赌场罪，案件量占比为 10.45%。网络传销犯罪案件量占比排行第

---

① 史兆琨：《网络不是犯罪藏身之所，更不是法外之地》，载《检察日报》2020 年 5 月 13 日，第 4 版。

② 本报告界定的网络犯罪是指以互联网为工具或手段实施的危害社会、侵害公民合法权益的行为，或是对计算机系统实施破坏的行为。

③ 参见孙道宁、赵广晔：《网络传销案件侦查思路的再审视》，载《北京警察学院学报》2020 年第 5 期。

④ 本报告界定的网络诈骗是指以互联网为工具或手段实施诈骗的犯罪行为。

五，为 3.32%。可见网络传销犯罪形势依然严峻。

表 1　2015—2020 年裁判文书网显示的网络传销案件情况

判决年份	判决书数量/份				
	第一季度	第二季度	第三季度	第四季度	当年合计
2015	152	169	159	188	668
2016	127	176	158	239	700
2017	168	237	211	356	972
2018	342	495	546	713	2096
2019	394	484	543	582	2003
2020	119	153	—	—	272

二、法律规制：网络传销犯罪规制梳理

（一）行政法规制层面的梳理

由于传销是舶来品，因此对传销进行规制是在其传入我国逐渐出现了危害性之后才进行的。而对其进行规制，首先表现在行政法层面，之后出现了行政法和刑事法对其进行双重规制的情况。最早对传销进行规制的是 1994 年 8 月 11 日，国家工商管理总局发布了《关于制止多层次传销活动中违法行为的通告》（工商公字〔1994〕第 223 号），要求对主要业务是介绍他人参加，且收入主要来自他所介绍的新成员缴纳的入会费或者经营者的利润主要来自参加人员的入会费的；以缴纳高额入会费或以认购商品方式变相缴纳高额入会费作为加入条件的；对参加者的报酬或商品的质量、用途、产地等，作虚假或引人误解的宣传，诱人入会的；商品价格高于合理市价，牟取暴利的；不准退货或设定苛刻的退货条件的多层次传销行为，要坚决予以取缔。1997 年 1 月 10 日，国家工商管理总局发布了《传销管理办法》，对传销行为进行规范。1998 年 4 月 21 日，国务院颁布了《关于禁止传销经营活动的通知》，要求有关部门要加强协作配合、加大执法力度，禁止一切传销活动。这三个规定，都是在刑事法律介入之前，从行政层面对传销活动进行的规制。

2000 年 8 月 13 日，国务院办公厅转发了工商局、公安部、人民银行《关于严厉打击传销和变相传销等非法经营活动的意见》（以下简称《意见（一）》）指出，对于"经营者通过发展人员、组织网络从事无店铺经营活动，

参加者之间上线从下线的营销业绩中提取报酬的;参加者通过交纳入门费或以认购商品(含服务,下同)等变相交纳入门费的方式,取得加入、介绍或发展他人加入的资格,并以此获取回报的;先参加者从发展的下线成员所交纳费用中获取收益,且收益数额由其加入的先后顺序决定的;组织者的收益主要来自参加者交纳的入门费或以认购商品等方式变相交纳的费用的;组织者利用后参加者所交付的部分费用支付先参加者的报酬维持运作的;其他通过发展人员、组织网络或以高额回报为诱饵招揽人员从事变相传销活动的"。这六种行为,如果达到情节严重涉嫌犯罪的,要对组织者依照我国《刑法》第225条的有关规定进行处理。当然,《意见(一)》并不具有刑事立法的效力,但是对于推动传销刑事定罪具有重要的推动作用。

之后,面对传销活动由公开转为地下,采取更为隐蔽、更为恶劣的手段进行不法活动,且有愈演愈烈之势。2005年8月10日,国务院发布了《禁止传销条例》(自2005年11月1日起施行),对何种行为属于传销、传销有哪些表现形式、对地方各级人民政府及其有关部门查处传销活动的具体要求、可以采取哪些查处措施、从事传销的单位和个人应承担什么法律责任等,进行了明确详细的规定,将多个部门纳入打击传销行为的责任范围,形成了对传销组织的全面规范和治理。

(二) 刑事法规制层面的梳理

我国对传销犯罪的刑事规制,经历了20世纪八九十年代的刑事规制空档阶段→21世纪初期以非法经营罪为主进行规制阶段→2009年以组织、领导传销活动罪为主进行规制阶段[①]。

第一,刑事规制空挡阶段。前已述及,传销于20世纪80年代从日本登陆到我国,其刚刚进入我国时,是一种全新的新鲜事物,人们对其认知需要一个过程。因此,在其作为一种新生的事物传入我国大陆地区时,并没有一个成熟的法律对其进行规制。随着时间的发展,尽管国家工商管理总局于1994年8月11日发布的《关于制止多层次传销活动中违法行为的通知》,1998年4月21日国务院颁布的《关于禁止传销经营活动的通知》(以下简称《通知》)均规定,对于涉嫌犯罪的,移送司法机关追究刑事责任,但是对于传销行为本身是否作为犯罪处理、作为何种犯罪处理,并没有明确的规定,可以说,这一时期对于传销行为本身进行刑事打击是一个空挡期。

第二,以非法经营罪为主进行规制的阶段。在社会生活和司法实践中,传

---

① 参见印波:《传销犯罪的司法限缩与立法完善》,载《中国法学》2020年第5期。

销行为日益猖獗，单纯依靠行政法规进行规制已经难以起到遏制的作用，然而对于该种行为是否作为犯罪处理，以及作为何种犯罪进行打击存在空白。2001年4月10日，最高人民法院《关于情节严重的传销或者变相传销行为如何定性问题的批复》（以下简称《批复》），明确指出对于1998年国务院《通知》发布以后，仍然从事传销或者变相传销活动，扰乱市场秩序，情节严重的，依照我国《刑法》第225条第4项以非法经营罪定罪处罚。在传销过程中同时构成其他犯罪的，依照处罚较重的规定定罪处罚。因此，该《批复》发布后至2009年《刑法修正案（七）》规定组织、领导传销活动罪期间，对于情节严重的传销行为，主要以非法经营罪进行定罪处罚。

第三，以组织、领导传销活动罪为主进行规制的阶段。在《刑法修正案（七）》制定过程中，立法积极回应司法实践的需要，对组织、领导传销活动罪专门设立罪名进行规制。但是，在针对组织、领导传销活动罪进行立法时，经历了由经营型传销向诈骗型传销的逆转[①]：在2008年8月25日的草案第一稿中，是将组织、领导传销活动罪放在我国《刑法》第225条非法经营罪中，作为第225条之一，规定"组织、领导实施传销犯罪行为的组织，情节严重的……传销犯罪行为依照法律、行政法规的规定确定"。可见，草案第一稿将组织、领导传销活动罪作为经营型传销进行规制，采取的是空白罪状的模式。这里依照法律和行政法规的规定，包括《禁止传销条例》的规定。可见，此时的传销概念是一个较为宽泛的概念，入罪的传销模式包括"拉人头""收取入门费""团队计酬"，即包括了经营型传销和诈骗型传销。然而，在2008年12月25日第二稿中，将组织、领导传销活动罪进行了修改，将其作为我国《刑法》第224条合同诈骗罪之一进行规定，将空白罪状修改为叙明罪状，也就是目前刑法中对该罪的规定。草案第二稿，也就是最终的定稿，只将"拉人头""收取入门费"以骗取财物的传销活动入罪，将单纯的或者说真正意义上的团队计酬传销出罪化。有学者指出，之所以这样规定，是因为这种原始型传销需以正当的商品或服务为前提，具有明显的市场经营性，相对于"拉人头""收取入门费"之类等没有实际经营的诈骗型传销的社会危害性要低很多。[②] 因此，在《刑法修正案（七）》之后，对于组织、领导传销活动，主要以组织、领导传销活动罪为主进行规制。

[①] 参见陈兴良：《组织、领导传销活动罪：性质与界限》，载《政法论坛》2016年第2期。

[②] 参见郭斐飞、罗开卷：《组织、领导传销活动罪疑难问题探析》，载《人民检察》2011年第10期。

三、罪与非罪：网络传销犯罪的刑事打击范围界定

(一) 传销与直销辨析

传销与直销存在本质的区别。直销是企业的一种常见的合法的营销方式，是指直销企业招募直销员，由直销员在固定营业场所之外直接向最终消费者推销产品的经销方式。传销只不过是直销的一个邪恶变异，是被不法分子所利用进行违法犯罪的产物，一些利益熏心的不法分子用没有实质价值的产品套上直销的营销模式，让直销行业混乱。传销的本质在于通过发展下线实现财物的非法转移与聚集，并未创造社会价值，这是它与正常营销的本质区别。传销不是国家、社会和法律认可的行为，也不可能是国家、社会和法律认可的行为，因为它不创造社会价值、不会给社会增加财富，相反，会毁灭人与人之间的信任进而破坏社会伦理体系、侵犯公司财产、侵犯公民人身权利、影响社会稳定。虽然因人员聚集而需要租房、吃饭等消费给当地带来经济刺激，促进了当地的消费，但其本身组织行为对大多数参与者造成无法挽回的危害，违反了人类正常生活和活动，长期发展势必会影响当地的社会治安和社会稳定。① 因此，直销是合法的，而传销则是违法的，对于传销达到了刑事立案追诉标准的，应当依法追究刑事责任。前已述及，网络传销是一个新生事物，是在网络空间和物理空间共同存在的"双层社会"背景下产生于网络空间的一种新的犯罪模式。当然，虽然网络环境下传销犯罪出现了新的特点和表现形式，但其实质仍然是通过"拉人头""收取入门费"的形式"骗取财物"。因此，对于网络传销与直销之间的界限，仍应抓住两者本质上的区别进行辨析。

对此，2005年11月1日施行的《禁止传销条例》第7条进行了明确规定，下列行为属于传销行为：（1）组织者或者经营者通过发展人员，要求被发展人员发展其他人员加入，对发展的人员以其直接或者间接滚动发展的人员数量为依据计算和给付报酬（包括物质奖励和其他经济利益，下同），牟取非法利益的；（2）组织者或者经营者通过发展人员，要求被发展人员交纳费用或者以认购商品等方式变相交纳费用，取得加入或者发展其他人员加入的资格，牟取非法利益的；（3）组织者或者经营者通过发展人员，要求被发展人员发展其他人员加入，形成上下线关系，并以下线的销售业绩为依据计算和给

---

① 如一些传销组织者对想脱离的被骗人员非法拘禁，甚至杀人灭口；一些被骗人员沦落街头，靠乞讨、卖淫，甚至是盗窃、抢劫、绑架维持生活等。据公安机关不完全统计，2006年全国由传销直接引发的杀人、抢劫暴力犯罪就达104起，其他案件669起。参见黄太云：《〈刑法修正案（七）〉解读》，载《人民检察》2009年第6期。

付上线报酬，牟取非法利益的。《刑法》第 224 条之一规定的组织、领导传销活动罪，包括了前两种形式的传销行为和本质特征，并规定本罪处罚的是传销行为的组织、领导行为。《禁止传销条例》所规定的前两种行为，可以概括为"拉人头"和"收取入门费"。我国《刑法》只是将前两种"拉人头""收取入门费"的行为纳入刑事打击范围，而对于第三种"团队计酬型"传销方式则进行了非罪化处理。在司法办案中，应当严格按照上述特征进行分析，即根据在案证据全面、实质审查行为人是否具有"拉人头"和"收取入门费"进而骗取财物的违法犯罪行为。如果有，则依照我国刑法规定的入罪条件进行刑事惩治，反之则应做非罪化处理。

对于如何辨析直销和传销，可以考虑从是否存在金字塔式层级、企业是否需要经过审批设立、从业人员是否需要满足一定条件、是否存在物有所值的商品或服务、是否创造了社会价值、是否"拉人头""收取入门费"、是否缴纳个人所得税、是否骗取财物等方面加以综合判断（如表2）。特别是在网络空间背景下，无店铺直销和网络销售成为常态，传销也搭上了互联网快车，如何区分网络空间的直销和传销日益成为司法办案的难题。司法实践中，一些不法分子常常借助网络的虚拟性打着直销的幌子进行传销，以直销的外观形式掩盖传销犯罪的实质。这种借助互联网形式进行的"挂羊头卖狗肉"的伎俩，不但引诱被传销人员上当受骗，而且也常常会迷惑公安司法人员，给分析判断和侦查取证等司法办案带来不同于物理空间条件下的新的困难和挑战，甚至存在逃脱法律制裁的情况。因此，对于理论研究来说，立足于网络背景下如何对两者进行区分给出具有可操作性的标准，进而指导司法实践准确认定是直销还是传销，具有理论和现实双重意义。对于司法实践来说，公安司法机关在办理网络传销案件时，既需要密切关注和合理采纳理论研究的新成果和合理观点，更需要将思维从农耕时代和机器工业时代迅速拉回到网络时代背景下，运用网络思维，采取全方位"穿透式"审查判断的方法，紧紧抓住传销的本质特征进行侦查取证和实质判断，不能被"光鲜的外衣""合法的形式"特别是网络背景下的迷雾所迷惑。既要防止将无罪的人进行刑事打击，也要防止放纵传销犯罪分子。

表 2　直销和传销的区分

区分标准	直销	传销
是否存在金字塔式层级	否	是
企业是否需要经过审批设立	是	否

续表

区分标准	直销	传销
从业人员是否需要具备一定条件	是	否
是否存在物有所值的商品或服务	是	否
是否创造了社会价值	是	否
是否"拉人头""收取入门费"	否	是
是否缴纳个人所得税	是	否
是否骗取财物	否	是

需要说明的是,前已述及,直销分为单层次直销和多层次直销。而"传销与直销辨析"这里所说的直销,是指单层次直销,对于多层次直销以及其是否构成犯罪的问题,将在"团队计酬型传销与诈骗型传销鉴别"中进行详细论述。因为,"团队计酬"和"多层次直销"系同一概念,① 并且,"团队计酬是直销灵魂和魅力所在"②。

(二) 团队计酬型传销与诈骗型传销鉴别

诈骗型传销,是典型的犯罪,是我们刑事打击的对象。这种传销形式,以推销商品、提供服务等经营活动为幌子,要求参加者以缴纳费用或者购买商品、服务等方式获得加入资格,并按照一定顺序组成层级,直接或者间接以发展人员的数量作为计酬或者返利依据,引诱、胁迫参加者继续发展他人参加,骗取财物。

团队计酬型传销,是指传销活动的组织者或者领导者通过发展人员,要求传销活动的被发展人员发展其他人员加入,形成上下线关系,并以下线的销售业绩为依据计算和给付上线报酬,牟取非法利益。有人将其分为行政法意义上的团队计酬和刑法意义上的团队计酬,并按照1998年《通知》下发之前、施行之后至2005年《禁止传销条例》与《直销管理条例》颁布之前、施行之后对行政法意义上的团队计酬进行了论述,按照2009年《刑法修正案(七)》颁布之前、施行之后至2013年最高人民法院、最高人民检察院、公安部《关于办理组织领导传销活动刑事案件适用法律若干问题的意见》(公通字〔2013〕37号,以下简称《意见(二)》)颁布之前、施行之后对刑法意义上

---

① 参见林天财:《直销法律学》,五南图书出版股份有限公司2015年版,第19页。
② 梁希玲:《浅议开放多层次传销市场及法律监管》,载《金融经济》2007年第12期。

的团队计酬进行了论述。① 对于团队计酬型传销是否构成犯罪②，进而进行刑事打击，则需要区别对待。《意见（二）》第 5 条指出③，以销售商品为目的、以销售业绩为计酬依据的单纯的团队计酬式传销活动，不作为犯罪处理；而对于形式上采取团队计酬方式进行操作，但实质上并不是以销售商品的业绩为计酬依据，而是"以发展人员的数量作为计酬或者返利依据"的传销活动，则应当以组织、领导传销活动罪定罪处罚。

从司法解释规定的角度来看，团队计酬型传销与诈骗型传销区分的关键在于，行为人是否"以发展人员的数量作为计酬或者返利依据"。但是，在司法实践中，由于团队计酬型传销同样由组织者、领导者发展人员形成上下线关系，与拉人头缴入门费的传销之间有共同之处，实践中较难分辨，给司法者准确认定罪与非罪带来较大困难。理论界对该问题也是纷争不断，有观点认为，2013 年"两高一部"的《意见（二）》已经将团队计酬型传销作了非罪化处理，该种类型的传销方式不再进行刑事打击；④ 有观点则认为，2013 年"两高一部"的《意见（二）》根据经济社会发展和司法实践的需要，区分了构成组织、领导传销活动罪的团队计酬型传销和不以犯罪进行打击的团队计酬型传销，这种区分是对刑事立法的扩张解释。⑤ 因此，对团队计酬型传销罪与非罪的判断，必须综合全案证据，认真审查加入团队的门槛和条件、深挖彻查资金流向、是否真实销售了商品、所销售的商品是否存在在上下线之间层层流转而并未真正销售给消费者、从业人员是否可以自由选择加入或退出等事实，以能够准确区分该种类型的传销是否构成犯罪。

---

① 参见王涛：《"团队计酬"式传销的前世今生》，载《犯罪研究》2014 年第 2 期。

② 对此，有学者认为，根据罪刑法定原则要求，对于团队计酬型传销不应当以组织、领导传销活动罪和非法经营罪处理，并提出该种类型的传销活动所产生的风险具有行政可控性，目前对其禁止实际上是一种权宜之计，应当将其非犯罪化。参见印波：《传销犯罪的司法限缩与立法完善》，载《中国法学》2020 年第 5 期。

③ 具体为：传销活动的组织者或者领导者通过发展人员，要求传销活动的被发展人员发展其他人员加入，形成上下线关系，并以下线的销售业绩为依据计算和给付上线报酬，牟取非法利益的，是团队计酬式传销活动。以销售商品为目的、以销售业绩为计酬依据的单纯的团队计酬式传销活动，不作为犯罪处理。形式上采取团队计酬方式，但实质上属于"以发展人员的数量作为计酬或者返利依据"的传销活动，应当依照《刑法》第 224 条之一的规定，以组织、领导传销活动罪定罪处罚。

④ 参见陈兴良：《组织、领导传销活动罪：性质与界限》，载《政法论坛》2016 年第 2 期。

⑤ 参见黄芳：《惩治传销犯罪的法律适用：概念、思路和机制》，载《法律适用》2017 年第 21 期。

具体来说，应当从五个方面进行严格审查把握①：一是加入门槛是否需要高额的入门费。以销售商品为目的的团队计酬型传销，其销售人员获得对商品销售的资格，不需要缴纳高额的入门费或者变相的入门费；而披着团队计酬型传销外衣，实质为诈骗型传销的模式，则直接以收取高额入门费或者以购买高额产品变相缴纳高额入门费等方式，获得加入、介绍他人加入的资格，即其本质是以交钱取得加入传销的资格。二是"上线"收入是否来源于"拉人头""收取入门费"。团队计酬型传销中，"上线"的收入来源分为自己销售业绩的报酬和"下线"销售业绩的提成，即收入来源都是销售商品的业绩，虽然"上线"从"下线"那里获取收益，但根据是"上线"对下线招募、培训、辅导后的劳动报酬，且其来源下线销售商品的销售业绩。而"诈骗型"传销中，"上线"的收入主要取决于发展下线的人数和"下线"再拉人头而获得的高额入门费。即"'团队计酬'式传销的生存与发展依赖于产品销售业绩和利润，而'拉人头''收取入门费'式传销的存在于维系则直接取决于是否有新成员以一定倍率不断加入"②。当然，也不能对单纯的团队计酬做过于严格的解释。一方面，不能将其解释为获得加盟资格时不得有一丁点儿的入会费、保证金，毕竟，合理的入会费和保证金具有引导消费和固定客户的功能；另一方面，不能将其理解为计酬依据和人员数量没有丝毫关系，因为发展人员销售商品或服务是团队计酬的必然逻辑。③ 三是商品销售是否真实和是否有退货保障。团队计酬型传销是以真实的且定价基本合理④的产品销售为依据的，计酬的根据是真实的产品销售，可以说收入来源于真实的消费者，且商品具有退货保障；而诈骗型传销则根本没有真实的商品销售，或者只是打着商品销售的幌子，以严重背离商品价值的方式变相收取高额入门费，且商品一旦销售出去，基本上就不可能再退货，这种模式下的收入看似是商品销售，实则是"拉人

---

① 前四个方面的区分标准，参见黄太云：《〈刑法修正案（七）〉解读》，载《人民检察》2009年第6期。

② 王涛：《"团队计酬"式传销的前世今生》，载《犯罪研究》2014年第2期。

③ 印波：《传销犯罪的司法限缩与立法完善》，载《中国法学》2020年第5期。

④ 在市场经济条件下，对销售商品或服务的价格是否合理的判断，应当将具体的商品和服务放在国内外市场同类型商品中进行比较，可以通过上市公司年报等呈现的公开数据，核算同类型商品的实际成本/零售价。同时，还应当结合商品品质、特别技术及服务水准等综合认定是否属于合理价格。参见林天财：《直销法律学》，五南图书出版股份有限公司2015年版，第21页。

头""收取入门费"。① 四是退出团队是否自由。从形式上看，团队计酬型传销和诈骗型传销两者都在发展人员，并形成上下线的层级关系。但是，对于团队计酬型传销来说，其从业人员具有加入和退出的自由，可以自由选择退出的时间；而诈骗型传销的从业人员一般都没有退出的自由，他们往往通过洗脑、欺骗、恐吓，甚至是人身自由限制的方式，限制从业人员的退出，这个底大尖小的金字塔型结构组织，并不是一个基于自愿、平等原则而组成的组织体系，而是一个等级森严、结构严密、内部封闭的非法组织。五是其终极目的是否为了骗取财物。团队计酬型传销是通过销售价格合理的产品来获取报酬，虽然其终极目的也是获取经济利益，但是其是通过真实的销售商品的劳动付出，消费者真实消费了商品和服务而支付的报酬而获得的劳动所得；而诈骗型传销的终极目的只是为了财物，并且获取财物的方式是骗取，而不是致力于勤劳致富，通过为社会提供具有真实价值的商品和服务的方式获取财物，其单纯是采取骗的手段，虽然骗取的过程中也夹杂着或者以提供商品和服务为名，但提供的商品和服务严重背离真实价值，并不能给终极的消费者带来对价的消费价值。以上五点关于团队计酬型传销和诈骗型传销的区分标准，可以用图示的方式进行简单表述，如表3。

表3　团队计酬型传销与诈骗型传销的区分

区分标准	团队计酬型	诈骗型
加入团队是否需要高额的入门费	否	是
"上线"收入是否来源于"拉人头""收取入门费"	否	是
商品销售是否真实和退货是否有保障	是	否
退出团队是否自由	是	否
终极目的是否为了骗取财物	否	是

通过上述区分标准，在司法实践中，可以较为有效地对构成组织、领导传销活动罪的诈骗型传销犯罪和不能纳入刑事打击的团队计酬型传销进行辨别。

---

① 基于此，有学者指出，真正的团队计酬是"传物"传销，目的是销售货物和服务，获利的途径是销售商品或服务本身；而打着团队计酬实施诈骗的传销活动是"传人"传销，目的是通过"拉人头""收取入门费"抽取下线发展人员的资金，只是将货物或服务作为"传人"的道具。参见印波：《传销犯罪的司法限缩与立法完善》，载《中国法学》2020年第5期。

特别是在当下网络和大数据迅猛发展的时代背景下,可以有效鉴别微商、网课等销售推广方式是否构成犯罪。如此,一方面有利于互联网背景下合法营销方式的保护,另一方面有利于打击互联网创新幌子而实施组织、领导传销活动罪的违法犯罪行为,净化网络环境。

(三) 层级和人数罪量①标准的完善

2010年5月7日施行的最高人民检察院、公安部《关于公安机关管辖的刑事案件立案追诉标准的规定(二)》(以下简称《追诉标准(二)》)和《意见(二)》均将组织、领导传销活动罪的罪量标准规定为,涉嫌组织、领导的传销活动人员在30人以上且层级在3级以上的,对组织者、领导者,应予立案追诉。当然,《意见(二)》对《追诉标准(二)》作了进一步的完善。如针对人数的问题,明确了对于组织、领导多个传销组织的传销人员,只要其组织、领导的单个或者多个组织中的层级已达3级以上的,就可以将其组织、领导的多个组织中发展的人数合并计算,而不是要求单个组织必须达到3级30人的标准。这样就可以完善对于组织、领导多个传销组织,虽然都达到了3个层级的要求,但刻意规避30人的人数要求,而是通过组织、领导多个传销组织的形式来弥补人员的不足,同时也规避单个组织3级30人就要被立案追诉的标准。再如,针对一些隐形的"组织、领导者",通过形式上退出或者幕后指挥的形式逃避法律制裁的,规定了"穿透式""实质性"认定的标准,即虽然形式上脱离原传销组织,但继续从中获取报酬或返利的,要对后续发展的层级和人数负责,如此规定,有利于对幕后指挥者操纵者的惩处和打击。

但是,我们可以看到,上述完善,依然无法妥善解决网络传销背景下层级和人数认定的难题。如广西北海"1040阳光工程"即所谓的"资本运作"的传销模式,对外宣称缴纳69800元经过"资本运作"后可获得1040万元。具体模式是引诱参加人员参加该传销组织时先缴纳69800元,用于购买21份、每份3800元的份额以获得加入资格,加入该传销组织的次月,传销组织会退给加入者19000元,可以说加入传销组织的人实际出资金额为50800元。加入者加入后的任务是发展3个下线,被发展的3个下线各自再分别发展3个下线,以此类推。当发展的下线达到29人时就可以晋升为老总级别。晋升为老总级别后,就开始每个月拿所谓的工资,可以一直拿到1040万元。一旦拿到

---

① 罪量,是陈兴良教授提出的概念,他将犯罪构成分为罪体、罪责、罪量三个层次。其中,罪量主要包含数额和情节等要素,解决的是在对行为性质进行认定后,判断该行为是否达到了动用刑法进行惩罚的量的标准。参见陈兴良:《规范刑法学》,中国人民大学出版社2017年版,第113—203页。

1040万元，就从传销组织中退出，完成所谓的"资本运作"。① 在该案例中，传销人员发展到3级29人后就升为老总，领取所谓的固定"工资"，其本人不再发展人员，不符合组织、领导多个传销组织的特征；同时，其领取的所谓的"工资"来源于何处，是原传销组织继续发展的人员吗？"工资"来源难以查清，也很难认定其符合形式上脱离原传销组织实际上从中获取报酬的情形。再如，江西太平洋网络直购案中，唐某某②等人注册成立了江西精彩生活实业有限公司，后更名为江西精彩生活投资发展有限公司（以下简称江西精彩公司），并将法定代表人变更为唐某某的母亲李某某。该公司创办开通了太平洋直购官方网，依托该网站销售美国"立新世纪"公司的保健品等物品。之后，唐某某利用太平洋直购官方网站，推出"BMC"模式（Business - Medium - Customer，即企业、媒介、消费者的英文缩写），设计出以PV为计量单位的会员消费积分返利模式。经对该模式不断调整后，最终形成从普通、银卡、金卡、钻石卡会员到渠道商总共十六个级别的会员制度。每个级别的会员享受的返利比例不同，银卡、金卡、钻石卡会员分别享受5%、10%、15%的返利比例；合格、五级、四级、特四级、三级、二级、特二级、一级、大区、特区、首席、全球诚信渠道商分别享受20%、26%、32%、35%、38%、44%、47%、51%、58%、61%、65%、71%的返利比例。③ 这些上下级的渠道商之间形成了层级关系，并进行上级从下级业绩中提成的团队计酬。但是这种团队计酬是一次性的，并且提成也只能是上级从下级提成，上级不能从其下级再发展的下级渠道商进行提成，即各个团队只能形成两级计酬。太平洋直购案件也涉及多个省市，如河南④、山东⑤、湖北⑥、吉林⑦等省市。采取上线只能从其自身发展的下线进行提成模式的传销案件，还有"魔幻农庄"传销游戏案件，⑧"MMM金融互助社区"传销案件等。⑨ 在该类案件中，传销人员达到30

---

① 参见广西壮族自治区北海市银海区人民法院（2016）桂0503刑初102号刑事判决书。
② 唐某某已于2013年8月26日被江西省南昌市中级人民法院以组织、领导传销活动罪判刑。参见江西省高级人民法院（2013）赣刑二终字第63号刑事判决书。
③ 参见江西省高级人民法院（2013）赣刑二终字第63号刑事判决书。
④ 参见河南省南阳市中级人民法院（2018）豫13刑终1001号刑事裁定书。
⑤ 参见山东省聊城市中级人民法院（2019）鲁15刑终32号刑事判决书。
⑥ 参见湖北省孝感市中级人民法院（2015）鄂孝感中刑终字第00055号刑事裁定书。
⑦ 参见吉林省吉林市中级人民法院（2015）吉中刑终字第143号刑事裁定书。
⑧ 参见中国电子商务研究中心：《网络传销典型案例点评》，载《中国工商报》2018年1月18日，第7版。
⑨ 参见湖南省常德市中级人民法院（2018）湘07刑终85号刑事裁定书。

人的标准非常容易，但是上级渠道商只从其自己发展的下级渠道商处获利，不会形成3层级的标准。也就是说，《意见（二）》完善后的罪量标准依然难以对这两个案例中故意规避层级和人数罪量标准的传销行为进行刑事打击。应当说，组织、领导传销活动罪的3级30人的罪量标准存在不足和缺陷。

首先，从逻辑推论的角度来看。该立案追诉标准于2010年施行，尽管2013年的《意见（二）》对其进行了重申。但是，彼时，我国《刑法》对组织、领导传销活动罪的罪状描述是，"组织、领导以推销商品、提供服务等经营活动为名，要求参加者以缴纳费用或者购买商品、服务等方式获得加入资格，并按照一定顺序组成层级，直接或者间接以发展人员的数量作为计酬或者返利依据，引诱、胁迫参加者继续发展他人参加，骗取财物，扰乱经济社会秩序的传销活动的……"虽然立法时通过草案二将其摆放位置从草案一中放在非法经营罪条文之一调整到了合同诈骗罪条文之下，且明确规定该罪是通过拉人头、收取入门费等方式"骗取财物"，但是，其骨子里依然深藏着扰乱市场秩序这一非法经营的特征。并且，司法实践中，对于没有骗取财物的传销行为依然按照非法经营罪进行定罪处罚。如四川邛崃法院审理的孙某某传销"娇子"系列酒案①、河南许昌法院审理的罗某某传销银杏酒案②，均以非法经营罪进行判处。也许是基于此种原因，2010年的追诉标准将3级30人作为立案追诉的标准，并没有将骗取财物的数量作为构成犯罪的定量因素。不得不说，单纯以3级30人作为立案追诉标准存在逻辑上的缺陷。可以说，组织、领导传销活动罪的落脚点是骗取财物，但是立案追诉标准也就是入罪标准却是以层级和人数为标准，入罪标准和规制目的存在脱节。

其次，从当下的司法实践看。在司法实践中，从事传销的不法分子为逃避打击，往往采取各种方式刻意回避立案追诉标准规定的3级30人的入罪条件。特别是在网络传销日益猖獗的时代背景下，行为人往往通过网络化的形式，刻意回避3个层级30人这个入罪的定量因素。他们往往利用网络的便利性扩大发展的人员，在保证能够获得最大利益提成的情况下，通过多种形式使得层级一直维持在两层，即使发展到了三个层级，也会在第三个层级形成时便解散，然后再重复之前的发展模式。层级的规避是入罪定量要素的难点之一；定量上的难点之二则是人数的确定问题。目前立案追诉标准规定的3级30人的刑事追诉标准门槛，主要针对的是传统传销犯罪。在传统的传销犯罪当中，人和人通过物理的方式进行见面接洽，面对面的方式进行发展，该种情况下传销人数

---

① 参见四川省邛崃市人民法院（2012）邛崃刑初288号刑事判决书。
② 参见河南省许昌市建安区人民法院（2010）许县刑初33号刑事判决书。

相对来说容易确定。但是在网络传销中，传销人员借助的是虚拟的网络平台，上下线之间的真实身份难以确定；发展人员往往采用推荐码的方式，推荐人很难确定哪些新会员是通过自己推送的推荐码而进入传销团队的；发展的人员多，关系复杂，难以梳理。① 同时，还需要解决虚拟身份的去重问题②和"人机同一认定"的难题等③。因此，在网络传销背景下，如何确定层级和人数就成为难题，行为人为了提高层级后获得更多提成，在冒用他人信息的同时，也往往利用亲戚朋友甚至是买来的信息进行注册，将并未实质参与的人员"挂单"到自己名下。网络提取而来的人数数据并没有达到真正的 30 人，这直接影响到是否构成犯罪的认定。同时，传销组织的层级是简单的上下线一一对应关系，还是考察组织成员在传销犯罪中的地位和作用认定，在实践中仍有争议。

可见，不管是从逻辑推演的角度，还是从司法实践的情况来看，单纯地将 3 级 30 人作为构成组织、领导传销活动罪的定量因素是不科学的。如此规定，既违背了立法原意和理论推演，也不符合日益发展的司法实践。对于该弊端，有司法实务者指出，"对于层级的认定不能仅仅局限于传统的固定金字塔形状，只要在一定框架下体现出层级的不可超越性，表现出'下大上小'的组织形态，达到类金字塔的特点，具有金字塔的本质，即满足层级要求"④。该观点虽然对层级的认定进行论述，但依然是在 2010 年规定的立案追诉标准框架下的论述，并没有对 3 级 30 人这一标准的不合理性进行纠正或者弥补。

对此，可以考虑从三个方面对入罪的定量因素加以完善，以弥补当下 3 级 30 人逻辑上的缺陷和对不法分子刻意回避的打击。

一是引入犯罪数额入罪标准。从立法的角度来说，定稿的刑法规定非常明确，组织、领导传销活动的基本要件是"骗取财物"，且立法者在对该罪进行说明时也明确了这一点。时任全国人大常委会法工委刑法室副主任的雷建斌指

---

① 参见谢泽润、刘德利：《论网络传销案件的侦查对策》，载《武汉公安干部学院学报》2019 年第 3 期。

② 参见赵广晔：《基于属性聚类的传销网站账户去重方法研究》，载《科技创新与应用》2019 年第 18 期。

③ 参见孙道宁、赵广晔：《网络传销案件侦查思路的再审视》，载《北京警察学院学报》2020 年第 5 期。

④ 宋盈：《新型网络传销案件的法律规制——以云数贸五行币传销案为视角》，载《2018 第二届全国检察官阅读征文活动获奖文选》，第 1222 页。

出,"传销活动最本质的特征在于诈骗性……传销活动实际上是一种诈骗活动"①;时任全国人大常委会法工委刑法室副主任的黄太云也指出,骗取财物是传销活动的最本质特征,"传销活动的一切最终目的,都是为了骗取钱财"②。从理论研究的角度来看,多数学者认为该罪的本质特征是诈骗,如立法过程中组织、领导传销活动罪实现了由经营型传销向诈骗型传销的转变,组织、领导传销活动罪的本质特征是骗取财物③;骗取财物是组织、领导传销的核心特征,"拉人头、组成层级、收取入门费最终都是为了骗取参加者、被发展人的财物"④;传销活动本质上是诈骗的一种行为方式⑤;将我国《刑法》第224条之一增设的组织、领导传销活动罪中的"骗取财物"理解为诈骗而非欺骗,既是立法限制传销范围的当然选择,也是"收取入门费+拉人头"式传销的基本特征⑥。但是,当时的司法实践和立案追诉标准并没有在构成组织、领导传销活动罪中体现"骗取财物"的定量因素。既然组织、领导传销活动罪的本质是骗取财物,那么就应当将骗取财物的数额也作为一项入罪标准。对于不法分子刻意逃避层级和人数限制的,特别是在网络传销中毁灭电子证据导致无法查清层级和人数的,比照诈骗型罪名的犯罪数额入罪标准进行规定,完善其入罪的定量因素。即对于网络传销的特殊形态,应当在3级30人的标准之外再增加一项犯罪数额的入罪标准,形成"3级30人"与"犯罪数额"并行的罪量标准。

二是故意规避层级的按照总体人数入罪。前已述及,网络传销犯罪相较于传统传销犯罪具有较大的社会危害性,其对社会的危害是全方位的,对法益的侵害是多重的,⑦即网络传销并不单单危害到个人财产权利或社会秩序,而是对经济社会秩序的一种多重危害。传销犯罪的社会危害主要表现为:瓦解社会伦理体系、破坏社会稳定基础、侵犯公私财产、破坏社会主义市场经济秩序和金融管理秩序,引发治安案件乃至刑事案件、侵犯公民人身权利、破坏社会治

---

① 雷建斌:《组织、领导传销活动罪的理解与适用》,载《中国工商管理研究》2009年第6期。
② 黄太云:《〈刑法修正案(七)〉解读》,载《人民检察》2009年第6期。
③ 参见陈兴良:《组织、领导传销活动罪:性质与界限》,载《政法论坛》2016年第2期。
④ 姜德鑫:《传销行为的犯罪化问题探析》,载《政治与法律》2009年第8期。
⑤ 参见黎宏:《刑法学》,法律出版社2012年版,第619页。
⑥ 参见袁彬:《我国治理传销犯罪的基本逻辑及其展开》,载《经贸法律评论》2020年第3期。
⑦ 参见第印波:《传销犯罪的司法限缩与立法完善》,载《中国法学》2020年第5期。

安秩序,影响社会稳定等。① 可见,传销犯罪特别是网络传销犯罪的重点在于其对整体经济社会秩序危害较大,而对经济秩序危害较大并不单纯表现在层级上,同样表现在众多人员参与上。因此,面对网络传销的扁平化特征和传销人员故意规避3级的层级入罪规定,有必要对层级限制进行灵活把握。对此,一些学者和司法实务者也提出了应对措施,如对于网络传销的犯罪,"层级结构应从整体上把握""只要组织的整个结构是以双轨制、级差制的金字塔式向下发展,就构成形式上的传销";② 应结合整体组织的规模、涉案金额等进行总体评价,"对于不具有实际经营行为的互联网传销组织,即使没有形成团队计酬的三级层级,对于整体运作组织应作为传销活动认定";③ "互联网空间的三个层级影响范围远大于传统社会线下发展的三个层级范围,因此,降低传销发展层级的标准才能应对互联网时代的新情势"。④ 但是,这些解决方案并没有给出具体的操作标准。对此,可以参照2013年"两高一部"的《意见(二)》关于组织、领导传销活动罪"情节严重"标准的人数的认定,即规定在网络传销环境下,无法查清层级关系,但是组织、领导的参与传销活动人员累计达120人以上的,也应当构成组织、领导传销活动罪。当然,在采取该标准入罪后,不能再认定为"情节严重"从而升格量刑幅度,该种情形下的升格量刑应当适当增加人数标准,比如达到240人以上的才按照"情节严重"进行量刑。

三是借鉴同类前科"减半"入罪原理。对某种行为是否以犯罪论处的主要判断标准之一是该种行为的社会危害性大小,该标准不仅适用于立法层面,也适用于司法层面。关于社会危害性判断需要考量的内容,主要有行为对立法者所保护的法益具有侵害性或者侵害的危险性、行为侵犯的社会关系的性质、行为本身的情况、行为人的主观因素及其他个人情况等(行为人的主观恶性也是重要因素)。⑤ 可见,对某一行为社会危害性的判断并不是只有表现与客观的结果所决定的,行为人的人身危险性也是重要的考量因素之一。因此,我国近年来相继出台了《关于办理盗窃刑事案件适用法律若干问题的解释》《关

---

① 参见黄太云:《〈刑法修正案(七)〉解读》,载《人民检察》2009年第6期。
② 参见金琳:《网络环境下组织、领导传销活动的入罪分析》,载《人民检察》2018年第11期。
③ 参见时方:《互联网传销刑法规制研究》,载《国家检察官学院学报》2019年第6期。
④ 参见黄罕敏:《组织、领导传销活动罪:法益的嬗变与行为特质》,载《厦门大学法律评论》(总第三十一辑),厦门大学出版社2019年版,第227页。
⑤ 参见叶良芳:《转型期刑事立法的宪政制约研究》,知识产权出版社2010年版,第126—127页。

于办理敲诈勒索刑事案件适用法律若干问题的解释》《关于办理抢夺刑事案件适用法律若干问题的解释》等司法解释,确立了"存在同类前科,后行为数额标准减半入罪"的原则,即在入罪时充分考量了行为人的同类前科情况这一征表人身危险的因素。在网络传销犯罪中,各种原因造成了对3级30人认定的困难,特别是由于不法传销人员的刻意规避而导致了难以认定其组织、领导的传销组织是否达到了3级30人的罪量标准。完全可以考虑以同类前科所表现出来的社会危险性对传统罪量标准进行补足,以实现刑法保护社会机能。即应当规定"曾因组织、领导传销活动受过刑事处罚,或者一年以内因组织、领导传销活动受过行政处罚,又直接或者间接发展参与传销活动人员在十五人以上且层级在两级以上的",即可认定其行为入罪,对2013年"两高一部"的《意见(二)》进行进一步完善。

四、此罪与彼罪:网络传销犯罪与相关犯罪的区分

(一) 组织、领导传销活动罪与集资诈骗罪的区别

组织、领导传销活动罪,是指组织、领导以推销商品、提供服务等经营活动为名,要求参加者以缴纳费用或者购买商品、服务等方式获得加入资格,并按照一定顺序组成层级,直接或者间接以发展人员的数量作为计酬或者返利依据,引诱、胁迫参加者继续发展他人参加,骗取财物,扰乱经济社会秩序的传销活动的行为。该罪侵犯的是复杂客体,主要侵犯经济管理秩序,也侵犯公民的财产权利和社会管理秩序。集资诈骗罪,是指以非法占有为目的,使用诈骗方法非法集资,数额较大的行为。集资诈骗罪侵犯的客体也是复杂性客体,既侵犯了公私财产所有权,又侵犯了国家金融管理制度。

从两者的定义和具体罪名规定来看,似乎可以对两者进行较为清晰的区分,能够较为准确地判断一个行为是涉嫌组织、领导传销活动罪抑或构成集资诈骗罪。如有人从主观目的不同、行为人对待传销组织的态度不同、所得款项去向不同、对参与人员的资格要求不同、是否具有层级性不同等七个方面,对组织、领导传销活动罪和集资诈骗罪进行了区分。[①] 但是,在办理具体案件时,对两罪进行区分并不容易,特别是网络传销中"上线"往往通过直接、间接发展会员"拉人头""收取入门费"的方式聚集巨额财物,在罪名的认定方面极易与集资诈骗罪相混淆,或者说出现竞合的情况。对于该种情形如何处

---

① 参见刘棉春、李为民:《集资诈骗罪与传销犯罪的区别》,载《人民司法》2016年第34期。

理,理论界多数观点认为应当从一重罪处断,但理由却不尽相同。如有学者认为组织、领导传销活动罪与集资诈骗罪、诈骗罪等诈骗类犯罪系法条竞合而非想象竞合的关系,并且认为这种法条竞合应当按照重法优于轻法的原则进行处理,而不是按照特别法优于普通法的原则进行处理①;有学者则认为,组织、领导传销活动罪与集资诈骗罪、诈骗罪等不是特别法条和普通法条的关系,组织、领导传销活动"同时触犯集资诈骗、合同诈骗或者普通诈骗等犯罪的,应当以想象竞合犯从一重罪处罚"②;也有学者认为,组织、领导传销活动罪和普通诈骗罪之间是特别法与普通法的竞合关系,只能按照前罪定罪处罚,而其和集资诈骗罪与普通诈骗罪比较都属于特别法,两者之间不存在特别法条和普通法条的竞合关系,而是交互竞合关系,可以按照从一重处断的原则处理。③ 当然,也有学者对从一重罪处断持批判态度,认为组织、领导传销活动罪与集资诈骗罪之间是法条竞合关系,仅以组织、领导传销活动罪法定刑偏低而将其解释为想象竞合或者交互竞合,进而将其按照处罚较重的集资诈骗罪处理,有削足适履之嫌。④

需要说明的是,虽然理论研究中对组织、领导传销活动罪和集资诈骗罪出现竞合时如何处理存在争议,但是对于司法实践来说,争议基本解决。因为2013年"两高一部"《意见(二)》第6条明确规定,"以非法占有为目的,组织、领导传销活动,同时构成组织、领导传销活动罪和集资诈骗罪的,依照处罚较重的规定定罪处罚。"这一司法解释,解决了司法实践中的关于同时触犯两罪时以何种罪名定罪处罚的问题。因此,在司法实践中遇到两者竞合的情况,应当按照处罚较重的犯罪进行处理。

(二)组织、领导传销活动罪与非法经营罪的区别

在《刑法修正案(七)》规定组织、领导传销活动罪之前,我国司法实践中将传销犯罪活动按照非法经营罪进行定罪处罚,如最高人民法院2001年《批复》指出:"对于1998年4月18日国务院《关于禁止传销经营活动的通知》发布以后,仍然从事传销或者变相传销活动,扰乱市场秩序,情节严重的,应当依照刑法第二百二十五条第(四)项的规定,以非法经营罪定罪处

---

① 参见姜德鑫:《传销行为的犯罪化问题探析》,载《政治与法律》2009年第8期。
② 参见张明楷:《传销犯罪的基本问题》,载《政治与法律》2009年第9期。
③ 参见陈兴良:《组织、领导传销活动罪:性质与界限》,载《政法论坛》2016年第2期。
④ 参见张学永、李春华:《网络传销的刑法规制研究》,载《中国人民公安大学学报(社会科学版)》2019年第5期。

罚。"为有效打击传销活动，维护正常有序的社会秩序，国务院法制办、公安部、国家工商总局等部门提出，为更有利于打击组织传销的犯罪，应当在刑法中对组织、领导实施传销行为的犯罪作出专门规定。2009年2月28日，第十一届全国人民代表大会常务委员会第七次会议通过《刑法修正案（七）》，在《刑法》第224条后增加一条，作为第224条之一，明确规定了组织领导传销罪。但是，我们可以看到，相对于非法经营罪的入罪门槛来说，组织、领导传销活动罪的入罪门槛要高得多，在层级、人数、具有骗取财物目的等方面都做了限制，这就造成在立法规定新的罪名即组织、领导传销活动罪之后，由于立法限缩了传销的入罪空间，导致按照现行法律排除在组织、领导传销活动罪规制范围的行为还能否按照非法经营罪认定，理论和实务都有争议。

从我国刑法规定来看，非法经营罪，是指未经许可经营专营、专卖物品或其他限制买卖的物品，买卖进出口许可证、进出口原产地证明以及其他法律、行政法规规定的经营许可证或者批准文件，以及从事其他非法经营活动，扰乱市场秩序，情节严重的行为。非法经营罪的立法模式，采取了明确列举＋兜底性条款的形式，前3项相对来说比较具体，而第4项则具有明显的兜底性，虽然学界提出了"同类解释规则"，但是越来越多的学者对非法经营罪日渐成为口袋罪提出了质疑。在此情况下，我国司法解释也不断对何为非法经营罪中的第4项行为进行明确。如最高人民法院、最高人民检察院《关于办理利用信息网络实施诽谤等刑事案件适用法律若干问题的解释》规定，违反国家规定，以营利为目的，通过信息网络有偿提供删除信息服务，或者明知是虚假信息，通过信息网络有偿提供发布信息等服务，扰乱市场秩序，达到"情节严重"程度的，依照非法经营罪定罪处罚。同时规定，其他如非法从事传销活动、彩票交易；倒卖国家禁止或限制进口的废弃物；垄断货源、哄抬物价、囤积居奇；倒卖外汇、执照以及有伤风化的物品等，都可以按照非法经营罪定罪处罚。最高人民法院《关于审理非法集资刑事案件具体应用法律若干问题的解释》（2011年1月4日）第7条规定，违反国家规定，未经依法核准擅自发行基金份额募集基金，情节严重的，依照《刑法》第225条的规定，以非法经营罪定罪处罚。《关于进一步加强麻黄草管理严厉打击非法买卖麻黄草等违法犯罪活动的通知》（2013年5月21日）第3点第4项规定，违反国家规定采挖、销售、收购麻黄草，没有证据证明以制造毒品或者走私、非法买卖制毒物品为目的，依照《刑法》第225条的规定构成犯罪的，以非法经营罪定罪处罚。在上述三个司法解释当中，2013年最高人民法院、最高人民检察院《关于办理利用信息网络实施诽谤等刑事案件适用法律若干问题的解释》对从事传销活动按照非法经营罪的处理作了进一步明确。

可见，非法经营罪的实质是行为人从事经营活动，具有实质的经营性质，之所以按照非法经营罪处理，是因为其实施了法律法规规定的专营专卖等行为，没有经过法律法规的批准而进行经营。然而，传销则是通过"拉人头""收取入门费"来骗取财物，其并不存在实质上的经营活动，即使有经营也只是幌子，是将经营作为掩盖传销实质的外衣，通过所谓的经营活动来进行"拉人头""收取入门费"，进而骗取财物。应当说，组织、领导传销活动罪与非法经营罪的本质区别在于：是否有实质性经营活动。

（三）与其他犯罪的区分

一是与非法吸收公众存款罪的区分。组织、领导传销活动罪还易与非法吸收公众存款罪存在交织。因为两者都是面向不特定多数人进行宣传，通过源源不断的新人加入来获取巨额钱财。两者在面对人员的不特定性、向社会公开宣传性、通过高额利息或者说高额回报吸引更多人员加入等方面存在交叉之处。但是，两者也存在区别，非法吸收公众存款罪侵害的金融管理秩序，吸收者和被吸收者之间不存在层级。虽然介绍人也会从被介绍人处获得一定介绍费，但不存在多层之间的返利提成，相互之间不存在上下线或者说上下级之间的关系，被吸收者也不会被要求"拉人头"。组织、领导传销活动罪达到法益是社会管理秩序，传销人员之间具有较为严格的层级关系，上线只有通过不断的"拉人头""收取入门费"才能不断获得收益。可以说，组织、领导传销活动罪与非法吸收公众存款罪之间的区别在于：是否存在入门费、拉人头及组织层级。

二是与帮助信息网络犯罪活动罪的区分。帮助信息网络犯罪活动罪，是指明知他人利用信息网络实施犯罪，为其犯罪提供互联网接入、服务器托管、网络存储、通信传输等技术支持，或者提供广告推广、支付结算等帮助，情节严重的行为。网络社会具有跨时空互动性、去中心化、信息共享、沟通中的过滤性、兼容性与张扬个性、记录（可再现）性、开放性和自由性等特征。[1] 由于网络社会的去中心性（扁平化），犯罪行为产生相应的变化，参与主体的行为并非为了同一犯罪目的而分别加功，其是为了各自的目的而分工合作，不存在对于产业链存在整体支配地位的"正犯行为"，或者说各主体的行为均系正犯行为。[2] 也有学者用"犯罪协作"来概括网络犯罪中产业化的有组织化犯罪方式，即多个行为人基于产业化合作方式，而非共同犯罪的方式。[3] 也就是说，

---

[1] 参见郭玉锦、王欢：《网络社会学》，中国人民大学出版社2017年版，第4—11页。
[2] 参见王肃之：《网络犯罪原理》，人民法院出版社2019年版，第376页。
[3] 参见时延安：《网络规制与犯罪治理》，载《中国刑事法杂志》2017年第6期。

在网络背景下，犯罪的组织特征逐渐淡化，犯罪的形式演变为"流水线"式的作业，多个人在不同的环节从事不同的犯罪分工，每个行为人基本不会参与犯罪的全部，犯罪分工日益精细化。这就导致，网络传销的部分犯罪嫌疑人为只是为网络传销犯罪提供了互联网接入、服务器托管、网络存储、通信传输等技术支持，或者提供广告推广、支付结算等帮助行为。在这种情况下，可能出现组织、领导传销活动罪与帮助信息网络犯罪活动罪交叉。两者区分的关键在于：是否参会网络传销的共谋，或者是否参与违法所得款项的分成。没有共谋或参与违法款项分成的，不认定传销犯罪，符合帮助信息网络犯罪活动罪构成要件的，认定该罪。

五、证据审查：网络传销犯罪证据的审查判断

（一）网络传销犯罪的证据收集

在刑事证据收集方面，网络传销犯罪与传统传销犯罪不同，电子证据居多，可以说电子证据伴随着网络传销犯罪案件侦查的全过程。[①] 这些电子证据难以收集固定，易于销毁，且网络数据庞大、会员账号核对困难、资金计算复杂。[②] 对于复杂的网络传销犯罪，公安机关一般会商请检察机关提前介入引导侦查取证，甚至会召开公检法会议对相关案件的定性、打击范围、证据收集等进行协商，以统一标准。鉴于网络传销犯罪证据的特殊情况，侦查机关在证据收集上，以及检察机关提前介入引导侦查时，必须注重以下几点：

一是证据收集的时效性。网络犯罪的特点是隐蔽性强，侦查难度大，证据易被犯罪分子销毁，许多案件的犯罪嫌疑人一旦发现被侦查后，会立即删除数据，毁灭硬盘、电脑等。加上很多电子数据保存在阿里云等托管平台中，需要定期缴纳费用才能够保存，对时效性要求比较高。因此，对于网络传销犯罪的侦查取证，必须保证高度的时效性，要周密部署技术侦查力量，一旦"收网"或者准备"收网"，必须第一时间对电子证据进行提取固定。特别是在初查阶段必须严格保密，防止打草惊蛇，防止犯罪分子毁灭证据。在立案和确定抓捕时，必须找到网络电脑所在地，并且要和网安民警同步行动，在控制住犯罪嫌疑人的同时，立即对相应数据进行固定、提取、保存，确保电子证据收集完整。

[①] 参见孙道宁、赵广晔：《网络传销案件侦查思路的再审视》，载《北京警察学院学报》2020年第5期。

[②] 参见王挚、刘玉贤：《公安机关侦办网络传销刑事案件的难点分析》，载《安徽警官职业学院学报》2019年第5期。

二是证据收集的合法性。程序合法与实体公正必须并重，学界一直认为，没有程序正义的保障，实体正义便难以实现。网络传销的电子证据收集，不同于传统传销的证据收集，其更多的需要远程勘验、技术手段固定和录音录像提取等方式。在提取过程中，电子数据可能被修改，这一点也往往成为辩护人攻击侦查证据体系的关键点，辩护人常常通过质疑取证程序不合法而要求排除相关证据，最终击溃证据体系而将案件推向无罪。因此，侦查机关收集网络犯罪的证据时，必须程序合法，必须规范电子数据的收集提取过程，严格按照2019公安部《公安机关办理刑事案件电子数据取证规则》（以下简称《规则》），规定的电子数据"谁来取""取什么"和"怎么取"执行。司法实践中存在问题较多的是见证人的问题，提取的全程必须有适格的见证人在场，最好是全程同步录音录像，以确保收集程序依法依规。

三是证据收集的全面性。网络传销的电子证据，涉及行为主体的"人"的电子数据、实施网络传销的"物"的电子数据、缴纳会费和计酬的"资金"的电子数据、违法经营行为的"行为"的电子数据、实施过程的"运作信息"的电子数据等。承载电子证据的载体包括手机、电脑、U盘、Word文档、PPT文档、第三方存储平台等。① 数据量大，储存分散，虚拟化程度高。因此，对网络传销犯罪证据的收集，必须将实物、程序软件、隐藏的文件夹等进行全面提取，避免遗漏证据。特别是，一些收集证据的技术人员并不一定了解案情，很可能会将自认为没用的证据放弃，极易导致证据灭失，因此，熟悉案情的侦查人员应当与技术人员密切配合，全面收集相关证据。

当然，在加强对相关电子证据收集、固定的同时，也不能忽视对其他证据的收集，强调电子证据系重中之重，但不等于也更不是不注重其他证据的收集固定。比如，相关证人的证言，犯罪嫌疑人的供述，银行账单的查询等。虽然要摒弃口供中心主义的思维，但是口供也具有其他物证不可比拟的优点，因此，也应当合法合规的加强对口供、证言等言词证据的收集，把所有与案件有关的证据按照犯罪构成要件和量刑影响因素收集完整。为后续定罪量刑提供扎实的基础。

（二）网络传销犯罪的证据审查

一是采用科学合理的审查方法。对刑事证据进行审查，应当坚持从客观性证据到主观性证据，从外围证据到犯罪嫌疑人、被告人供述和辩解的递进式判断。同时，对以递进式判断所建构的证据体系进行交互式检验，即将证明同一

---

① 参见刘志军、王宁、龚德中：《网络传销案电子数据证据体系及分析方法构建》，载《中国刑警学院学报》2020年第1期。

事实的证据进行横向和纵向的对比,将证明整个案件事实的同类证据和不同类证据进行对比,以相互检验所证明的案件事实的真实性和客观性。证据审查的递进式判断的逻辑图式可以描述为,对单个证据的审查判断应当坚持从形式到内容、从程序合法到内容客观的判断逻辑;对据以认定构成要件事实的整个案件的证据体系或者说证据群的审查,应当遵循从客观性证据到主观性证据,从外围证据到犯罪嫌疑人、被告人的供述和辩解的审查判断逻辑。① 因为"对于每一个提供言词证据的人,随着时间、地点和提取人的不同,言词证据的内容都有可能发生变化"②。而"物证不会发生错误。物证不会作伪证,只有物证的解释才可能出现错误"③。交互式检验的具体要求,就是在对具体案件的证据进行审查时,在遵从递进式判断的逻辑思维建构起认定案件事实的证据体系后,要将认定案件事实所依据的证据进行纵向和横向的对比检验,特别是客观性证据与主观性证据之间的相互检验。纵向对比,主要针对证人证言、被害人陈述、犯罪嫌疑人或被告人的供述和辩解等言词证据而言,通过对比,验证言词证据前后的一致性、客观性;横向对比,主要是指对据以认定案件事实的不同种类的证据进行对比,如将鉴定意见、电子证据认定的层级、人数、返利比例、"收取入门费"的方式手段和具体数额等,与犯罪嫌疑人的供述和辩解、传销参与人的证言等进行对比,以确定不同种类的多个证据对认定的案件事实具有同一指向。

特别是要加强和注重对电子证据的审查判断,全面判断电子证据的组合、印证体系、虚拟和现实两个空间对接,注重"规律呈现"的运用[如在朱某某操纵证券市场一案中,面对犯罪嫌疑人的辩解,查证犯罪嫌疑人的淘宝、网银等 IP 地址、MAC 地址(硬件设备地址,用来定义网络设备的位置),并与涉案账户证券交易 IP 地址做筛选比对;将涉案账户资金出入与犯罪嫌疑人个人账户资金往来做关联比对;进一步对其父朱某在关键细节上做针对性讯问,推翻了朱炜明的辩解];采取"鉴—数—取"体系综合判断,全面性审查,因为电子证据通常不是孤立地发挥证明作用,需要对其进行司法鉴定,而其中的关键又涉及电子证据的来源笔录,即证明电子数据来源客观、真实、合法。

二是全面审查客观行为、主观目的、危害性程度等方面的证据,严格按照

---

① 参见张恺、王东海:《刑事证据审查的递进式判断与交互式检验》,载《中国检察官》2015 年第 8 期。

② 张军:《刑事证据规则理解与适用》,法律出版社 2010 年版,绪论第 8 页。

③ [美]威廉·奇泽姆等:《犯罪重建》,刘静坤译,中国人民公安大学出版社 2010 年版,第 114 页。

刑法规定的犯罪构成构建指控体系。特别是在主观方面，组织、领导传销活动罪的主观方面只能由故意构成，并且具有非法牟利的目的。即行为人明知自己组织、领导传销活动为国家法律所禁止，但通过组织、领导传销活动这种国家禁止的行为，达到骗取钱财，牟取非法利益的目的。虽然说对于主观目的的判断历来都是一个难题，但是不能因为困难而降低标准。当然，对主观的证明并不等于获取犯罪嫌疑人或被告人的口供，而是需要通过客观行为证明主观心态。犯罪行为是在行为人的主观心理支配下实施的，客观行为具有征表主观目的的作用。并且"客观构成要件具有故意规制机能，它的意思是，客观行为不依赖主观故意而存在，但是主观故意却是依附于客观行为而存在的"[①]。此外，对主观目的的判断，还需要合理运用刑事推定，刑事推定不是主观臆断，更不是有罪推定[②]，它不能代替调查证据，只是在主观上的"故意""目的"等是否具有，又无法找出证据证明时运用的一种证明手段。需要指出的是，运用刑事推定时必须注意两个方面，一方面是用作推定依据的基础事实必须真实可靠；另一方面是应允许行为人提出相反的证据以克服推定在特殊情况下的虚假性。对每一个构成要件要素，都要进行深入细致的审查，并且必须全面审查在案证据，避免一叶障目不见泰山。

三是着重审查层级和人数的证据。《追诉标准（二）》和《意见（二）》均规定，构成组织、领导传销活动罪，需要"组织内部参与传销活动人员在三十人以上且层级在三级以上"，这是入罪的一个定量因素。然而，网络传销的存在，使得层级和人数的认定均存在不同于传统传销的难度。最高人民法院、最高人民检察院、公安部《关于办理组织领导传销活动刑事案件适用法律若干问题的意见》（2013年11月14日公通字〔2013〕37号）对层级和人数的认定及相应的证据审查做了规定，在实体认定上指出：组织、领导多个传销组织，单个或者多个组织中的层级已达三级以上的，可将在各个组织中发展的人数合并计算。组织者、领导者形式上脱离原传销组织后，继续从原传销组织获取报酬或者返利的，原传销组织在其脱离后发展人员的层级数和人数，应当计算为其发展的层级数和人数。在证据审查判断上指出，办理组织、领导传销活动刑事案件中，确因客观条件的限制无法逐一收集参与传销活动人员的言

[①] 陈兴良：《定罪的四个基本规则》，载《检察日报》2009年11月5日，第3版。

[②] 刑事推定与有罪推定是有区别的，刑事推定与有罪推定不是同一层面的概念，它不具有反映封建专制制度下基本诉讼模式和根本诉讼原则、理念的本质属性。在现代证据法中，刑事推定只不过是有限使用的特定证明手段，它实际上是发挥着"推定有罪"的技术功能。参见张旭、张曙：《也论刑事推定》，载《法学评论》2009年第1期。

词证据的,可以结合依法收集并查证属实的缴纳、支付费用及计酬、返利记录,视听资料,传销人员关系图,银行账户交易记录,互联网电子数据,鉴定意见等证据,综合认定参与传销的人数、层级数等犯罪事实。

四是虚拟身份的去重问题和"人机同一认定"的难题。前已述及,网络传销不同于传统传销,传统的以真实的人为主体的传销模式,不存在身份重复的问题。但是网络传销是以账户为单位,很多传销人员为了"升级"而将并没有真实参与的人注册成传销人员,虚构一些身份信息,而现有的入罪标准又是以层级与人数作为入罪标准的,因此,在现有法律规制下,必须查清真实的参与传销的人员,特别是在入罪方面,必须达到现有法律和司法解释规定的入罪标准。传统的去重法是依据姓名和身份证号等个人身份信息组合进行查重、去重,但是这种简单的去重方法无法对使用虚假身份注册的账户进行去重,难以适应网络背景下的传销模式。对此,有学者对如何去重进行了研究,提出"通过对与使用者身份关联的属性进行聚类分析,从而实现对传销网站中的账户进行去重"。① 其实,对于身份去重的难题,应当采用客观与主观相结合的方式予以解决。从客观方面来说,应当注重对电子证据的审查,筛选身份证号、手机号等,甚至是注册的 ID 等,从客观证据上进行去重;从主观方面来说,应当加强对犯罪嫌疑人、被告人的讯问和对相关证人的询问,特别是对平台管理人员的取证,专门针对身份重复的问题进行讯问/询问,并将相关注册信息交给相关人员进行确认。对于犯罪嫌疑人、被告人提出的系虚构身份的情况,要结合客观证据进行证明,如果不能证实确实存在真实身份,即存在不能反驳犯罪嫌疑人、被告人辩解的系虚拟身份情况的,要贯彻落实存疑有利于被告的原则认定被告人的辩解有效,不能将该账号作为认定层级和人数的依据。

同样,人机同一的问题和身份去重的问题一样,也是困扰司法实践的一个难题。对于人机同一的问题,除了采取身份去重问题的解决方法以外,需要充分运用"规律呈现"的证明方法。比如在朱某某操纵证券市场一案中,朱某某一直辩解涉案账户系其父亲朱某实际控制,其本人并未建议和参与相关涉案股票的买卖。对此,上海市人民检察院第一分院分别于 2017 年 1 月 13 日、3 月 24 日二次将案件退回上海市公安局补充侦查,要求公安机关补充查证犯罪嫌疑人的淘宝、网银等 IP 地址、MAC 地址(硬件设备地址,用来定义网络设备的位置),并与涉案账户证券交易 IP 地址做筛选比对;将涉案账户资金出入与犯罪嫌疑人个人账户资金往来做关联比对;进一步对其父朱某在关键细节上

---

① 参见赵广晔:《基于属性聚类的传销网站账户去重方法研究》,载《科技创新与应用》2019 年第 18 期。

做针对性询问，以核实朱某某的辩解。通过客观证据显示的规律呈现，推翻了朱某某的辩解，最终认定涉案资金账户系其本人操作。该真实案例向我们展示，在网络传销犯罪中，也需要借鉴这种方法和思路，解决身份去重和人机同一的问题。

（三）网络传销犯罪证据审查的展望①

一是理念更新。我国社会已经从乡土中国进入网络中国的时代，我们无时无刻不生活在网络社会中。网络社会的现实，要求我们具有网络社会的理念。在处理网络传销犯罪时，公安司法机关都应当真正拥抱互联网、大数据、人工智能等新科技，深刻感知这一类犯罪的新动态、新情势，确立真正依靠科学技术、科技人才、专业技能办案的理念。

二是制度建设。为适应打击网络犯罪的新变化，需要构建适用于网络社会的制度机制。面对网络传销的新形势、新特征，在制定司法解释时，对于区分网络犯罪与网络违法方面引入基于大数据的"综合认定"标准。推广专家辅助人同步参与网络犯罪案件办理制度。制定"电子证据审查规定"，发布检察官办理网络犯罪的证据指引，丰富相关的指导性案例。探索跨区域检察院（互联网检察院）办理网络犯罪的路径。

三是机制创新。网络社会的信息量极大，大数据已进入社会生活的方方面面，网络传销犯罪也运用了大数据实施大规模传销。因此，应推动建立基于资金大数据、企业工商大数据、网络账号注册大数据等可信数据库的查询与出证机制。建设全国办理涉众型网络犯罪案件的电子化证据共享机制。建立异地办理、跨境取证的高效协助机制。最高人民检察院设立大数据证据实验室，为全国办案提供关于海量资金数据分析、海量物流数据分析、海量发票数据、海量轨迹数据及相关检验报告、鉴定意见审查的协助。

六、结语

网络传销犯罪是随着时代发展和网络社会的形成而出现的新型传销形式，是传统传销与互联网相结合的产物，具有不同于传统传销的新的自身特点。我国对传销犯罪的规制，经历了刑事空挡期、非法经营罪处理期和组织、领导传销活动处理期等阶段，行政法也对其进行了相应的规制。但是，网络背景下，传销活动出现了日益猖獗的发展态势，传统的入罪标准、侦查取证方式、审查

---

① 该部分内容参考借鉴了刘品新教授在2020年全国检察理论研究人才培训班讲课时的内容。

证据的方法等，都或多或少出现不适应的情况。因此，应当以互联网思维，加强对网络传销的研究，从实体刑法规制层面、证据收集认定层面等对现有法律法规进行完善，形成对网络传销犯罪的高压态势，有效惩治网络传销犯罪，全方位保护人民群众财产安全、维护经济社会稳定。为实现国家治理体系和治理能力现代化，为建设网络强国，贡献司法检察力量。

我国洗钱罪上游犯罪扩展问题研究

课题组负责人：王 铼*

内容摘要

我国洗钱罪上游犯罪范围是否应当进一步扩大，一直是我国刑法学界对洗钱罪立法相关问题讨论中的争议焦点之一，也是我国刑事司法实务界持续呼吁的重点之一。

我国持肯定说的刑法学者分别从国内司法实践、借鉴国际立法趋势、履行国际公约义务、加强反洗钱国际协助与合作的角度出发，认为我国刑事立法应当对洗钱罪的上游犯罪进行扩容，又可分为主张将洗钱罪上游犯罪扩展至所有犯罪行为的无限扩展说，以及主张将洗钱罪上游犯罪限定于特定类型的犯罪行为的有限扩展说。与之相反，我国持否定说的刑法学者分别从我国洗钱犯罪体系的特殊设置、集中力量重点打击严重犯罪以及节约司法资源的角度，认为我国洗钱罪上游犯罪的范围已经较为完善，符合我国目前打击洗钱犯罪活动的实际情况，且《刑法》第312条所规定的掩饰、隐瞒犯罪所得、犯罪所得收益罪作为《刑法》第191条所规定的洗钱罪的兜底条款，已经可以涵盖所有上游犯罪类型，因此无须对洗钱罪上游犯罪进行扩展。

本文在认同有限扩展说观点的基础上，认为无限扩展说的观点将我国洗钱罪作为孤立的罪名予以研究，并没有认识到我国不同于其他国家的特殊反洗钱刑事立法的模式，而是对域外刑事立法经验和选择的完全照搬；而否定说的观点则未能认识到洗钱罪相较于《刑法》第312条掩饰、隐瞒犯罪所得、犯罪所得收益罪而言的独立价值。洗钱罪和掩饰、隐瞒犯罪所得、犯罪所得收益罪

---

* 王铼，上海政法学院中国-上海合作组织国际司法交流合作培训基地反洗钱与金融安全研究中心主任教授。课题组成员：胡金彪、王晨翼，上海政法学院中国-上海合作组织国际司法交流合作培训基地反洗钱与金融安全研究中心研究员；宋政萱、宋宏玲、崔海宜，上海政法学院2020级研究生。

虽然均属于我国洗钱犯罪体系的罪名，相较于掩饰、隐瞒犯罪所得、犯罪所得收益罪主要关注犯罪分子掩饰、隐瞒不法所得行为本身而言，洗钱罪更多关注的不是洗钱对金融管理秩序的侵害，而是打击更为典型、更为严重的上游犯罪活动，承担着更多打击上游犯罪活动的责任。

在综合梳理我国洗钱罪上游犯罪范围扩展的立法过程中可以发现，影响洗钱罪上游犯罪扩展的重要因素在于立法当时洗钱犯罪活动的最新情况，当时的洗钱犯罪活动最新情况，既包括国内刑事司法实务中惩治严重犯罪活动的最新状况，也包括我国加入国际公约和国际组织的最新情况。在严重犯罪的界定标准上，不应当以有期徒刑这一划分标准为界，考虑到上游犯罪必须有犯罪所得及其收益，才可能产生洗钱行为和活动，因此应当以是否产生犯罪所得以及犯罪所得的多少作为判断标准。在判断某个罪名是否属于上游犯罪范围时，犯罪所得及其收益起到较为重要的衡量作用，如果某个犯罪活动在行为实施的过程中以及实施完成后，完全没有犯罪所得及收益，就不宜将其认定为洗钱罪的上游犯罪。且在犯罪所得的认定上，应当坚持狭义犯罪所得的观点，仅指通过犯罪行为所获得的财产，而不包括犯罪行为所生之物、犯罪行为的报酬和犯罪工具。

我们认为，我国洗钱罪上游犯罪应当扩展至哪些罪名，可以参考、借鉴我国反洗钱工作中的最新情况。我国反洗钱工作中的"上游犯罪"已远远超过了毒品犯罪、黑社会性质的组织犯罪、恐怖活动犯罪、走私犯罪、贪污贿赂罪、破坏金融管理秩序犯罪、金融诈骗犯罪等七类犯罪活动，逐渐扩展至虚开增值税专用发票、骗取出口退免税和偷逃税等涉税违法犯罪行为、传销、电信诈骗、网络赌博等违法犯罪行为，而这些违法犯罪活动在犯罪形势、危害程度、涉案金额等方面，逐渐成为我国面临的主要洗钱危险，应当扩展至我国洗钱罪的上游犯罪。

一、域外洗钱罪之上游犯罪的现状

综合观察不同国家刑事立法中关于洗钱罪之上游犯罪范围的规定，以及联合国关于反洗钱有关国际公约的内容，可以发现均在经历着从特定犯罪到所有犯罪不断扩大的过程。

在联合国关于反洗钱有关公约中，洗钱罪上游犯罪的范围经历了从毒品犯罪、恐怖主义犯罪，再到有组织的集团犯罪、腐败犯罪的发展过程，甚至规定了缔约国在国内法中将所有的严重犯罪、所有犯罪行为都规定为洗钱罪上游犯罪的最高要求。如1988年联合国《禁止非法贩运麻醉药品和精神药物公约》

规定洗钱罪的上游犯罪仅包括毒品犯罪；1999年联合国《制止向恐怖主义提供资助的国际公约》实质上已经将恐怖主义犯罪纳入洗钱罪的上游犯罪；2000年联合国《打击跨国有组织犯罪公约》增加了有组织犯罪集团所实施的各种犯罪，并提出了将所有严重犯罪（最高刑为4年或以上自由刑的犯罪）以及有组织的集团犯罪、腐败犯罪、妨害司法犯罪都列为洗钱罪上游犯罪的最高要求；2003年联合国《反腐败公约》进一步明确增加了腐败犯罪，并将最高要求设定为把洗钱罪的上游犯罪扩充为所有的犯罪行为。而我国洗钱罪上游犯罪不断扩大的立法经历也与联合国国际公约的规定存在密切的联系。

在不同国家洗钱罪上游犯罪的刑事立法方面，根据洗钱罪上游犯罪的范围大小，可以分为三种不同类型的立法模式和立法选择。第一种，即俄罗斯、瑞士等国家将洗钱罪上游犯罪规定为所有犯罪行为。《俄罗斯联邦刑事法典》通过罪状描述的方式，规定故意使用他人通过犯罪所得钱款或其他财产进行金融业务与其他交易，并具有以上述钱款或其他财产的占有、使用与支配权利获得合法化形式为目的的，即构成洗钱罪[1]；《瑞士刑法典》规定，实施阻挠调查非法财产来源、寻找或没收行为人明知或者应当知道为犯罪所得财产利益的行为的，即构成洗钱罪[2]。第二种，即美国、意大利等国家虽然没有将所有犯罪规定为洗钱罪的上游犯罪，但其范围相对于其他国家而言，也将绝大多数犯罪规定为洗钱罪上游犯罪。意大利1993年修改后的《刑法典》将上游犯罪的共同犯罪和过失犯罪之外的一切犯罪规定为洗钱罪的上游犯罪[3]；美国洗钱犯罪的上游犯罪也几乎已经涵盖所有的联邦重罪[4]。第三种，即目前大多数国家所采取的方式，将洗钱罪上游犯罪限定为特定几类犯罪行为，并存在不断扩大洗钱罪上游犯罪范围的趋势，如加拿大2001年《犯罪收益法》将洗钱罪上游犯罪规定为毒品犯罪、企业犯罪、走私犯罪和腐败犯罪[5]。

二、我国洗钱罪上游犯罪应否扩展的不同学说

我国《刑法》第191条所规定洗钱罪的上游犯罪是否应当在2006年《刑法修正案（六）》的基础上作进一步的扩展，一直以来都是我国刑法学界关于

---

[1] 参见赵路译：《俄罗斯联邦刑事法典》，中国人民公安大学出版社2009年版，第115—116页。
[2] 参见徐久生、庄敬华译：《瑞士联邦刑法典》，中国方正出版社2004年版，第94页。
[3] 参见黄风译：《最新意大利刑法典》，法律出版社2007年版，第197页。
[4] 参见阮方民：《洗钱罪比较研究》，中国人民公安大学出版社2002年版，第120页。
[5] 参见郭建安等：《国外反洗钱法律法规汇编》，法律出版社2004年版，第328页。

洗钱罪的理论研究和探讨之中最具争议、最为热点的话题之一，同时也是我国洗钱罪刑事司法实践过程中关注较多的内容之一。

（一）洗钱罪上游犯罪扩展的肯定说

在持有肯定说的学者中，可以分为主张将洗钱罪上游犯罪扩展至所有犯罪行为的观点，以及主张将洗钱罪上游犯罪限定于特定类型的犯罪行为的观点。前者被称为无限扩展说，后者被称为有限扩展说。

1. 无限扩展说之观点

主张无限扩展说的学者分别从不同的角度对洗钱罪上游犯罪的范围提出了最大化的建议。如有学者从国内司法实践以及借鉴国际立法趋势的角度出发，认为洗钱罪具有严重的社会危害性，仅将洗钱罪的上游犯罪限定于特定的几类犯罪，不足以满足目前打击洗钱犯罪活动的实际需求[①]，因此应当参考域外不断将洗钱罪上游犯罪最大化的趋势，扩大我国洗钱罪的上游犯罪。也有学者从履行国际公约义务以及加强反洗钱国际合作的角度出发，提出我国作为联合国相关反洗钱国际公约缔约国，应当积极履行2000年联合国《打击跨国有组织犯罪公约》和2003年《联合国反腐败公约》中规定的最高要求，将洗钱罪上游犯罪范围扩展至所有严重犯罪，甚至是所有犯罪行为，亦能有效地加强反洗钱的国际协助与合作。

2. 有限扩展说之观点

主张有限扩展说观点的学者则认为我国洗钱罪上游犯罪应当扩展，但应当限定在特定的几类犯罪活动中，而不应当是所有的犯罪行为。如有学者提出，我国洗钱罪上游犯罪扩大的范围应当以2003年《联合国反腐败公约》规定的上游犯罪的基本要求为限[②]。也有学者提出，洗钱罪上游犯罪的范围，至少应当扩展至偷逃税、诈骗、绑架、赌博等犯罪在内的违法所得及其收益巨大的严重犯罪[③]。

（二）洗钱罪上游犯罪扩展的否定说

与肯定说相反，持有否定说的学者认为我国洗钱罪上游犯罪的范围已经较为完善，符合我国目前打击洗钱犯罪活动的实际情况，不需要进行扩展。如部

[①] 参见阴建峰：《论洗钱罪上游犯罪之再扩容》，载《法学》2010年第12期。

[②] 参见马克昌：《完善我国关于洗钱罪的刑事立法——以联合国打击跨国有组织犯罪公约为依据》，载赵秉志主编：《联合国公约在刑事法治领域的贯彻实施》，中国人民公安大学出版社2010年版，第731页。

[③] 参见贾宇、舒洪水：《洗钱罪若干争议问题研究》，载《中国刑事法杂志》2005年第5期。

分学者认为,我国洗钱犯罪体系的特殊设置,已经实质上将所有的犯罪行为均已纳入洗钱犯罪的上游犯罪之中,即我国《刑法》第312条所规定的掩饰、隐瞒犯罪所得、犯罪所得收益罪,其上游犯罪已经涵盖了所有类型的犯罪行为。如果将洗钱罪上游犯罪不断扩大,乃至最大化至所有犯罪行为,将造成《刑法》第191条洗钱罪(以下简称《刑法》第191条)和《刑法》第312条掩饰、隐瞒犯罪所得、犯罪所得收益罪(以下简称《刑法》第312条)之间发生严重的竞合情况。也有部分学者认为,目前我国《刑法》第191条所采取的列举式立法的方式,将我国洗钱罪的上游犯罪限定于毒品犯罪、黑社会性质的组织犯罪、恐怖活动犯罪、走私犯罪、贪污贿赂犯罪、破坏金融管理秩序犯罪、金融诈骗犯罪七类特定社会危害性最为严重的犯罪活动,有利于我国充分发挥洗钱罪的作用,集中力量、重点打击严重犯罪。此外,还有部分学者从节约司法资源的角度出发,认为如果将洗钱罪上游犯罪的范围不断扩展,与我国目前的司法能力实际不符,从而导致过度浪费司法资源,降低打击严重犯罪的实际效果,不符合刑法节俭性原则的同时,有违洗钱罪侧重于维护金融管理秩序、保障金融安全的立法原意①。

三、针对洗钱罪上游犯罪扩展不同学说的评价

通过对我国洗钱罪上游犯罪扩容问题进行研究,分析应否对洗钱罪上游犯罪进行扩容以及如何扩容,将有利于维护我国刑事立法的稳定性。不论是否定说所主张的不对上游犯罪进行扩容,还是肯定说所主张的将上游犯罪扩容到所有犯罪,都可以保持刑法的相对稳定,避免频繁地法律修改。而肯定说另一部分学者所主张的有限定范围的扩容,虽然相对于"不扩容"和"无限扩容"而言稳定性较差,但对该观点的认可也意味着承认洗钱罪上游犯罪的扩容有其特定的规律性和背景情况,即刑法规定不能满足我国最新的洗钱犯罪活动情况,这也为我国刑法学者的理论研究、司法刑事实践提供了基础和参考。且随着上游犯罪的范围不断扩大,在不断接近"所有犯罪"的过程中,洗钱罪刑事立法的稳定性也在不断增强。

(一)针对洗钱罪上游犯罪无限扩展说的评价

针对洗钱罪上游犯罪无限扩展说的观点,有学者从履行国际公约义务的角度出发提出,2000年联合国《打击跨国有组织犯罪公约》和2003年《联合国

---

① 参见马长生、韦志珍:《论〈刑法修正案(六)〉对洗钱罪的扩容》,载《河北法学》2007年第9期。

反腐败公约》将所有严重犯罪、所有犯罪行为规定于洗钱罪上游犯罪之中，是该公约的最高要求，并未强制所有缔约国均应纳入本国法，其基本要求是将有组织的集团犯罪和腐败犯罪纳入本国法。对此，我国已完全履行，而最高要求是否履行、何时履行以及履行的程度还需要根据我国的实际情况进行判断和选择。也有学者从借鉴域外立法规定和司法实践的角度提出，我国刑法所规定的洗钱罪与域外国家，尤其是英美法系国家中所规定的洗钱罪，并非完全等同，不可盲目地借鉴域外立法之规定而将洗钱罪上游犯罪最大化。正如有学者所指出的，无限扩展说的观点，最大的问题在于其将洗钱罪作为孤立的罪名进行研究，而没有真正认清我国不同于其他一些国家的特殊反洗钱刑事立法模式①。

在认同上述学者对无限扩展说评价的基础之上，我们认为域外不同国家关于洗钱罪上游犯罪的立法经验和司法实践固然值得我们学习和研究，但切不可完全、盲目照搬。虽然各国的洗钱罪均从传统的赃物罪之中演变、发展而来，但是在最终的结果上，不同国家却有着不同的选择和变化，因此在讨论借鉴域外洗钱罪上游犯罪范围时，应当首先明确我国"洗钱罪"和域外"洗钱罪"的外延并非完全一致。以英美法系国家为例，之所以规定最为广泛的洗钱对象，一个很重要的原因就在于他们的立法思路是以现代的洗钱罪取代传统的赃物罪，在刑事立法上形成洗钱罪一罪独大的局面②。

如在美国，最早的反洗钱立法起源于1970年的《银行保密法》，虽然这部法律中没有明确规定具体的洗钱犯罪条款，但却明确要求金融机构必须履行大额交易上报义务。1986年的《洗钱控制法》则正式地规定了洗钱罪，并将上游犯罪限定于毒品犯罪和有组织犯罪，即将掩饰、隐瞒毒品犯罪、有组织犯罪所得或收益的来源、性质、所有权关系等行为均构成犯罪，而后1988年的《反毒品滥用法》、1992年的《阿农齐奥—怀利反洗钱法》、1994年的《洗钱抑制法》、2001年的《爱国者法案》以及2009年的《对诈骗行为严格执法和经济复苏法》，则将洗钱罪的上游犯罪逐渐扩大至恐怖主义犯罪、金融欺诈、腐败犯罪等范围③。而在我国，传统赃物罪却有着另外一条完全不同的演变道路。我国1990年颁布的《全国人民代表大会常务委员会关于禁毒的决定》（已失效）（以下简称《关于禁毒的决定》）规定"包庇走私、贩卖、运输、制造毒品的犯罪分子，为犯罪分子窝藏、转移、隐瞒毒品或者犯罪所得财物

---

① 参见赵远：《洗钱罪之"上游犯罪"的范围》，载《法学》2017年第11期。
② 参见赵秉志、杨诚：《金融犯罪比较研究》，法律出版社2004年版，第225页。
③ 参见赵远：《洗钱罪之"上游犯罪"的范围》，载《法学》2017年第11期。

的，掩饰、隐瞒出售毒品获得财物的非法性质和来源的"，构成犯罪，这是我国第一个规定了洗钱犯罪的刑事法律条款；1997年修订的《刑法》在《关于禁毒的决定》的基础之上，将上述首个洗钱犯罪条款拆分为第191条的洗钱罪和第349条的窝藏、转移、隐瞒毒品、毒赃罪，第191条将掩饰、隐瞒毒品犯罪、黑社会性质的组织犯罪、走私犯罪的违法所得及其收益的行为规定为犯罪，第349条将为犯罪分子窝藏、转移、隐瞒毒品或者犯罪所得的财物的行为规定为犯罪。此外，《刑法》第312条规定了窝藏、转移、收购、销售赃物罪①，将明知是犯罪所得的赃物而予以窝藏、转移、收购或者代为销售的行为规定为犯罪。自此，正式形成了我国现有的多罪名的特殊洗钱犯罪体系。故英美法系国家立法中的洗钱罪（一罪），实际上对应的是上述我国的洗钱犯罪体系（三罪），而不仅是《刑法》第191条的洗钱罪。

故我们认为，在洗钱罪外延不同的前提之下，联合国有关国际公约和域外的不同立法经验对我国刑事立法最大的参考价值在于，根据我国的实际情况判断是否将特定类型的犯罪行为纳入洗钱罪上游犯罪，而不是对国际公约或域外立法经验的完全照搬。我国洗钱罪的上游犯罪扩展问题，不仅是对《刑法》第191条的立法修改和完善，还要考虑我国洗钱犯罪体系的兼容性和整体性等因素，因此更多地应当立足我国国内整体的犯罪形势。

（二）针对洗钱罪上游犯罪否定说的评价

对于持有否定说观点的学者，值得肯定的是他们认识到了我国洗钱犯罪体系与域外洗钱罪立法的不同，并明确应当集中力量打击那些严重犯罪，但否定说最大的问题在于未能认识到洗钱罪相较于《刑法》第312条掩饰、隐瞒犯罪所得、犯罪所得收益罪而言的独立价值。

在《刑法》第191条和《刑法》第312条的关系这一问题上，我国刑法学界目前已经形成了基本一致的共识，在根据立法本意的基础上，将《刑法》第191条和第312条的关系定位为特别法与一般法的关系，强调两者区分的关键在于上游犯罪的不同，明确针对《刑法》第191条项下上游犯罪的所有洗钱行为，均应依照《刑法》第191条的规定定罪处罚②。因此，《刑法》第191条和《刑法》第312条属于竞合、包含关系，二者的划分标准即在于上游犯罪范围的不同。其中《刑法》第312条作为我国洗钱犯罪体系的普通条款，在行为人的主观方面上，并不要求明知是何种犯罪行为所产生的犯罪所得及收

---

① 后取消该罪名，修改为掩饰、隐瞒犯罪所得、犯罪所得收益罪。
② 参见刘为波：《〈关于审理洗钱等刑事案件具体应用法律若干问题的解释〉的理解与适用》，载《人民司法》2009年第23期。

益,因此其上游犯罪包括所有的犯罪行为。《刑法》第 191 条作为我国洗钱犯罪体系的特殊条款,要求行为人在主观上明知犯罪所得及其收益来源于特定七类上游犯罪。因此,根据我国的刑法理论,在发生竞合关系时,应当优先适用洗钱罪对犯罪行为进行定罪量刑,即如果上游犯罪分子实施的犯罪行为是特定七类犯罪活动,则行为人在明知的情况下可能构成《刑法》第 191 条;上游犯罪分子实施的犯罪行为不属于特定七类犯罪活动,则行为人在明知的情况下可能构成《刑法》第 312 条。虽然也有学者提出,《刑法》第 191 条和《刑法》第 312 条除了在上游犯罪的范围上有所不同外,掩饰、隐瞒的行为手段上也存在明显的不同。但通过对我国法院以《刑法》第 312 条定罪量刑的生效判决的分析来看,在司法实践中,并不以掩饰、隐瞒的行为手段作为划分的标准,而是严格依照我国刑法的规定,依据罪刑法定的原则,根据上游犯罪的不同而予以定罪量刑。且《刑法》第 191 条和《刑法》第 312 条在客观行为方面的差别逐渐缩小。

基于此,否定说认为对洗钱罪上游犯罪不断扩展,无疑是在逐渐减少《刑法》第 191 条和《刑法》第 312 条之间的区别,既然《刑法》第 312 条已经足以惩治针对所有类型的犯罪行为的犯罪所得及其收益的掩饰、隐瞒行为,再讨论《刑法》第 191 条上游犯罪扩展的问题,无疑是在浪费资源。我们认为,否定说的观点并没有认识到洗钱罪的独特价值,即没有认识到我国立法者为何会独立设置洗钱罪和掩饰、隐瞒犯罪所得、犯罪所得收益罪。

(三) 洗钱罪的独特价值

洗钱罪的独特价值,可以从其与上游犯罪和掩饰、隐瞒犯罪所得、犯罪所得收益罪之间的关系得以判断。正如有学者所指出的,洗钱犯罪同时又属于上游犯罪的进一步延伸,正是由于洗钱犯罪的推波助澜,才使得上游犯罪的经济目的最终得以实现。不断加大对于洗钱犯罪的监测和查处力度,注重从资产流向上堵截上游犯罪,有助于上游犯罪的及时发现和侦破,同时对上游犯罪也是一种有力的震慑,从而起到刑事司法的一般预防作用[①]。作为依附于"上游犯罪"的"下游犯罪",洗钱罪总是派生于某一具有经济目的的主罪即"上游犯罪"之后,掩饰、隐瞒其违法所得的非法性质,使之披上了"合法的外衣"[②]。

因此,相较于掩饰、隐瞒等洗钱行为对一国金融、经济秩序的破坏,洗钱

---

① 参见刘为波:《〈关于审理洗钱等刑事案件具体应用法律若干问题的解释〉的理解与适用》,载《人民司法》2009 年第 23 期。

② 参见张军主编:《破坏金融管理秩序罪》,中国人民公安大学出版社 2003 年版,第 460 页。

犯罪行为更大的危害在于，上游犯罪所形成的犯罪所得及其收益的规模，会通过洗钱犯罪行为实现不断地扩大和增加，从而产生更多的犯罪所得，能够再次被用于可以获取犯罪所得的严重犯罪中来，如此形成"恶性循环"。因此，洗钱罪从传统赃物罪中演变、发展出来而被世界各国规定了独立的罪名，除了惩治掩饰、隐瞒等洗钱犯罪行为外，更多的目的和功能，在于关注和打击严重犯罪的必然性末端行为，关注对严重犯罪利益驱动力的打击，从而实现减少实施严重犯罪的数量和规模的目的，和对上游犯罪的刑法规制一起，完成对上游犯罪的直接打击和间接打击。这也正是持有否定说的学者所没有认识到的洗钱罪的独特价值。

故相较于掩饰、隐瞒犯罪所得、犯罪所得收益罪，洗钱罪的价值体现在增加黑钱洗白的难度，实现对上游犯罪的间接打击，更多地表现为对上游犯罪的依附和服务。当然，洗钱罪在经过不断的演变和发展之后，已经不再单单是上游犯罪的延伸，而具有维护我国金融秩序稳定和国家司法活动开展的独立法律属性，已经大大超出了洗钱罪产生时的本意和初衷。但更不容忽视的是，洗钱罪和掩饰、隐瞒犯罪所得、犯罪所得收益罪虽然均属于我国洗钱犯罪体系的罪名，相较于掩饰、隐瞒犯罪所得、犯罪所得收益罪主要关注犯罪分子掩饰、隐瞒不法所得行为本身而言，洗钱罪更多关注的是打击更为典型、更为严重的上游犯罪活动，承担着更多打击上游犯罪活动的责任。正如有学者所认为的，从洗钱罪的罪状构建可以看出，立法者更加注重的不是洗钱对金融管理秩序的侵害，而是通过洗钱罪的规定对其上游犯罪进行严厉打击[1]。

四、洗钱罪上游犯罪有限扩展的重要标准

（一）影响洗钱罪上游犯罪范围的重要因素

我国1979年刑法中并没有规定洗钱罪，1989年9月，我国批准加入的《联合国禁毒公约》第3条明确要求缔约国需要在国内法中将隐瞒、掩饰贩毒犯罪收益确立为刑事犯罪[2]，因此，我国在1990年《关于禁毒的决定》第4条规定了掩饰、隐瞒毒赃性质、来源罪，即为犯罪分子窝藏、转移、隐瞒毒品或者犯罪所得的财物的，掩饰、隐瞒出售毒品获得财物的非法性质和来源的，处7年以下有期徒刑、拘役或者管制，可以并处罚金。后基于我国当时严厉惩治黑社会性质的组织犯罪和走私犯罪司法实践的需要，参考国际刑事立法的发

---

[1] 参见井晓龙、张宝：《我国洗钱罪上游犯罪扩容的立法建议》，载《人民检察》2017年第23期。

[2] 参见蔡桂生：《洗钱罪上游犯罪刑事立法研究》，载《大连大学学报》2008年第1期。

展趋势①，1997年刑法正式确立洗钱罪，并将上游犯罪从"毒品犯罪"扩展到"毒品犯罪、黑社会性质的组织犯罪、走私犯罪"。2001年联合国在"9·11恐怖袭击事件"后要求完善打击恐怖主义的刑事立法，出于惩治恐怖活动犯罪以及履行国际义务的要求②，2001年《刑法修正案（三）》中将"恐怖活动犯罪"增加至洗钱罪上游犯罪范围。2003年我国批准加入联合国《打击跨国有组织犯罪公约》和《联合国反腐败公约》，依然是为了履行国际义务的要求，2006年《刑法修正案（六）》进一步将洗钱罪上游犯罪扩大到"贪污贿赂犯罪、破坏金融管理秩序犯罪、金融诈骗犯罪"。

从上述我国洗钱罪上游犯罪范围扩展的立法过程可以发现，影响洗钱罪上游犯罪扩展的重要因素在于立法当时洗钱犯罪活动的最新情况。而当时的洗钱犯罪活动最新情况，既包括国内刑事司法实务中惩治严重犯罪活动的最新状况，也包括我国加入国际公约和国际组织的最新情况。这也与我国立法部门所持的观点是一致的，即我国立法应当从打击洗钱犯罪、上游犯罪、保障金融安全的实际需要和有利于履行我国承担的国际义务、加强打击洗钱犯罪的国际合作需要出发，将通常可能有巨大犯罪所得的严重犯罪规定为洗钱罪的上游犯罪，将我国刑法洗钱罪的打击重点始终集中在一些最为突出、最为严重的犯罪活动的洗钱活动之上③。

（二）严重犯罪的判断标准

1. 有期徒刑之标准

如上所述，洗钱罪上游犯罪应当如何扩展，应当以一国国内的犯罪形势以及严重程度作为标准，这也和联合国有关国际公约和域外刑事立法是一致的。但在刑事实践过程中面临的困难在于，如何界定严重犯罪的概念，是否应当将所有严重犯罪都规定为洗钱罪的上游犯罪。如2000年联合国《打击跨国有组织犯罪公约》规定的严重犯罪，是指4年以上的自由刑犯罪。

然而以自由刑的刑罚时间长短作为判断是否应纳入洗钱罪上游犯罪的标准，可能带来的问题在于，导致如故意杀人罪等在大多数情况下不会产生犯罪所得的侵犯公民人身权利犯罪成为洗钱罪的上游犯罪，不仅无法实现对侵犯公民人身权利犯罪这类上游犯罪的打击和震慑，又在实际上造成洗钱罪在此情形之下沦落为虚设罪名的境地，使得原本裁判率就很低的洗钱罪面临无案定罪的

---

① 参见阴建峰：《论洗钱罪上游犯罪之再扩容》，载《法学》2010年第12期。
② 参见阴建峰：《论洗钱罪上游犯罪之再扩容》，载《法学》2010年第12期。
③ 参见黄太云：《立法解读：刑法修正案及刑法立法解释》，人民法院出版社2006年版，第143页。

问题，无法充分发挥我国洗钱犯罪体系的价值。《刑法》第 191 条所规定的七类上游犯罪，均具有获取巨额非法利益的目的，且在实际上往往能够产生数额巨大的违法所得及其收益。我们认为，严重犯罪的判断标准，不应当以有期徒刑这一划分标准为界，考虑到上游犯罪必须有犯罪所得及其收益，才可能产生洗钱行为和活动，因此应当以是否产生犯罪所得以及犯罪所得的多少作为判断标准。在判断某个罪名是否属于上游犯罪范围时，犯罪所得及其收益起到较为重要的衡量作用，如果某个犯罪活动在行为实施的过程中以及实施完成后，完全没有犯罪所得及收益，就不宜将其认定为洗钱罪的上游犯罪。

2. 犯罪所得之标准

在如何扩展上游犯罪范围以及上游犯罪罪名如何选择这一问题上，还有一个更为关键的问题，即我国洗钱罪上游犯罪的特定七类犯罪，与我国刑法分则章节之间的关系问题。针对这一问题，我国刑法学界的观点大致存在以下几种：

有学者认为《刑法》第 191 条洗钱罪规定的特定七类上游犯罪与我国刑法分则的相应章节之间具有对应关系[1]。但这一观点存在较为明显的矛盾，即恐怖活动犯罪、黑社会性质的组织犯罪这两类上游犯罪，并不能在我国刑法分则中找到具体对应的章节，且在其他五类上游犯罪中也存在不会产生犯罪所得继而不能构成洗钱罪的情况。如有学者统计，我国 1997 年刑法修订时的上游犯罪共计 25 个罪名，2001 年《刑法修正案（三）》颁布后增加上游犯罪共计 33 个罪名，2006 年《刑法修正案（六）》颁布后又扩充了 48 个罪名，总共 81 个罪名，占据我国刑法规定的 432 个罪名的 18.75%[2]。

也有学者认为《刑法》第 191 条洗钱罪规定的特定七类上游犯罪与我国刑法分则的相应章节之间不存在一一对应关系，而应仅限于其中能够产生犯罪所得的犯罪，对于其中没有产生犯罪所得的犯罪，不可能成为我国洗钱罪的上游犯罪。而在犯罪所得的范围上，也有不同的观点。有的学者认为，犯罪所得仅限于直接犯罪所得[3]，如非法持有毒品罪，鉴于这一犯罪行为属于持有性犯罪，且该持有行为本身并不会产生任何的犯罪所得以及可能性，因此这一罪名在实质上不应当构成洗钱罪的上游犯罪。

也有学者认为犯罪所得不仅包括直接犯罪所得，还应当包括间接产生犯罪

---

[1] 参见徐舜岐：《洗钱罪初探》，载《河北法学》2004 年第 4 期。
[2] 参见蔡桂生：《洗钱罪上游犯罪刑事立法研究》，载《大连大学学报》2008 年第 1 期。
[3] 参见李齐广、黄佩娟：《洗钱罪上游犯罪的范围之认定》，载《河北法学》2012 年第 7 期。

所得。仍以非法持有毒品罪为例，虽然在大多数情况下不会产生犯罪所得，但不能就此排除其产生犯罪收益的可能性①，在犯罪行为人有偿代为持有的情况下也是会形成犯罪所得的，因此，一种犯罪行为、一个犯罪罪名即使在大多数情况下不会直接产生犯罪所得，也不能就此排除其成为洗钱罪上游犯罪的可能性。但本文认为，在此观点之下，任何罪名都是有可能产生犯罪所得的，如侵犯人身权利的犯罪活动后，犯罪行为人在有偿提供帮助而实施侵犯人身权利行为的情况下，也是有犯罪所得产生的，那么所有的侵犯人身权利的犯罪活动也可能成为洗钱罪的上游犯罪。

因此，这就需要我们重新考量一下立法本意。首先，如上所述，规定洗钱罪的目的在于打击严重犯罪，实现双重打击，对于一般情况下不会产生犯罪所得的犯罪活动，其社会危害性相较于严重犯罪轻了很多，本罪的规定和惩罚，足以实现对犯罪行为活动的打击，无须再通过洗钱罪予以二次打击。其次，我国刑法学界一般认为犯罪所得包括狭义的犯罪所得和广义的犯罪所得。其中，狭义的犯罪所得，是指通过犯罪行为所获得的财产，而不包括犯罪行为所生之物、犯罪行为的报酬和犯罪工具；而广义的犯罪所得，是指由于实施犯罪行为而取得的一切财产，自然包括犯罪行为所生之物、犯罪行为的报酬和犯罪工具。而我国《刑法》第191条中所规定的"犯罪所得"的范围应当仅限于狭义的犯罪所得。

五、我国洗钱罪上游犯罪扩展的思考与建议

自2006年《刑法修正案（六）》对洗钱罪上游犯罪的范围进行调整以及2007年《反洗钱法》颁布实施，距今已经有10余年之久，但我国《刑法》第191条洗钱罪上游犯罪的范围一直没有进行立法修改。

洗钱罪被规定于《刑法》第三章破坏社会主义市场经济秩序罪中的破坏金融管理秩序罪之下，其客体及保护的法益为国家的金融管理制度和司法机关的正常活动。目前《刑法》第191条所规定的上游犯罪均系可能产生较高犯罪所得以及利用金融系统、手段可能性较高的犯罪，但仍未涵盖第三章破坏社会主义市场经济秩序罪中的其他犯罪，如危害税收征管罪、侵犯知识产权罪以及扰乱市场秩序罪中其他具有相同属性的上游犯罪，这些上游犯罪侵犯法益的程度甚至还会高于特定七类上游犯罪。因此，关于洗钱罪上游犯罪的扩展，我国学者的建议主要包括应当扩展至偷逃税、诈骗、绑架、赌博等犯罪在内的违

---

① 参见张军：《反洗钱立法与实务》，人民法院出版社2007年版，第68—69页。

法所得及其收益巨大的严重犯罪①;将诈骗、抢劫、盗窃等侵犯财产权犯罪及其他严重犯罪活动的违法所得及其收益都纳入洗钱罪的刑事规制范围之内以及将生产、销售伪劣产品犯罪、赌博等犯罪列为洗钱罪的上游犯罪②。

而我们认为,我国洗钱罪上游犯罪应当扩展至哪些罪名,可以参考、借鉴我国反洗钱工作中的最新情况。2007年1月1日实施的《反洗钱法》对反洗钱的对象进行了界定,与我国《刑法》规定不同的是,其在第2条的表述为"毒品犯罪、黑社会性质的组织犯罪、恐怖活动犯罪、走私犯罪、贪污贿赂犯罪、破坏金融管理秩序犯罪、金融诈骗犯罪等",而一个"等"字,也为之后进一步扩大反洗钱的对象留有了空间,也使得反洗钱法所规制的"上游违法范围"在理论上宽于我国《刑法》所规定的上游犯罪范围。刑事违法性虽然重于行政违法性,但应当建立在违法情节与程度的不同之上,如洗钱金额、洗钱后果等因素,而不应当是上游违法行为范围的不同,因此《刑法》第191条所规定的上游犯罪范围应与《反洗钱法》中的上游违法范围相同。而我国反洗钱工作中的"上游违法范围"的实际情况也远远超过了毒品犯罪、黑社会性质的组织犯罪、恐怖活动犯罪、走私犯罪、贪污贿赂犯罪、破坏金融管理秩序犯罪、金融诈骗犯罪等七类犯罪活动,如反洗钱工作部际联席会议发布的《中国洗钱和恐怖融资风险评估报告(2017)》中提到,我国刑事犯罪的类型、手段和内部结构不断演变,侵犯财产案件占据全部刑事案件的绝大部分,刑事犯罪导致的直接经济损失持续上升。在除洗钱罪特定七类上游犯罪外的各类型犯罪案件中,平均犯罪收益金额最高的分别为非法集资犯罪、传销犯罪、税务犯罪、诈骗犯罪、侵犯知识产权犯罪、赌博犯罪和抢盗犯罪,占据了69.76%。这也和FATF第四轮互评估报告中指出的我国能够产生犯罪收益的上游犯罪主要包括非法集资、欺诈、非法毒品贩运、腐败和贿赂、税务犯罪、假冒产品及非法赌博的结论是一致的。

如上所述,我国对洗钱罪上游犯罪范围的扩容与我国洗钱犯罪活动的最新状况和最新的国际形势是密不可分的,但是相较于2006年《刑法修正案(六)》对洗钱罪上游犯罪的扩容,目前我国的洗钱犯罪活动已经发生了较大变化,原特定七类犯罪活动在所有产生犯罪所得收益的刑事案件中的占比已经从70%降至30%,因此,对洗钱罪上游犯罪进行扩容已经迫在眉睫。我们认

---

① 参见贾宇、舒洪水:《洗钱罪若干争议问题研究》,载《中国刑事法杂志》2005年第5期。

② 参见井晓龙、张宝:《我国洗钱罪上游犯罪扩容的立法建议》,载《人民检察》2017年第23期。

为，以下特定犯罪行为应当纳入我国洗钱罪的上游犯罪。

（一）危害税收征管罪

我国刑法第三章破坏社会主义市场经济秩序罪的第六节规定了危害税收征管罪，具体包括逃税罪、抗税罪、逃避追缴欠税罪、骗取出口退税罪、虚开增值税专用发票、用于骗取出口退税、抵扣税款发票罪、虚开发票罪、伪造、出售伪造的增值税专用发票罪、非法出售增值税专用发票罪、非法购买增值税专用发票、购买伪造的增值税专用发票罪、非法制造、出售非法制造的用于骗取出口退税、抵扣税款发票罪、非法制造、出售非法制造的发票罪、非法出售用于骗取出口退税、抵扣税款发票罪、非法出售发票罪、持有伪造的发票罪等14个罪名。我国刑法虽然没有将税务犯罪列为洗钱罪的上游犯罪范围，但是在反洗钱和洗钱犯罪打击的工作中已经对税务犯罪予以了高度的重视。

在立法层面，2017年08月29日国务院办公厅发布了《关于完善反洗钱、反恐怖融资、反逃税监管体制机制的意见》（国办函〔2017〕84号），强调"充分发挥反逃避税对反洗钱的积极作用，同时运用好反洗钱机制，不断提高反逃避税的精准度"。

在执法层面，自2010年至2018年，国家税务总局一直在加强对涉税违法行为的查处和打击工作，且查补追缴的税款金额逐年增加。如《2010年中国反洗钱报告》[①]指出，国家税务总局等对非法印制、销售、虚开、代开、购买、使用虚假发票以及传播发票违法信息等违法犯罪行为进行深入整治。2009年至2010年，税务机关查处违法受票企业6万余户，追缴税款59亿元；《2011年中国反洗钱报告》指出，2011年全国共查处制售假发票和非法代开发票案件近9万起，税务机关查处违法受票企业8万余户，查补税收收入近71亿元；《2012年中国反洗钱报告》指出，2012年查处违法受票企业10万余户，查补税收收入101亿余元；《2013年中国反洗钱报告》指出，2013年，税务机关立案查处重大税收违法案件17.6万起，查处百万元以上人民币重大案件6000余起；《2014年中国反洗钱报告》指出，国家税务总局重点打击虚开增值税专用发票、骗取出口退免税和偷逃税等违法活动，2014年全国税务稽查部门查处百万元以上案件同比增长9.5%，查补税款同比增长24.5%；《2015年中国反洗钱报告》指出，国家税务机关开展打击骗取出口退税专项行动、打击利用黄金交易虚开增值税专用发票专项行动以及打击发票违法犯罪活

---

① 报告内容详见中国人民银行反洗钱局网站，http://www.pbc.gov.cn/fanxiqianju/135153/135282/index.html。

动,查处了一批重大涉税违法案件;《2016年中国反洗钱报告》指出,国家税务总局以打击偷逃税、虚开发票、骗取出口退税和制售假发票违法行为为主线,以打击骗取出口退税和虚开增值税专用发票为重点,查补税收收入1914亿元;《2017年中国反洗钱报告》指出,国家税务总局严厉查处偷逃税、虚开、骗税等各类税收违法行为,全年共查补税收收入1921.7亿元;《2018年中国反洗钱报告》指出,国家税务总局会同公安部、海关总署、人民银行组织开展了打击虚开骗税违法犯罪两年专项行动,外汇局全年配合公安部门破获汇兑型地下钱庄案件70余起,封堵贪腐、走私、逃税等上游犯罪活动资金的外逃通道。

在国际合作方面,面对日趋严重的跨境逃税避税和洗钱问题,国际税收征管协作日益成为国际社会关注的热点。在外资不断进入中国的同时,近年来中国的对外投资也发展迅速。2013年8月,国家税务总局代表中国政府签署了由经济合作与发展组织(OECD)和欧洲委员会发起的《多边税收征管互助公约》,推动中国利用国际税收征管协作提高对跨境纳税人的税收服务和征管水平,营造公平透明的税收环境。国家税务总局作为二十国集团(G20)税改的重要参与部门,积极参与联合国国际税收委员会税收国际规则的制定,加强国际反避税工作,加强对跨国企业的反避税调查。2015年,全国人民代表大会常务委员会审议通过《多边税收征管互助公约》,将于2017年1月1日开始执行①。

(二)传销犯罪

传销犯罪是我国刑法第三章破坏社会主义市场经济秩序罪第八节扰乱市场秩序罪所规制的犯罪行为,然而我国目前传销犯罪的形势依然严峻,案件多发高发,涉案金额也在逐步增长。在《2017中国洗钱和恐怖融资风险评估报告》中提到,通过对判决案件样本库的分析,我国非法收益平均金额最高的是非法资金犯罪,而传销犯罪的平均犯罪收益金额仅次于非法集资犯罪,远高于走私犯罪、腐败犯罪。《2013年中国反洗钱报告》提出,国家工商行政管理总局即联合人民银行等多个部门开展对传销违法犯罪活动专项打击;2014年至2018年的《中国反洗钱报告》中也提出,在公安机关破获的涉嫌洗钱的案件中,金融系统向侦查机关报案并配合侦查机关调查涉嫌洗钱的案件中以及强化涉众型违法犯罪活动的资金监测中,均包括传销违法犯罪活动,且多起案件涉案规

---

① 详见中国人民银行反洗钱局网站所发布的2013年至2015年《中国反洗钱报告》,http://www.pbc.gov.cn/fanxiqianju/135153/135282/index.html。

模巨大，具有全国影响，如广州云联慧非法传销案等。在2018年，国家市场监督管理总局所查处的案件中，共查处传销案件3448起，案值871760.48万元，平均每个案件的案值高达356余万元，远远高于消费欺诈、消费者权益保护、网络商品交易及有关服务行为、商标侵权假冒等案件[①]。

（三）电信诈骗、网络赌博

除涉税犯罪和传销犯罪外，我国电信诈骗、网络赌博犯罪迅速蔓延，案件数量和受害人数均在快速上升，给人民群众财产安全造成极大危害，形成恶劣社会影响，成为影响社会稳定和群众安全感的突出犯罪问题，电信诈骗、网络赌博犯罪也逐渐成为我国面临的主要洗钱风险。中国人民银行在2013年至2018年的《中国反洗钱报告》中同样提到，重点查处电信诈骗、网络赌博犯罪活动，深化资金监测。

---

① 详见中国人民银行反洗钱局网站所发布的2013年至2018年《中国反洗钱报告》，http://www.pbc.gov.cn/fanxiqianju/135153/135282/index.html。

第三编　治理对策

网络犯罪刑事规制的强化途径

周遵友 赖敏娓[*]

内容摘要

近年来,虽然立法机关不断地修改旧法、制定新法,司法机关不断地完善体制机制、加强司法解释,但是网络犯罪不但没有得到有效的遏制,甚至还呈逐年递增之势。造成这种严峻态势的原因是多方面的,但是作为犯罪治理工具之一的刑法跟不上形势的发展也应当是一个重要原因。本课题在反思我国关于网络犯罪的现行法律制度的基础上,寻求更加有效地预防和惩治网络犯罪的立法与司法途径。

在实体刑法方面,我国网络犯罪立法主要有三个节点:1997年出台的现行《刑法》;2009年通过的"刑修七";2015年通过的"刑修九"。在程序刑法方面,我国2012年《刑事诉讼法》对于网络犯罪未作任何特殊规定。"两高"单独或者联合其他部门先后制定了一系列涉及网络犯罪的"司法解释"和"规范性文件",为司法实务确立了更为具体的实体性与程序性规则。

信息社会就是一种风险社会,而风险社会对于我国的刑法体系带来冲击。针对日趋严重的网络犯罪,我国应当进行刑事规制上的理论创新、立法创新和司法创新。在理论创新上,我国是最有条件也最有可能在网络法律领域作出突破性贡献的。在立法创新上,我们可以考虑改变现有的立法技术,在针对网络犯罪立法时,可以制定一个法律修正案,而该修正案的每一条都是对某一部具体法律的修改。在司法创新上,笔者建议增加司法解释制定过程的透明度。

在实体刑法方面,从更加有效地治理网络犯罪的角度出发,目前可以考虑三个强化途径:其一,通过打击针对计算机信息系统的犯罪,提升网络安全;

---

[*] 周遵友,中南民族大学法学院教授;赖敏娓,浙江省台州市人民检察院员额检察官。

其二，为了击断网络黑灰产业中的链条，重视个人信息保护；其三，通过公私共治模式与刑事合规计划，落实平台责任。关于网络安全，笔者建议：（1）将《刑法》第285条的保护对象从"国家事务、国防建设、尖端科学技术领域的计算机信息系统"扩大到包括诸如个人电脑、手机等日常信息网络系统；（2）将《刑法》第285条中"国家事务、国防建设、尖端科学技术领域的计算机信息系统"替换为《网络安全法》意义上的"关键信息基础设施"；（3）以单独一个法条规制拦截位于计算机信息系统之外的、处于传输过程中的非公开的电磁数据的行为。关于个人信息保护，笔者建议：（1）依据《刑法》第253条之一第4款关于单位犯罪的规定，加大对犯罪企业的打击力度；（2）在《刑法》第253条之一第3款之后增加一款关于非法使用公民个人信息的规定。关于平台责任，笔者建议：根据网络服务提供者的具体类型，为其设定体系化的、差别有序的民事责任，并以此为基础对其违反《刑法》第286条之一上的刑法义务的行为进行评价。

在程序刑法方面，笔者认为应当主要通过解决管辖权和电子取证这两个难题而寻求突破。关于管辖权，笔者建议：（1）在案件侦查阶段指定管辖时，应当进行充分沟通、论证，尤其是要听取检察机关和审判机关的意见；（2）在省级层面和国家层面建立公检法机关的常规沟通衔接机制，尤其是要遏制趋利性司法乱象；（3）在全国范围内设置若干个跨区域的互联网检察院，或者在现有的检察系统内指定若干个检察院专门办理网络犯罪案件。关于电子证据，笔者建议：（1）构建以电子证据为核心的证据体系，并逐步建立涉众型网络犯罪等案件电子证据的全国共享机制；（2）我国既要坚持原则以捍卫数据主权，也要保持灵活以寻求国际对等，尤其是要积极推动达成较为公平合理的国际准则；（3）将相互印证的证明模式改为综合认定的证明模式，以综合认定中的概括式印证替代传统模式中的相互印证；（4）"两高一部"应以规范性文件的方式，规定在侦查、审查起诉和庭审阶段都可以聘请有专门知识的人参与刑事诉讼。

控制网络犯罪，是一个长期性的系统工程。尽管如此，鉴于目前网络犯罪的高发态势，我们应当在坚持依法治国原则和罪刑法定原则的前提下，强化对于网络犯罪的刑事规制。

在我国司法实践中，网络犯罪主要被分为三大类型：以信息网络为对象实施的犯罪；以信息网络为工具实施的犯罪；在信息网络空间里实施的犯罪。①近年来，虽然立法机关不断地修改旧法、制定新法，司法机关不断地完善体制机制、加强司法解释，但是网络犯罪不但没有得到有效的遏制，而且网络犯罪之猖獗态势始终未变，甚至呈逐年递增之势。

例如，最高人民法院中国司法大数据研究院2019年11月发布的《网络犯罪司法大数据专题报告》显示，在2016年至2018年，人民法院审结网络犯罪案件4.8万余件，案件量及在全部刑事案件总量中的占比均呈逐年上升趋势；在这些网络犯罪案件中，30%以上涉及诈骗罪，占比最高，已经成为公认的社会毒瘤。该报告还显示，9.16%的网络诈骗案件是在获取公民个人信息后有针对性地实施的，2016年徐某某案便是其中的一个典型案例。②

根据最高人民检察院2020年4月公布的数字，检察机关近年来办理网络犯罪案件数量，年平均增幅达34%以上；仅在2018年至2019年，检察机关共批准逮捕网络犯罪嫌疑人89167人，提起公诉105658人，较前两年分别上升78.8%和95.1%。③

中国社会科学院法学研究所、社会科学文献出版社于2020年6月联合发布的《法治蓝皮书》指出，在整个2019年，"各种传统犯罪日益向互联网迁移，网络犯罪呈高发多发态势，严重危害国家安全、社会秩序和人民群众合法权益"④。

为了强化对于网络违法犯罪行为的打击，公安部先后布置了"净网2019"和"净网2020"专项行动。在2019年全年的行动中，全国网安部门共侦破网络犯罪案件5.9万起，抓获犯罪嫌疑人8.8万名。其中，网络赌博类案件8300余起，侵犯公民个人信息类案件5000余起，网络淫秽色情类案件3300余起，

---

① "两高一部"2014年《关于办理网络犯罪案件适用刑事诉讼程序若干问题的意见》第1条规定，网络犯罪案件包括四大类：（1）危害计算机信息系统安全犯罪案件；（2）通过危害计算机信息系统安全实施的盗窃、诈骗、敲诈勒索等犯罪案件；（3）在网络上发布信息或者设立主要用于实施犯罪活动的网站、通信群组，针对或者组织、教唆、帮助不特定多数人实施的犯罪案件；（4）主要犯罪行为在网络上实施的其他案件。其中，第三类和第四类可被称为"在信息网络空间里实施的犯罪"。

② 靳昊：《最高法网络犯罪司法大数据报告显示：网络诈骗呈现这些新特征》，载《光明日报》2019年11月21日。

③ 陈菲：《网络犯罪蔓延迅速 最高检成立指导组深化打击惩治》，载新华网，http://www.xinhuanet.com/legal/2020-04/08/c_1125829699.htm，最后访问时间：2020年4月8日。

④ 卢俊宇：《社科院发布2020年〈法治蓝皮书〉》，载新华网，http://www.xinhuanet.com/legal/2020-06/08/c_1210651715.htm，最后访问时间：2020年6月8日。

黑客攻击破坏类案件2200余起。行政处罚互联网站及联网单位7.8万家次，下架违法违规App 3.1万个；在2020年上半年的行动中，全国共查处网络"扫黄打非"案件1800余起，取缔非法不良网站1.2万余个，处置淫秽色情等有害信息840万余条。①

北京市海淀区人民检察院2018年6月发布的《网络安全刑事司法保护白皮书》显示，在2016年9月以来该院受理的涉及1076人的450起网络犯罪案件中，"犯罪行为产业化特征明显，日渐形成完整、闭合的产业链条"；"网络黑产犯罪以计算机数据、程序、系统或者软件等作为犯罪对象，形成了一条封闭的产业链，上游提供工具和平台，中游获取信息、清洗数据，下游精准诈骗、盗窃财产。在实践中，此类案件主要以破坏计算机信息系统罪、非法获取计算机信息系统数据罪、侵犯公民个人信息罪为主"。②

网络犯罪的高发频发之态似乎表明：魔高已经一丈，而道高只有一尺。造成这种严峻态势的原因是多方面的，但是作为犯罪治理工具的刑法跟不上形势的发展也应当是一个重要原因。鉴于此，本课题将在反思我国近年来在网络犯罪领域的刑事规制体系的基础上，寻求更加有效地预防和惩治网络犯罪的立法与司法途径。③

一、刑事规制的发展

在实体刑法方面，我国网络犯罪立法主要有三个节点。④ 第一个节点是1997年《刑法》，它奠定了网络犯罪立法的根基。该法首次规定了第285条"非法侵入计算机信息系统罪"、第286条"破坏计算机信息系统罪"和第287条"利用计算机实施的有关犯罪"。申言之，第285条制裁非法入侵国家事务、国防建设、尖端科学技术领域计算机信息系统的行为，第286条惩治三种破坏计算机信息系统的行为（破坏计算机信息系统的功能；破坏计算机信息系统中的数据和应用程序；制作、传播计算机病毒等破坏性程序），而第287

---

① 蔡长春：《侦破网络犯罪案件5.9万起 "净网2019"专项行动圆满收官》，载《法制日报》2020年4月10日；史竞男：《"净网2020"成效明显：上半年取缔非法不良网站1.2万余个》，载新华网，http://www.xinhuanet.com/politics/2020-07/09/c_1126217941.htm. 最后访问时间：2020年7月9日。

② 尹深：《北京检方发布白皮书：网络犯罪呈现低龄化、产业化等特征》，载人民网，http://legal.people.com.cn/n1/2018/0608/c42510-30046097.html. 最后访问时间：2018年6月8日。

③ 谢鹏程：《网络犯罪司法控制效能提升路径选择》，载《检察日报》2020年7月27日。

④ 参见陈兴良：《网络犯罪的刑法应对》，载《中国法律评论》2020年第1期。

条是一个概括性的提示性规定,旨在表明利用计算机实施其他犯罪的,依照本法有关规定定罪处罚。除了这三个法条,第288条"扰乱无线电通讯管理秩序罪"也应属于网络犯罪,而这个法条后来成为打击"黑广播""伪基站"犯罪的重要法律依据。①

第二个节点是2009年通过的"刑修七",网络犯罪行为的范围得以拓展。该法新增了第285条第2款"非法获取计算机信息系统数据、非法控制计算机信息系统罪"和第285条第3款"非法提供侵入、非法控制计算机信息系统的程序、工具罪"。申言之,该第2款规制的是侵入国家事务、国防建设、尖端科学技术领域以外的计算机信息系统或者采用其技术手段,获取数据或者非法控制该计算机信息系统的行为;该第3款则专门打击为他人实施第2款犯罪提供技术帮助的行为。

第三个节点是2015年通过的"刑修九",它在网络犯罪立法上进行了大胆的创新。该法新增了第286条之一"拒不履行网络安全管理义务罪"、第287条之一"非法利用信息网络罪"和第287条之二"帮助信息网络犯罪活动罪",并通过新增第285条第4款和第286条第4款分别为第285条和第286条确立了单位刑事责任。申言之,第286条之一对以往只是作为间接责任主体的网络服务提供者设立了刑事责任,从而为刑事合规制度的推出铺平了道路;第287条之一采用预备行为实行化的策略,将利用信息网络设立违法犯罪网站、发布违法犯罪信息的行为犯罪化;第287条之二采用帮助行为正犯化的策略,将为他人信息网络犯罪提供帮助且情节严重的行为统统入罪。此外,该修正案还对由"刑修七"引入的第253条之一"侵犯公民个人信息罪"进行修改,将本罪主体从特殊主体改为一般主体。②

在程序刑法方面,我国现行2012年《刑事诉讼法》对于网络犯罪未作任何特殊规定。关于网络犯罪的程序性规定,主要是由"司法解释"和"规范性文件"承担的。其中,"两高一部"于2014年出台的《关于办理网络犯罪案件适用刑事诉讼程序若干问题的意见》(以下简称2014年《程序意见》)是对网络犯罪案件刑事诉讼的全面规定。

自1997年《刑法》和2012年《刑事诉讼法》施行以来,"两高"单独或者联合其他部门先后制定了一系列涉及网络犯罪的"司法解释"和"规范性文件",为司法实务确立了更为具体的实体性与程序性规则。其中,比较重要的司法解释包括"两高"在2004年和2010年发布的《关于办理利用互联网、

---

① 参见喻海松:《网络犯罪二十讲》,法律出版社2018年版,第330—356页。
② 参见喻海松:《网络犯罪二十讲》,法律出版社2018年版,第201—244页。

移动通讯终端、声讯台制作、复制、出版、贩卖、传播淫秽电子信息、刑事案件具体应用法律若干问题的解释（一）》和《解释（二）》、2011年《关于办理危害计算机信息系统安全刑事案件应用法律若干问题的解释》、2017年《关于办理侵犯公民个人信息刑事案件应用法律若干问题的解释》，以及2019年《关于办理非法利用信息网络、帮助信息网络犯罪等刑事案件适用法律若干问题的解释》；而比较重要的规范性文件包括2010年《关于办理网络赌博犯罪案件适用法律若干问题的意见》、2014年《程序意见》以及2016年《关于办理电信网络诈骗等刑事案件适用法律若干问题的意见》等。除此之外，"两高"还发布了多个关于网络犯罪的指导性案例，为该领域的司法实践提供了重要的指引。

二、刑事规制的创新

信息社会就是一种风险社会。信息技术的发展极大地改变了这个世界，也改变了人类的工作和生活方式，也给我们带来了新的风险。在此背景下，传统犯罪出现了网络化，线下犯罪纷纷转移到线上。在可以预见的未来，我国的网络犯罪还将长期处于高发频发态势，新型的犯罪形式将继续涌现，传统刑法上的明文规定越来越难以适应新的犯罪形势。[①] 这种犯罪态势，不仅影响到我国的网络犯罪控制模式，也对我国的刑法体系带来冲击。

总体而言，各国的网络犯罪控制模式是由其各自的网络信息治理模式决定的。根据国家公权力介入网络信息治理的程度大小，世界各国的网络治理模式可被分为四类：网络自由主义、网络现实主义、网络管制主义、网络权威主义。[②] 我国现阶段的网络治理模式较为接近于管制主义，在特定信息和技术手段运用方面，甚至超过了该模式的严格程度。[③] 这种治理模式也从宏观上决定了我国网络犯罪刑事规制的方式和框架。

（一）理论创新

在信息时代，人们不仅生活在"现实空间"里，也生活在"网络空间"里；这两个空间相互衔接、交叉与融合，形成"双层空间"。这就需要现有的

---

① 喻海松：《网络犯罪的刑事对策与审判疑难问题解析》，载《法治现代化研究》2018年第1期。

② 欧阳本祺：《法律文化：网络时代刑法解释的限度》，载《中国法学》2017年第4期。

③ 尹建国：《我国网络信息的政府治理机制研究》，载《中国法学》2015年第1期。

传统刑法也能适用于发生在双层空间的犯罪行为。① 如何应对网络犯罪的威胁,这对世界各国的网络刑法来说都是新的课题。②

我国刑法学界普遍接受的德日刑法理论主要诞生于工业时代,而这些传统理论到了信息时代已经不能应对网络犯罪的现实。在网络应用方面,我国走在了世界的前列,甚至超过了发达的西方国家。在我国出现了许多西方国家不曾发生的网络犯罪案件,即便是我们所效仿的德日刑法,也不曾解决过这样的案件。对我国的刑法学而言,这个信息时代既是重大挑战也是重要机遇。在法学理论发展与创新的国际竞争中,中国是最有条件也最有可能在网络法律领域做出突破性贡献的。③ 笔者认为,面对人类历史上的网络犯罪案件,我们理论界不应当抱残守缺,故步自封,更不应当站在岸上,对于有突破性的解决方案粗暴指责。

值得强调的是,我们在考虑理论创新时,需要借鉴人类社会现有的先进成果。比如,在网络犯罪的国际治理机制中,多边国际公约是至关重要的。拥有47个成员国的欧洲委员会于2001年通过的《网络犯罪公约》是世界上第一部也是目前唯一一部专门规制网络犯罪的国际公约,体现了欧美发达国家的共识,也已对包括中国在内的其他国家的网络犯罪立法与司法产生巨大影响。有学者认为,虽然我国不选择加入该公约,但这不意味着我国不应当顺应世界潮流并借鉴其合理的规定。

(二) 立法创新

传统刑法以个人法益的保护为核心,而在信息社会条件下的当代刑法不仅要保护个人法益,而且还要强调对于集体法益的保护。④ 对于不断涌现的各种新型网络犯罪,是通过刑事立法还是通过刑法解释的方式进行应对,这是我们需要考虑的问题。当然,如果是通过刑法解释就能解决的问题,就没有必要采取立法路径。但是,当解释路径违反罪刑法定原则时,我们也就只能选择立法路径了。⑤

况且,纵观全球,现代刑事立法具有明显的功能主义特征。在此大背景

---

① 郭旨龙:《"双层社会"背景下的"场域"变迁与刑法应对》,载《中国人民公安大学学报(社会科学版)》2016年第4期。
② [德] 埃里克·希尔根多夫:《德国刑法学:从传统到现代》,江溯、黄笑岩等译,北京大学出版社2015年版,第380—382页。
③ 劳东燕:《网络时代刑法体系的功能化走向》,载《中国法律评论》2020年第2期。
④ 孙国祥:《集体法益的刑法保护及其边界》,载《法学研究》2018年第6期。
⑤ 张明楷:《网络时代的刑事立法》,载《法律科学》2017年第3期。

下,中国在刑法立法方面,也逐渐从消极立法转型为积极立法,确立了积极的刑法立法观。有学者认为,积极刑法立法观的确立有其社会基础,也更符合时代精神。① 比如,该学者认为,我国司法实践中在部分利用信息网络技术实施危害行为的案例中采用了"软性解释"方法,而这种解释方法有类推适用之嫌疑。②

在立法体例上,我国只有一部统一的刑法典,而无真正意义上的附属刑法。这种模式固然有助于维护刑法的统一性,但也在客观上给刑法的修改带来较大的难度。我国关于网络犯罪的基础罪名是1997年刑法奠定的,在此后的20多年中,只经历过2009年和2015年的两次修改。要是在过去的工业时代里,这样的修法频率不算太小,但是在当前的信息时代,网络技术的发展日新月异,网络犯罪也随之迅速更新迭代,这个频率已经远远不能适应现实的需要。

笔者认为,我国在刑事立法上,应当采取更加积极的姿态,在维护现行的单轨刑法典模式的前提下,可以考虑改变现有的立法技术。具体而言,在立法时,不要以某一部法律为对象,而应以具体问题为导向,通过法律修正案的方式同时对若干部法律进行修改。比如,针对网络安全犯罪或者个人信息犯罪问题,可以制定一个法律修正案,而该修正案的每一条都是对某一部具体法律的修改。这样做,可以避免出现"刑法先行"的现象,也能够通过跨越法律部门的解决方案大幅提高刑事规制的有效性。

(三)司法创新

在罪刑法定原则之下,传统刑法在面对实践中的新问题时常常捉襟见肘。有学者指出,我国在制裁网络犯罪摸索出来的一个应对策略是:首先制定司法性文件对立法文本进行扩张解释,然后待时机成熟之后通过立法的方式予以最终确认。我们不能总拿其他国家的司法制度来判断中国的司法实践是否符合某种理想中的、不被我国认可的法治标准。从这个意义上说,"两高"主动选择以司法解释或者其他规范性文件的方式承担有限程度上的实质性"立法"工作,既是一种被动的举措,也具有现实的合理性。

笔者注意到,每次司法解释文件出台以后,具体领导或参与制定过程的负责人员都会在"两高"自己主办的官方刊物上发表解读文章。比如,在2017年"两高"《关于办理侵犯公民个人信息刑事案件适用法律若干问题的解释》

---

① 周光权:《积极刑法立法观在中国的确立》,载《法学研究》2016年第4期。
② 周光权:《刑法软性解释的限制与增设妨害业务罪》,载《中外法学》2019年第4期。

出台之后，如果没有"两高"人员发表的对于该司法文件进行解读的文章，一般公众和司法实务人员不会知道该如何区分"行踪轨迹信息"与"住宿信息"，如何区分"通信内容"与"通信记录"，以及如何区分"财产信息"与"交易信息"。作出这种区分之所以重要，是因为行踪轨迹信息、通信内容和财产信息属于高度敏感的个人信息，达到50条以上便可入罪，而住宿信息、通信记录和交易信息不属于高度敏感的个人信息，入罪标准是500条以上。这些解读文章为人们了解"两高"的"原意"打开了一扇窗户。应当说，这是一种很好的做法。笔者认为，"两高"在发表此类解读文章时，为了实现更大程度上的司法透明性，最好也能将规则制定过程中参与者书面的或口头的专业意见都完整地公布出来。

此外，司法解释和规范性文件对于司法实践活动非常重要，但是这并非意味着没有这些司法性文件，司法人员就无法办案。况且，司法性文件同立法文本一样，也具有抽象性和滞后性，不可能为所有案件提供明确的解决方案。这就要求司法人员充分发挥主观能动性，大胆地使用刑法理论与规定，创新型地解决实践中的新问题。

三、实体刑法的强化

如前所述，在当今的信息时代，网络犯罪的严重态势对传统的刑法体系带来重大挑战。网络犯罪的形态，千姿百态，而对于网络犯罪的治理，也可能是千头万绪。我国的网络犯罪呈现出组织化、规模化、产业化和链条化的特征，也就是出现了大量的黑灰色产业链。在这种情况下，如果我们的立法与司法工作只是头痛医头脚痛医脚，便不会取得好的效果。更加有效的办法是综合治理，从上中下游同时出击，进行全方位的打击。笔者认为，从更加有效地遏制与惩治网络犯罪的角度出发，目前可以考虑三个强化途径：其一，通过打击针对计算机信息系统的犯罪，提升网络安全；其二，为了击断网络黑灰产业中的链条，重视个人信息保护；其三，通过公私共治模式与刑事合规计划，落实平台责任。

（一）网络安全

狭义上的"网络犯罪"，就是以信息网络为对象的犯罪。此类犯罪侵害的法益是"网络安全"，所以也可被称作"网络安全犯罪"。具体而言，这种狭义的（或曰传统的、纯粹的）网络犯罪涉及的保护法益是计算机信息系统的"保密性"（Confidentiality）"完整性"（Integrity）与"可用性"（Availability），故此，此类犯罪也常被称作"CIA犯罪"。CIA犯罪作为一种基本犯罪类型，其最常见的表现形式是"黑客行为"（hacking），即非法侵入计算机信息系统的行为（相当于我国《刑法》第 285 条第 1 款），而黑客行为又是其他网络犯罪行为（比如我国《刑法》第 285 条第 2 款"非法获取计算机信息系统数据、非法控制计算机信息系统罪"，第 286 条"破坏计算机信息系统罪"）的基础行为。

在当前这个万物互联的信息社会中，"计算机信息系统"是一个范围广泛的概念，大到关乎国家安全、社会秩序的公共系统，小到手机这样日常生活中不可或缺的个人系统，无不囊括其中。就算是手机这样的个人电子用品，也是值得刑法保护的。这是因为，我们的工作和生活已经严重地依赖于电子产品的使用，而手机里就隐藏着涉及人格权、隐私权、财产权等基本权利的许多信息。既然传统刑法中偷偷开拆他人信件的行为（《刑法》第 252 条"侵犯通信自由罪"和第 253 条"私自开拆、隐匿、毁弃邮件、电报罪"）与偷偷进入他人住宅的行为（《刑法》第 245 条"非法侵入住宅罪"）尚且构成犯罪，那么侵犯个人权利程度远甚于此的侵入个人手机的行为更应构成犯罪。就此而言，笔者建议：将第 285 条的保护对象从"国家事务、国防建设、尖端科学技术领域的计算机信息系统"扩大到包括诸如个人电脑、手机等日常信息网络系统。

当然，值得刑法保护的计算机信息系统是多种多样的，其重要性程度也是有差别的。对于那些"国家事务、国防建设、尖端科学技术领域"里的计算机信息系统，理应在刑法上进行更加严格的保护。然而，这"三大领域"里的计算机信息系统太多，并非所有的系统都很重要，所以我们应当对"国家事务、国防建设、尖端科学技术领域的计算机信息系统"这个概念进行限缩性解释。总之，第 285 条的保护对象太过宽泛，难以确定其边界。相比之下，《网络安全法》中的"关键信息基础设施"概念更加明确，也更具有可操作性。《网络安全法》第 31 条规定，"国家对公共通信和信息服务、能源、交通、水利、金融、公共服务、电子政务等重要行业和领域，以及其他一旦遭到破坏、丧失功能或者数据泄露，可能严重危害国家安全、国计民生、公共利益的关键信息基础设施，在网络安全等级保护制度的基础上，实行重点保护"；"关键信息基础设施的具体范围和安全保护办法由国务院制定"。据此，国务院已经并且还会继续出台一系列配套法规以实现对于关键信息基础设施的保护。因此，笔者认为，我们未来修法时，可以将《刑法》第 285 条中"国家事务、国防建设、尖端科学技术领域的计算机信息系统"替换为《网络安全法》意义上的"关键信息基础设施"。而且，在援引《网络安全法》上的"关键信息基础设施"概念后，刑法中的网络安全犯罪条文便与《网络安全法》紧密结合起来。

根据现行《刑法》条文，我国网络安全刑法的保护对象是"计算机信息系统"（第 285 条第 1 款和第 286 条第 1 款）"计算机信息系统中存储、处理或者传输的数据"（第 285 条第 2 款和第 286 条第 2 款）和"计算机信息系统中存储、处理或者传输的应用程序"（第 286 条第 2 款）。依据"两高"2011 年《关于办理危害计算机信息系统安全刑事案件应用法律若干问题的解释》第 11 条规定，"计算机信息系统"是指"具备自动处理数据功能的系统，包括计算机、网络设备、通信设备、自动化控制设备等"。换言之，"计算机信息系统"是指由有形设备组成的物理系统，而"数据"和"应用程序"是指承载于该物理系统的无形的电磁数据。笔者感到疑惑的是：既然《刑法》第 285 条和第 286 条的目的是保护网络安全或网络空间安全，那么为什么要将"计算机信息系统"仅仅定义为有形的物理设备呢？如果这些物理设备里不含有电磁数据或者由电磁数据组成的（应用）程序、软件乃至系统，那么它们是不可以通过《刑法》第 285 条和第 286 条得到保护的。从本质上看，这两个法条的保护对象是物理设备里的电磁数据，而不是纯粹的物理设备本身。我国《刑法》第 285 条和第 286 条大致对应德国《刑法典》第 202a 条、第 202b 条和第 202c 条，而德国的这三个法条的保护对象为电磁数据。近年来，网络技术的发展已经到了前所未有的阶段，"云计算""虚拟化"和"容器化"等术语是这个新阶段的关键词。无论是在"物理机"主导的旧阶段，还是在"虚拟机"主导的新阶段，网络刑法的保护对象依然是电磁数据。笔者认为，我们可以考虑借鉴德国的经验，直接将网络安全刑法的保护对象确定为电磁数据；然后以此为基础，对于上述刑法条文以及司法解释条文进行相应的修改。

此外，德国《刑法典》第 202b 条规定了"拦截数据"的行为，而我国刑法对此没有规定。有学者认为，我国在今后的刑事立法中，也有必要把拦截数据的行为犯罪化，但是不必另行增设新的条文，只要在《刑法》第 286 条第 2 款中增加"拦截"这一行为手段即可。① 笔者不同意这种意见，主要是因为《刑法》第 286 条第 2 款中删除、修改、增加数据的行为，是在侵入计算机信息系统后实施的，而拦截数据的行为，是在不侵入计算机信息系统的情况下实施的。因此，笔者认为：我们应当借鉴德国《刑法典》第 202b 条或者借鉴与之类似的《欧洲网络犯罪公约》第 3 条，以单独一个法条规制拦截位于计算机信息系统之外的、处于传输过程中的非公开的电磁数据的行为。

（二）个人信息保护

在我国的网络犯罪案件中，利用网络实施诈骗犯罪的比例较大。诈骗犯之

---

① 张明楷：《网络时代的刑事立法》，载《法律科学》2017 年第 3 期。

所以频频得逞,这与个人信息的保护不力有关。对于个人信息的侵犯,不仅涉及个人隐私权等个人法益,也涉及网络安全等集体法益。有学者正确地指出:"网络犯罪就是广义的信息犯罪,是违法行为人通过操控信息来实施的犯罪,从这个角度看,信息,尤其是个人信息,是理解和分析网络犯罪的关键。从网络犯罪治理的角度分析,信息保护尤其是个人信息保护,是网络犯罪治理的关键。"①

刑法作为最后手段,属于其他法律的"保障法",而于2021年1月1日起施行的《民法典》作为其主要前置法之一,对其适用必然会产生重大影响。尤其是根据《刑法》第253条之一的规定,该罪的适用前提实际上可以被概括为"违反国家有关规定",而这里的"国家有关规定",就包括法律、行政法规、部门规章在内。因此,我们在理解侵犯个人信息犯罪时,必须考虑到《民法典》所确立的个人信息保护制度(第111条、第1034条至第1039条)②。

而且,我们还要特别考虑我国民法和行政法学界对于"个人信息权"以及正在拟定中的我国个人信息保护法的讨论。在欧盟法和美国法模式的影响之下,个人信息保护已经成为全球性的潮流。虽然我国学术界对于个人信息权的具体性质尚无定论,但是已经达成基本共识:个人信息权是一种基本权利,应当得到全方位的保护。③

在我国,制裁公民个人信息犯罪的法条主要是《刑法》第253条之一"侵犯公民个人信息罪"。有学者指出,我国当前对于个人信息的刑法保护,是建立在隐私权保护模式基础上的,将来应当向个人信息权模式转型。实际上,"两高"2017年《关于办理侵犯公民个人信息刑事案件适用法律若干问题的解释》对于《刑法》第253条之一中"公民个人信息"的定义,已经非常接近于欧盟《通用数据保护条例》(GDPR)中关于"个人信息"的定义。就此而言,我国的这个司法解释文件是与时俱进,具有国际视野的。

如前所述,《刑法》第253条之一的保护法益是个人信息权,但是这种个人法益在当代信息社会条件下也已经深深地涉及公共安全。这是因为,实践中发生的此类案件,几乎都是侵犯成千上万乃至上亿条的个人信息。根据《刑

---

① 时延安:《网络规制与犯罪治理》,载《中国刑事法杂志》2017年第6期。
② 喻海松:《〈民法典〉视域下侵犯公民个人信息罪的司法适用》,载《北京航空航天大学学报(社会科学版)》2020第6期。
③ 周汉华:《探索激励相容的个人数据治理之道》,载《法学研究》2018年第2期,第22页;张新宝:《从隐私到个人信息:利益再衡量的理论与制度安排》,载《中国法学》2015年第3期。

法》第 253 条之一的规定，此罪的行为人既可以是自然人，也可以是单位。但在司法实践中，此条的适用对象主要是自然人，网络公司尤其是大公司成为该类犯罪主体的情况并不多见。① 关于此条的 2017 年司法解释文件规定，侵犯的个人信息达到一定数量者，便可入罪，而在现实生活中这些数量门槛很容易达到，尤其是对那些依靠个人信息开展商业活动的企业来说。因此，笔者认为，为了更加有效地遏制个人信息犯罪，我国司法机关将来应当依据《刑法》第 253 条之一第 4 款关于单位犯罪的规定，加大对犯罪企业的打击力度。当然，如上所述，只有在民法和行政法领域的前置法不足以遏制违法行为时，才应考虑适用刑法。②

关于个人信息犯罪的刑法规定不断严密，但个人信息的滥用行为却愈演愈烈，其中一个重要原因便是：基于隐私权保护模式，我国刑法重点规制了非法提供或非法获取等转移型侵害行为，但却忽略了对于合法获取之个人信息的滥用行为的制裁。这种滥用行为在其本质上是非法使用行为。因此，笔者同意其他学者的意见，认为：我国立法机关将来应当在《刑法》第 253 条之一第 3 款之后增加一款："未经信息主体授权，或者虽经授权但却超越约定目的、方式和范围，非法使用公民个人信息，情节严重的，依照第一款的规定处罚。"③

（三）平台责任

就网络犯罪治理模式而言，我国偏重于公力模式，强调国家执法机构在治理中的决定性作用，但是这种模式过于追求监管的有效性而忽视整体效益的最大化。尽管如此，无论在法律上还是在事实上，我国都已经接受了公私合作的模式。④ 在当前的信息社会中，那些网络服务提供者（以下简称网络平台），尤其是涉及国计民生的重要网络平台，已经在事实上成为与政府平行的社会治理主体。⑤ 在"刑修九"之前，网络平台只是在民法和行政法的意义上承担信息网络安全管理的责任。"刑修九"引入的第 286 条之一（拒不履行信息网络安全管理义务罪）对网络服务提供者施加了刑法上的责任，成为我国在网络

---

① 喻海松：《侵犯公民个人信息罪的司法适用态势与争议焦点探析》，载《法律适用》2018 年第 7 期。
② 在考虑追究企业的刑事责任时，还应考虑下文中"平台责任"部分的内容。
③ 参见李川：《个人信息犯罪的规制困境与对策完善》，载《中国刑事法杂志》2019 年第 5 期。
④ 参见江溯：《论网络犯罪治理的公私合作模式》，载《政治与法律》2020 年第 8 期。
⑤ 于冲：《网络平台刑事合规的基础、功能与路径》，载《中国刑事法杂志》2019 年第 6 期。

犯罪领域实施刑事合规制度的法律依据。为网络服务提供者施加刑法义务，主要有三个正当理由：首先，网络犯罪就是掌握了网络技术并提供相应的网络服务的公司催生的；其次，跟政府部门相比，网络服务提供者具有控制网络犯罪的便利条件和技术优势；最后，这种刑法义务能够促使企业实施刑事合规以加强内控。①

在美国和德国等西方发达国家，对于刑事合规的讨论已有20多年的历史。刑事合规的西方经验显示，它不仅减少了公司职员的法律风险，还减少了公司自身的法律风险。② 在我国，刑事合规虽是一个新的话题，但已在学术界激发了极大的兴趣并已引发许多深入的讨论。③ 整体而言，我国学者认为，刑事合规是预防企业犯罪一种有效方式。这是因为：企业通过分析自身业务活动所特有的刑事风险，有针对性地预先制定并实施刑事合规规则；企业及其员工对合规规则的遵守，就是对刑法规范的遵守。④ 对企业而言，刑事合规可以敦促其建立健全内部安全管理机制，从而不仅可以减少在平台内发生的以及针对平台的犯罪行为，还可在发生犯罪行为时，以已经建立和实施了健全的合规制度而主张免除或减轻刑事责任。⑤

我国的现行法律规范，一方面，对于网络服务提供者施加了一种相当沉重的监控义务，另一方面，又对这种义务缺乏具体的规定，导致被规制对象不知道监控的边界在哪里。而且这些责任条款缺乏体系性，因为它们散见于多部法律、行政法规和部门规章之中，既有重叠，也有冲突。这种缺乏体系化的责任规范，使规制对象和司法机关都无所适从。⑥

对于网络服务提供者的责任，德国和欧盟都明确地采取了限缩立场。例如，德国法既排除了网络服务提供者一般性的监督控制义务，也对各种类型的网络服务提供者规定了具体的免责条件。"根据这些规定，纯粹的网络接入服务提供者只要不是故意与第三方共谋实施违法犯罪，无须承担任何责任。而缓

---

① 李本灿：《刑事合规理念的国内法表达》，载《法律科学》2018年第6期。
② 乌尔里希·齐白：《全球风险社会与信息社会中的刑法》，周遵友、江溯等译，中国法制出版社2012年版，第261页。
③ 李本灿：《拒不履行信息网络安全管理义务罪的两面性解读》，载《法学论坛》2017年第3期。
④ 石磊：《刑事合规：最优企业犯罪预防方法》，载《检察日报》2019年1月26日。
⑤ 李本灿：《拒不履行信息网络安全管理义务罪的两面性解读》，载《法学论坛》2017年第3期。
⑥ 王华伟：《网络服务提供者的刑法责任比较研究》，载《环球法律评论》2016年第4期。

存服务提供者和存储服务提供者,在不知情的情况下,以及在知情后及时采取删除封锁措施的情况下,一般也不承担责任。"①

德国和欧盟对于网络服务提供者的责任规定,不仅考虑了在刑事政策上打击网络犯罪的需要,也考虑了通过信息技术进行网络监控的可行性,尤其考虑到了宪法意义上的信息自由。这三种法律利益的权衡,是通过类型化的规定得以实现的。这些类型化的规定,使得网络服务提供者这一宽泛的概念内部实现再次有序整合,为各种类型的网络服务提供者赋予了差别有序的责任,从而实现了责任的精确化。②因此,笔者认为,我国应当借鉴德国的经验,根据网络服务提供者的具体类型,为其设定体系化的、差别有序的民事责任,并以此为基础对其违反《刑法》第286条之一上的刑法义务的行为进行评价。

四、程序刑法的强化

(一)管辖权

网络空间实际上就是一个由数字代码0和1组成的网络信息交流的数字化虚拟空间,除却硬件设备、服务器等可视化的外部装置外,传统的物理空间架构在虚拟的网络世界中无法找到对应关系。网络空间的数据生成、传递等在瞬间即可完成,网络空间被无限压缩,物理距离的存在在网络空间中是无法感知的,全球的距离压缩成一个"地球村"的距离,"无地域性成为网络空间的本质所在"。③ 刑事管辖权的犯罪行为地、犯罪结果发生地等明显节点在互联网空间甚至无法确定,或者呈现普遍性的多区域表达,管辖权的积极冲突常态化。无论是以网络为犯罪手段、犯罪工具还有犯罪空间,犯罪行为地和犯罪结果地呈现辐射性拓展。传统上刑事管辖权表达的边界基础在网络空间已经模糊化,甚至难以清晰划分,传统的刑事管辖原则适用性面临较大挑战。再者"新的国际社会俨然变成一个自由开放的场域,法律问题也愈来愈不可能立于'国家'本位,单单封闭在内国法架构寻求解决"④。网络犯罪的发展,突破了

---

① 王华伟:《网络服务提供者的刑法责任比较研究》,载《环球法律评论》2016年第4期。

② 王华伟:《网络服务提供者的刑法责任比较研究》,载《环球法律评论》2016年第4期。

③ 李晓明、李文吉:《跨国网络犯罪刑事管辖权解析》,载《苏州大学学报:哲学社会科学版》2018年第1期。

④ 陈长文:《国际法之回顾与展望:以超国界法律角度检视》,载《月旦法学杂志》总第200期。

传统犯罪的时空限制，全省、全国乃至全世界范围内均成为其滋生的土壤和空间，在加强本国刑事规制路径的同时，也需要加强国际社会的协作和配合，打击网络犯罪单纯依靠一国之力来实现已是不可能。在固守国家主权原则的前提下，不仅实体法领域遭受着网络犯罪带来的较大冲击，更趋保守的程序法领域同样也遭受着来自跨境犯罪带来的冲击。

根据现行司法解释，指定管辖主要适用于四种情形：有多个犯罪地且对最初受理地有争议的案件；多层级链条、跨区域的案件；避免超期羁押且发现无管辖权的案件；有特殊情况的跨省（自治区、直辖市）重大案件。在网络犯罪案件中，因为"犯罪地"有很多，所以多头管辖的现象较为普遍。较之于传统的指定管辖，网络犯罪案件中的指定管辖更为常见，可以说任何一个网络犯罪案件都存在指定管辖的可能。目前，对于"设备所在地""最初受理地"以及"有利于查清犯罪事实、有利于诉讼"等术语的解释存在较大的弹性空间，因而指定管辖的适用具有较大的灵活性，立法上对指定管辖案件的范围限制基本上已经被架空了。公安机关在指定管辖中居于前端，掌握着主动性，检察院和法院就略显被动。① 最终的结果是，公检法机关对指定管辖在司法实践中适用存在较大的分歧和争议。比如，对于在由公安机关已经指定管辖的案件中，检察机关和审判机关后来发现没有管辖权，法律上并未规定是否需要重新履行指定管辖程序。② 究其原因，一是对公安机关指定管辖的合理性存在争议即是否由指定的公安机关管辖最为合适问题。二是公检法三机关在指定管辖中缺乏必要的沟通机制，指定管辖人为被割裂成三段。公安机关侦查阶段的指定管辖未充分考虑到案件的起诉、审判的管辖问题，自顾自地搞好"一亩三分地"是行不长远的。根据我国刑事诉讼法的规定，公安机关侦查终结的案件，依法应当移送所在地的检察机关和审判机关。那么，侦查阶段的指定管辖对后续的审查起诉和审判环节具有直接的影响和制约，案件在侦查阶段指定管辖在审查逮捕环节已经与所在地检察机关发生相应的诉讼衔接，如在审查起诉和审判环节再因为指定管辖存在异议需要重新指定管辖，势必会造成整个刑事诉讼过程的不连贯，造成司法资源的浪费。笔者认为，在案件侦查阶段指定管辖时，应当进行充分沟通、论证；若检察机关和审判机关对于指定管辖存有争议，应当有发表意见的机会；一旦侦查阶段指定管辖确定，除非出现特殊情况，视为检察环节和审判环节的自然延伸。与此同时，网络犯罪在管辖问题上

---

① 孙潇琳：《我国网络犯罪管辖问题研究》，载《法学评论》2018 年第 4 期。
② 李玉萍：《网络犯罪案件中指定管辖的几个问题》，载《人民法院报》2020 年 4 月 2 日，第 5 版。

带来的另一个潜在的隐患就是趋利性司法的显现。网络犯罪案件涉案金额动辄达百万、千万甚至上亿。在网络赌博案件中，没有相应的受害人，不存在后续维稳事宜，这些案件往往成为刑事管辖的"香饽饽"。反之，对于电信网络诈骗、非法吸收公众存款等网络犯罪活动，侦查机关存在互相推诿，不愿"啃硬骨头"的情况。为此，笔者认为，鉴于指定管辖较多地适用于网络犯罪案件，有必要在省级层面和国家层面建立公、检、法机关的常规沟通衔接机制，以此遏制趋利性司法乱象的滋生和蔓延；同时，在指定管辖时，还应综合考量预指定管辖地公、检、法机关的办案水平、办案能力、技术力量配比等因素。

根据中共中央司改办对于检察系统内设机构改革的方案和实施情况来看，对于网络犯罪案件的办理并未设置独立的办案机构，采取的是笼统打包处理的方式。[①] 各个地方的实践也各不相同，有些网络犯罪高发多发的区域设立了专门的公诉部门，有的地区是在经济犯罪案件公诉部门处理网络犯罪案件，还有的地区将网络犯罪案件按照传统的普通刑事案件进行归口分类。现有的互联网法院只受理民事案件，而不受理刑事案件。对于网络犯罪案件，司法实践中沿袭的是传统的办案模式，网络犯罪举证、质证的特殊性被忽略，其举证质证一如既往地以宣读书证、证人证言等传统方式进行。这就造成在网络犯罪案件庭审中，检察机关忙于尴尬地应付。考虑到网络犯罪案件地方分布不均衡，在每个检察系统内部设立相应的部门来处理网络犯罪案件，似有浪费司法资源之嫌。目前在杭州、上海、北京、江苏等地，有些检察院设有专门的负责网络犯罪案件的公诉部门，旨在有效提升公诉案件指控的专业性和技术性，甚至在省级层面调配公诉资源来应对大型网络犯罪案件在本地区的审查起诉和出庭公诉。从长远发展来看，专业性的集中管辖仍是最佳的选择路径。为此，笔者认为，为了更好地办理网络犯罪案件，可以考虑与现有的互联网法院相呼应，在全国范围内设置若干个跨区域的互联网检察院，专门负责网络犯罪案件的公诉工作；或者，也可考虑在现有的检察系统内，指定若干个检察院专门负责网络犯罪案件的公诉。

（二）电子证据

将电子证据作为新的证据种类在刑事诉讼法中予以确认，允分说明立法者对电子证据持有的态度。凸显电子证据的独立性，源于电子证据的提取、解读和质证等刑事诉讼证据形成的全过程中电子证据特有的属性。但在形式上承认电子证据种类独立性的过程中，我们在电子证据的实质层面转化上远远不够，

---

① 孙道萃：《检察机关保障网络安全的若干机制研究》，载《警学研究》2019 年第 2 期。

如在证据的提取、扣押、封存、解读等方面采取与传统证据种类无异的方式。从现行我国电子证据提取所奉行的"一体收集为原则、单独提取为例外"的常规思路①来看,电子证据在司法实践中面临着尴尬局面,承认其特殊地位,但未意识到其从证据生成、证据证明和证据解读等方面的特殊性。电子证据真实性判断脱离具体案件,隔空进行技术论证,未充分认识到"电子证据真实性判断要突破纯技术领域,走向跨越法律和信息技术领域的基于法律要求的技术判断"②。司法实务中对电子证据的运用存在偏差,并未真正发挥电子证据应有的价值,其解读的路径方向与电子证据蕴含的内容出现了不当分离,突出表现在电子证据运用空洞化和复印件化。司法实践中对电子证据的合法性和真实性的判断未注重电子证据本身的"独特特征的确认"和"监管链条的证明"上,有些电子证据的提取甚至对电子证据的校验值等计算缺乏基础性认识,"对电子证据从载体上提取到法庭出示的时间内",未形成"对持有、解除、处置、保管、检验的全监管链条",导致案件进入审查起诉环节乃至庭审环节无法予以补证或作出合理解释,电子证据存在先天不足。③ 电子证据中证明案件事实的关键性证据载于电子数据蕴含的内容,而非电子证据本身或者说是电子证据的载体。然而,我国在电子证据的相关立法及司法解释中都将电子证据的原始存储介质的扣押、封存作为电子证据取证的首选手段。扣押、封存电子证据后,对电子证据内容的解读反而淡化,电子证据蕴含的庞大的数据信息在刑事诉讼指控体系中并未发挥应有的作用。

在网络犯罪中犯罪行为的每一个环节在网络空间都有迹可循,如果将电子证据作为一个整体的"场现象",那么"孤立的电子文件如一个文档、一张图片是一个小'场',能讲小故事;如果将其保存在电子介质中,电子介质就是一个大'场',能讲更详细的故事"④。构建以电子证据为核心的证据体系是"以电子证据为主要载体的证明案件事实的'证据构造',将主要依赖印证证明的逻辑和方法"⑤ 网络犯罪行为不同于传统的刑事犯罪行为,其在网络空间的犯罪轨迹或多或少都会留痕,加之犯罪活动的单机计算机空间与网络空间相

---

① 谢登科:《论电子数据与刑事诉讼变革:以"快播案"为视角》,载《东方法学》2018 年第 5 期。
② 刘品新:《论电子证据的理性真实观》,载《法商研究》2018 年第 4 期。
③ 刘品新:《电子证据鉴真问题:基于快播案的反思》,载《中外法学》2017 年第 1 期。
④ 刘品新:《电子证据的基础理论》,载《国家检察官学院学报》2017 年第 1 期。
⑤ 杨继文:《证据法学研究进入电子证据新时代》,载《检察日报》2018 年 2 月 6 日,第 3 版。

互交互，数据流通必然产生网络日志、访问记录、后台数据存储、定位服务等网络交互信息，这些信息相互组合便会如实记载整个犯罪活动。以人证、物证为证据核心的传统证据体系时代在网络犯罪中被急速地更改，代之以电脑终端、手机移动终端、App 存储信息等电子证据，其证据的内涵、外延、证据规则和证明标准等亦随之改变。当今各国证据法领域普遍流行的一句名言即为"电子证据是新一代的实话血清"（效力最优的证据）。① 与此同时，依托于政法委正在力推的政法一体化平台，涉众型等网络犯罪提取到的电子证据实现全国范围内的共享亦成为可能②。将涉案电子证据鉴定、大数据分析等跨区域共享，有利于完善电子证据的证明链条，增强电子证据的关联性，充分发挥以电子证据为核心构建的证据体系在指控犯罪中的作用。在以电子证据为核心的证据体系中，如何收集、提取和读取案件数据和证据信息，将成为证据体系完善的重中之重，对电子证据的合法性和真实性审查将以技术论证的方式进行，关注的焦点在于算法模型建立的合理性和黑箱操作的排除等比较专业化的论证证明上，且上述证明方法具有可复制性，对未出现新的技术挑战之前其论证均具有普适性。对电子证据关联性的论证成为电子证据证明力大小的决定性因素，电子证据发挥作用力的大小基本仰仗对电子证据内容关联性和载体关联性的解读上。笔者认为，应当构建以电子证据为核心的证据体系，并逐步建立涉众型网络犯罪等案件电子化证据的全国共享机制。

在全球互联的背景下，跨境电子取证已经成为各国犯罪侦查活动的常态。美国于 2018 年 3 月 23 日生效的《云法案》授权本国执法部门在特定案件中通过网络服务提供者获取存储于境外的电子数据。该法把电子数据的刑事取证管辖从数据存储地模式转变为数据控制者模式，从而突破了国际社会传统的属地管辖原则。紧接着的 4 月 17 日，欧盟便已推出关于跨境电子取证的两个法律草案。③ 欧美等西方国家大都是《欧洲网络犯罪公约》（以下简称《公约》）缔约国，它们倾向于通过该公约所规定的途径开展跨境远程取证。而且，《公约》委员会目前正在起草关于电子证据的"第二议定书"，旨在有效应对网络空间的取证问题。对于欧盟各国而言，除了《公约》这个工具外，2018 年生效的《通用数据保护条例》（GDPR）也可强化其对境外数据的实际掌控。如

---

① 何家弘、刘品新：《证据法学》，法律出版社 2019 年版，第 175 页。
② 王俊：《网络犯罪取证难、管辖难张军称检察办案要"道高一丈"》，载《新京报》2020 年 12 月 7 日。
③ Ángel Tinoco-Pastrana, The Proposal on Electronic Evidence in the European Union, eucrim 1/2020, pp. 46 – 49.

果规划中的"欧洲数据提交令"制度得以通过,欧盟又将大力提升其跨境电子取证的能力。[1] 欧美发达国家已经利用自身在网络空间的优势,试图突破了传统跨境取证模式,以"数据控制者模式"取代"数据存储地模式",弱化主权国家对其境内电子数据的现实掌控。我国坚持"网络空间主权"原则,并通过《国际司法协助法》主张对于存储在我国境内的数据是享有排他性的刑事取证管辖权。2016年"两高一部"《电子数据规定》和2019年公安部《电子数据规则》根据司法实践中的做法,规定了跨境电子取证的三种方式:第一种是"网络在线提取",指向境外公开发布的电子数据;第二种是"网络远程勘验",是指通过侦查中获得的用户名、密码等信息而对远程计算机信息系统进行的访问;第三种是所谓的"技术侦查措施"(包括秘密监听),可用于收集境外或跨境流动的动态数据。[2] 我国也一直反对外国对我国进行跨境远程取证,并且以《公约》第32条b款规定的跨境取证措施违反国家司法主权唯有而拒绝加入该条约。但是,以上的这些规定又与《公约》第32条b款规定没有本质上的区别。欧美在跨境电子取证方面的发展动向表明,在网络空间里,刑事管辖上的属地原则已被动摇。基于此,笔者认为,在跨境电子取证议题上,我国既要坚持原则以捍卫数据主权,也要保持灵活以寻求对等。对内,根据自身实际情况,选择适当的取证方案,完善相应的取证制度;对外,深入参与多边合作机制(比如正在热议中的联合国网络犯罪公约)谈判,逐步达成较为公平合理的国际准则。在国内立法方面,已有学者提出了区分紧急情况和一般情况的改革建议。比如,在发生了恐怖主义等危及国家安全、公共安全等重大犯罪的紧急情况下,侦查机关应当有权单方面直接跨境取证;在一般情况下,侦查机关应当通过国际司法协助机制进行跨境取证。[3]

在网络这个虚拟空间中,大数据分析和解读采取的认知范式是"数据—理论模型—特定现象",即对海量数据进行挖掘分析的基础上,概括出一般模型,最终以资金流向图或者关系分析图等直观化方式实现海量数据的结构和分析,从而得出相应的结论,与传统的"特定现象—理论模型—数据"的认知范式完全不同。[4] 我们刑事诉讼的证明模式"印证证明模式",将"获得印证

---

[1] 梁坤:《欧盟跨境快捷电子取证制度的发展动向及其启示》,载《中国人民公安大学学报(社会科学版)》2019年第1期。

[2] 参见王立梅:《论跨境电子证据司法协助简易程序的构建》,载《法学杂志》2020年第3期。

[3] 裴炜:《未来犯罪治理的关键:跨境数据取证》,载《中国信息安全》2019年第5期。

[4] 裴炜:《个人信息大数据与刑事正当程序的冲突及其调和》,载《法学研究》2018年第2期。

性直接支持证据视为证明的关键,注重证明的'外部性'而不注重'内省性'"。① 采取印证证明模式,加之"证据确实、充分,排除合理怀疑"的证明标准,我国刑事诉讼追求的是客观真实,而非法律真实,要求证据之间相互印证,形成完整的证据链条。网络犯罪的刑事立法我国采取的是"定性+定量"的犯罪认定模式,因网络犯罪中海量数据的存在,因此在司法实践中如何对定性和定量的标准进行把握,如何构建相互印证的证据链条,司法实践困难重重。为了缓解定罪量刑带来的种种压力,司法解释对网络犯罪的证明方法进行了有益的探索,在2014年"两高一部"发布的《关于办理非法集资刑事案件适用法律若干问题的意见》中首次提出了"综合认定"的证明方法,具体规定在"关于证据的收集问题"中。综合认定对解决定量问题提出了较好的证明思路和方法,能有效缓解司法实践中的办案压力。对于存在海量化的计量对象的网络犯罪而言,不苛求每一个计量对象的证明都要相互证据,只要具备真实性和客观性的计量对象在整体上得到行为人的供述和辩解、证人证言、书证等相关证据的印证或者电子证据间的相互印证,就可以将计量对象所涉的金额皆认定为定罪量刑的犯罪数额。② 笔者认为,鉴于综合认定模式能够较好地应对网络犯罪中的"定量因素",有必要将目前广泛施行的相互印证证明模式改为综合认定的证明模式,以综合认定中的概括式印证替代传统模式中的相互印证;并在此基础上探索制定综合认定模式的具体标准。

现行《刑事诉讼法》对"专门知识的人"出庭的职能为"就鉴定人作出的鉴定意见提出意见",对其适用"鉴定人"的有关规定。当年最高检发布的《关于指派、聘请有专门知识的人参与办案若干问题的规定(试行)》对"有专门知识的人"职能定位为"参与办案",具体包括收集证据、审查起诉和出庭审理等与检察相关的刑事诉讼阶段。③ 刑事司法在推进过程中,需要三种知识予以配合跟进:常识、经验,超越常识、经验的科学、技术与其他专门性知识和法律知识。在整个刑事诉讼过程中,法律知识是基础性的知识,"只有超越常识、经验的科学、技术以及其他专业知识,才在认知层面对刑事司法的参

---

① 龙宗智:《印证与自由心心证——我国刑事诉讼证明模式》,载《法学研究》2004年第2期。

② 张平寿:《网络犯罪计量对象海量化的刑事规制》,载《政治与法律》2020年第1期。

③ 赵志刚、刘品新:《〈关于指派、聘请有专门知识的人参与办案若干问题的规定(试行)〉理解与适用》,载《人民检察》2018年第10期。

与主体构成智识挑战"①。网络犯罪领域中,对于电子证据的解读是法律专业知识和技术知识的有机结合,其对具备专门知识的人员提出了更高的要求,需要在拥有专门科学、技术等知识的基础上,还要具备基础性的法律知识,实现技术判断和法律判断的有机融合。有专门知识的人突破鉴定人的角色限制,以专家辅助人、证人、鉴定人三者融合的身份参与刑事诉讼活动,可以在侦查、审查起诉、审判等环节就利用专门性知识参与办案,帮助侦查员、检察院审查和解读电子证据,就电子证据存在的问题提出补充意见。在以庭审中就技术性问题接受法庭的询问,甚至可以专业证人的角色参与专业问题的举证、质证等,充分运用专家辅助人的专业优势,来为刑事司法活动提供强助力,充分解读电子证据中的证明能力。鉴于网络犯罪的特殊性和电子证据解读的专业性,对聘请具有专门知识的人参与刑事诉讼活动的范围予以扩大,在刑事诉讼过程中公检法机关本身的人员储备无法满足特定技术要求时,均可聘请具有专门知识的人参与办案。笔者认为,"两高一部"可以考虑以规范性文件的方式,规定在侦查、审查起诉和庭审阶段都可以聘请有专门知识的人参与刑事诉讼。

---

① 陈如超:《专家参与刑事司法的多元功能及其体系化》,载《法学研究》2020年第2期。

网络时代商业贿赂现状与治理对策研究

课题组负责人：金鸿浩[*]

内容摘要

商业贿赂作为现代商业经济中普遍存在的社会越轨现象，是所有实行市场经济制度的国家均面临的难题。网络时代，以互联网行业为代表的商业贿赂犯罪的特殊性和复杂性进一步增强，亟待引起社会关注。

在犯罪现象方面，课题组分析了2011年以来的互联网企业涉非国家工作人员受贿罪案件74件，发现案件数量总体呈上升趋势，具有以下四个特征：一是犯罪主体呈现年轻化、高学历化等特征，40岁以下犯罪主体占到81.6%，所有被告人均为大学专科以上学历，11.4%具有研究生学历，被告人职务中基层职工占69.8%、中层管理人员占22.9%、高管占7.3%。并且被告人所在单位的互联网市场垄断优势越大，其商业贿赂（受贿）风险也越高，阿里巴巴（15件）、腾讯（13件）、京东（7件）、华为（7件）四家知名IT企业商业受贿犯罪案件占公开案件的半数以上。二是危害行为主要发生在运营环节，行贿人多为互联网企业的供应商或代理商，通过为下游企业提供或许诺提供不正当利益，收受"好处费""回扣"从中获利，个别案例中还产生了非法产业链和互联网商业贿赂"索贿"行为。三是危害结果较为严重，互联网商业贿赂平均金额为78.9万元，担任高管的被告人受贿数额（平均253万元）显著高于中层管理人员受贿数额（110万元）和基层职工受贿数额（28万元），部分商业贿赂还引发了企业巨额利益受损、公民个人信息泄露等其他严重后果。四是就刑罚情况而言，97%被告人被判处有期徒刑，其中法院认定"数额较

---

[*] 金鸿浩，北京化工大学廉政研究中心副教授。课题组成员：岳向阳，国家检察官学院副院长、教授；颜苏，北京工商大学副教授；蓝学友，清华大学法学院博士生；梁译如，清华大学法学院博士生；李政印，国家检察官学院讲师；石魏，北京市东城区人民法院刑庭法官；李子龙，北京工商大学法学院讲师；童庆庆，浙江省宁波市海曙区纪委技术中心主任；周奕澄，上海市人民检察院干部；游浩然，中国法学会中国法律咨询中心干部。

大",被判处5年以下有期徒刑的适用率占87%。认定为"数额巨大",被判处5年以上有期徒刑的占13%,并处没收财产的占8%,缓刑适用率占27%。

在犯罪原因方面,课题组认为网络商业贿赂犯罪的发生具有复杂原因,系多种因素等相互影响、共同导致的社会现象。一是个体因素。网络商业贿赂犯罪的非法获益较高(平均数额为78.9万元,略高平均数额的72.85万元),而犯罪成本和被发现概率较低,诱使网络从业人员在巨额利益诱惑下实施了越轨行为。二是企业因素。互联网企业内部管理具有高授权—低制约—低监管特征,公司治理中缺乏有效的权力制约机制和监督管理机制,公司内部廉政监管的资源投入不足,有的专职廉政监管人员占比少于1%,个别互联网公司对腐败行为的包容度较高,廉洁文化和廉政观念还有待加强,发现违法违规问题后有的只是批评、劝退或辞退责任人,没有依法追究其法律责任。三是行业因素。互联网行业高迭代性、高竞争性,导致新型互联网业务发展初期存在行业规则"空窗期",互联网"独角兽企业"之间的高度竞争和对行业标准、规则的竞争关系,也限制了行业规则标准的产生和行业协会的作用发挥。四是国家社会因素。对于互联网企业新型商业贿赂犯罪的法律规范虽然存在,但尚不够全面、系统。现阶段国家对互联网企业的监管更侧重网络安全、舆论安全层面,对互联网企业人员商业贿赂犯罪问题的关注相对要少。实务层面对于许多违法行为在没有引发严重社会效果或互联网公司直接报案的情况下,缺乏有力干预。因信息不对称等原因社会舆论和大众媒体对网络商业贿赂的监督缺位。

在犯罪对策方面,课题组建议应当逐步建立多主体合作、多策并举的网络商业贿赂防控体系。一方面,建议进一步加强网络商业贿赂的犯罪惩治。一是完善商业贿赂法律规范体系,对非国家工作人员受贿罪等商业贿赂相关罪名加强教义学研究,特别是努力在"利用职务上的便利""为他人谋取利益"等犯罪构成要件上形成理论和实务共识,适时出台司法解释,统一法律适用标准。二是开展网络商业贿赂专项整治行动,由公安机关、网信管理部门牵头,将惩治商业贿赂犯罪和加强互联网行业监管紧密结合起来,加强刑事司法机关对网络商业贿赂犯罪的打击力度和行政监管部门的监管力度,准确适用宽严相济刑事政策。三是加强行政指导和观念引导,强化互联网企业内部和互联网行业的监督效果,促成企业、行业内部与外部联动监督机制发挥实效。另一方面,建议进一步加强网络商业贿赂的犯罪预防。一是加强网络商业贿赂的制度预防,完善以内控内审为核心的互联网企业商业贿赂预防机制,加强运营环节等高廉政风险工作的内外部信息公开,主动接受各方面监督。二是加强网络商业贿赂的组织预防,发挥非公企业党组织的监督作用,重视企业员工法律与道德素质建设，积极构建企业廉正文化。三是加强技术预防，探索在互联网企业 OA 系统中内嵌或外挂智能廉正风险识别预防系统，及时及早发现违规问题线索。

一、商业贿赂犯罪研究综述：基于宏观、中观、微观视角的分析

商业贿赂作为现代商业经济中普遍存在的社会现象，是所有实行市场经济制度的国家均无法避免的难题。① 对社会发展转型期国家而言，公权力与市场界限相对模糊，更是容易形成商业贿赂与公务贿赂相互交织、相互影响、相互攀附特征。② 随着我国市场经济的发展转型，我国学者从 20 世纪 80 年代末 90 年代初开始关注商业贿赂犯罪研究问题，至今已有 30 余年的历程。在我国社会主义市场经济改革进入深水区的现实背景之下，回顾和梳理我国现有商业贿赂犯罪研究成果，对于加深对商业贿赂犯罪的认识、推动商业贿赂犯罪理论研究与实践治理有着重要意义。

（一）前提：商业贿赂犯罪相关概念

1. 商业贿赂的概念

商业贿赂（bribery in business）是一个相对于普通贿赂而言的概念，主要指发生在商业经济活动中的贿赂现象。现代意义上的商业贿赂是伴随商品经济的发展而产生的，起源于 19 世纪中叶西方国家铁路运输部门为了增加货运量而支付给托运方或其代理人一定数额的回扣，本质上是一种为了获得高额利润而采取的不正当竞争措施。美国《布莱克法律词典》对商业贿赂的定义之一是："为了寻求商业竞争优势而贿赂潜在的购买者的雇员或代理人。"③ 在我国，"商业贿赂"一词最早由学者从域外研究中引入，如李敏的译文《商业贿赂与政治贿赂》。④ 随着 1993 年《反不正当竞争法》的出台，商业贿赂作为一种不正当竞争行为被明令禁止，但该法尚未明确商业贿赂的概念。原国家工商管理局于 1996 年发布的《关于禁止商业贿赂行为的暂行规定》（以下简称《暂行规定》），首次给出了商业贿赂的官方定义。《暂行规定》第 2 条明确规

---

① 陈刚：《法治社会与人情社会》，载《社会科学》2002 年第 11 期。
② 卢建平、郭健：《商业贿赂犯罪及其刑事实体立法规制——以〈联合国反腐败公约〉为视角》，载《社会科学战线》2007 年第 1 期。
③ 龚培华：《商业贿赂与商业贿赂犯罪的区别》，载《法学》2006 年第 7 期；黄丽勤、周铭川：《论〈刑法修正案（九）〉及司法解释对商业贿赂犯罪的新规定》，载《刑法论丛》2018 年第 2 期。
④ 李敏：《商业贿赂与政治贿赂》，载《环球法律评论》1985 年第 5 期。

定，所谓商业贿赂，是指经营者为销售或者购买商品而采用财物或者其他手段贿赂对方单位或者个人的行为。不难看出，《暂行规定》对于商业贿赂的定义仅针对商业受贿行为。其后，中共中央办公厅、国务院办公厅于2006年印发的《关于开展治理商业贿赂专项工作的意见》、中央治理商业贿赂领导小组于2007年印发的《关于深入推进治理商业贿赂专项工作的意见》进一步明确了商业贿赂是一个发生在商业领域、包括商业受贿与商业行贿行为在内的总括性概念。

2. 商业贿赂犯罪的广义与狭义之分

商业贿赂犯罪概念并非规范意义上的刑法概念，更不是对应的某个特定的刑法分则的具体罪名，而是针对发生在商业领域贿赂犯罪现象的一个总称。更进一步说，商业贿赂犯罪是一个犯罪学或者政治学意义的概念。① 在理论上，商业贿赂犯罪有广义和狭义之分。广义说以贿赂行为发生的领域为标准，认为凡是发生在商业活动领域的贿赂行为均为商业贿赂，其中既包括以国家工作人员为主体的公务型贿赂犯罪，亦包括以非国家工作人员为主体的业务型贿赂犯罪。在该说看来，商业贿赂犯罪是指发生在商业经营活动中的全部贿赂犯罪。② 狭义说则以贿赂行为的主体为标准，主张商业贿赂仅指业务型贿赂，而不包括公务型贿赂。也即商业贿赂相对于公职贿赂而言，是指在市场交易过程中发生的以社会权力寻租与租用为本质而与公共权力寻租与租用并无直接关系的贿赂犯罪。③

在法律层面，我国立法机关和司法机关主要采取的是广义说的观点。最高人民法院、最高人民检察院于2008年出台的《关于办理商业贿赂刑事案件适用法律若干问题的意见》明确，商业贿赂犯罪涉及刑法规定的八种罪名：非国家工作人员受贿罪、对非国家工作人员行贿罪、受贿罪、单位受贿罪、行贿罪、对单位行贿罪、介绍贿赂罪、单位行贿罪。2009年，我国《刑法修正案（七）》增加了"利用影响力受贿罪"罪名。2011年《刑法修正案（八）》在《刑法》第164条中增加1款，增设了"对外国公职人员、国际公共组织官员行贿罪"罪名。至此，我国刑法中与商业贿赂犯罪相关的罪名增至11个。

---

① 柳忠卫：《商业贿赂罪之刑法本体界定》，载《法学论坛》2006年第5期；刘远：《略论商业贿赂犯罪要件之立法》，载《法学论坛》2006年第5期。

② 王志祥、何恒攀：《我国商业贿赂犯罪的立法模式探究》，载《中南民族大学学报（人文社会科学版）》2010年第6期；王晓东：《论商业贿赂犯罪的概念》，载《政法学刊》2015年第1期。

③ 陈家林：《日本刑法中的商业贿赂犯罪及对我国的启示》，载《山东警察学院学报》2006年第3期；刘远：《略论商业贿赂犯罪要件之立法》，载《法学论坛》2006年第5期。

尽管广义说兼顾了对公平竞争市场秩序与公职人员职务廉洁性的保护，有利于加大对商业贿赂犯罪的打击力度，但在本文看来，之所以将"商业贿赂犯罪"作为一个独立概念提出，正是因为商业贿赂犯罪区别于普通贿赂犯罪，有其自身的独特特点。有学者也指出，在中国语境下，将商业贿赂犯罪区别于公务贿赂犯罪，有其现实原因与意义：民间的"商业贿赂"与官场的"公职贿赂"在中国文化场景中显然有着完全不同的伦理意蕴和社会意义。因而只有将商业贿赂犯罪与公务贿赂犯罪相区别，才是基于中国国情对商业贿赂犯罪概念作出的适正判断。[①]

诚然，将商业贿赂犯罪区别于公务贿赂犯罪，有助于我们更好理解商业贿赂犯罪的特殊性，但并不意味着将二者截然对立起来。事实上，商业贿赂犯罪与公务贿赂犯罪亦有着密切联系。一方面，商业贿赂为公职贿赂营造了社会文化环境。市场经济根植于市民社会，而市民社会是政治国家的基础，市民社会的文化模式、行为方式必然直接或间接影响到政治国家的运行方式。由此，肇始于市民社会的商业贿赂现象也将对政治国家中公职人员的行为带来不良的破窗效应，从而成为公职贿赂的社会基因。另一方面，公职贿赂为商业贿赂扩展了市场活动范围。在现实生活中，社会权力与公共权力的界限并不是泾渭分明的，而随着经济社会的发展，各类社会经济组织与经济实体的诞生，使得公共权力介入经济生活的趋势越发明显，公权力逐步成为市场交易中的权力资本和寻租对象，从而导致了官商勾结、商业贿赂与公职贿赂相互纠缠的复杂情形。[②] 此外，国有企业作为国家公权力垄断和市场自由竞争的过渡地带，国有企业工作人员的贿赂犯罪有时既具有商业贿赂属性，同时也具有公务贿赂属性。商业贿赂犯罪与公务贿赂犯罪之间这种既相互区别又内在联系的特征，有助于商业贿赂犯罪研究的进一步展开。

（二）宏观：商业贿赂犯罪根源、治理理念及立法选择

1. 根源：特殊制度、文化背景下的"集体意识"

商业贿赂作为我国社会转型期的一种普遍性违规现象，是由于支持市场经济良性运作的经济政治制度的缺乏和我国传统人情社会中商业贿赂的"集体意识"所导致的。

在制度层面，公平竞争的市场环境和机制的缺乏是影响非国有经济市场主体"被动行贿"重要因素之一：弱势竞争群体不得不通过商业贿赂来扭转自

---

① 刘远：《略论商业贿赂犯罪要件之立法》，载《法学论坛》2006 年第 5 期。
② 刘远：《商业贿赂犯罪的概念与立法》，载《华东政法学院学报》2006 年第 5 期。

己在竞争中的不利局面，以求得生存与发展。通过商业贿赂能够疏通僵硬的制度约束、获取紧缺的市场资源乃至利用规章制度的弹性为行为主体获取最大利益。[①] 另外，即使存在公平的市场竞争秩序，但遵守规则意味着只能获取平均利润，而市场资源配置机制和监督机制的不完善，给予了市场主体以打破规则获取高额利润的希望，从而导致了"主动行贿"泛滥。[②] 如龙宗智在《论我国转型期规制经济犯罪的刑事政策》一文中所指出的："在成熟市场经济条件下不会出现普遍性地破坏规则，因为有一个合理而严格的规则体系，同时经济社会能够为这种规则体系的运行提供有效的支持条件。反之，如果规则受到普遍性破坏，总是由于规则本身以及支持条件出了问题，因此难以有效地约束经济主体的逐利性与自利性冲动。"[③]

在社会文化背景层面，公共契约的空疏和人情关系的偏重，构成了当下商业交易的路径依赖。在脱胎于人情社会的东方商业规则中，仍然不可避免地受到人情社会的影响，人情社会作为中国传统文化的一大特点，使得商业交易的进行与完成过分依赖人情因素，而不是出于对公共契约的信赖与遵守。商业贿赂作为我国社会转型期的一种违规现象，很大程度与人情社会传统有关，以人情亲疏差序来处理人与人之间的事务，将异化的"礼文化"的商业贿赂作为维持人情关系、获取商机、资源和竞争优势的主要手段，一定程度导致了商业贿赂"集体意识"社会传统的形成，促使了商业贿赂的流行和繁盛。[④]

2. 治理：法律中心主义 vs 政策中心主义

关于商业贿赂的治理、商业贿赂应否犯罪化等问题，理论界存在两种不同的研究进路。

法律中心主义主张以法律手段，尤其是刑法手段，作为规制商业贿赂的核心手段，通过立法明确商业贿赂罪的规制范围，严格遵循罪行法定原则，惩治和预防商业贿赂犯罪。其主要观点认为：其一，随着经济的发展以及跨国贸易的繁荣，商业贿赂行为愈加复杂与多样，与业务型贿赂犯罪在现行刑法体系中的次要地位是不相适应的，需要刑事立法对社会现状作出积极的回应，以完善

---

① 陈刚：《法治社会与人情社会》，载《社会科学》2002 年第 11 期。
② 周茂玉：《商业贿赂犯罪的刑事政策》，载《国家检察官学院学报》2008 年第 2 期。
③ 龙宗智：《论我国转型期规制经济犯罪的刑事政策》，载《法学》2005 年第 1 期。
④ 吴钧：《人情社会与商业贿赂》，载《南方周末》2006 年 3 月 19 日；谢望原：《商业贿赂：原因与对策》，载《深圳大学学报（人文社会科学版）》2007 年第 3 期；周茂玉：《商业贿赂犯罪的刑事政策》，载《国家检察官学院学报》2008 年第 2 期。

我国对商业贿赂犯罪的立法。① 其二，要预防和遏止贿赂犯罪的发生，就必须从增加其违法成本入手。对此，严密刑事法网，尽可能减少立法空白和立法"死角"，将提高贿赂犯罪的违法成本和惩罚概率。其三，诚然，不能指望仅通过严厉的刑罚惩治就能根除贿赂犯罪的发生，刑法作为"最后法"，对于贿赂行为不能动辄以刑罚处理，而应重视行政制裁这一治理贿赂的常用手段。基于我国目前对贿赂行为的行政处罚并不完善的现状，若要有效遏制贿赂行为的发生和蔓延，就必须完善我国对于商业贿赂的行政处罚规定。②

政策中心主义说强调应以"宽严相济"的刑事政策为指引，对商业贿赂进行综合治理。其主要观点认为：其一，当前我国商业贿赂犯罪增长是社会政治、经济、思想、文化等各方面消极因素的共同作用和综合反映，具有综合性、复杂性、多变性的特点，刑法在预防和减少商业贿赂犯罪中的作用是相对有限的，关键在于多策并举、综合治理。我国商业贿赂刑事政策的价值取向应以"社会治安综合治理"为"面"，以"从严惩处，宽严相济"为"线"，以全面放弃"严打政策"为"点"。③ 其二，治理商业贿赂的刑事政策必须在市场秩序稳定和社会公平正义之间寻求平衡。我国社会转型期商业贿赂等普遍性违规的现实，决定了过分追求个案正义的实现，不仅不能形成新的市场秩序，反而会使通过商业贿赂换来的已经稳定的市场秩序再度混乱。治理商业贿赂犯罪旨在维护公平的市场竞争秩序，从而实现经济的良性运作。只能基于"相对合理主义"的理念，采取"刑法对市场经济有限干预"的刑事政策，兼顾经济发展与经济秩序稳定。刑法作为最后一道防线，重点应打击严重商业贿赂犯罪。④ 其三，尽管商业贿赂犯罪化是国际上较为普遍的做法，但反对者关于商业贿赂犯罪化阻碍经济自由和利润最大化的观点也不容忽视。从比较法角度来看，我国商业贿赂犯罪化是适应国情的重要举措，应坚持"宽严相济"刑事政策指引，理性看待刑法在商业贿赂治理中的作用。⑤

不同治理思路的背后实际是不同价值选择的冲突。法律有着公平正义、自由、秩序等多种价值，刑法也具有打击犯罪与保障人权的双重目的。对商业贿

---

① 莫洪宪、张昱：《我国刑法中的商业贿赂犯罪及其立法完善》，载《国家检察官学院学报》2013年第2期。
② 郭理蓉、卢建平：《权、利的双向寻租及其法律规制——兼议贿赂犯罪的整合与刑法完善》，载《华中科技大学学报（社会科学版）》2008年第3期。
③ 卢勤忠、吴云：《对我国商业贿赂刑事政策的思考》，载《法学杂志》2008年第2期。
④ 周茂玉：《商业贿赂犯罪的刑事政策》，载《国家检察官学院学报》2008年第2期。
⑤ 徐文文：《全球视野下商业贿赂刑法规制问题再探讨》，载《法学杂志》2016年第4期。

赂的治理模式的选择,也是一个价值选择的过程。但是,价值选择无法通过科学测算准确无误地做出,而需要在诸多竞争、冲突的价值中进行某种拣选,并且不可避免地走向某种程度的妥协。理想状态下,商业贿赂犯罪治理的价值选择是一个连续统一过程,包括合规律性与合目的性的统一、社会选择与个人选择的统一、人权保障与犯罪控制的统一。①

3. 立法:统一立法模式 vs 附属刑法模式

当前世界各国对狭义的商业贿赂行为即业务型商业贿赂犯罪的立法模式,大致可分为两种类型:其一是法典型统一立法模式,即把业务型商业贿赂犯罪集中规定在刑法典之中。如美国纽约州的《商业贿赂法》、挪威的《一般公民刑法典》及《芬兰刑法典》均以法典或单行法的形式规定了商业贿赂犯罪。其二是附属刑法型立法模式,即把业务型商业贿赂犯罪分散规定在反不正当竞争法、反垄断法等法律中的刑法规范(即附属刑法)之中。如日本刑法典中仅规定了公务型贿赂而未对业务型贿赂作出任何规定,但《日本商法典》第494条规定,公司的特定人员接受有关公司事务的不正当请托,收受、索取或者约定收受财产上的利益的,处5年以下惩役或者500万日元以下的罚金。此外,《不当赠品及不当表示防止法》和《不公正的交易方法》也对业务型贿赂规定了刑事罚则。我国《刑法》将公务型贿赂与业务型贿赂犯罪集中规定于刑法典中,尽管我国《反不正当竞争法》规定,经营者采用财物或者其他手段进行贿赂以销售或者购买商品,构成犯罪的,依法追究刑事责任,但其相关条款并不具备附属刑法的实质特征。因而可以认为,我国目前采取的仍是统一立法模式。②

应当看到,我国现行商业贿赂犯罪的统一立法模式有其现实合理性。其一,体现了改革开放以来我国刑法立法整体的理念变革。从79刑法时代一系列附属刑法大量存在到97刑法的统一吸纳,我国刑法的法典化过程顺应了改革开放过程中的法治化思潮和法制建设中学界对形式理性的呼唤。其二,体现了我国刑事法治重视法典的传统。虽然商业贿赂犯罪属于新型犯罪,但其立法仍然要受我国刑事法治整体传统"法典情结"的影响。③ 但随着社会、经济的发展,现行立法模式也难免存在不足。非国家工作人员的贿赂犯罪呈现出行为

---

① 姜涛:《有关商业贿赂犯罪治理中的话语表达》,载《政法论坛》2008年第3期。
② 莫洪宪、张昱:《我国刑法中的商业贿赂犯罪及其立法完善》,载《国家检察官学院学报》2013年第2期。
③ 王志祥、何恒攀:《我国商业贿赂犯罪的立法模式探究》,载《中南民族大学学报(人文社会科学版)》2010年第6期。

方式越来越隐蔽、越来越复杂的特点，并随着跨国贸易的增多，商业贿赂的对象已经不再局限于国内的公司、企业或其他单位，甚至包括了对外国国家公职人员进行贿赂。商业贿赂行为的愈加复杂与多样，与业务型贿赂犯罪在现行刑法体系中的次要地位是不相适应的，需要刑事立法对社会现状作出积极的回应，以完善我国对商业贿赂犯罪的立法。[1]

据此，我国学者对于我国商业贿赂犯罪的立法完善也提出了不同路径。强调在保持现行统一立法模式的前提下，对我国刑法中有关商业贿赂犯罪的规定进行完善，如在刑法中确立独立的商业贿赂罪。[2] 有鉴于商业贿赂犯罪的独立品格，我国刑法应对其单独立法，内容上包括上述两类贿赂犯罪的主体在商业交易中的贿赂行为，体系上隶属于《刑法》分则第三章破坏社会主义市场经济秩序罪中第八节"扰乱市场秩序罪"。[3] 具体到章节体系上，结合商业贿赂罪的侵害客体，将该罪名规定于分则第三章第八节"扰乱市场秩序罪"之中，并分别设立商业受贿罪和商业行贿罪的罪名。[4] 另一种观点以附属刑法模式为指引，又具体体现为两种思路。有学者主张可以通过在《反不正当竞争法》中设置附属刑法规范的方式加以规定。[5] 与此同时，有学者更进一步，认为应制定统一的反商业贿赂法，集刑事、民事、行政责任于一体，对不同程度的商业贿赂行为规定不同的法律责任，以遏制商业贿赂。[6] 该说论者认为，利用附属刑法，不仅能够更好地调和法的滞后性与社会生活易变性之间的矛盾，同时由于我国刑法对犯罪的界定采取的定性与定量因素相结合的做法，附属刑法规定的刑事责任可以和其所附属的相关法律规定的行政责任、民事责任、经济责任等相互衔接、照应，体现刑法作为社会最后一道保护屏障的作用，从而使人们对商业贿赂的法律责任形式有一个较为清楚的认知。[7]

---

[1] 莫洪宪、张昱：《我国刑法中的商业贿赂犯罪及其立法完善》，载《国家检察官学院学报》2013年第2期。
[2] 魏昌东、钱小平：《商业贿赂犯罪独立设罪研究》，载《社会科学》2006年第12期。
[3] 杨志琼：《商业贿赂犯罪单独立法新论》，载《湖北社会科学》2008年第4期。
[4] 魏昌东、钱小平：《商业贿赂犯罪独立设罪研究》，载《社会科学》2006年第12期。
[5] 赵芳芳：《完善刑事立法加大惩治商业贿赂犯罪力度——访北京大学法学院周密教授》，载《人民检察》2006年第4期。
[6] 胡梅娟、栗建昌：《商业贿赂带来八大负面影响》，载《瞭望新闻周刊》2005年第33期。
[7] 王志祥、何恒攀：《我国商业贿赂犯罪的立法模式探究》，载《中南民族大学学报（人文社会科学版）》2010年第6期。

(三) 中观：商业贿赂犯罪理论构架与刑法设置

1. 商业贿赂犯罪的保护法益

在商业贿赂犯罪的保护法益（犯罪客体）问题上，我国刑法理论中存在单一法益说与多重法益（复合法益）说的分野。

单一法益说主张商业贿赂犯罪的法益是一元的，即市场经济秩序。从商业贿赂犯罪所侵犯的社会关系来看，涉及公平竞争的市场经济秩序、职务行为的不可交换性以及他人的财产所有权等。商业贿赂物属于行为对象而不是犯罪对象，不能充分反映刑法所保护的利益。在商业贿赂犯罪所侵犯的诸法益中，只有市场经济秩序才是所有商业贿赂犯罪共同侵犯的社会关系。① 有的学者从同类客体与直接客体的角度出发，认为商业贿赂犯罪所侵犯的同类客体是社会主义市场经济管理秩序，其直接客体是市场的公平竞争秩序。② 从非国家工作人员受贿罪、对非国家工作人员行贿罪等罪在我国刑法中的体系定位来看，其规定于《刑法》第三章破坏社会主义市场经济秩序罪，具体归于第四节妨害对公司、企业的管理秩序罪，据此可以认为，商业贿赂犯罪保护的一般法益为社会主义市场经济秩序，具体保护的是公司、企业的管理秩序。③

多重法益说则认为，商业贿赂犯罪的保护法益并不是单一的，而是多重的。多重法益说的着眼点主要集中于公平竞争的市场交易秩序，公司、企业或者其他单位的管理秩序与非国家工作人员职务行为的廉洁性三个方面。有学者认为，对非国家工作人员行贿罪的犯罪客体是公平竞争的市场交易秩序和公司、企业或者其他单位的工作人员职务行为的不可交换性。④ 有学者主张，非国家工作人员职务犯罪主要是经济经营领域的腐败犯罪，我国刑法、刑法修正案以及司法解释的有关规定表明，其以侵犯单位的正常管理制度、公平竞争和正当交易的市场经济秩序为客体。也有学者认为，商业贿赂犯罪作为一种较为典型的新兴形态的经济违法犯罪行为，具有分层次、多重性、复杂化的特征。商业贿赂犯罪既侵犯了公平交易的社会主义市场经济秩序，也侵犯了其他经营者的公平竞争权利、公司、企业或者其他单位的管理制度与秩序以及非国家工作人员职务行为的廉洁性和不可收买性。⑤

---

① 邓中文：《商业贿赂犯罪的法益分析》，载《商业研究》2011年第3期。
② 魏昌东、钱小平：《商业贿赂犯罪独立设罪研究》，载《社会科学》2006年第12期。
③ 王晓东：《论商业贿赂犯罪的概念》，载《政法学刊》2015年第1期。
④ 韩成军：《对非国家工作人员行贿罪探析》，载《学术界》2011年第5期。
⑤ 杨月斌：《略论非国家工作人员贿赂犯罪刑事法制之完善》，载《现代财经》2010年第12期。

2. 商业贿赂犯罪的罪名设置

关于商业贿赂犯罪的罪名设置问题，由于贿赂犯罪具有对向犯特征，以存在二人以上的行为人互相对向的行为为要件，故首先可以从商业行贿和商业受贿分别进行界定。所谓商业行贿，是指商业活动主体在确立交易之前、之中或之后，为竞争交易机会，直接或间接向交易相对人（包括交易相对人及其负责人、代理人、工作人员和对交易业务有决定权的人）以及对商事交易业务具有决定性影响的人，许诺给予、提议给予或实际给予其不正当好处的行为。商业受贿则是指商事活动主体或者对商事交易业务具有决定性影响的人，在确立商事交易之前、之中或之后，直接或间接索取或者收受不正当好处，以作为其与之确立交易或促成交易的条件的行为。①

我国刑事立法对于商业贿赂犯罪具体罪名的设置也经历了一个演变的过程。1995年2月28日，全国人大常委会《关于惩治违反公司法的犯罪的决定》第9条规定了公司董事、监事、职工受贿罪，这是刑事法律第一次将从事公务以外人员的受贿行为规定为犯罪。1996年1月，最高人民法院《关于办理违反公司法受贿、侵占、挪用等刑事案件适用法律若干问题的解释》扩大解释了《关于惩治违反公司法的犯罪的决定》第9条之规定，认为公司和其他企业的董事、监事、职工利用职务上的便利，索取或者收受贿赂，数额较大的，构成商业受贿罪。1997年刑法对此前的刑事立法中关于贿赂犯罪的规定予以吸收和修扩，分别于刑法分则第三章和第八章规定了公司企业人员受贿罪、对公司企业人员行贿罪、受贿罪、单位受贿罪、行贿罪、对单位行贿罪、介绍贿赂罪、单位行贿罪等八个贿赂犯罪罪名。此外，《刑法》第229条第2款明确规定，承担资产评估、验资、验证、会计、审计、法律服务等职责的中介组织的人员，索取他人财物或者非法收受他人财物，情节严重的以提供虚假证明文件罪定罪。2006年，《刑法修正案（六）》将公司企业人员受贿罪、对公司企业人员行贿罪修改为非国家工作人员受贿罪、对非国家工作人员行贿罪。②

在采取狭义的商业贿赂犯罪概念的基础之上，我国现行《刑法》中商业贿赂犯罪罪名体系包括：非国家工作人员受贿罪（第163条）、对非国家工作人员行贿罪（第164条第1款）、单位受贿罪（第387条），以及对外国公职人员、国际公共组织官员行贿罪（第164条第2款）。

---

① 卢建平、郭健：《商业贿赂犯罪及其刑事实体立法规制——以〈联合国反腐败公约〉》为视角，载《社会科学战线》2007年第1期。

② 王晓东：《论商业贿赂犯罪的概念》，载《政法学刊》2015年第1期。

3. 商业贿赂犯罪的刑罚配置

商业贿赂犯罪的刑罚配置问题是前述宏观层面的立法理念与刑事政策在中观层面的具体体现。早先研究者们的关注点主要在于对我国商业贿赂犯罪刑罚制度进行评价并提出完善建议。如黄渝景在《论对商业贿赂犯罪的刑罚配置》一文指出，目前我国商业贿赂犯罪在刑罚制度上存在刑罚幅度不平等、死刑设置不合理、罚金刑地位缺失、资格刑功能错位等问题。从商业贿赂犯罪刑罚制度的应然价值基础出发，商业贿赂犯罪的在刑罚制度完善应实现刑罚幅度平等化、死刑设置国际化、增设罚金刑、改造资格刑。① 总体而言，商业贿赂犯罪的刑罚配置研究主要集中于以下三个问题：

其一，商业贿赂犯罪与公务贿赂犯罪的刑罚配置问题。如前所述，商业贿赂犯罪与公务贿赂犯罪密切相关，故二者在刑罚配置上的关系也较受关注，具体争议点为商业贿赂犯罪的刑罚配置是否应与公务贿赂犯罪保持一致。一方观点认为，在对市场经济的管理和调控方面，对任何市场主体都应同等对待，不应因其所有制性质的不同，经济实力的不同或所在地域的不同，而予以差别待遇，故对不同的市场主体犯相同的罪行必须设置相同的刑罚幅度。2016年11月4日，中共中央、国务院出台的《关于完善产权保护制度依法保护产权的意见》规定："坚持平等保护。健全以公平为核心原则的产权保护制度……毫不动摇鼓励、支持、引导非公有制经济发展，公有制经济财产权不可侵犯，非公有制经济财产权同样不可侵犯。"而目前我国商业贿赂犯罪的刑罚设置显著轻于公务贿赂犯罪。持该观点者认为，这种公私不平等的立法现状非常不利于非公产权的刑法保护。因而，从商业贿赂犯罪刑罚制度的应然价值基础出发，商业贿赂犯罪的刑罚制度完善应实现与公务贿赂犯罪刑罚幅度平等化。② 正是基于平等保护产权的精神，《刑法修正案（十一）（草案）》调整、提升了非国家工作人员受贿罪、职务侵占罪、挪用资金罪的刑罚配置，以便与受贿罪、贪污罪、挪用公款罪的刑罚配置保持一致或均衡，强化对非公有制经济的刑法保护。另一方观点认为，腐败犯罪分立的依据是行为主体的不同身份，与公有制经济的刑法保护、非公有制经济的刑法保护这两个问题并不直接相关；其刑罚配置的轻重差异不但不涉及违反平等保护产权精神的问题，反而彰显了对公务腐败犯罪和非公务腐败犯罪区别对待的立场，体现了中央"全面从严治党"战略和对腐败犯罪"坚持无禁区、全覆盖、零容忍"的政策要求。基于此，

---

① 黄渝景：《论对商业贿赂犯罪的刑罚配置》，载《政治与法律》2006年第5期。
② 张兆松：《职务犯罪立法的再检讨与完善——〈刑法修正案（十一）（草案）〉对职务犯罪的修改评析》，载《法治研究》2020年第5期。

建议在未来的刑法修正中，继续坚持刑罚配置轻重有别的现状。①

其二，商业贿赂犯罪的死刑配置问题。目前已经达成普遍共识的观点是，对商业贿赂犯罪不应设置死刑。该种观点主要是出于现实原因与比较法原因的考量。实践中，绝大多数国家或者地区已在经济犯罪领域全面废除了死刑，故对包括商业贿赂犯罪的所有经济犯罪领域中废除死刑已成我国目前的当然选择。② 同时，对商业贿赂犯罪配置死刑不利于惩治外逃犯罪分子。③ 可能的疑问是，若坚持平等保护原则，将商业贿赂犯罪刑罚配置与公务贿赂犯罪保持一致，则是否必然意味着也应对商业贿赂犯罪设置死刑呢？《刑法修正案（十一）（草案）》虽提高了非国家工作人员受贿罪、职务侵占罪的法定刑，却没有规定死刑。对此，有学者评价道，《刑法修正案（十一）（草案）》尽管沿袭了刑法扩张和重刑化发展的思路，但对非国家工作人员受贿罪、职务侵占罪没有规定死刑是正确的。④

其三，商业贿赂犯罪的刑罚种类配置问题。现有研究多从罚金刑与资格刑的角度进行思考。一方面，有学者认为，商业贿赂犯罪作为贪利性犯罪，用罚金刑对其处罚效果可能会优于自由刑处罚，而且也有利于刑罚的轻缓化。⑤ 亦有学者为商业贿赂犯罪设置罚金刑提供了比较法依据，在对商业贿赂犯罪的法定刑设置上，如美国、芬兰、德国、俄罗斯、法国等国，均在处自由刑的同时规定了财产刑（罚金或没收财产），体现了对财产刑的重视，这也正是对商业贿赂犯罪属贪利型犯罪的直接回应，通过广泛地规定财产刑，使得商业贿赂犯罪的行为人获取利益的目的落空，使贿赂犯罪变得无利可图，同时剥夺犯罪分子再次实施犯罪的经济条件，以获得较好的预防及惩戒效果。⑥ 对商业贿赂犯罪适用罚金刑，不仅从金钱上剥夺了犯罪人通过犯罪手段所获得的不法利益，而且对犯罪人予以欲得反亏的惩罚。⑦ 在学术界的呼吁下，我国《刑法修正案

---

① 王志祥：《产权平等保护精神的贯彻与刑法修正——以〈刑法修正案（十一）（草案）〉的相关规定为基础的思考》，载《法治研究》2020 年第 5 期。

② 黄渝景：《论对商业贿赂犯罪的刑罚配置》，载《政治与法律》2006 年第 5 期。

③ 卢建平、郭健：《商业贿赂犯罪及其刑事实体立法规制——以〈联合国反腐败公约〉为视角》，载《社会科学战线》2007 年第 1 期。

④ 张兆松：《职务犯罪立法的再检讨与完善——〈刑法修正案（十一）（草案）〉对职务犯罪的修改评析》，载《法治研究》2020 年第 5 期。

⑤ 徐岱、马宁：《商业贿赂犯罪的刑事实体法完善》，载《当代法学》2009 年第 2 期。

⑥ 莫洪宪、张昱：《我国刑法中的商业贿赂犯罪及其立法完善》，载《国家检察官学院学报》2013 年第 2 期。

⑦ 黄渝景：《论对商业贿赂犯罪的刑罚配置》，载《政治与法律》2006 年第 5 期。

(九)》对《刑法》第164条第1款非国家工作人员受贿罪增加了罚金刑,对外国公职人员、国际公共组织官员行贿罪亦适用该款规定,但对于非国家工作人员受贿罪,目前仍只规定了自由刑与没收财产刑。另一方面,对商业贿赂犯罪资格刑的内容进行完善也受到学者关注,如针对商业贿赂者的商品经营身份,对贿赂主体根据贿赂情节对单位分别并处或单处剥夺荣誉称号、限制经营范围、予以强制解散等,对个体可并处禁止一定时期内从事经营活动或担任经济组织之管理人员等,对非国家工作人员贿赂犯罪的刑罚规定进行系统的结构调整和刑种机制的完善,以此动摇商业贿赂犯罪主体"利用职务之便"的行为基础,从而有效预防主体的再次犯罪,尤其在对单位执行罚金刑困难的情况下可使判决真正做到罪刑相适应,解决单位犯罪刑罚单一的弊端。①

(四)微观:商业贿赂犯罪的具体认定

微观层面,我国研究者结合商业贿赂犯罪常见类案、个案,就犯罪构成要件的具体认定进行了深入研究。

1. 商业贿赂犯罪的行为主体研究

现有研究关于商业贿赂犯罪主体的探讨呈现出多元化的特征,其中不仅包括对最高人民法院、最高人民检察院《关于办理商业贿赂刑事案件适用法律若干问题的意见》(以下简称《商业贿赂意见》)中提到的医疗机构、教育机构中的非国家工作人员的分析,亦涉及村基层自治组织人员、记者、足球贿赂涉案人员、公司控股股东等特殊主体的认定。有的学者认为,需要合理界定商业贿赂犯罪主体要件中"其他单位人员"的范围,非营利性组织、社会团体等应归属于"其他单位"的范畴。② 有的学者对村基层自治组织人员、记者与医生三个特殊群体的受贿认定进行了深入研究,认为村基层组织临时聘用从事相应公务的人员可以认定为国家工作人员,但仅仅是协助村集体从事相关事务的,应认定为非国家工作人员受贿罪。新闻记者单纯利用采访报道权收受贿赂的行为符合非国家工作人员受贿罪的犯罪构成,医生"处方回扣"应构成非国家工作人员受贿罪。③ 有的学者结合个案对犯罪主体进行了具体探讨,认为

---

① 黄渝景:《论对商业贿赂犯罪的刑罚配置》,载《政治与法律》2006年第5期;杨秋林、刘莉芬:《商业贿赂犯罪的立法缺陷及其完善》,载《江西社会科学》2007年第12期;徐岱、马宁:《商业贿赂犯罪的刑事实体法完善》,载《当代法学》2009年第2期;杨月斌:《略论非国家工作人员贿赂犯罪刑事法制之完善》,载《现代财经》2010年第12期。

② 王鑫、韩轶:《商业贿赂犯罪主体的分析与立法完善》,载《国家检察官学院学报》2007年第2期。

③ 韩成军:《对非国家工作人员行贿罪探析》,载《学术界》2011年第5期。

协会工作人员在作为当犯罪主体具有双重身份时，主要利用国家工作人员身份受贿的，应当定受贿罪；主要利用非国家工作人员身份受贿的，应当定非国家工作人员受贿罪。① 农村信用社工作人员所经收的资金来源如果属于该社自有资金以及各信用社缴付资金的结算富余资金，不属于监督、管理国有财产，对其受贿行为应当以非国家工作人员受贿罪判处刑罚。② 有学者认为，作为非国家工作人员的公司控股股东利用职务上的便利，在账外收取回扣，可构成非国家工作人员受贿罪。③

2. 商业贿赂犯罪的危害行为研究

商业贿赂犯罪客观行为方面的研究主要集中于非国家工作人员受贿罪与对非国家工作人员行贿罪中"为他人谋取利益""给予""利用职务上的便利""为谋取不正当利益"等要件的探讨。

关于"为他人谋取利益"要件是否为构成商业受贿犯罪所必需，理论上存在肯定说与否定说两派观点。肯定说论者认为，"为他人谋取利益"是非国家工作人员受贿罪客观构成要素中不可或缺的一环。④ 与此相对，否定论者认为，商业受贿的行为类型不要求具备"为他人谋取利益"，是因为该款规定的"违反国家规定"与"归个人所有"的要件，本身就足以明白地体现行为的非法性与谋取私利性。⑤ 将"为他人谋取利益"作为商业受贿罪的构成要件，不利于严密刑事法网和有效打击受贿犯罪。同时，取消"为他人谋取利益"这一要件，也有利于节省司法资源，提高司法效率。⑥ 有研究者结合《联合国反腐败公约》对贿赂犯罪的规定认为，受贿犯罪并不要求"权钱交易"为条件，只要出现了"权力寻租"行为即可成立犯罪。"为他人谋取利益"的存在无疑为认定受贿犯罪制造了障碍，实践中有很多情况下受贿人"为他人谋取利益"要件难以证明，从而为行为人"权力寻租"预留机会。⑦ 此外，也有学者认为应区分索取型受贿罪与非法收受型受贿罪分别讨论，建议将非国家工作人员受

---

① 王秀梅、王莉莉：《我国足球腐败犯罪主体探讨》，载《法学杂志》2015 年第 1 期。
② 王瑞琼：《农村信用社工作人员的身份认定》，载《人民司法（案例）》2018 年第 2 期。
③ 姚翔宇：《股东账外收取回扣可构成非国家工作人员受贿罪》，载《人民司法》2019 年第 2 期。
④ 姚翔宇：《股东账外收取回扣可构成非国家工作人员受贿罪》，载《人民司法（案例）》2019 年第 2 期。
⑤ 劳东燕：《论受贿罪的实行行为》，载《政法论坛》2020 年第 3 期。
⑥ 刘远：《略论商业贿赂犯罪要件之立法》，载《法学论坛》2006 年第 5 期。
⑦ 徐岱、马宁：《商业贿赂犯罪的刑事实体法完善》，载《当代法学》2009 年第 2 期。

贿罪的客观要件修改为：“索取他人财物的，或者非法收受他人财物，为他人谋取利益，数额较大的”。①

对于商业行贿罪的行为要件，较有力的观点认为，"给予"无法涵盖"许诺给予""提议给予"，因而在立法上是不全面的。② 出于加大对商业行贿罪的打击需要，建议将行贿的行为方式扩大为"提议、许诺、实际给予"，且取消"为谋取不正当利益"的规定。③

商业贿赂罪中要求"利用职务上的便利"，应当区分商业领域的职务便利和公权力领域的职务便利。例如，针对《商业贿赂意见》规定的医疗机构中的非国家工作人员利用开处方的职务便利牟利的行为，应认识到，医生掌握专门的医学技术，属于专业人员。医生资格证虽由国家颁发，但仅是行业的准入凭证，不具有管理性职务等公权性，获得处方权后开药行为既具备技术性职务的外观，也具医疗行为的本质，不是国有医院的管理活动，而是一项社会公共服务，处方权通过技术劳动、技术工作而实现。因此，利用处方权收受药品回扣的医生应当定性为非国家工作人员受贿罪论处。④ 村干部在农村宅基地申请过程中从事审批工作，属于履行农村集体组织对集体所有的土地依法享有的自治权，而并非协助政府从事行政管理事务。此时其利用职务上的便利收受他人财物，为他人谋取利益，构成非国家工作人员受贿罪，而非受贿罪。⑤

3. 商业贿赂犯罪的危害结果研究

我国刑事立法与刑法理论的多数观点均认可，商业贿赂犯罪的对象不仅包括"财物"，但对于商业贿赂犯罪对象的具体内容与数额认定，尚存在不同观点。对此，早先有学者认为，从我国加入的《联合国反腐败公约》的规定看，贿赂可以是任何不正当好处，其字面涵义明显要宽于刑法规定中的财物。我国有关法律也有类似规定：如招标投标法表述为"财物或者其他好处"，反不正当竞争法表述为"财物或者其他手段"，政府采购法表述为"贿赂或者获取其他不正当利益"。将贿赂范围局限于财物，已经不能适应当前打击各类贿赂犯罪的现实需要，因而有必要扩大其范围。有学者建议出于与《联合国反腐败

---

① 张兆松：《职务犯罪立法的再检讨与完善——《刑法修正案（十一）（草案）》对职务犯罪的修改评析》，载《法治研究》2020年第5期。
② 刘远：《略论商业贿赂犯罪要件之立法》，载《法学论坛》2006年第5期。
③ 徐岱、马宁：《商业贿赂犯罪的刑事实体法完善》，载《当代法学》2009年第2期。
④ 郑高键、谢杰：《商业贿赂犯罪疑难问题的司法适用》，载《甘肃政法学院学报》2010年第2期。
⑤ 胡胜、肖荣武：《村干部审批宅基地中收受财物构成非国家工作人员受贿罪》，载《人民司法（案例）》2016年第32期。

公约》相协调的考虑，应将"财物"进一步扩大为"不正当好处"。① 我国《商业贿赂意见》第12条亦明确：贿赂犯罪中的"财物"，包括货币、物品和财产性利益。财产性利益包括可以折算为货币的物质利益如房屋装修、债务免除等，以及需要支付货币的其他利益如会员服务、旅游等。后者的犯罪数额，以实际支付或者应当支付的数额计算。但是"财产性利益"相比"财物"指向范围更大，但是相比"不正当好处"的涵盖范围较窄。商业贿赂中的"财物"及数额的界定不能一概而论，通常认为"利益"就是满足他人的需求，但是财产性利益应按照社会的基本观念来认定，即以是否需要或者可以通过支付一定的金钱对价为条件。因此，在"性贿赂"案件中，如果是个人献身型的不能算财产性利益，如果是花钱请人提供性服务的，则可以作为财产性利益。这种解释对于许多新型、无法对价的商业贿赂形式缺乏刑法威慑。②

4. 商业贿赂共同犯罪的认定

关于商业贿赂共同犯罪的认定问题，存在"主犯决定说""分别定罪说"与"从一重罪说"的论争。

"主犯决定说"是目前的通说，认为非国家工作人员与国家工作人员通谋，分别利用各自的职务便利为他人谋取利益的，应按照主犯的犯罪性质追究刑事责任。对商业贿赂共同犯罪罪名的认定，在复数实行犯情况下，以主犯的罪名将共犯分别认定为受贿罪和非国家工作人员受贿罪，具有其合理性，但在特殊情况下应根据共犯理论与有利于被告人原则进行调适。③ 反对者认为，《商业贿赂意见》采取的"主犯决定说"将"确定犯罪性质"与"区分主从犯"两者混为一谈。主犯和从犯是根据共同犯罪人在共同犯罪中所起的作用来进行区分的，在犯罪性质确定之前或者犯罪性质难以确定时，只要有共同犯罪人就可以划分主犯和从犯。但是也遭到部分学者的批评，有的学者认为，主犯和从犯应当是在确定犯罪性质的前提下根据共同犯罪人在共同犯罪中所起的作用来进行区分的，即只有先确定犯罪性质，才能区分主从犯，而《商业贿赂意见》则先确定主从犯再来认定犯罪性质，在逻辑顺序上存在瑕疵。主犯、

---

① 刘远：《略论商业贿赂犯罪要件之立法》，载《法学论坛》2006年第5期；韩耀元、王文利：《〈关于办理商业贿赂犯罪案件适用法律若干问题的意见〉解读》，载《人民检察》2008年第24期；徐岱、马宁：《商业贿赂犯罪的刑事实体法完善》，载《当代法学》2009年第2期。

② 李翔：《对商业贿赂犯罪司法解释的若干质疑》，载《政治与法律》2009年第6期。

③ 郑高键、谢杰：《商业贿赂犯罪疑难问题的司法适用》，载《甘肃政法学院学报》2010年第2期。

从犯是认定行为人刑事责任的依据,而不是认定犯罪性质的根据。①

"分别定罪说"认为,国家工作人员利用职务上的便利与非国家工作人员利用国家工作人员职务上的便利,应当分别定罪。② 反对者指出,"分别定罪说"存在违背共同犯罪理论原则、违背罪名与罪行相一致原则、导致量刑严重失衡等明显缺陷,因而商业贿赂犯罪共犯的定性不宜采用"分别定罪说"。

"从一重罪说"认为,国家工作人员和非国家工作人员各自利用职务上的便利为他人谋取利益,共同收受财物再私分,行为人构成受贿罪和非国家工作人员受贿罪的想象竞合犯,应按照想象竞合犯从一重处断的原则来处理。③ 反对者认为,运用想象竞合犯处罚原则的"从一重处说"来解决商业贿赂犯罪共犯的定性问题会面临共同犯罪行为与一个人的一个行为不能等同、共同犯罪行为不可能同时触犯受贿罪与非国家工作人员受贿罪两罪名等疑问。④

可以看到,对于研究者们提出的部分问题与建议,如平等保护原则、不配置死刑、犯罪对象由财物扩大为财产性利益等观点,我国近年来的立法与司法实践已作出了一些回应。不过,对于"为他人谋取利益""给予"等商业贿赂犯罪的客观行为、对非国家工作人员受贿罪设置罚金刑等问题,立法与司法层面的态度与观点尚不明确,但在理论上仍有重要的研究价值。而对于以上问题的回答,归根结底是对商业贿赂犯罪治理的价值选择问题。网络时代商业贿赂犯罪研究有必要从应然和实然两个路径共同深入,一方面围绕法条进行刑法教义学研究和法益研究,另一方面围绕互联网公司商业贿赂案例进行深入的实证分析发现犯罪特征、犯罪原因并提出可能的犯罪防控对策。

二、我国互联网企业商业贿赂犯罪的特征、原因与对策

长期以来,有关贿赂犯罪的研究和讨论多集中于公务贿赂犯罪领域,商业贿赂犯罪方面的研讨则相对较少。随着民营经济的逐步发展,民营企业在社会主义市场经济中扮演的角色和地位日趋重要,相关市场交易活动愈加频繁,民营企业所涉商业贿赂犯罪案件数量也随之增多。网络时代,商业贿赂犯罪也呈现出一些新的特征,特别是相较于传统行业,互联网行业在业务内容、盈利模式等方面都有其特殊性和复杂性,由此也为许多新型商业贿赂犯罪提供了生存

---

① 李翔:《对商业贿赂犯罪司法解释的若干质疑》,载《政治与法律》2009 年第 6 期。
② 徐峙:《共同犯罪与身份犯问题浅论》,载《中国民航飞行学院学报》2009 年第 3 期。
③ 李翔:《对商业贿赂犯罪司法解释的若干质疑》,载《政治与法律》2009 年第 6 期。
④ 孟庆华、赵东:《商业贿赂犯罪共犯的定性问题探讨》,载《河北法学》2014 年第 7 期。

空间。近年来引发社会高度关注的小米、阿里巴巴等互联网企业员工商业腐败案正是互联网经济时代商业贿赂犯罪的一个缩影。

非国家工作人员受贿罪是商业贿赂犯罪领域的重点罪名,由北京师范大学中国企业家犯罪预防研究中心发布的《企业家刑事风险分析报告(2014—2018)》显示,2014 年至 2018 年间,非国家工作人员受贿罪为民营企业家涉及的高频罪名之一,触犯次数达 236 次。① 本研究依托中国裁判文书网、北大法宝司法案例等平台,就现有已公开互联网企业涉非国家工作人员受贿罪的司法案例进行了检索。共检索到 2011 年以来的互联网企业涉非国家工作人员受贿罪案件 74 件,案件数量总体呈上升趋势,到 2019 年达到峰值,多达 23 件。课题组通过案例研究的方式,梳理互联网企业非国家工作人员受贿罪犯罪现状,多角度剖析互联网企业商业贿赂的犯罪原因,以期为互联网企业商业贿赂犯罪防控提供有益思路。

(一)现状扫描:我国互联网公司商业贿赂犯罪的主要特征

1. 行为主体特征

犯罪主体要件的不同是商业贿赂犯罪区别于公务贿赂犯罪的最明显的特点,故本项目首先对我国互联网企业商业受贿犯罪的犯罪主体特征进行了分析。前述 73 件案件涉及被告人 95 人,已公开身份信息 57 人②,具体特征如下:

(1)年龄特征

表 1 我国互联网企业商业受贿案件被告人年龄分布情况

被告人年龄段	人数	占比
20—29 岁	9	18.4%
30—39 岁	31	63.2%
40—49 岁	9	18.4%

我国互联网企业商业受贿犯罪群体具有年轻化特征,40 岁以下犯罪群体占比超过 80%。从被告人年龄段来看,占比由高到低依次为 30—39 岁阶段、20—29 岁阶段与 40—49 岁阶段。这与互联网行业从业人员年轻化密切相关

---

① 张远煌:《企业家刑事风险分析报告(2014—2018)》,载《河南警察学院学报》2019 年第 4 期。

② 由于已公开被告人身份信息的案例对于年龄、性别、职务、学历的公开程度不一,在统计口径上,裁判文书中具有年龄信息的总样本数为 49 人,具有性别信息的总样本数为 66 人,具有学历信息的总样本数为 35 人,具有职务信息、共同犯罪信息的总样本数为 96 人,故各类身份信息对应的案件总数有差异。

（据统计互联网行业从业者的平均年龄为29岁）。[①] 在样本中，被告人年龄最小的为原北京××文化发展中心法人代表的周某，实施犯罪时仅20岁。被告人年龄最大的为××事业群总裁、××音乐CEO杨某某，初次犯罪时43岁。

（2）性别特征

表2 我国互联网企业商业受贿案件被告人性别分布情况

被告人性别	人数	占比
男	54	81.8%
女	12	18.2%

在性别方面，互联网企业非国家工作人员受贿罪男性被告人数量占比超过80%，女性被告人仅占比不到20%，可见男性互联网员工的受贿风险远远高于女性员工。这一特点也与互联网企业男性员工居多的现实情况相关。

（3）学历特征

表3 我国互联网企业商业受贿案件被告人学历分布情况

被告人学历层次	人数	占比
大学专科	11	31.4%
大学本科	20	57.2%
硕士研究生	4	11.4%

我国互联网企业商业受贿犯罪呈现出显著的高学历犯罪特点，目前已公开学历信息的所有被告人均为大学专科以上学历，其中具有大学本科学历的被告人超过半数，具有硕士研究生学历的被告人占比11.4%。原因在于，互联网企业由于其行业自身的特殊性，对员工的学历、专业素质要求较高，入职的学历门槛相对较高，一般互联网企业招聘均要求具有大学专科以上学历人员，对于部分岗位则要求知名高校研究生以上学历人员。

（4）职务特征

表4 我国互联网企业商业受贿案件被告人职务分布情况

被告人职务	人数	占比
基层员工	67	69.8%
中层部门负责人	22	22.9%
高管	7	7.3%

---

① 于立文：《什么是年轻人的职场天堂？》，载《清华管理评论》2015年第Z2期。

我国互联网企业商业受贿犯罪的基层员工受贿现象突出。统计结果显示，在统计案例所涉及 96 名被告人中，基层员工受贿人数达 67 人，约占所有被告人的 70%，为中层员工与高管人数的两倍多。造成基层员工受贿现象突出的一个重要原因在于互联网企业基层员工手中掌握着不少业务权限，如阿里巴巴的一名基层员工就可能对商家入驻、活动审核、广告投放等业务享有处理权限，但是配套的监督制约制度机制尚不健全，相比公权力部门仍有差距。

（5）人数特征

表5 我国互联网企业商业受贿犯罪类型分布情况

犯罪类型	人数	占比
单独犯罪	55	57.3%
共同犯罪	41	42.7%

从统计结果来看，我国互联网企业非国家工作人员受贿案件中单独犯罪案件与共同犯罪案件占比相差不大，共同受贿高发多发成为常态。共同犯罪案件中的共犯人既有企业内部人员，亦有企业外部人员，内部共同作案和内外勾结的情况均有存在。如微梦创科公司的吴某、谭某等 7 名员工就共同利用职务便利，为他人提供新浪微博账号违规解封、申请"加 V 认证"、平移粉丝、批量开通等操作，收受他人给予的好处费 16 万元。[①] 在阿里巴巴员工宋某某、廖某某等人犯非国家工作人员受贿罪一案中，被告人宋某某、廖某某就与企业外部人员勾结，由宋某某、郭某寻找被系统判定为违规的店铺，随后利用人工审核申诉的职务便利，帮助淘宝商家通过申诉进而撤销处罚，并在收取好处费后进行分成。[②]

（6）犯罪主体所在单位

从犯罪人工作单位来看，发案数在 5 件以上的企业有 4 家，从高到低依次为阿里巴巴（15 件）、腾讯（13 件）、京东（7 件）与华为（7 件），均为国内规模较大的知名互联网企业，公开的案件数量占国内互联网企业商业受贿犯罪案件的半数以上。在主营业务方面，以阿里巴巴、京东为代表的电子商务领域与以腾讯为代表的即时通讯领域均是互联网企业商业受贿犯罪的高发区。也

[①] 吴某、谭某等非国家工作人员受贿案，北京市海淀区人民法院（2013）海刑初字第 2757 号刑事判决书。

[②] 宋某某、廖某某等非国家工作人员受贿案，浙江省杭州市中级人民法院（2020）浙 01 刑终 47 号刑事判决书。

侧面说明互联网行业"独角兽企业"的垄断优势越大,其商业贿赂(受贿)风险也越高;公司和事业群规模越大、管理层级越多,监督制约的需求也就越大。

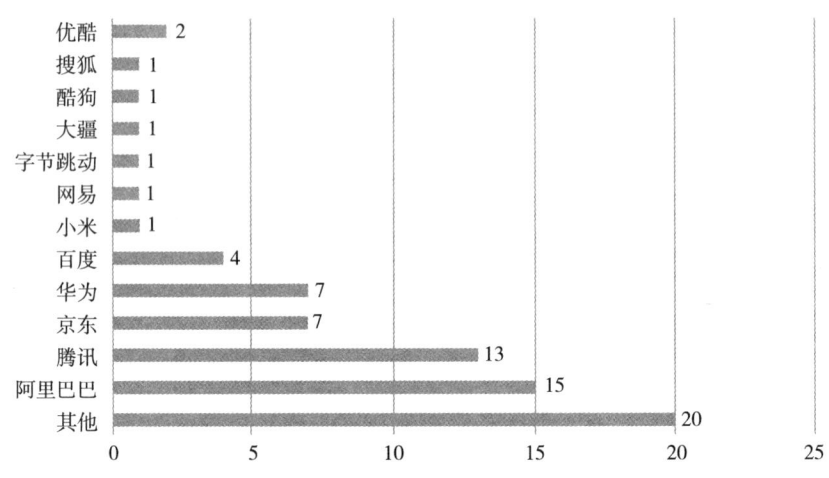

图1 我国互联网企业商业受贿犯罪主要来源企业分布

2. 危害行为特征

商业贿赂中非国家工作人员受贿行为上要求"利用职务便利",对上述73件案件犯罪行为"利用职务便利"的领域进行进一步分析,可以发现如下特征:

其一,运营环节为互联网公司商业贿赂高风险环节。① 产品、技术与运营通常被作为互联网企业生存与发展的三大核心环节,不同类型的互联网企业对这三者又各有侧重,如社交类企业更重视产品,电商类企业更重视运营,而资讯类企业更看重技术。尽管不同企业对于产品、技术与运营的重视程度不一,但样本案例显示,运营环节正在成为我国互联网企业商业贿赂犯罪的共同高发环节。在不同互联网细分行业中,我国互联网企业运营环节的商业受贿犯罪也有不同表现形式。例如,以阿里巴巴、京东为代表的电商类企业商业受贿犯罪多集中于活动运营业务,如阿里巴巴员工黄某在担任聚划算事业部淘抢购运营专员期间,利用负责人工审核淘宝商品上淘抢购活动的职务便利,伙同他人帮

---

① 互联网企业运营一般指建立和优化用户与产品之间的联系,推动用户增长、销售转化等工作,具体包括用户运营、产品运营、活动运营、新媒体运营等。广义的互联网企业运营即互联网企业中除却产品与技术的其他所有业务。

助淘宝卖家的商品优先上淘抢购活动，共同收取好处费。① 京东员工赵某利用其担任运营人员的职务便利，为商家安排京东商城秒杀席位，从中收取好处费。② 再如，产品类企业商业受贿犯罪则多集中于产品运营业务，如腾讯员工丁某某利用其担任公司运营组主编、负责腾讯网络媒体时尚栏目业务的职务之便，为艺人张某提高其在巴黎时装周的媒体曝光度，从中收取贿赂。③

其二，行贿人多为互联网企业的供应商或代理商。贿赂犯罪作为刑法中的对向犯，必须由行贿人与受贿人在对立的意思支配下实施对向性行为才能完成。对于电商类企业而言，B2C 的经营模式下电商网站的商品货源多来自外部商家，从供应商的引进、商品价格设置，到安排店铺资源位、活动位，再到店铺评价管理、监督处置等，电商企业在与外部商家合作交易的每一个环节都有可能成为员工权力的寻租空间。在 2013 年，阿里巴巴高管阎某某开设了以团购预售模式为主的 D2C 项目，在收受杭州点创科技公司的好处费后，该公司就成为该项目服装类栏目的唯一合作运营商，使行贿公司获得了垄断性优势。④ 腾讯员工万某等人利用职务便利，收受多家经销商给予的好处费，为其在保持腾讯公司经销商地位、调整经销区域及销售任务指标、减免腾讯公司罚款等方面提供帮助。⑤ 网易员工栗某作为网易考拉海购平台运动户外相关产品的采购和销售工作的负责人，在长天公司给考拉海购平台供货过程中，利用职务便利为对方提供帮助，从中收受好处费 18 万元。⑥ 对于非电商类互联网企业而言，商业受贿犯罪多表现为企业员工利用职务便利为代理商、供应商、合作商提供机会与帮助，以"好处费"与"回扣"的形式从中获利。如小米员工赵某利用其担任小米公司市场部创意视频部负责人的职务便利，先后多次为其他公司提供帮助，以使这些公司成功承揽某有限公司新品发布会搭建项目，

---

① 黄某非国家工作人员受贿案，杭州市余杭区人民法院（2016）浙 0110 刑初 546 号刑事判决书。

② 赵某非国家工作人员受贿案，北京市大兴区人民法院（2019）京 0115 刑初 237 号刑事判决书。

③ 丁某某非国家工作人员受贿案，北京市海淀区人民法院（2018）京 0108 刑初 507 号刑事判决书。

④ 阎某某非国家工作人员受贿案，杭州市西湖区人民法院（2013）杭西刑初字第 286 号刑事判决书。

⑤ 万某、金某某非国家工作人员受贿、职务侵占案，上海市徐汇区人民法院（2017）沪 0104 刑初 890 号刑事判决书。

⑥ 栗某非国家工作人员受贿案，浙江省杭州市滨江区人民法院（2019）浙 0108 刑初 251 号刑事判决书。

累计收取对方公司给予的好处费24万元。①

其三，互联网行业内部廉洁监管仍有不足。特别是企业核心业务领域，商业"权力"最为集中，也最容易滋生腐败。如阿里巴巴员工收费为淘宝卖家撤销处分、调整商品价格获利；优酷员工有偿推广带隐形广告的视频；腾讯员工收费为他人违规解封QQ号、QQ空间，不同犯罪客观行为都共同指向了企业的核心业务。甚至产生了非法产业链和"索贿"行为，如阿里巴巴员工宋某某、廖某某就与他人预谋，由他人寻找被系统判定为违规的店铺，之后利用自身人工审核申诉的职务便利，帮助淘宝商家通过申诉进而撤销处罚，在短短两个月时间内，二人受贿数额就分别达到110万元、50万元。②

3. 危害结果特征

作为数额犯，商业贿赂犯罪的危害结果"罪量"要素直接体现为犯罪数额。

从整体上看，2011年以来公开的我国互联网企业商业受贿案件犯罪数额最低为2万元，最高达855万元。③ 为较为清晰地描绘了我国互联网企业商业受贿犯罪数额特征，本项目以被告人性别、学历、职务与犯罪类型为自变量，就其与犯罪数额之间的内在联系作了简要分析。

表6 我国互联网企业商业受贿案件被告人性别与犯罪数额关系

被告人性别	最低犯罪数额	最高犯罪数额	平均犯罪数额
男	2万元	855万元	86万元
女	6.5万元	273万元	47万元

在被告人性别方面，男性被告人的犯罪数额区间为2万元—855万元，女性被告人的犯罪数额区间为6.5万元—273万元，男性被告人平均犯罪数额明显高于女性被告人平均犯罪数额。

---

① 赵某非国家工作人员受贿案，北京市海淀区人民法院（2019）京0108刑初2245号刑事判决书。

② 宋某某、廖某某等非国家工作人员受贿案，浙江省杭州市中级人民法院（2020）浙01刑终47号刑事判决书。

③ 依据最高人民法院、最高人民检察院2016年发布的《关于办理贪污贿赂刑事案件适用法律若干问题的解释》，非国家工作人员受贿"数额较大"的起点为6万元，但本项目统计案例中犯罪数额最低的案例发生于司法解释颁布前的2013年，故对被告人进行了刑事立案。

表 7　我国互联网企业商业受贿案件被告人学历与犯罪数额关系

被告人学历	最低犯罪数额	最高犯罪数额	平均犯罪数额
大学专科	6万元	50万元	27万元
大学本科	6.5万元	855万元	103万元
硕士研究生	12万元	641万元	115万元

在被告人学历方面，学历为大学专科的被告人犯罪数额区间为6万元—50万元，学历为大学本科的被告人犯罪数额区间为6.5万元—855万元，学历为硕士研究生的被告人犯罪数额区间为12万元—641万元，大学专科、大学本科和硕士研究生学历对应的平均犯罪数额依次为27万元、103万元和115万元。整体而言，被告人学历与犯罪数额的关系基本呈正相关，被告人学历越高，犯罪数额也随之增多。

表 8　我国互联网企业商业受贿案件被告人职务与犯罪数额关系

被告人职务	最低犯罪数额	最高犯罪数额	平均犯罪数额
基层员工	2万元	141万元	28万元
中层员工（部门负责人）	8万元	641万元	110万元
高管	6万元	855万元	253万元

在被告人职务方面，基层员工的犯罪数额整体较少，区间为2万元—141万元，中层员工受贿犯罪数额区间为8万元—641万元，高管受贿犯罪数额区间为6万元—855万元。从平均犯罪数额来看，基层员工、中层员工与高管的平均犯罪数额依次为28万元、110万元与253万元，可见互联网企业员工受贿数额与员工职务亦呈正相关，被告人职务越高，受贿数额越大。

表 9　我国互联网企业商业受贿犯罪类型与犯罪数额关系

犯罪类型	最低犯罪数额	最高犯罪数额	平均犯罪数额
单独犯罪	2万元	855万元	60万元
共同犯罪	6万元	393万元	59万元

犯罪类型也影响着被告人犯罪数额高低。单独犯罪案件犯罪数额的区间为2万元—855万元，而共同犯罪案件犯罪数额为6万元—393万元。单独犯罪和共同犯罪的犯罪数额差异不显著。

4. 罪数与刑罚适用特征

（1）罪数特征

表10 我国互联网企业商业受贿案件罪数适用情况

罪数情况	案件数	占比
单独一罪	69	93.2%
数罪并罚	5	6.8%

在罪数方面，单独一罪案件占统计案例的绝大多数，不过数罪并罚案件也有5件，占比不到10%。这5件数罪并罚案件的被告人均同时触犯非国家工作人员受贿罪与职务侵占罪，也从侧面反映了商业贪污与贿赂犯罪间具有紧密联系。

（2）主刑及附加刑适用特征

刑罚适用情况也是研究我国互联网企业商业受贿犯罪惩治中重点关注内容。在样本涉及的96名被告人中，适用的主刑以有期徒刑为主，共有93人被判处有期徒刑，占比高达96.9%，而以拘役判处3人，占比3.1%。有期徒刑适用细分情况显示，被告人最高被判处8年有期徒刑，最低为6个月有期徒刑。5年以下有期徒刑的适用率为83.4%，5年以上有期徒刑适用率则为13.5%，适用我国《刑法》第162条第1款规定的"数额较大"一档量刑的案件占了绝大多数。

表11 我国互联网企业商业受贿案件主刑及附加刑适用情况

	主刑			附加刑
拘役	有期徒刑			没收财产
	1年以下	1年以上 5年以下	5年以上	
3人	43人	37人	13人	8人
3.1%	44.8%	38.6%	13.5%	8.3%

值得注意的是，被告人被判处5年以上有期徒刑的案件在2016年之前接近七成，而2016年之后审理的仅占三成左右。这一特点的形成与最高人民法

院、最高人民检察院于2016年发布《关于办理贪污贿赂刑事案件适用法律若干问题的解释》（以下简称《贪污贿赂案件解释》）密切相关。《贪污贿赂案件解释》将《刑法》第163条规定的非国家工作人员受贿罪中的"数额较大""数额巨大"的数额起点分别确定为受贿罪相对应的数额标准规定的2倍、5倍，即6万元、100万元。也即非国家工作人员受贿数额在6万元以下的，将不作为刑事案件处理；受贿数额在6万元以上，不超过100万元的，处5年以下有期徒刑或者拘役；受贿数额在100万元以上的，处5年以上有期徒刑，可以并处没收财产。而在该解释颁布前，非国家工作人员受贿案件立案标准依据的为最高人民检察院、公安部于2010年颁布的《关于公安机关管辖的刑事案件立案追诉标准的规定（二）》，依据该规定，公司、企业或者其他单位的工作人员利用职务上的便利，索取他人财物或者非法收受他人财物，为他人谋取利益，或者在经济往来中，利用职务上的便利，违反国家规定，收受各种名义的回扣、手续费，归个人所有，数额在5000元以上的，应予立案追诉。这意味着，《贪污贿赂案件解释》提高了非国家工作人员受贿罪的入罪门槛和加重处罚起点，同一犯罪数额对应的刑罚幅度也较之《解释》颁布前明显降低。例如，2013年阿里巴巴员工王某犯非国家工作人员受贿罪，受贿数额为17万元，被判处有期徒刑5年6个月，并处没收财产人民币1万元。① 而2016年腾讯员工宋某犯非国家工作人员受贿罪，受贿数额同样为17万元，但仅被判处有期徒刑7个月。②

在附加刑适用方面，由于没收财产刑的适用要求非国家工作人员受贿"数额巨大"，尤其是在《贪污贿赂案件解释》提高了"数额巨大"起点之后，能适用没收财产刑的案件数量也被压缩。2011—2020年间仅有8人适用没收财产刑，占比8.3%。

（3）缓刑适用特征

我国互联网企业非国家工作人员商业受贿犯罪人员缓刑适用情况受到社会的高度关注。在样本的96名被告人中，一共有26人被适用缓刑。从被告人职务方面来看，基层员工适用缓刑人数为23，而中层员工适用缓刑人数为3人，这一特点也是由基层员工受贿数额相对中层员工与高管较少、情节相对较轻的情况决定的。本研究还统计了适用缓刑的26人所符合的量刑情节，其中，作

---

① 王某非国家工作人员受贿案，杭州市西湖区人民法院（2013）杭西刑初字第830号刑事判决书。

② 宋某非国家工作人员受贿案，广东省深圳市南山区人民法院（2016）粤0305刑初1335号刑事判决书。

为缓刑适用法定条件之一的"有悔罪表现"出现频率为100%。值得注意的是,"积极退赃"("积极退出全部或部分违法所得")情节的出现频次也高达24次,也从侧面说明了退赃行为在非国家工作人员受贿罪刑罚裁量中的重要性。此外,在被告人未积极退赃的2例案件中,被告人由于属于从犯,最终也被宣告缓刑。

表12 我国互联网企业商业受贿案件缓刑适用基础情节情况

量刑情节	频次	占比
自愿认罪、悔罪	26	100%
积极退赃	24	92.3%
从犯	2	7.7%

(二)我国互联网公司商业贿赂犯罪的生成原因

互联网公司商业贿赂犯罪高发多发,是个体因素、企业因素、行业因素、社会因素等相互影响、共同导致的经济现象。

1. 个体因素:巨额利益下的越轨与侥幸

以贝克尔、埃利希为代表的新古典主义学派认为,"犯罪行为,尤其是财产犯罪就像正常的市场活动,因为企求的利润会超越预计的成本界限,犯罪行为的数量取决于对犯罪代价与利润之间的比例所作的估计,每个犯罪分子都进行代价/利润分析。""潜在的犯罪人在他可能收集到的情报范围内审查一切机会,并且选择代价低尤其是惩罚风险小而利润高,有希望获得最大个人利益的行动。"① 按照理性经济人假设,受贿收益大于受贿成本(经济成本和受贿风险),在缺乏足够自我约束的前提下,就会产生商业贿赂行为。马克思在《资本论》脚注曾引用过一句名言,"资本害怕没有利润或利润太少,就像自然界害怕真空一样。一旦有适当的利润,资本就胆大起来。如果有10%的利润,资本就会到处被使用;有20%的利润,资本就能活跃起来;有50%的利润,资本就会铤而走险;为了100%的利润,资本就敢践踏一切人间法律;有300%以上的利润,资本就敢犯任何罪行,甚至去冒绞首的危险。"② 在巨额利益面前,个别互联网企业从业人员或存在侥幸心理、从众心理,或缺乏廉正意

---

① [德]施奈德:《犯罪学》,吴鑫涛、马君玉译,中国人民公安大学出版社1990年版,第393页。
② 《资本论》(第1卷),载《马克思恩格斯文集》(第5卷),人民出版社2009年版,第871页。

识和法治观念,选择了收受商业贿赂。甚至已经成为互联网公司高管、具有百万年薪和股份的情况下,仍然会收受商业贿赂,例如,2017年3月百度通过内部邮件,宣布原糯米总经理曾某被解聘,称"曾某在担任百度大客户(KA)销售部总经理期间,利用职务便利,违规给某KA渠道代理商提供帮助,并从该渠道代理商融资过程中谋取私下利益,违反了公司职业道德规范,构成严重违纪。对此,曾某已经承认上述违纪事实、主动向公司认错并退赔了公司经济损失。百度决定解除曾某的劳动合同,并已经对涉事代理商进行了处理。"在商业贿赂案例中,特定关系人也与受贿罪等相似发挥了重要作用,例如,原优酷总裁杨某某为给其情人季某购买房产,2017年某影视公司副总裁王某向杨某某推荐影视剧《木槿花西月锦绣》,杨某某向公司负责采购影视剧的马某打招呼"说某基金、某影业在某公司都有投资,不要轻易否掉某公司的项目",2017年10月,优酷以4.2亿元的价格向某公司采购《木槿花西月锦绣》,2018年7月,杨某某联系王某向其"借钱"200万元用于给季某购买房产。

2. 企业因素:互联网企业内部监管乏力

没有监督的权力必然导致腐败,这是一条铁律。不仅对于公权力部门如此,对于商业领域包括互联网企业同样适用。互联网企业内部监管存在显著不足:一是在权力制约机制方面。互联网企业日常经营业务权力分配模式使得中下层员工高度授权,但互联网企业内部各部门之间、同一部门的不同业务口员工之间缺乏有效的权力制约机制,容易为权力滥用创造机会和条件。二是在监督管理机制方面。虽然部分互联网公司设置了内部反腐败部门,如阿里巴巴于2010年设置了廉正合规部,百度2011年设置了职业道德建设部,京东2016年设立了内控合规部,腾讯设立了审计监察反舞弊调查组,但是与上万人的企业员工队伍相比,数十人的专职反腐败部门的人力投入、资金投入显然明显不对称。特别是对于高管腐败的监管缺乏授权或虽形式上具有授权但实质上无法有效监督。三是在调查核实手段方面。相比纪检监察机关和检察机关,企业内部反腐部门缺乏法定的调查手段,也缺乏相关的信息资源,存在获取线索难、线索调查核实难,无法查阅私人账务和私人通信,对于不配合的内部员工缺乏强有力的调查核实应对策略。四是在廉正观念方面。互联网公司中缺乏有效的廉正观念教育,按照海登海默的"三色腐败"理论,互联网公司的企业文化对部分商业贿赂行为持"灰色腐败"或"白色腐败"认知,特别是在效率与公正方面,互联网企业由于要迅速适应市场变化,往往更加追求效率因素。在发现腐败现象后,不少企业由于人情因素、企业商誉等考虑,往往只是劝退或辞退责任人,并没有移送有关部门追究其法律责任,对腐败现象的容忍度较高。

3. 行业因素：互联网行业寻租空间较大

一方面，相较于传统行业，互联网行业在盈利模式、业务性质等方面有其特殊性。互联网企业主要通过广告业务、增值业务和佣金业务3项业务盈利。无论是以运营为主的电子商务类互联网企业，还是以产品为导向的社交企业，抑或是以技术为核心的资讯类企业，均依靠以上三种运营模式实现流量变现和企业盈利。对于外部企业而言，获取流量就获得了更高的盈利可能性；而对于内部企业员工而言，控制流量相关的权力就意味着更高的"收入"。互联网企业的资本多元化、业务多面向、资金流量大和高利润，给手握资源的企业员工提供了大量的寻租空间。寻租成本更倾向虚拟化，即腐败不仅出现在资金链上，也出现在流量分配、流量变现等虚拟资产的运作过程中。① 部分互联网商业贿赂通过行贿以获取广告投放位、活动展位或是搜索结果的优先序位、商铺的高分评价等。另一方面，相较于传统行业相对固定的业务种类，互联网行业的业务更为繁杂，而且随着互联网技术发展日新月异，互联网行业业务种类与内容也呈多元化扩张，由此也滋生了诸如违规收费解封QQ空间、新浪微博账号等新型受贿行为。在新兴业务产生初期，行业规则尚未清晰，制度制约相对滞后，存在监管的空窗期；而由于互联网行业的高迭代率，某一业务行业规则和监管制度相对成熟，新型又再次面临监管"空窗期"，规则和监管的滞后在互联网行业中成为常态。相较于公共领域，在激烈的互联网行业内部竞争态势的高压之下，行业对于商业贿赂的敏感度和重视程度也远远滞后，科技创新、资本运营、公共关系等的资源投入优先级均高于行业的廉正监管。跨公司之间的行业联系和合作也相对薄弱，我国14家互联网企业于2017年自发组建了互联网行业反腐非实体机构——阳光诚信联盟，旨在以诚信为基点，通过联盟内部的信息共享、监督、评估和惩治机制，共同打造阳光诚信的互联网行业环境。尽管该联盟在互联网行业自律机制的建立方面迈出了坚实的一步，也在一定程度上改善了互联网行业内部腐败治理现状，但也应理性认识到，对于规模庞大的整个互联网行业而言，仅靠十几家互联网企业的努力，还难以形成对整个互联网行业自律的有效合力。

4. 社会因素：互联网商业贿赂的国家与社会监管不足

由于信息不对称等因素，互联网领域商业贿赂问题的外部监管相对滞后。一是在立法司法方面，国家层面对互联网企业的监管主要体现为与互联网企业监管相关的法律机制。当前我国对于互联网企业的制度规范更多关注的是互联

---

① 郑洁、马志娟等：《互联网企业反腐，廉洁治理亦须与时俱进》，载《财政监督》2019年第20期。

网行业安全和技术问题,以及对涉及利用互联网犯罪行为的法律规制。但对互联网企业人员商业贿赂犯罪问题的关注相对要少。在法律规范方面,我国互联网企业商业受贿犯罪规制主要依据的是《刑法》《反不正当竞争法》等法律中有关商业贿赂违法犯罪的规定,总体而言,我国对于互联网企业腐败犯罪的法律规范虽有,但尚不够全面和系统。二是在政策层面,为促进互联网经济发展,国家对于早期互联网行业采取宽松的监管政策以鼓励互联网行业的发展,希望主要依靠互联网行业内部自律机制是促进互联网行业健康发展、营造良好的行业秩序的先决条件。对于许多违规行为在没有引起严重社会效果的情况下,缺乏有力干预。特别是在中央网信办成立之前,互联网监管长期处于"九龙治水"的分散局面,但迄今为止惩治互联网商业贿赂仍然有待公安部门、纪检监察部门、网信管理部门、市场监管部门加强协作与沟通协调。三是在社会层面,社会监督在公务反腐方面发挥着特殊作用,但在商业腐败方面,社会监督作用发挥还不够充分。互联网行业本是因互联网而兴,但在通过互联网对互联网行业进行社会监督方面仍不充分。互联网公司的信息公开程度与其影响力不成正比,信息公开是社会监督的前提,这也导致着更多时候以社会成员为主体、以舆论等为媒介的社会监督并没有很好地参与进来,难以有效发挥社会监督的重要作用。

(三) 我国互联网企业商业贿赂的犯罪防控对策建议

互联网企业作为关乎国民经济发展的创新驱动力量,其商业贿赂问题不仅是企业治理的内部运营问题,亦是关系到网络经济、虚拟社会发展诸多方面的重大风险隐患。[①] 在对互联网企业商业贿赂犯罪原因进行各方面剖析的基础上,探索互联网企业商业贿赂犯罪防控进路即成为当务之急。课题组根据犯罪学相关理论,提出部分惩治和预防对策建议,以供参考。

1. 互联网商业贿赂的犯罪惩治对策建议

首先,建议进一步完善商业贿赂法律规范体系,在法律层面,完善商业贿赂法律规范体系是有效规制互联网企业商业贿赂犯罪的制度保障。基于当下我国对商业贿赂采取的统一立法模式现状,比较适宜的路径是在刑法典中进一步整合和完善商业贿赂犯罪规定,增加商业贿赂规制的法律供给,确保互联网企业商业贿赂犯罪治理有法可依、有章可循。在此基础之上,网信办、工信部、商业部、市场监管总局相关部门也应出台具体的法律规范,完善刑法、行政法

---

① 参见于琴:《国家治理现代化视域下互联网企业腐败治理》,载《重庆社会科学》2019 年第 4 期。

等公法领域和公司法等商法领域的互联网企业商业贿赂犯罪治理规范体系。司法机关通过司法解释、指导性案例等方式，进一步解决网络商业贿赂新型犯罪问题的司法适用难题，逐步统一法律适用标准。

其次，建议开展网络商业贿赂专项整治行动，由公安机关、网信管理部门牵头，开展为期1—3年的专项整治，有关单位或者个人购买或者销售商品时收受贿赂的，由工商行政管理机关按照前款的规定处罚；构成犯罪的，移交司法机关依法追究刑事责任，将惩治商业贿赂犯罪和加强互联网行业监管紧密结合起来，加强刑事司法机关对网络商业贿赂犯罪的打击力度和行政机关的监管力度，畅通网络商业贿赂惩治的"两法衔接"机制。准确适用宽严相济、"重重轻轻"的刑事政策，对于重大典型案件加强涉法涉诉宣传和舆论引导，通过以案说法强化社会、企业对网络商业贿赂现象的警觉，落实普法责任制，强化非国家工作人员受贿罪、非国家工作人员行贿罪的普法宣传。

最后，建议建立互联网商业贿赂治理机制。互联网商业贿赂治理是一项系统性工程，需要企业内部、行业协会、国家及社会的协同努力。进一步发挥中国互联网协会等行业协会的纽带作用，建议在中央网信办指导下，在中国互联网协会中下设网络商业贿赂防治研究中心，为立法、监管部门、司法部门、行业协会、网络企业、研究机构的对话交流畅通沟通渠道、搭建协作平台，定期及时收集主要互联网公司商业贿赂情况，组织加强互联网商业贿赂防治研究。互联网公司内部廉正监督部门发现的问题线索，除直接向司法机关报案外，对于发现的普遍性问题或不构成犯罪的问题也可以以非公企业党组织名义向上级党组织（互联网协会党委）报告，再由上级党组织转交给其他部门办理。行业协会自律委员会等部门也可以探索建立网络从业人员商业贿赂数据库或黑名单机制，从而对轻微违规问题进行职业性的处罚，增加违规成本。网信管理部门和工商管理部门应加强行政指导和观念引导，强化互联网企业内部和互联网行业的监督效果，促成企业、行业内部与外部联动监督机制发挥实效。

2. 互联网商业贿赂的犯罪预防对策建议

预防犯罪是犯罪治理的根本途径，正如孙思邈《千金方》中所说，"上医，医未病之病；中医，医欲病之病；下医，医已病之病"。犯罪预防作为"隔断或者削弱犯罪及其原因之间的因果关系的行为体系"，可以有效在事前控制、减少、抑制犯罪的发生。

首先，建议切实加强网络商业贿赂的制度预防。一是完善以内控内审为核心的互联网企业商业贿赂预防机制，鉴于不同类型互联网在企业业务性质、战略定位和经营策略等方面存在差异，互联网企业应结合行业发展和企业自身情况，对自身风险承受和防控能力进行理性评估，确立一套有效、合适的风险防控机制,完善企业的公司治理结构,推广借鉴阿里巴巴等方法建立《集团商业行为准则》,将制度管理前置于事前、事中管理。二是强化互联网企业管理权力制约机制,强化双人审核"四眼原则"(four-eye principle),重视业务授权与审核管理,并注重各部门、各人员之间权力的平衡和制约,探索建立公司内部中高层管理人员轮岗制度,以此降低舞弊及商业贿赂的风险。三是强化企业内部审计制度或第三方审计制度,对于不正常的事项及时进行审计监督,加强舞弊审计、绩效审计以及离任审计的力度。四是强化公司管理透明化,加强运营环节等高廉政风险工作的内外部信息自动公开机制,主动接受内外部各方面监督。

其次,建议切实加强网络商业贿赂的组织预防。一是发挥非公企业党组织作用。贯彻中共中央办公厅《关于加强和改进非公有制企业党的建设工作的意见(试行)》"非公企业党建应着眼于发挥政治核心、政治引领作用","充分发挥纪检组织在维护和执行党的纪律中的职能作用"的文件精神,切实发挥党组织对企业的监督作用。二是重视企业员工法律与道德素质建设。互联网企业在选人用人时,应坚持"德才并重,以德为先",将员工的道德素质建设摆在重要位置。百度公司职业道德委员会、职业道德建设部等做法,加强职业道德培训和法律素质建设,帮助员工形成对商业贿赂的敬畏之心。三是积极构建企业廉正文化。企业文化对企业整体和企业成员的价值及行为有着重要的导向作用,不仅能使全体员工在企业的战略定位、原则制度等方面达成基本共识,而且企业内部群体意识与集体行为,将对企业内部个体的行为产生群体心理压力,以使得个人作出尽量符合集体的行为,对企业员工的思想、心理和行为具有约束和规范作用。阳光、清廉的企业文化有助于网络企业员工的"不想腐、不愿腐"建设,增强反商业贿赂的内生动力。

最后,建议切实加强网络商业贿赂的技术预防。一是建立互联网公司数据安全管理机制,防止商业贿赂行为泄露互联网公司的数据资产、商业秘密和用户资料,强化对核心数据的高安全防护等级和配套防护措施。二是建立互联网公司员工"数字廉正档案",以人为统计单位,汇总该员工所有的违规情况和投诉举报情况,加强对全体职工的廉政档案管理,提供查询、统计报表、数据分析等功能。三是建议建立廉正风险防控系统,以内嵌或外挂形式与互联网企业 OA 系统、财务管理系统实现数据对接,设置了同步监督、自动预警、综合处置、分析评估、结果运用和公开公示等功能,将互联网商业贿赂风险点预先编入计算机程序,并将法律法规、公司规定提炼为具体的排查规则,由排查规则构成排查组件程序,自动运行开展同步监督,发现商业贿赂后自动预警。责任人在接到预警后,需及时进行说明或整改,公司内部监管部门同步介入,督促整改纠正，对仍拒不落实的，视情况启动问责程序。①

三、非国家工作人员受贿罪的教义学分析

（一）非国家工作人员受贿罪的立法沿革

非国家工作人员受贿罪系1997年《刑法》修订时新增罪名。此前的1979年《刑法》本无非国家工作人员受贿罪。本罪实际上源于1998年全国人大常委会通过的《关于惩治贪污罪贿赂罪的补充规定》和1995年全国人大常委会《关于惩治违反公司法的犯罪的决定》（以下简称《公司犯罪决定》）。其中，《公司犯罪决定》第9条规定："公司董事、监事或者职工利用职务上的便利，索取或者收受贿赂，数额较大的，处五年以下有期徒刑或者拘役；数额巨大的，处五年以上有期徒刑，可以并处没收财产。"第12条规定："国家工作人员犯本决定第九条、第十条、第十一条规定之罪的，依照《关于惩治贪污罪贿赂罪的补充规定》的规定处罚。"1997年《刑法》第163条第1款在吸收前述内容的基础上规定："公司、企业的工作人员利用职务上的便利，索取他人财物或者非法收受他人财物，为他人谋取利益，数额较大的，处五年以下有期徒刑或者拘役；数额巨大的，处五年以上有期徒刑，可以并处没收财产。"该条第2款规定："公司、企业的工作人员在经济往来中，违反国家规定，收受各种名义的回扣、手续费，归个人所有的，依照前款的规定处罚。"

直至2006年，《刑法修正案（六）》才对本罪进行的两处重大修改：一是把本罪的犯罪主体从"公司、企业工作人员"扩大到"其他单位的工作人员"，以应对日益严峻的商业贿赂犯罪局势，同时也与我国加入的《联合国反腐败公约》相适应；二是在第163条第2款中增加了"利用职务上的便利"要件，要求在经济往来中违反国家规定，收受回扣、手续费的，也要以"利用职务上的便利"为前提才构成本罪。修订后的条文沿用至今。

近几年，有不少论者基于"平等保护民营经济"的刑事政策考量，呼吁提高本罪的法定刑。其基本逻辑是，国有企业中的国家工作人员受贿的，最高可处无期徒刑乃至终身监禁，而非国有的公司、企业或其他单位工作人员受贿的，最高只处15年有期徒刑；两相比较，似乎反映出了对国有企业和非国有企业的区别对待。因此，有论者建议提高本罪的法定刑以实现平等保护国有企业和民营企业的政策目标。其实，早在本罪立法之初，就曾出现关于本罪法定

---

① 金鸿浩、周奕澄、游浩然：《互联网企业商业贿赂犯罪及其防控——以非国家工作人员受贿罪为例》，载《犯罪研究》2021年第4期。

刑的争论。曾参与立法工作的学者指出，在本罪立法研讨期间有论者提出本罪的法定最高刑应提高至无期徒刑，而且期间有几版草案也确实采纳了该建议，不过最终出台的1997年《刑法》并未采纳该建议，而是以5年有期徒刑为界给本罪规定了两档法定刑，相应的法定最高刑也只有15年有期徒刑。①

本研究认为，从本罪的司法现状来看，并没有提高法定刑的迫切需要。一方面，从"平等保护民营经济"的政策观念中推导不出提高本罪法定刑的结论。如果从"司法—立法"二元视角看，平等保护民营经济的观念对司法的指导作用明显大于对立法的指导作用。如果进一步结合非国家工作人员受贿和国家工作人员受贿的司法现状，就会发现对于实现平等保护民营企业的政策目标而言，当务之急恐怕不在于修改立法，而在于调整司法。另一方面，提高法定刑也未必能够实现预期的威慑效果。从功利主义角度看，法定刑高低的确影响刑罚威慑效果的大小。但是，这两者间并非是线性关系。实际上，犯罪学研究表明，在超过一定刑期后，提高法定刑的边际效果是递减的，除非直接引入死刑。对于当前的商业贿赂现实来看，恐怕不是单纯提高法定刑就能实现预期的威慑效果。本研究认为，在不增设死刑的情况下，目前本罪立法规定的15年有期徒刑已经达到刑罚威慑效果的极限，在此基础上进一步提高至无期徒刑或终身监禁恐怕是收效甚微。

（二）非国家工作人员受贿罪的保护法益

对个罪构成要件的解释离不开背后的法益指导，只有先明确个罪的保护法益，才有可能对个罪的构成要件进行实质解释。实际上，个罪的保护法益也决定了该罪在《刑法》分则中的体系位置。在1997年《刑法》修订过程中，就有论者建议把本罪归入"贪污贿赂罪"一章，因为本罪侵犯的也是职业行为的廉洁性。类似的呼声一直持续到现在。但是，在本研究看来，非国家工作人员受贿罪的保护法益明显不同于普通受贿罪的保护法益，无论是在内容上还是在结构上，两者都存在实质区别。以下，本研究拟先检讨有关本罪保护法益的既有理论，然后再对本研究所提出的"双层法益理论"展开论证。

1. 单一客体理论

无论是在实践中还是在理论上，都很少有论者专门对非国家工作人员受贿罪的保护法益展开探讨。在既有实践和理论看来，既然同属于"受贿罪"，那么非国家工作人员受贿罪与普通受贿罪所保护的法益理性具有同质性。所以，

---

① 参见高铭暄：《中华人民共和国刑法的孕育诞生和发展完善》，北京大学出版社2012年版，第374页。

一直以来，非国家工作人员受贿罪都是被当作普通受贿罪在商业领域的特别法。也因此，非国家工作人员受贿罪的法益界定问题向来是被放在普通受贿罪的法益界定框架下展开探讨的，或者说是在"大受贿罪"概念之下展开探讨。

关于受贿罪的保护法益，既有观点主要包括不可收买性说、公正性说和公职的不可谋私利性说等三种。其中，不可收买性说又称廉洁性说，认为受贿罪的保护法益是公职的不可收买性，该观点与"权钱交易"的受贿本质最为贴近。[①] 根据不可收买性说，受贿罪的违法性重心在于"权钱交易"，至于职务行为是否公正则在所不问。与之不同的是，公正性说认为受贿罪所要保护的法益是职务行为的公正性，因为保护不可收买性的最终目的也是保护职务行为的公正性。[②] 如果行为人最终的履职行为是合法、合理的公正行为，那么即便行为人事前或事后收受了他人财物，那也不能视为是职务行为的对价，不符合"权钱交易"的受贿本质。

在很长一段时间里，受贿罪的保护法益争论一直是在不可收买性说和公正性说之间展开。可实际上，无论是不可收买性说还是公正性说，都难以圆满地解释现行《刑法》所有受贿类犯罪的保护法益。因此，多数论者都走上了折中说的路径。其中，有论者在把不可收买性作为共同法益的基础上，提出分类界定的方案，认为普通受贿的保护法益是职务行为的不可收买性；加重的普通受贿的保护法益则可能还包括职务行为的公正性；斡旋受贿的保护法益是被斡旋的国家工作人员职务行为的公正性，以及国家工作人员的职权或地位所形成的便利条件的不可收买性；利用影响力受贿罪的保护法益是国家工作人员职务行为的公正性，以及国民对国家工作人员职务行为不可收买性的信赖。[③] 按照这一思路，非国家工作人员受贿罪的保护法益理应兼具不可收买性和公正性。

但问题是，无论是不可收买性说还是公正性说，都无法将缺乏约定的事后受财与感情投资型受财等行为纳入受贿犯罪的处罚范围。[④] 所以，有论者提出应把受贿罪的保护法益界定为公职的不可谋私利性。该观点其实是把受贿罪放在社会转型脉络下考察，认为不可收买性说和公正性说都是在家产制社会的产物，因为在家产制社会中，职位系私人财产，受贿犯罪的不法本质在于行为人背叛了对支配者的人身忠诚关系。但是在现代民主社会，职权表现出去人身化

---

① 参见周光权：《刑法各论》（第3版），中国人民大学出版社2016年版，第238页。
② 参见黎宏：《受贿犯罪保护法益与刑法第388条的解释》，载《法学研究》2017年第1期。
③ 参见张明楷：《受贿犯罪的保护法益》，载《法学研究》2018年第1期。
④ 参见劳东燕：《受贿犯罪两大法益学说之检讨》，载《比较法研究》2019年第5期。

与非财产性的特点,职位具有公共性,受贿犯罪的不法本质演变为违反不得利用公共职位谋取私利的义务,把公共职位当作私有财产来对待。基于此,受贿犯罪的法益应当是公职的不可谋私利性,其在不法构造上不以形成交易关系为必要。①

仔细分析,不难发现上述三种学说之间并不是相互排斥关系,而更像是一个同心圆式的包容关系。如果说不可收买性说是最贴近"权钱交易"的受贿本质,那么公正性说其实就是在此基础上增加了职务公正性的考量,而公职的不可谋私利性说则是在两者的基础上进一步往外拓展。正是这种同心圆式的关系构造,使得争论各方眼中的受贿案件类型从一开始就有所不同;进入不可收买性说论者视野的受贿案件最少,公正性说居中,而进入公职的不可谋私利性说论者眼中的受贿案件最多。这种基础事实分歧的背后,实际上是"应当把哪些行为作为犯罪行为"的价值考量。基础事实的分歧与价值考量上的差异决定了既有的这三种观点各自形成封闭的逻辑体系,看似针锋相对,实则相互包容。而恰恰是这种包容关系,使得争论各方都能在绝大部分案件中保持一致结论,尽管各自的论证逻辑不尽相同。

2. 复杂客体理论

其实,有不少论者意识到了上述三种单一客体理论之间的包容关系。因此,上述三种单一客体理论争执不下之际,有不少论者走上了综合说的道路,即采取复杂客体理论(或称双重客体理论)。有论者认为,非国家工作人员受贿罪侵犯的客体是公司、企业的正常管理活动及社会公平竞争的秩序;② 也有论者认为,本罪侵犯的客体包括职务行为的廉洁性、职能的正常履行,以及国家对公司、企业的正常管理制度。③ 还有论者把廉洁性和管理制度并列,认为本罪的保护法益是公司、企业、其他单位的正常管理制度及其工作人员职务行为的廉洁性。④

如果单从司法实务的可操作性上看,复杂客体理论无疑能够满足司法者的多样化需求。但恰恰是这种多元性暴露出了复杂客体理论的缺陷,即无法有效规制司法者的自由裁量权,容易导致恣意裁判。之所以产生这一缺陷,并不是

---

① 参见劳东燕:《受贿犯罪的保护法益:公职的不可谋私利性》,载《法学研究》2019年第5期。
② 参见周道鸾等主编:《刑法的修改与适用》,人民法院出版社1997年版,第364页。
③ 参见高铭暄、马克昌主编:《刑法学》(下),中国法制出版社1999年版,第705页。
④ 参见马克昌主编:《百罪通论(上卷)》,北京大学出版社2014年版,第227页;王作富主编:《刑法》(第6版),中国人民大学出版社2016年版,第302页;赵秉志:《新刑法典释义与应用》,吉林人民出版社1997年版,第315页。

因为杂糅了不同单一客体理论,而是因为没有澄清不同性质的客体之间是何关系。换言之,复杂客体理论更像是"大杂烩",而不是逻辑一贯的体系性理论。正是因为缺乏体系性控制,才会导致恣意裁判的后果。

3. 多层法益理论

通过以上梳理,不难发现虽然理论上对受贿罪的保护法益存在诸多争论,但是其中的共识多于分歧。无论是单一客体理论还是复杂客体理论,都是在"权钱交易"的受贿本质之下进行细化。换言之,"权钱交易"的不法本质是各方观点的共识。而各方分歧其实也不在法益内容上,而在法益结构上。亦即,在界定受贿罪(包括非国家工作人员受贿罪)的保护法益时,最为关键的问题是如何处理不可收买性说、公正性说以及公权的不可谋私利性说之间的关系。

如前所述,复杂客体理论只是把不同的单一客体理论混杂在一起,并未澄清不同性质的客体之间的关系,或者说只是把它们当作简单的并列关系。而在本研究看来,不可收买性说、公正性说以及公权的不可谋私利性说之间并不是简单的线性关系,而是复杂的网络关系。它们之间不仅有同一平面上的内容重合,而且有不同维度上的网络结构。具体就非国家工作人员受贿罪而言,本研究认为,首先,应将不可收买性和公正性互补合并,因为公正性可以补充不可收买性的职权维度,而在我国现实背景中职权维度是受贿罪不可或缺的一个重要维度。其次,在前两者合并的基础上,在纵向上嵌入公权的不可谋私利性说。也就是说,公权的不可谋私利性与前两者(不可收买性和公正性)并不处在同一维度。公权的不可谋私利性说是在纵向的时间维度上展开,而不可收买性说和公正性说则是在横向的空间维度上展开。最后,由此形成纵横交错、相互补充的多层法益体系。与单一客体理论相比,本研究所主张的多层法益体系能够兼顾实践中多样化的司法需求;而与复杂客体理论相比,多层法益体系的体系性则有效控制了多元法益内容可能造成的恣意裁判后果。

(三)非国家工作人员受贿罪的要件解释

以多层法益体系为指导,本研究拟进一步对非国家工作人员受贿罪所涉及的四个构成要件解释问题展开探讨,以期为司法实践提供新的理论支撑。

1. 有关主体身份的认定问题

虽然本罪称作"非国家工作人员受贿罪",但是严格来讲"非国家工作人员"并非刑事法律用语。而且,"非国家工作人员"与"国家工作人员"这两者在文法上的互斥表述,容易让人产生"国家工作人员"以外的工作人员都属于"非国家工作人员"的错觉。这种错觉对非国家工作人员受贿罪的扩张不无作用。在本研究看来,本罪主体之所以被不断拓宽,其中一个很重要的原因是以"国家工作人员"为参照理解"非国家工作工作人员"的思维惯性。

有关本罪主体的争议问题首先表现在"其他单位的工作人员"的认定上。根据 2008 年"两高"《关于办理商业贿赂刑事案件适用法律若干问题的意见》的规定,"其他单位"既包括事业单位、社会团体、村民委员会、居民委员会、村民小组等常设性的组织,也包括为组织体育赛事、文艺演出或者其他正当活动而成立的组委会、筹委会、工程承包队等非常设性的组织。另外,医疗机构中的非国家工作人员、学校及其他教育机构中的非国家工作人员、依法组建的评标委员会、竞争性谈判采购中谈判小组、询价采购中询价小组的组成人员,以及国有公司、企业以及其他国有单位中的非国家工作人员等,也都属于本罪的适格主体。对于该司法解释可以有两种理解方式:一是认为该司法解释是"穷尽式列举"或至少是"绝大多数式列举";二是认为该司法解释只是"典型式列举"。这两种理解方式所导致的司法结果相差甚大。如果是采取前一种理解方式,那么司法者就必须尽可能把涉案主体解释进前述列举项之中,在列举项之外的认定要十分谨慎;而如果采取后一种理解方式,那么司法者可以就不必过分拘泥于前述列举,可以在司法解释之外相对自由地认定"其他单位的工作人员"。本研究认为,在前述多层法益体系的指导下,应当采取前一种理解方式。理由有二:一是多层法益体系是一个相对封闭的体系,在此体系指导下本罪的法益主体自然也就带有封闭性,而"穷尽式列举""绝大多数式列举"更能表现出这种封闭性特征;二是多层法益体系的体系性实际上就是边界性,倘若司法者可以随意认定"其他单位的工作人员",那无疑是默许司法者可以在保护法益的边界之外认定构成要件符合性,这显然违背了罪刑法定原则。

其实,除了"其他单位的工作人员"认定问题外,本罪的主体认定问题也表现在"公司、企业的工作人员"认定上。早在 1996 年本罪立法研讨期间,其中有一版立法草案是把"公司工作人员受贿"和"企业工作人员受贿"分开设置为两个条款。① 虽然在最终出台的 1997 年《刑法》中,公司和企业工作人员是并列设置在同一条款中,但是原先分开设置的草案其实也反映出了在当时立法者(至少是部分参与立法工作的人员)眼中,"公司"和"企业"的性质并不完全相同。只不过这种性质差异并不足以成为对其中工作人员的受贿行为进行区别对待的充分理由罢了。如果结合我国从计划经济到市场经济的改革背景,就会发现包括刑法在内的众多社会治理措施中的"公司、企业"

---

① 参见高铭暄:《中华人民共和国刑法的孕育诞生和发展完善》,北京大学出版社 2012 年版,第 374 页。

概念都存在语义上的差异。而这种差异恰恰是主体认定分歧所在之处。比如，"筹建中"的公司、企业是否属于本罪中的"公司、企业"？根据最高法刑事庭公布的典型案例，"筹建中"的公司、企业工作人员也是本罪的适格主体，其利用职务上的便利，为请托人谋取利益，非法收受、索取请托人财物的，也构成本罪。① 但是，如果严格按照《公司法》的规定，该裁判要旨并非是不言自明的。本研究认为，在拓展"公司、企业"的时间维度无可厚非，但是只能往后拓展而不宜往前拓展。也就是说，本罪中的"公司、企业"包括破产程序中的公司、企业，但不包括尚未成立的公司、企业。

此外，本罪立法研讨期间，也有论者提出将本罪的主体从公司、企业人员进一步扩大到为社会公众提供服务的人员，"职务"也一并扩大为"业务"。② 但是，在本研究看来，这种扩大操作实际上忽视了非国家工作人员受贿罪所处的市场语境。与普通受贿罪不同的是，非国家工作人员受贿罪并不是发生在行政系统语境，而是发生在市场语境。这种语境上的差异决定了本罪的主体并不能像受贿罪的主体那样沿着关联性不断扩大，因为市场经济正是建立在人与人之间的相互关联之上，扩大本罪主体的同时也是在弱化甚至是斩断这些经济关联。虽然从"职务"到"业务"的转变仅一字之差，但是背后折射出的是计划经济思维与市场经济思维的观念差异。

2. 何为"利用职务上的便利"

"利用职务上的便利"是本罪一个重要的客观行为要件。其重要性主要体现在两方面：其一，"权钱交易"的过程实际上是权力变现的过程，在此过程中起决定性作用或主导作用的是"权"而非"钱"。无论是在"索取型受贿"还是"收受型受贿"中，主导者都是有权一方而非有钱一方。其二，"利用职务上的便利"是本罪另一个要件——为他人谋取利益——的重要前提。倘若行为人没有客观上职务上的便利或者没有利用职务上的便利，就很难为他人谋取利益。行为人的职权能够为他人谋取某种利益，也能够使他人得不到其应得的某种利益，利用本人职务上的便利实质上就是利用本人职务权力对他人利益的制约性。③ 因此，可以说"利用职务上的便利"是本罪最为核心的一个客观

---

① 参见杨志华企业人员受贿案，载最高人民法院刑事审判第一庭、第二庭编：《刑事审判参考》2004 年第 6 集（总第 41 集），法律出版社 2005 年版，第 1—7 页。

② 参见最高人民检察院刑法修改研究小组：《关于刑法修改中几个问题的意见的报告（1996 年 9 月 13 日）》，载高铭暄、赵秉志主编：《新中国刑法立法文献资料总览》（下），中国人民公安大学出版社 1998 年版，第 2627 页。

③ 参见王作富主编：《刑法》（第 6 版），中国人民大学出版社 2016 年版，第 302 页。

行为要件。

既有理论大多把"利用职务上的便利"界定为行为人利用本人组织、监督、管理（包括主管、分管或经管）、经办的事务权力所产生的方便条件。① 由于非国家工作人员受贿罪处在经济系统，所以与处在行政系统的普通受贿罪不同的是，非国家工作人员受贿罪中的"利用职务上的便利"应限制在直接"利用职权便利"，而不宜扩展到"利用职务形成的便利条件"。② 换言之，与《刑法》第385条、第388条规定的受贿罪不同的是，《刑法》第163条中的"利用职务上的便利"应限于直接利用自己的职务便利，而不包括间接利用他人的职务便利。③ 因为《刑法》并没有把非国家工作人员通过第三者为请托人谋取利益，收受请托人财物的（斡旋受贿）行为规定为犯罪。④ 而且，行为人在业余时间，利用自己的知识、机能为他人服务，接受合理的劳务报酬的，也不构成本罪。此外，"利用职务上的便利"不等于"利用业务上的便利"或"利用工作上的便利"。⑤ 这些解释结论也与前述多层法益体系相契合。

3. "索取或非法收受财物"的认定

理论上一般将受贿罪分为"索取型受贿"和"收受型受贿"。前者是指行为人以明示或暗示的方式主动向对方索要财物，而后者是指行为人被动收受他人主动给予的财物。单从交付财物的行为来看，两者的主动权掌握在不同人手中；但是如果从权钱交易的本质来看，无论是"索取型受贿"还是"收受型受贿"，主导权其实都掌握在受贿一方手中。这也是为什么受贿罪一般比行贿罪的法定刑更高的原因。当然，两相比较，"索取型受贿"的恶性要高于"收受型受贿"，因为前者还包含强迫行贿人交付财物的不法内容。

也有论者根据受贿情景把非国家工作人员受贿区分为"普通受贿行为"和"商业受贿行为"（《刑法》第163条第2款）。⑥ 前者是指《刑法》第163条第1款规定的"公司、企业或者其他单位的工作人员利用职务上的便利，索取他人财物或者非法收受他人财物，为他人谋取利益，数额较大的"情形，而后者是指《刑法》第163条第2款规定的"公司、企业或者其他单位的工作人员在经济往来中，利用职务上的便利，违反国家规定，收受各种名义的回

---

① 参见黎宏：《刑法学各论》（第2版），法律出版社2016年版，第116页。
② 参见马克昌主编：《百罪通论（上卷）》，北京大学出版社2014年版，第230页。
③ 参见黎宏：《刑法学各论》（第2版），法律出版社2016年版，第116页。
④ 参见周光权：《刑法各论》（第3版），中国人民大学出版社2016年版，第236页。
⑤ 参见黄太云：《立法解读：刑法修正案及刑法立法解释》，人民法院出版社2006年版，第119—120页。
⑥ 参见陈兴良：《规范刑法学》（第4版），中国人民大学出版社2017年版，第608页。

扣、手续费，归个人所有的"情形。从这种情况区分视角切入，有如下五个解释论问题需要进一步澄清：

其一，既然"归个人所有"只规定在第 2 款中，那么第 1 款中的普通受贿行为是否也要求行为人把所收财物据为己有呢？实践中就曾出现行为人要求请托人把用于行贿的财物交给第三方"希望工程"的情形，该行为构成本罪吗？本研究认为，无论是"普通受贿行为"还是"商业受贿行为"都要求行为人将财物归个人所有。如果行为人在业务活动中收受回扣、手续费交单位入账，未占为己有的，则不构成本罪。当然，这里的"归个人所有"应作广义解释，其中就包含指示行贿人将行贿款转交给第三人的情形。

其二，《刑法》第 163 条第 2 款规定了"违反国家规定"，而第 1 款则无此项规定，这是否意味着第 1 款中的普通受贿行为不需要满足"违反国家规定"要件？这其实取决于如何界定这里的"国家规定"。有论者指出，这里的"国家规定"主要是指《反不正当竞争法》第 8 条的规定，即"经营者不得采用财物或者其他手段进行贿赂以销售或者购买商品，在账外暗中给予对方单位或者个人回扣的，以行贿论处；对方单位或者个人在账外暗中收受回扣的，以受贿论处。"① 但是，该条款只是对本罪的"同义反复"，并不能囊括本罪的所有前置法。如果从法定犯的双重违法性来看，那么这里的"国家规定"应当是指与非国家工作人员受贿行为相关联的所有前置法，既包括行政性法律、法规也包括经济法、公司法、证券法等民商类法律、法规。而从法定犯的双重违法性出发，无论是第 163 条第 1 款还是第 2 款，都应当满足违反前置法的要求，亦即都要求涉案行为"违反国家规定"。

其三，如果行为人利用职务上的便利，强行向他人提出"借贷"要求，但完全没有归还意思的，也属于索取财物。至于财物交付是在谋取利益之前还是之后，是直接交付还是间接交付，都不影响本罪的成立。比如，非国家工作人员为他人谋取利益，约定等其离职、辞职后收受财物的，仍构成本罪。② 但是，在实际交付财物之前，行为人最多仅构成本罪的未遂犯或预备犯。在此情况下，到底是构成未遂还是预备，则主要取决于行为人是否已经着手为请托人谋取利益。

其四，注意区分受贿与商业往来中的合理馈赠。有论者认为两者的主要区别有二：一是日常人情往来的钱财数额不大，二是受贿一般是单向受财，而人

---

① 参见王作富主编：《刑法》（第 6 版），中国人民大学出版社 2016 年版，第 302 页。
② 参见周光权：《刑法各论》（第 3 版），中国人民大学出版社 2016 年版，第 237 页。

情往来则属于有来有往的双向行为。① 但是,"两高"《关于办理商业贿赂刑事案件适用法律若干问题的意见》规定应当综合以下四方面因素进行区分:(1) 发生财物往来的背景,如双方是否存在亲友关系及历史上交往的情形和程度;(2) 往来财物的价值;(3) 财物往来的缘由、时机和方式,提供财物方对于接受方有无职务上的请托;(4) 接受方是否利用职务上的便利为提供方谋取利益。② 相比之下,司法解释的规定更加全面,也更加符合司法实际。

其五,这里的"财物"既包括金钱和实物,也包括可以用金钱计算数额的财产性利益。但是,不包括"性贿赂"、职务升迁、迁户口、升学就业、安排工作等,除非这些贿赂内容在行为过程中被折价转化为相应的可计算的财物。比如,请托人以支付嫖资的方式对行为人进行性贿赂的,可以认为行为人实际上是间接受了嫖资。近年来,有不少学者建议应当根据我国已经加入的《联合国反腐败公约》的规定将本罪的对象从"财物"改为"贿赂"。但是,由于司法操作层面的考量,现行《刑法》仍将本罪的对象限定在"财物"的范围内。

4. "为他人谋取利益"的体系地位

关于"为他人谋取利益"要件认定问题主要不在于认定内容上,而在于该要件的体系地位上。关于该要件的体系地位,理论上有客观要件和主观要件说之争。

有论者认为"为他人谋取利益"系客观要件,如果行为人在客观上没有为他人谋取到利益,就不构成本罪。③ 主要理由有:(1) 出于中文的表述习惯,如果"为他人谋取利益"是主观目的,那么就应该放在客观要件之前,然而从条文表述的文法上看,《刑法》第163条并没有把"为他人谋取利益"放在客观要件之前而是客观要件之中,这说明立法者原意是把该要件当作客观要件而非主观要件;(2) 实践中,行为人"只收钱,不办事"的情形毕竟较少,且相对而言其社会危害性也较小,可不以此罪论处;(3) 虽然"只收钱,不办事"的行为也可能侵犯了职务行为的廉洁性和对公司、企业的管理秩序,但是既然刑法把"为他人谋取利益"规定为客观要件,那么按照罪刑法定原则,这类行为就不构成本罪,除非修改立法。④

---

① 参见刘宪权:《刑法学·下册》(第4版),上海人民出版社2016年版,第479页。
② 参见黎宏:《刑法学各论》(第2版),法律出版社2016年版,第117页。
③ 参见孙力主编:《妨害对公司、企业的管理秩序罪》,中国人民公安大学出版社1999年版,第208页。
④ 参见马克昌主编:《百罪通论》,北京大学出版社2014年版,第231页。

另有论者认为,"为他人谋取利益"是本罪的目的要素,不是客观要件,而是超过的主观要素。① 主要理由有二:一是只有把"为他人谋取利益"理解为主观要件,才能够实现有效预防;二是根据《全国法院审理经济犯罪案件工作座谈会纪要》对受贿罪相关问题的规定,明知他人有具体请托事项而收受其财物的,也应视为承诺为他人谋取利益。而这种通过对"为他人谋取利益"进行的扩大解释也表明"为他人谋取利益"系主观要件而非客观要件。

本研究支持主观要件说,只要行为人已经着手或准备为他人谋取利益,或者以明示或暗示的方式承诺为他人谋取利益,而不必已经为他人谋取了利益,就可以构成本罪。一方面,客观要件说所主张的立法原意理由并不成立,因为所谓立法原意本就是解释者主观赋予的。如果以立法原意为由直接认为"为他人谋取利益"要件系客观要件,无疑存在循环论证。另一方面,主观要件说有助于提升受贿罪的预防效果和范围。至于行为人尚未为他人谋取利益的客观事实,则可以作为量刑因素予以考量。此外,无论为他人谋取的利益是合法还是非法、无论是正当利益还是不正当利益、无论是物质性利益还是非物质性利益,都不影响本罪的成立。但是,如果只索取或收受他人财物而没有为他人谋取利益或承诺谋取利益的,则不构成本罪。

值得一提的是,在1996年本罪立法研讨期间,其中有一版修正案(草案)把原先"索取或者收受贿赂"的表述修改为"索取他人财物或者非法收受他人财物为他人谋取利益"。在这种表述之下,"为他人谋取利益"只针对"收受型受贿",至于"索取型受贿"则不要求行为人为他人谋取利益。② 不过,该立法草案并没有被最终采用。从最终的立法文本来看,无论是"收受型受贿"还是"索取型受贿",都要求行为人为他人谋取利益。而这种统摄两种受贿类型的立法设置,在一定程度上也表明"为他人谋取利益"系主观要件而非客观要件。

四、结语

始于1997年《刑法》的非国家工作人员受贿罪是应对商业贿赂犯罪的主打罪名之一。从本罪的立法沿革看,本罪天然地带有从计划经济向市场经济转型的时代烙印。这种时代烙印既体现在立法论如何安排本罪的体系地位上,也

---

① 参见陈兴良:《规范刑法学》(第4版),中国人民大学出版社2017年版,第608—609页。
② 参见高铭暄:《中华人民共和国刑法的孕育诞生和发展完善》,北京大学出版社2012年版,第373页。

体现在解释论如何界定本罪的保护法益上。既有的单一客体理论（包括不可收买性说、公正性说和公职的不可谋私利性说）因过于强调各自逻辑的连贯性而忽视了我国受贿犯罪的客观实际，以至于难以圆满地应对我国当前的贿赂犯罪局势；而传统的复杂客体理论则只是把多种单一客体理论简单地并列在一起，并没有厘清不同性质的客体之间的关系，容易导致司法者的恣意裁判。本研究认为，非国家工作人员受贿罪所要保护的是多层法益体系，其中不可收买性与公正性之间是互补关系，而它们与公职的不可谋私利性之间则是纵横交错关系。以此种多层法益体系为指导，本文对本罪相关的解释论问题进行重新梳理：（1）在主体认定问题上，司法解释有关本罪主体的列举式规定是"穷尽式列举"（或至少是"绝大多数式列举"），而不是"典型式列举"，而且本罪中的"公司、企业"包括破产程序中的公司、企业但不宜包括尚未成立的公司、企业；（2）"利用职务上的便利"不等于"利用业务上的便利"或"利用工作上的便利"；（3）无论是《刑法》第163条第1款规定的普通受贿行为还是第2款规定的商业受贿行为，都要求涉案行为"违反国家规定"且所得受贿款"归个人所有"，行为人指示行贿人将行贿款交给希望工程等第三人的，也属于"归个人所有"；（4）"为他人谋取利益"系主观要件而非客观要件。

网络环境中的著作权刑事保护研究

李薇薇　赵　玮　等

内容摘要

本文紧扣网络新技术不断发展提出的前沿实践问题，深入研究分析了规避著作权技术措施行为、P2P软件和服务提供商行为、搜索引擎运作和网页快照、云盘技术下个人复制分享行为、深度链接行为的刑事责任和民事责任边界问题，对相关情形是否构罪、应否予以刑事规制和如何予以刑事规制提出了建议；同时阐述了技术中立与认定民事侵权和刑事犯罪的关系，提出了司法中可以按照技术控制的可能性以及服务类型对网络服务提供者进行类型化，以其技术中立性的不同程度来区分适用不同规则的观点。现将课题成果摘要如下：

一、规避著作权技术措施行为的刑民责任界定

"技术措施"，是指附加在数字作品或相关设备之上，用于保护和管理作品版权的数字技术手段。规避技术措施的行为，可分为直接规避行为与提供规避手段。

在我国，规避技术措施行为的入罪困境主要有：技术措施不是著作权法上的作品；《刑法》第217条规定的是"复制发行"作品，并未明确将非法规避技术措施的行为纳入其中；规避技术措施中的帮助行为多是独立存在的，与实行行为并不具有主观上、目的上、客观行为上的统一性，没有意思联络或通谋，没有共同行为，难以认定为共同犯罪；技术措施也难以从《刑法》其他

---

* 本文为2020年度最高人民检察院检察理论研究"网络犯罪研究"一般课题（编号：GJ2020WLB07）阶段性成果。

** 课题负责人：李薇薇，最高人民检察院第四检察厅二级高级检察官、刑法学博士；赵玮，最高人民检察院第四检察厅办公室主任、刑法学硕士。课题组成员：王文静，清华大学法学院博士后知识产权犯罪研究方向研究人员，美国埃默里大学知识产权、比较法方向法学博士（SJD）；樊雪，北京市高级人民法院知识产权审判庭审判长、民商法学硕士；陆川，上海市人民检察院第四检察部一级检察官、知识产权法学硕士、诉讼法学硕士。

条款中获得适当保护。从技术措施的国外立法看，从世界范围来看，将非法规避著作权技术措施的行为明文入刑已成为通用做法，要么规定直接规避行为不构成犯罪，仅帮助规避行为构成；要么对帮助规避行为采取等于甚至高于直接规避的刑罚。

笔者建议将规避著作权技术措施行为纳入刑法关于侵犯著作权犯罪的框架内调整，修订刑法，将直接规避行为规定在第217条第1款第5项："（五）故意避开或者破坏权利人采取的保护著作权或者与著作权有关的权利的技术措施，致使作品、音乐、美术、电影、电视、录像视听作品、计算机软件等作品被复制、发行、信息网络传播的"；并建议在该条第2款规定"提供避开或者破坏作品技术保护措施的工具罪"，规定"以牟利为目的，故意制造、进口或者提供主要用于规避或破坏作品技术措施的设备、服务或组件的，判处三年以下有期徒刑或者拘役，并处或者单处罚金"。

二、P2P 软件和服务提供商的刑民责任界定

P2P 是 Peer–to–Peer 的简称，通过 P2P 软件将处于互联网中用户连接互动，进行文件交换、分布计算、协同作业、即时通讯、搜索引擎等业务。

笔者认为，纯粹提供技术服务的网络服务提供商，不应当对其中立行为承担帮助犯的刑事责任。网络服务提供商通常出于业务目的提供 P2P 软件，一般不会与用户直接接触，对侵权人的犯罪意图和行为很难察觉；网络服务提供商如果对于用户尽到提示义务，即便用户实施了侵犯著作权的行为，也不能追究单纯提供技术服务的网络服务商的责任。

如果网络服务商明知他人在 P2P 网络中有非法上传或者下载未经授权的著作权作品的行为，仍然为其提供互联网接入，或者为用户办理互联网接入后发现该用户利用互联网实施非法上传或者下载行为而没有中止网络服务的，可能构成不作为的帮助犯。在具体罪名适用上，除可能按照帮助犯跟随实行犯作为共同犯罪定罪外，也有可能在实行犯不处罚的情况下，直接按照帮助信息网络犯罪活动罪、拒不履行信息网络安全管理义务罪评价。

三、云盘技术下个人复制分享行为的刑民责任界定

网络云盘是以互联网为基础的在线存储平台，云盘用户可以在云盘服务供应商提供的网络存储空间内进行文件的存储、读取与分享，云盘服务供应商则负责提供相应的技术服务和网络信息存储空间。

个人运用云盘技术复制作品内容并将该作品在互联网上传播或者向公众分享云盘链接、密码等，也应当视为复制发行行为的一种表现形式，这种个人复制、通过信息网络分享的行为可能构成侵犯著作权罪。根据传播的信息内容不同，个人复制分享行为可能构成传播淫秽物品罪、传播淫秽物品牟利罪；根据

行为人在云盘中储存内容的性质,可能构成非法持有宣扬恐怖主义、极端主义物品罪。

四、搜索引擎运作和网页快照的民刑责任界定

所谓搜索引擎,就是根据用户需求与一定算法,运用特定策略从互联网检索出制定信息反馈给用户的一门检索技术。搜索引擎在收录网页时,对网页进行备份,存在自己的服务器缓存里,当用户在搜索引擎中点击"网页快照"链接时,搜索引擎将Spider系统当时所抓取并保存的网页内容展现出来,称为"网页快照"。

搜索引擎服务商作为网络技术服务提供者,在明知他人实施犯罪时提供搜索链接服务,客观上会成为帮助犯,可能构成帮助信息网络犯罪活动罪。

五、深度链接行为侵犯著作权的民刑责任界限

深度链接并非法律概念,而是技术概念,英语为"deep linking",在点击后不发生跳转,直接在设链网站页面内显示被链网站的内容。

将深度链接行为入罪,是充分考虑到互联网产业的业态现状、发展态势和技术水平,符合刑法规制可能性和现实社会危害性下的综合评判。深度链接行为具有刑法规制可能性;深度链接行为具有社会危害性,具有刑法规制的必要性。基于日益发达的互联网技术,深度链接行为的独立性日益明显,已具备刑事可罚性的基础,应当与直接上传侵权作品同样予以独立的刑法评价,以侵犯著作权罪正犯单独入罪。

六、技术中立与认定民事侵权和刑事犯罪的关系

"技术中立"原则最早是普通法上确立的适用于知识产权专利领域的原则,其涵义是销售一种同时具有合法和非法用途的商品,可免负侵权法律责任。其后,在美国索尼案中"技术中立"原则开始被运用于版权领域,也被称"索尼原则",认为:销售有复制功能的设备就像销售别的商品一样,如果产品可能被广泛用于合法的、不受争议的用途,即使其制造商和销售商知道其设备可能被用于侵权,也不能推定其与侵权人构成共同侵权。

笔者认为应当将网络服务提供者加以区分,区分为网络底层服务提供者与网络平台服务提供者。刑事责任层面,具有"中立"性的网络底层服务提供者原则上无法形成基于危险源监督的保证人地位,故在满足"技术中立"的要求下,其客观上为侵权作品提供服务的行为一般也不能被认定为犯罪;网络平台服务者主观明知违法内容存在时,可被认定为因危险源监督而形成保证人地位,从而可能在不履行相应管理义务的情况下构成不作为的共犯,如拒不履行信息网络安全管理义务罪等。

从著作权制度产生、发展和保护的历史看,著作权司法保护制度的发展与科学技术的进步紧密相关。随着数字技术的产生和广泛应用,任何用户都可以复制并通过网络传播相关作品,数字网络技术对著作权的保护提出了新问题,使得作品的传播更加便捷、迅速,著作权人、社会公众、网络服务提供者常常处于三方博弈的局面。

近年来,著作权产业的回报率日益提高。著作权在带来大量财富的同时,也成为犯罪分子觊觎的对象,我国侵犯著作权犯罪呈显著上升趋势。网络技术发展对著作权刑事保护也产生了重大影响、提出了新的挑战。随着产业发展,提供规避技术措施的手段、P2P软件和服务提供商行为、搜索引擎运作和网页快照、云盘技术下个人复制分享行为、设置深度链接行为等是否应当追究刑事责任问题,技术中立对法律责任的影响,在著作权保护领域刑法是否应予扩张等,都对著作权刑事保护提出了新的课题,需要我们深入研究和积极回应。本文试图对上述问题进行逐一阐述论证,以期为网络环境下如何对著作权予以刑事保护提供有益的思路。

一、规避著作权技术措施行为的刑民责任界定

《刑法修正案(十一)》在侵犯著作权罪中增设了禁止规避技术措施的规定。在此之前,《刑法》第217条一直没有明确规定规避技术措施行为是否构成侵犯著作权罪。因而,规避技术措施行为在刑法中是一个新问题。根据修改后《刑法》第217条第6款的规定,"未经著作权人或者与著作权有关的权利人许可,故意避开或者破坏权利人为其作品、录音录像制品等采取的保护著作权或者与著作权有关的权利的技术措施",违法所得数额较大或者有其他严重情节的,构成侵犯著作权罪,可见直接规避行为构成侵犯著作权罪毋庸置疑,而提供规避手段是否构成侵犯著作权罪显然存在讨论空间。那么,划分规避著作权技术措施行为的刑事责任和民事责任界限的主要分歧就在于提供规避手段行为的定性。

(一)技术措施的含义与分类

"技术措施"(technological measure)或"技术保护措施"(technological protection measure),是指附加在数字作品或相关设备之上,用于保护和管理作品版权的数字技术手段。[①]

[①] 王立民、黄武双主编:《知识产权法研究》(第5卷),北京大学出版社2008年版,第243页。

根据功能的不同，技术措施可分为接触控制措施与版权保护措施。这种分类来源于美国《千禧年数字版权法》（CMDA），现已为国际社会所通用。接触控制措施是通过设置口令等手段防止他人未经许可阅读、欣赏作品或使用计算机软件的技术，即用户在获得许可之前，无法接触阅读、欣赏或使用。[①] 例如，多数软件在安装和运行时都要求用户输入"序列号"。没有通过购买软件而从运营商那里获得"序列号"，就无法使用软件。版权保护措施是防止他人未经许可对作品进行非法复制、发行等其他版权专有权利的技术措施，如播放软件中的防复制技术措施，该技术措施并不会导致用户无法在线浏览欣赏作品或运行计算机软件，只是不能采用通常方法复制或下载其中内容。

规避技术措施的行为，可分为直接规避行为与提供规避手段。直接规避行为，是指出于自己使用作品的目的而避开、破坏技术措施。提供规避手段，是指向他人提供用于避开、破坏规避技术措施的装置、部件或向他人提供规避服务。[②] 从独立的帮助规避行为角度出发，又分为两种：一是未经许可，故意制造、进口主要用于避开、破坏技术保护措施的装置或部件的行为，如果是主要服务于行为人自身规避行为，可以认定为直接规避技术措施行为的准备行为；二是未经许可，故意向他人提供主要用于避开、破坏技术保护措施的装置或者部件、技术或者服务的行为。[③]

（二）关于技术措施的国外立法

要在网络环境中对版权进行有效的保护，就必须对技术措施这一作品的"保护层"进行保护。[④] 对于这一点，国际社会已经达成了共识。《世界知识产权组织版权条约》（WCT）和《世界知识产权组织表演与录音制品条约》（WPPT）要求缔约国规定充分的法律保护和有效的法律救济办法，制止规避"技术措施"的行为。[⑤] 这里的技术措施既包括版权保护措施，也包括接触

---

① 王迁：《网络环境中版权制度的发展》，载《网络法律评论》2008 年第 1 期。
② 参见《信息网络传播权保护条例》第 4 条。
③ 戴锦澍：《规避著作权技术措施的刑法规制》，载《汕头大学学报（人文社会科学版）》2019 年第 8 期。
④ 王迁：《网络环境中版权制度的发展》，载《网络法评论》2008 年第 1 期。
⑤ WCT 第 11 条规定："缔约各方应规定适当的法律保护和有效的法律补救办法，制止规避由作者为行使本条约或《伯尔尼公约》所规定的权利而使用的、对就其作品进行未经该有关作者许可或未由法律准许的行为加以约束的有效技术措施。"WPPT 第 18 条规定："缔约各方应规定适当的法律保护和有效的法律补救方法，制止规避由表演者或录音制品制作者为行使本条约所规定的权利而使用的、对就其表演或录音制品进行未经该有关表演者或录音制品制作者许可、或未由法律准许的行为加以约束的有效技术措施。"

控制措施。

国际条约虽然要求各国制止规避技术措施的行为，但对禁止规避的范围，各国有不同理解。仅禁止提供规避手段的国家主要是1999年日本《著作权法》、澳大利亚2000年《数字议程法案》、2008年新西兰《版权法》。后来，澳大利亚与日本进行修改，禁止了一部分直接规避行为。欧盟2001年的《版权指令》则更进一步，对规避两种技术措施的行为都予以禁止，且同时禁止直接规避技术措施与提供规避手段。① 加拿大《版权法》也采取类似规定。

美国的规定处于两者之间，它将规避接触控制措施的行为认定为非法行为，并禁止制造、进口、向公众提供或者非法买卖主要设计或制造目的是规避技术措施的技术、产品、服务、设施、零件。② 换言之，对于提供技术规避，无论是接触控制还是版权保护措施，都予以禁止；对于直接规避行为，禁止对接触控制措施的直接规避，但不禁止对版权保护措施的直接规避。2005年澳大利亚修改《版权法》，修改后的规定与美国相同。③

总的来看，各国版权法在保护技术措施的问题上，争议的焦点不在于是否禁止提供规避手段，而在于是否禁止直接规避行为，④ 而影响其判断的因素则在于技术措施的类别是接触控制措施还是版权保护措施。一方面，各国立法不一，但却不约而同地确定间接规避技术措施应当规制，说明提供规避行为更应当得到规范。另一方面，之所以在直接规避行为中出现分歧，是因为技术措施并没有智能到可以自行判断直接规避行为是为了侵权还是对作品的"合理使用"，只能"一刀切"地阻止所有未经许可的相关行为。⑤ 所以，各国的分歧仅存在于对接触控制措施如何定性。保护所有接触控制措施可能会扩大保护范围，排除对接触控制措施的保护又可能损害版权交易秩序。

从世界范围来看，将非法规避著作权技术措施的行为明文入刑已成为通用做法。各国关于技术措施入刑的规定，要么直接规避行为不构成犯罪，仅提供规避手段行为构成；要么对提供规避手段行为采取等于甚至高于直接规避的刑罚。例如，德国现行《版权与邻接权法》规定，为使自己或他人获得或使用作品，未经允许规避有效技术保护措施，并以非个人使用或给他人使用为目

---

① Directive on the Harmonisation of Certain Aspects of Copyright and Related Rights in the Information Society, Article 6. 3.
② See 17 USC 1201.
③ (Australia) Copyright Act (revised in 2005), Sec 10.
④ 参见王迁：《论禁止规避技术措施的范围》，载《法学家》2016年第6期。
⑤ 参见王迁：《论禁止规避技术措施的范围》，载《法学家》2016年第6期。

的,处以 1 年以下有期徒刑或者罚金;以商业目的的生产、进口、销售或者出租设备、产品或零部件,处以 1 年以下有期徒刑或者罚金,具有商业规模的处以 3 年以下有期徒刑或者罚金。① 再如,根据法国《知识产权法典》第 335 - 3 - 1 条规定,对于非以研究为目的规避技术措施行为,处罚金 3750 欧元;对直接或间接获取或故意向他人提供技术措施的行为,处 6 个月监禁和 3 万欧元罚金。② 所以法国对帮助规避行为不仅采取刑事处罚,其处罚甚至重于直接规避行为。

(三) 提供规避手段行为

笔者认为,无论是参考国际通用做法,还是从提供规避手段行为的性质出发,第 6 款中的禁止规避技术措施都应当包含提供规避手段行为。

如前文所述,各国对提供规避手段都采取了不弱于直接规避行为的规定。那么,为何能够对提供规避手段采取更为严格的规定?技术措施的技术性,造成了提供技术措施行为的重要性。如劳伦斯·莱斯格所言:"对于版权持有人来说,网络空间好像在两个领域里都很糟糕:首先它是一个复制能力好得不能再好的地方,其次它是一个法律保护差得不能再差的地方。"③ 在共同犯罪中,首先要找到正犯(实行)行为,如果没有正犯行为或正犯行为不成立,那么帮助犯也就无从谈起;但在规避技术措施中却恰恰相反,没有提供技术措施的帮助行为,正犯行为几乎无法存在。与刑法上共同犯罪的理解不同,规避技术措施中的帮助行为是一对多,一对众多,甚至一对所有人,造成的损害后果难以计量。因而,与一般共同犯罪相比,在规避技术措施中,帮助行为的危害结果要远大于实行行为。易言之,帮助规避措施行为在互联网环境中异化为堪比正犯行为的"怪胎"。

技术措施所保护的"法益"是版权市场的交易秩序,属于社会主义市场经济秩序的重要组成部分。规避或破坏技术措施对交易秩序的损害常常大于著作权犯罪对交易秩序的损害,不同之处在于保护模式:侵犯著作权罪属于实害犯,而侵害技术措施犯罪属于抽象危险犯——该罪是立法者基于风险社会理论

---

① 王莹:《德国版权立法概况——以刑事责任位重点的立法回顾与分析》,载王世洲主编:《关于著作权刑法的世界报告》,中国人民公安大学出版社 2008 年版,第 138—156 页。

② 张凝、刘新魁:《法国〈知识产权法定〉对著作权的刑法保护》,载《知识产权》2008 年第 2 期。

③ See BSA (Business Software Alliance): BSA GLOBAL SOFTWARE SURVEY IN MAY 2016, http://globalstudy.bsa.org/2016/downloads/studies/BSA_GSS_US.pdf, 2020 年 4 月 20 日访问。

将所保护的法益及相关刑罚处置提前化的结果。① 侵害技术措施的刑罚范围应当以相关行为破坏版权市场交易秩序为标准。按照这个标准,提供帮助的自然比自己直接规避的,对破坏版权市场交易秩序的程度要大得多。

对提供规避手段行为可以采用比直接规避更为严格的规定根源在于,提供规避手段的违法性并非基于直接规避行为。亦即,提供规避手段的违法性,并不以用户实施直接规避行为为基础。提供规避技术措施行为的法律性质并非间接侵权,即明知他人的行为构成直接侵权的前提下,提供实质性帮助才能构成间接侵权。以接触控制类技术措施为例,版权法中没有规定接触权,所以权利人不能控制他人未经许可以阅读、欣赏等方式"接触"作品的行为,因此故意购买盗版电子书阅读、购买盗版 DVD 在家中欣赏的行为,并不构成侵权行为。然而,如果权利人已经在电子书和 DVD 中添加"接触控制技术措施",防止未经付费者阅读和欣赏,由于绝大多数加入 WCT 和 WPPT 的国家都对接触控制措施提供保护,并将向公众提供规避手段认定为违法行为,所以,规避电子书或 DVD 的接触控制措施行为构成侵权行为。换言之,提供规避手段并不构成版权法中的间接侵权,因为间接侵权应当以直接侵权为前提。提供规避手段的法律性质属于一种违反版权法特殊规定的违法行为,② 该行为损害了权利人在版权法中的正当利益,因此应该禁止。

保护技术措施已成为保护作品的必须途径。在互联网技术迅速发展的环境中,仅规定版权专有权利和相关的直接侵权行为已经很难对作品提供充分保护。打击提供规避技术措施行为各国刑法都有规定,只在直接规避行为的规定中才存在争议,并且争议焦点也仅限于对接触保护措施是否要采用刑法保护。或许,是刑法用语与版权法用语的差别导致,在刑法看来更为重要的实行行为似乎弱于帮助行为。实际上,提供技术措施服务的帮助侵权,并非刑法中的帮助行为,处罚根据不在于"帮助"行为,而在于"提供"行为。这种背景下,刑法要保护著作权,就必须将提供规避技术措施的行为认定为侵犯著作权罪。否则,对于著作权的保护如同隔靴搔痒,舍本逐末。

从我国司法实践看,销售破坏作品技术保护措施程序、工具的案件,并非

---

① 王永茜:《论现代刑法扩张的新手段——法益保护的提前化和刑事处罚的前置化》,载《法学杂志》2013 年第 6 期。

② 王迁:《论提供规避技术措施的手段的法律性质》,载《法学》2014 年第 10 期。

一律不作为犯罪处理,但是法律适用不统一,有的按照侵犯著作权犯罪定罪量刑①,有的按照提供侵入、非法控制计算机信息系统程序、工具罪定罪量刑②,亟待规范。笔者建议进一步修改我国《刑法》第217条,在该条第2款规定"提供避开或者破坏作品技术保护措施的工具罪",规定"以牟利为目的,故意制造、进口或者提供主要用于规避或破坏作品技术措施的设备、服务或组件的,判处三年以下有期徒刑或者拘役,并处或者单处罚金"。考虑到这种行为的最终后果指向侵犯著作权,在侵犯著作权犯罪中予以规制较为适宜,若在计算机犯罪中规制,则对主观牟利目的不作要求,保护水平过高,打击面过大;参照美国等其他国家的立法例,规定适当低于侵犯著作权罪的法定刑较为适宜。

二、P2P 软件和服务提供商的刑民责任界定

(一) P2P 软件的发展脉络

P2P 是指对等或者点对点的网络技术。P2P 技术的核心特点是将网络用户直接联系,网络间可直接进行数据或服务交换,不必经过中继设备(如服务器),其目标是通过 P2P 软件将处于互联网中的用户连接互动,进行文件交换、分布计算、协同作业、即时通讯、搜索引擎等业务,比如酷狗、迅雷。从 P2P 软件的发展历程看,可以分为第一代 P2P 软件(集中服务器模式)、第二代 P2P 软件(分散型客户服务器模式)和第三代 P2P 软件(混合式网络结构)。

(二) P2P 服务提供商的刑事责任界定

司法实务界和理论界大规模讨论 P2P 服务提供商的刑事责任始于 2016 年快播案③,2018 年国内曾经最大 BT 网站 BT 天堂负责人袁某因侵犯著作权罪被判处刑罚④,对于网络服务提供商刑事责任的界定,需要回归到技术中立原

---

① 参见(2018)苏 0505 刑初 301 号刑事判决书。被告人乙某某、陈某某侵犯著作权案。其销售盗版 vision Pro 软件的加密锁和破解程序并从中牟利,裁判理由认为属于变相销售他人享有著作权的软件作品。

② 参见(2018)苏 0281 刑初 705 号刑事判决书。被告人谢某提供侵入、非法控制计算机信息系统程序、工具案。其自行编程开发《王者荣耀》游戏外挂程序,通过 QQ 对外销售外挂程序源代码、外国程序及相应程序激活码,裁判理由认为该外挂程序存在对《王者荣耀》游戏客户端实施未授权的删除、修改操作,绕过了游戏的保护措施,对游戏的正常操作流程和正常运行方式造成干扰,属于破坏性程序。

③ 参见(2015)海刑初字第 512 号刑事判决书。

④ 参见(2018)苏 08 刑初 26 号刑事判决书。

则在刑事归责中的作用，探讨帮助行为是否能够认定为犯罪；尤其是帮助信息网络犯罪活动罪、拒不履行信息网络安全管理义务罪的出台，将帮助犯正犯化，增加了共同犯罪外新的入罪路径。

1. 作为帮助犯成立空间较小

犯罪认定中的"技术中立"，主要指的是"技术使用者和实施者不能对技术作用于社会的负面效果承担责任，只要他们对此没有主观上的故意"①。对于网络服务提供商的刑事责任问题，诸多学者主张适用中立帮助行为理论来解决。"与这里讨论的法条、司法解释以及快播案紧密相关的是刑法理论上的中立帮助行为的问题。"②"中立行为人通常对正犯的行为有认识（至少间接故意），客观上对造成结果的正犯行为起到了促进和推动作用的场合，各种刑法理论都试图寻找不将中立行为作为帮助犯处罚的依据。"③

提供 P2P 软件的网络服务商只是出于自己的业务目的，并不直接与用户接触，故对他人的犯罪意图和故意很难具体察觉；并且网络服务商通常会明确提示或者直接要求用户遵守有关著作权的法律法规，那么即便用户实施了侵权行为，也不能追究网络服务商的责任，因为技术本身并无合法与非法的界分，技术提供者亦无法预料和控制技术使用者出于合法目的还是非法目的使用相关技术。技术更新和进步是社会发展所必须的，虽然可能伴生新的社会问题和法律问题，但提供软件技术的行为没有制造任何刑法意义上的社会危险，即便退一步说产生了某种危险，也应当能够被法律所容忍，否则，如果要求新技术的提供者因使用者的违法犯罪行为动辄得咎，将极大地阻碍科技发展，影响社会进步。因此，一般情况下，仅仅提供 P2P 软件技术的网络服务商不承担侵犯著作权的刑事责任。

相反，以"BT 天堂"案、快播案为例，以侵犯著作权罪的帮助犯认定 P2P 服务提供商构成共同犯罪并承担刑事责任，必须充分证明其主观明知状态。有观点认为，P2P 服务提供商没有设置节选与过滤机制，就无法证明其对会员违法下载有认知；而且，P2P 技术的特点就决定了，即便服务提供商设置了过滤机制，也不能确知用户实施了犯罪行为。即使是在设有中心服务器的集中式架构下，也仅能实现对文件名的索引，仅依据文件名无从辨识该作品内容是不是未经授权的作品，若对文件内容进行比对，则会产生过滤技术复杂、耗

---

① 郑玉双：《破解技术中立难题——法律与科技之关系的法理学再思》，载《华东政法大学学报》2018 年第 1 期。
② 车浩：《谁应为互联网时代的中立行为买单?》，载《中国法律评论》2015 年第 1 期。
③ 周光权：《网络服务商的刑事责任范围》，载《中国法律评论》2015 年第 2 期。

费成本且降低效率的问题,对专注技术而非内容的网络服务商而言经营成本过高、负担过重,降低其竞争力。① 而且,实践中还存在用户虽然利用了 P2P 软件技术进行非授权分享但属于合理使用的情形,而服务提供商只有在用户不构成合理使用的前提下才有讨论归责的可能。

所以,只有在著作权人已通知服务提供商网站存在大量未经许可的文件分享或下载事实且用户不构成合理使用的情况下,才能认定服务提供商主观上明知他人在实施侵犯著作权的犯罪,服务提供商仍继续为侵权用户提供软件和技术上的支持的,才能认定服务提供商实施了继续为侵权用户实施侵权行为提供帮助的行为,不再属于技术中立,也不再被法律所允许,应当以侵犯著作权罪的帮助犯论处。

然而,服务提供商在丧失中立性后,往往并没有新的提供软件和技术行为,这就需要进一步讨论其不中止服务或不断开技术支持的不作为行为是否构成不作为的帮助犯。

2. 不中止服务、不断开技术支持可能构成不作为的帮助犯

明知他人在 P2P 网络中实施了非法上传或者下载未经著作权人许可的作品的行为,网络服务商仍然为其提供互联网接入,或者为用户办理互联网接入后发现该用户利用互联网实施非法上传或者下载等侵犯著作权行为而没有中止网络服务的,构成不作为的帮助犯,正如有学者认为,"具体到网络服务提供者而言,为网络终端用户提供传输技术享受其他终端提供下载或者在线视听服务的网络不法行为,如符合社会危害性和应受刑罚处罚性双重犯罪特征亦可被纳入犯罪圈,其对网站信息怠于采取技术措施进行监管的行为亦能犯罪化,可构成不作为犯罪。"②

此外,网络犯罪往往呈现出帮助行为与实行行为倒挂的特点,工具行为集中且规模大,使用行为分散且可能未达到犯罪标准,因此在具体罪名适用上,除可能按照帮助犯跟随实行犯定罪外,也有可能在实行犯不处罚的情况下,直接按照帮助信息网络犯罪活动罪、拒不履行信息网络安全管理义务罪评价。

---

① 杨彩霞:《P2P 软件和服务提供商著作权侵害刑事责任探究——以 P2P 技术架构为切入点》,载《政治与法律》2016 年第 3 期。

② 秦天宁、张铭训:《网络服务提供者不作为犯罪要素解构——基于"技术措施"的考察》,载《中国刑事法杂志》2009 年第 9 期。

三、云盘技术下个人复制分享行为的刑民责任界定

(一) 云盘技术概述

网络云盘是以互联网为基础的在线存储平台,云盘用户可以在云盘服务供应商提供的网络存储空间内进行文件的存储、读取与分享,云盘服务供应商则负责提供相应的技术服务和网络信息存储空间。云盘服务的有效运行依赖的完整结构模型由存储层、基础管理层、应用接口层、访问层组成。存储层是云盘服务运行的基础,是云盘存储文件的服务器所在,只有云盘服务商有权限对其访问和操作;基础管理层主要是通过服务器集群和分布式文件系统等技术,协同云服务器对外提供云盘服务,并为用户的数据访问提供支持;而访问层是用户登录到云盘系统对存储的文件进行修改、分享等操作的层面。[①] 云盘用户将其文件上传至云盘服务器之后,就可以利用互联网随时随地对这些文件进行操作,例如下载、编辑或者分享给其他用户,极大地提升了文件传输和分享的效率。云盘技术的主要功能包括存储和自动备份功能、分享和下载功能、一键保存和在线预览功能。

(二) 云盘技术中个人复制分享行为刑事责任界定

通过分析不同类型个人复制分享行为的社会危害性和行为人主观内容,笔者认为不同的分享复制行为可能涉及不同的刑事责任。

1. 个人复制分享行为可能构成侵犯著作权罪

根据《刑法修正案(十一)》,通过云盘技术个人复制云盘内容并将该信息在互联网上传播,属于通过信息网络向公众传播他人作品的行为,属于侵犯信息网络传播权的一种。以"我的小书屋"侵犯著作权案为例[②],被告人尹某某以每月40美元的价格租用美国网络服务器,建立电子书网站"我的小书屋"后,未经许可在该网站上提供百度网盘、天翼云盘等云盘链接、密码供读者下载已出版的电子书籍作品,提高网站浏览、点击量,并以读者打赏、投放广告等方式营利,共计非法获利7万余元,向公众传播的作品中有731部未经相关出版社授权。向公众分享云盘链接、密码,表现为链接分享行为,但其实质是将链接指向的作品通过信息网络向公众传播,构成侵犯著作权罪。

[①] 参见杨岳湘、邓文平、邓劲生、李阳:《基于云存储的网盘系统架构及关键技术研究》,载《电信科学》2012年第10期;朱婕:《云盘服务中著作权侵权问题研究》,南昌大学2020年博士学位论文。

[②] 参见(2020)浙0681刑初222号刑事判决书。

2. 个人复制分享行为可能构成传播淫秽物品罪、传播淫秽物品牟利罪

云盘存储方式隐蔽、存储空间大、上传速率高,为数据违禁品交易者所青睐,成为淫秽物品传播的重要渠道。分享淫秽物品达到《刑法》第364条规定的情节严重程度的,虽然没有营利,仍构成传播淫秽物品罪;若以营利为目的实施了分享淫秽物品的行为,达到追诉标准的则构成《刑法》第363条规定的传播淫秽物品牟利罪。该种犯罪手法已有大量司法判例[①],典型手法为罪犯在微信、QQ等社交工具中分享淫秽视频引流并完成贩卖,而后通过云盘大量存储和快捷分享功能向买受人交付。

3. 个人复制分享行为可能构成非法持有宣扬恐怖主义、极端主义物品罪

云盘技术的隐秘性、便捷性也使其成为宣扬恐怖主义、极端主义的网络空间,不法分子对以上违禁品进行储存;或在云盘中发现、存储恐怖视频或者图片、文字后,再交互至朋友圈、微信群内,跨平台扩大传播[②]等。基于这些内容的危害性,我国对此类视频、图片、信息等严格管制,制作、散发、发布、持有行为均可构成非法持有宣扬恐怖主义、极端主义物品罪。

云盘技术开发之初,核心功能是提供内容存储的底层服务;但在实践中其复制、分享功能却逐渐被放大,并最终被不法分子所异化,作为传播违法违规内容的工具。在避风港原则下,云盘服务商一般不会承担刑事责任,但可以探讨的是,是否可以对其合理配置一些审查义务,促进技术研发和公共责任承担?通过技术手段筛查可疑上传、下载、转存行为,并及时预警、屏蔽、断开链接等,为权利人及时维权、执法机关及查处提供支持,而又不会过度增加商业运营成本,值得进一步研究。

四、搜索引擎运作和网页快照的民刑责任界定

(一) 搜索引擎

所谓搜索引擎,就是根据用户需求与一定算法,运用特定策略从互联网检索出制定信息反馈给用户的一门检索技术。搜索引擎依托于多种技术,如网络爬虫技术、检索排序技术、网页处理技术、大数据处理技术、自然语言处理技术等,为信息检索用户提供快速、高相关性的信息服务。搜索引擎技术的核心模块一般包括爬虫、索引、检索和排序等,同时可添加其他一系列辅助模块,

---

[①] 参见(2019)京0108刑初1732号刑事判决书。
[②] 参见(2017)京01刑初69号刑事判决书。

以为用户创造更好的网络使用环境。① 在大数据时代，网络产生的信息浩如烟海，如果没有搜索引擎服务商开发的搜索服务，用户难以得到自己需要的信息资源。在搜索引擎技术的帮助下，利用关键词、高级语法等检索方式就可以快速捕捉到相关度极高的匹配信息。

网络服务商从行为属性上可以分为网络内容服务提供者和网络技术服务提供者。最高人民法院《关于审理侵害信息网络传播权民事纠纷案件适用法律若干问题的规定》第3条对于何为网络内容提供者实施的提供行为予以规定。在民事侵权角度，从网络内容提供者实施的行为上分析，其对未经著作权人许可提供他人作品的行为应承担直接侵权责任。而搜索引擎服务在行为上系网络技术服务提供商。网络技术服务提供商并非侵权作品直接提供者，其系为他人直接提供作品的行为给予设备和技术上的支持，在民事侵权中应承担间接侵权责任。间接侵权责任的认定以行为人主观上的"明知"和"应知"作为要件。

搜索引擎运营商作为网络技术服务提供者中的一种类型，其并非对所有网络上传播的侵害他人作品的行为承担间接侵权责任。2013年修改的《信息网络传播权保护条例》第23条规定了"通知—删除"规则。权利人在得知著作权侵权事实发生之后，可以要求搜索引擎运营商对侵权信息进行删除、屏蔽或者是断开网络搜索链接。搜索引擎运营商在收到权利人的告知后，应当及时采取措施。如果没有实施止损行为，造成了扩大损失不利影响的，就要与直接侵权的第三方网络用户共同对权利人承担连带侵权责任，进行损失赔偿。最高人民法院《关于审理侵害信息网络传播权民事纠纷案件适用法律若干问题的规定》第4条和第13条分别规定了网络服务提供者与他人以分工合作等方式共同提供作品构成共同侵权，以及网络服务提供者未及时采取删除、屏蔽、断开链接等必要措施构成侵权。通过上述规定可知，搜索引擎运行中服务的提供者若符合"通知—删除"规定，若无"明知"或"应知"的过错，其提供的搜索链接服务具有合法性，并不承担民事侵权责任。

（二）网页快照

搜索引擎在收录网页时，对网页进行备份，存在自己的服务器缓存里，当用户在搜索引擎中点击"网页快照"链接时，搜索引擎将Spider系统当时所抓取并保存的网页内容展现出来，称为"网页快照"。② 由于网页快照是存储

---

① 来源百度百科，https：//baike.baidu.com/item/%E6%90%9C%E7%B4%A2%E5%BC%95%E6%93%8E。

② 来源百度百科，https：//baike.baidu.com/item/%E7%BD%91%E9%A1%B5%E5%BF%AB%E7%85%A7/9406678？fr=aladdin。

在搜索引擎服务器中滤掉了的图片、flash视频及java程序等占用大量内存的文件，仅留下了文本内容，所以查看网页快照的速度往往比直接访问网页更快。在原始网页中并不会将用户搜索的关键词高亮度地显示出来，而在网页快照中用户搜索的关键词用亮色显示，便于用户快速找到所需信息，大大提高搜索效率。网页快照是对网页内容的一种复制，当搜索的网页因为某种原因无法访问时，可以使用网页快照来查看相关网页的原始内容。因此，鉴于网页快照的上述功能，在互联网领域网页快照被广泛应用，它系伴随搜索引擎应运而生的一项技术。

在网页快照形成过程中，首先需要对原网页进行备份，其次是将备份好的网页即网页快照的内容进行存储，最后将网页快照提供给用户。那么在上述三个步骤中，会存在对原网站的页面复制和传播，此种行为是否构成对原网站相关著作权的侵害，是否落入著作权法所规定的复制权、信息网络传播权的保护范围，搜索引擎服务商是否可以采用避风港原则进行抗辩，是否构成合理使用，是否触犯刑法的相关规定等问题，需要思考和进一步分析。司法实践中，有关网页快照的案件虽说总体数量不多，但因为其中涉及原网页权利人的利益、搜索引擎服务商的利益和广大网民的利益，因此案件的司法判断不仅是个案的审理，其审理结果往往涉及行业的利益，涉及网页快照的技术发展走向的问题，案件之争的背后隐含着利益之争。而如何对网页快照进行法律属性的定位，如何准确适用法律，对现行著作权法来说是个挑战，对刑法来说也是需要思考的问题。不论是著作权法中的违法与否还是刑法中的罪与非罪，都建立在网页快照行为是否具有正当性和合法性的基础之上。

（三）搜索引擎运作和网页快照中的刑事责任问题

网页快照系搜索引擎运行中产生的一个技术，网页快照伴随搜索引擎而产生。有关网页快照的相关刑事责任问题与搜索引擎运行中刑事问题具有共性，下文将与搜索引擎一并予以分析。据笔者搜索，在司法实践中并未出现搜索引擎服务商承担刑事责任的案例。

我国刑法中涉及搜索引擎入罪的条款应为《刑法修正案（九）》中规定的帮助信息网络犯罪活动罪，搜索引擎服务商作为网络技术服务提供者，在明知他人实施犯罪时提供搜索链接服务，客观上会成为帮助犯。刑事责任中帮助犯的认定需建立在"明知"的基础上。网络数据信息庞大至极，要求搜索引擎服务商对所有信息都有所甄别不现实也不可能实现，因此民事和刑事责任的认定中都对搜索引擎服务商所承担的义务有所限定。"明知"系判断入刑的关键要件，需有证据证明搜索引擎服务商明确知道对方在实施违法行为，仍提供帮助。对主观明知的认定往往需要建立主观明知的刑事推定规则予以证明。在刑事方面认定搜索引擎服务商"明知"时，可以参考和借鉴《关于办理利用互联网、移动通讯终端、声讯台制作、复制、出版、贩卖、传播淫秽电子信息刑事案件具体应用法律若干问题的解释（二）》中有关"明知"的四种情形规定。

五、深度链接①行为侵犯著作权的民刑责任界限

（一）深度链接行为民刑过渡的逻辑阶梯

1. 民事、刑事法域冲突带来的困惑

由于刑法规定的犯罪构成中存在很多需要参考民事法律、行政法规予以补充或者解释的规范构成要件要素，因此，民事违法与刑事犯罪之间并不存在截然分明的界限。② 民刑思维融合于法秩序统一性原理之下。当前法秩序统一性原理主要有两种观点：一是从属说，认为刑事犯罪的确立从属于民事违法。在刑法与民法规范的保护目的相一致的场合，刑法应当绝对从属于民法，在民事违法不存在时，应当断然否定待处理案件中行为的犯罪性。③ 基于知识产权犯罪均为数额基本犯的特殊性，知识产权犯罪必须以知识产权侵权行为的发生作为前提性条件。④ 知识产权犯罪均是侵权行为达到一定程度后在对同一行为判令承担民事责任的基础上再科以刑事处罚。⑤ 民事违法性之有无对刑事违法性判断具有绝对制约意义。⑥ 二是独立说，刑事违法的判断并不以民事违法的判断为前提，是否构成刑事犯罪应依据其单独的构成要件，无须与民事违法完全相对应。刑法、民法在规范目的上具有差异，即便是基于同一事实所面向的法律关系和处理思维也不一致，在刑事违法的判断中从刑法视角出发进行独立判断，并不会破坏法秩序同一性，法秩序的统一不是实体法间违法概念、违法判断的一致，而在于"合法"判断的一致。⑦ 民事合法可以阻却刑事违法，却不能因非民事不法阻却刑事违法，合法不等于不非法。由此可见，法秩序统一性原理的从属说比独立说赋予了民刑之间更多的依附关系，独立说则对依附关系的要求较为松散。然而，不管是民事思维还是刑事思维，对法正义目标的实现

---

① 严格地说，深度链接"deep linking"并非法律概念，而是技术概念，是指在点击后不发生跳转，直接在设链网站页面内显示被链网站的内容的一种网络链接。

② 于改之：《法域冲突的排除：立场、规则与适用》，载《中国法学》2018年第4期。

③ 于改之：《法域冲突的排除：立场、规则与适用》，载《中国法学》2018年第4期。

④ 陈灿平：《侵犯知识产权犯罪数额新论》，载《中国刑事法杂志》2011年第6期。

⑤ 江伟、范跃如：《刑民交叉案件处理机制研究》，载《法商研究》2005年第4期。

⑥ 王昭武：《经济案件中民刑交错问题的解决逻辑》，载《法学》2019年第4期。

⑦ 简爱：《从刑民实体判断看交叉案件的诉讼处理机制》，载《法学家》2020年第1期。

是一致的，它们统一于法秩序统一性原理之中。

具体到著作权领域，立足于从属说基础上，有观点认为基于"二次违法性"原理，刑法与著作权法应保持概念的同步。信息网络传播权作为著作权权利内容之一，是与复制权、发行权平行的权利，著作权法的分别规定正是体现了权利内容的差异化。因此，知识产权刑事司法解释将实施信息网络传播行为拟制为复制发行，以认定构成侵犯著作权罪，就破坏了前置法与刑法的同步。无论深度链接是否侵犯信息网络传播权，其都不应以刑罚论处。

笔者认为，应从刑民法律规范的目的和效果来评价处置深度链接刑民交叉难题。两大法的目的必然有所差异，单纯讨论以实现哪一个法的目的为主，势必导致另一法的目的被架空，法秩序统一性被破坏。刑民违法性的认定完全属于不同范畴，难以细分界限和衔接。法秩序的统一不是形式上的一致，而应该是实质上的统一，因此，应从两大法对于特定行为适用法律效果来评价处置行为责任交叉问题。

最初，2004年"两高"出台的知识产权刑事司法解释对信息网络传播进行了法律拟制，视为《刑法》第217条规定的"复制发行"，试图解决刑法的滞后性问题，保证刑法的稳定性的同时弥补民事制裁效果的不足。从著作权权利内容上看，无论是复制发行，抑或信息网络传播，本质上均是向公众提供作品的行为。信息网络传播权本身也是互联网改变了作品载体、传播方式后，新增加的权利内容，即便细分所谓"间接""直接"信息网络传播，亦无碍其提供作品的本质。从法的本质上看，刑民本分属不同的领域，民法看关系，刑法看行为。故刑法评价的是行为是否实现作品提供的结果、侵犯相关法益。从长期的司法实践来看，信息网络传播他人作品的行为的确严重侵害了著作权的法益，社会危害性足以达到刑法规制的程度。虽然刑事司法解释作出了相应的法律拟制，但是《刑法修正案（十一）》将信息网络传播行为单独作为侵犯著作权的一种形式正式确立为犯罪，真正实现了刑民两大法保持法秩序统一的必要衔接。

2. 深度链接刑事归责过程中的民法考量

虽然，在认定犯罪或侵权上，刑民完全遵循不同的法律认定逻辑思路，但随着知识产权私权的公权化趋势，社会公众对于司法机关审理民刑交叉案件有了更多维度的要求，不仅希望司法机关维持公平、打击犯罪，还要求保护自身的合法利益、恢复被破坏的社会关系，民事责任与刑事责任势必存在一个模糊地带。① 判断深度链接行为入刑的过程中难免要作民法层面的要素考量。但是，民法要素考量亦应有一定尺度，不能造成民法原理阻却刑法适用等错觉和偏差。笔者认为：

第一，主要考量的要素应为技术标准。我们应注意到，刑民归责都离不开基础事实要素，也就是技术层面的认定，何种特征之行为实现何种客观事实效果。深度链接民事评价的技术标准趋于成熟，刑法评价过程中亦离不开这一事实基础评判标准。同时，不建议将深度链接民事侵权的法律标准全盘引入刑事案件的认定中。刑法的违法性评价与民法的效力性评价不属于同一范畴，两者难以互通。② 知识产权民事法律规范主要偏重于权利人的私权救济，其违法性评价更为宽松。侵犯著作权罪等知识产权罪名则是设置在刑法破坏社会主义市场经济秩序罪一章节，虽然侵犯的是双重法益，但更侧重保护社会公共利益。将民法评价全盘纳入刑法的违法性评价，有可能导致刑民责任混淆、随意出罪。

第二，民事侵权类型不是刑事犯罪阻却事由。刑法已经直接将一系列的民事间接侵权行为均规定为犯罪行为，如销售侵权复制品罪、销售假冒注册商标的商品罪。这种刑法规制主要基于行为本身对法益侵害的判断，遵循的是刑法看行为本质的认定规律。直接侵权和间接侵权在民法理论上仅仅是侵权形式、要件区分。这种民法形式区分无法否定侵权行为实质存在的刑事可罚性。因此民事的直接侵权和间接侵权之分，难以成为直接否定深度链接行为入罪的阻却理由。

3. 深度链接行为入刑的必要性

首先，深度链接行为具有刑法规制可能性。《刑法修正案（十一）》对《刑法》原第217条予以修改，将以营利为目的侵犯信息网络传播权、故意避开或者破坏技术措施，违法所得数额较大或者有其他严重情节的行为直接规定为侵犯著作权罪，结合实践中，设置深度链接的行为人主观上明知或者应知所链接的影视作品侵权，客观上实施了故意避开或者破坏技术措施设置深度链接的行为，具有刑法规制可能性。

其次，深度链接行为具有社会危害性，具有刑法规制的必要性。深度链接通常伴有破坏技术保护措施行为，其运用的视频解析工具提供方、盗版网站，

---

① 刘云生：《民事与刑事责任区分问题研究——以合同案件为中心》，西南政法大学博士学位论文，第64页。

② 陈少青：《刑民交叉实体问题的解决路径——"法律效果论"之展开》，载《法学研究》2020年第4期。

形成了黑色产业链，肆意传播盗版资源，蚕食着权利人或其授权许可方的权利和商业利益。在互联网高速发展的今天，深度链接直接劫取作品内容，占用带宽和服务器，劫持被链网站流量，成本远低于正版视频网站，对盗版片源的传播起到了帮助、扩散的作用，破坏了网络著作权的生态平衡，伤害版权产业的健康发展。

（二）深度链接行为刑事归责路径

1. 对共犯入罪模式的商榷及最终排除

在刑法修正案出台前，有观点提出，深度链接行为应以侵犯著作权罪帮助犯入罪。理由在于民法上深度链接不是直接的信息网络传播行为，设链网站与被链网站行为上构成民事共同侵权。由此，在刑法上应当认定为信息网络传播行为的帮助犯。深度链接作为帮助行为并不上传盗版作品，不提供作品本身，就技术角度而言，它只是提供获得作品的路径，帮助已经上传的作品，或者对已经传播的作品增加、扩大传播路径而已。这一观点貌似解决了深度链接刑民归责争议，但是以共犯之帮助犯入罪在实践中认定有阻碍，存在明显的逻辑漏洞。

首先，所谓"正犯"的认定存在阻碍。实践中，未经权利人许可上传作品的人往往是大量分散的网络用户，既没有侵犯著作权罪主观上的营利目的，也达不到刑事处罚的侵权数量标准。但在当前聚合平台、视频 App 盛行的大背景下，设置链接者从不同上传作品人处链接作品、实现非法盈利的情况比比皆是。这些分散全世界的直接提供作品的实行者，不仅不构成侵犯著作权罪，甚至能否认定民事侵权亦存疑。基于共犯的理论，只有在直接上传作品者的行为构成侵犯著作权罪的大前提下，设置链接者方能被认定为这一上传作品行为人的帮助犯。

其次，正犯与共犯之间的犯意联络、行为因果关系均难以证明。大量深度链接行为人具备独立的侵权目的，不必然与直接提供作品者存在明确的犯意联系。如，在上海办理的深度链接侵犯著作权案中，被告人以深度链接的方式将非法境外网站的影片源发布在自己建立的网站上并获得收益。[①] 在该案中，设置链接者与上传作品的人在现实中就缺乏联系，其设置深度链接也不是为了上传作品的人提供便利，纯粹为了实现自己的非法收益，从根本上就否定了双方的主观意思联络，不能认定为共谋型共同犯罪。

亦有人提出，即便缺乏犯意联络，也可以片面共犯角度认定为帮助犯，但

---

① （2013）普刑（知）字第 11 号。

是直接上传作品的行为结果并不是由深度链接实施导致的,深度链接只是起到了扩大侵权的结果。即便是片面共犯,也不能在缺乏犯罪行为与危害结果的因果关系的情况下予以认定。总的来说,这种共犯的观点缺乏对深度链接行为独立性的深刻认识。

2. 对正犯模式入罪的思考及刑法修正案的确认

《刑法修正案(十一)》明确将信息网络传播行为入刑。深度链接作为典型信息网络传播形态之一,将能作为侵犯著作权罪的正犯予以单独入罪。笔者认为,此次修正案是充分考量到了基于日益发达的互联网技术,深度链接行为的独立性日益明显,独立的犯罪目的、独立的实施行为、可区分的侵权损害后果等要素均表明这种行为已具备刑事可罚性的基础,应与直接上传侵权作品的行为同样予以独立的刑法评价。

刑法视角下的信息网络传播以实现作品"提供"效果为核心法律标准。[1]法律标准本质的变化是加重或者减轻在判定深度链接刑事违法性过程中任何一方的法律责任。在当前知识产权大保护的背景下,著作权人合法权益应当予以充分考量兼顾,深度链接等网络技术在带来资讯便利的同时,其加速传播盗版作品的实际危害后果也得到对等的刑法评价。

从司法实务来看,"服务器标准"已经无法覆盖所有的网络作品提供情况,应予调整,原因在于链接技术的急速发展,服务器已经不是实现互联网内容提供的充分必要条件。不能因为深度链接未出现内容存储或缓存在服务器上,就忽视其主观上侵权的故意以及事实上用户已经接收到作品内容的效果。而且,如前所述,深度链接行为实质上部分甚至全部地取得了他人应得的作品传播经济利益。因此,这种机械式的认定标准无疑已经不符合知识产权法利益平衡的原则。"用户感知标准"提出,网络用户才是作品最终的接受者,对于传播的感知是源于网站而非服务器,网络服务提供者(设链者)实际上实施了同样使公众获得了作品的行为,不能因为技术分析而否定链接服务提供者构成直接的信息网络传播的行为。"实质呈现标准说",则是从设置深度链接者的用户界面直接实质性呈现了他人的作品,他人之作品已经成为自己网页或者客户端的一部分,使得用户认为设置链接者方为作品的提供者。[2]因此,深度链接构成信息网络传播行为,对这种链接能否实质性掌握内容源、信息源,在所不问。

因此,无论是"服务器标准"还是"用户感知标准""实质呈现标准说"

---

[1] 参见李兰英、高扬捷等:《知识产权刑法保护的理论与实践》,法律出版社2018年版,第361页。

[2] 参见崔国斌:《加框链接的著作权法规制》,载《政治与法律》2014年第5期。

都仅仅是犯罪手段在技术表现形式上的不同呈现而已,但是最终的技术效果就是,设置链接者向公众成功提供了作品,实现了行为人侵犯他人著作权的犯罪目的,这一行为本质就是刑法意义上的直接侵害,并与侵害的扩大部分形成直接的因果关系。从行为的性质、危害程度等刑法要素考量,深度链接行为已经具备了刑事可罚性。

六、技术中立与认定民事侵权和刑事犯罪的关系

（一）"技术中立原则"的发展脉络

1. "技术中立原则"的确立和发展

"技术中立原则"最早是普通法上确立的适用于知识产权专利领域的原则,在美国索尼案中"技术中立原则"开始被运用于版权领域,也被称作"实质性非侵权用途原则"或曰"索尼原则":销售有复制功能的设备就像销售其他商品一样,如果产品可能被广泛用于合法的、不受争议的用途,即使其制造商和销售商知道其设备可能被用于侵权,也不能推定其与侵权人构成共同侵权。① 索尼案确立的实质性非侵权用途规则作为一种抗辩事由,具有保障技术提供者的意义,② 解决了版权所有者与技术提供者之间的利益平衡问题。其后,美国法院不断通过判例对"技术中立"的抗辩原则进行限制,当被告知晓产品可被用于侵权用途,且能证明被告有指示、鼓动侵权的言论时,该原则不能阻止责任。

1998年,美国数字千年版权法案,第一次确立了版权领域著名的"避风港原则"和"通知—删除"规则。"避风港原则"贯彻了"技术中立原则"的法律精神,对于处于中立的、被动的、工具性的网络服务提供者的侵权责任认定进行限制,网络服务提供者只需在收到权利人的通知或者应知侵权明显的事实后采取必要措施,即可免责。由此,"技术中立原则"也成为司法裁判中认定网络服务商法律责任的依据。

横向上,无论是"技术中立原则"还是"避风港原则",其创立之初主要适用于知识产权的民事领域,但是随着网络空间治理问题的进一步深化,发展到了刑事领域。例如,美国1996年《通讯规范法》第230（e）条规定了网络服务提供者对第三方违法内容的免责条件,而在其后的案件中,都或间接或直

---

① 参见张今：《版权法上技术中立的反思与评析》,载《知识产权》2008年第1期。
② 参见陈兴良：《快播案一审判决的刑法教义学评判》,载《中外法学》2017年第1期。

接地考虑了将该条款用于刑事免责的可能性。①

纵向上，伴随"技术中立原则"在适用范围上的不断扩张，对"技术中立原则"和"避风港原则"的质疑和修正也开始出现。在新技术环境下，随着平台自治的主体地位得到确立和不断深化，"技术中立原则"免责主张并非当然具有正当性。立法决策者需要在"完全的技术中立+豁免平台义务"与"有限的技术中立+科以平台更重的义务"之间作出选择。②

2. "技术中立原则"的中国实践

民事司法实践中，"技术中立原则"成为判断网络服务提供者的侵权责任尤其是版权侵权责任的重要原则。《信息网络传播权保护条例》规定对于不改变传输内容、不改变传输目标、保持自动传输的接入和缓存服务提供者免除侵权赔偿责任。对于网络服务提供者的侵权责任认定，适用"避风港原则"也成为司法实践中的普遍共识。

2016年北京审判的快播案，将"技术中立"的讨论引入了国内的刑事领域。在庭审中，被告人王某所提出的"技术无罪"论引发热议，也引出技术中立在犯罪认定中是否适用的争论。在诸多争议观点中，不少刑法学者运用德国刑法理论中的"中立帮助行为"理论来对"技术中立原则"进行注解和分析，因此在国内对"技术中立"的讨论中，"技术中立"又与"中立帮助行为"理论密切联系在一起。

(二)"技术中立原则"的具体运用

"技术中立原则"运用最广泛、影响最大的还是在网络法领域对于网络服务提供者制度的创设。网络服务提供者和网络内容提供者的"二元"划分源于著作权法的归责体系，网络内容提供者是指直接向用户提供作品内容的服务商，可以直接控制、选择作品内容；网络服务提供者则仅提供中立的、被动的、自动的网络服务，不直接向用户提供作品内容，对作品内容难以进行控制，按照"技术中立原则"可以对于网络服务提供者的责任进行适当减免。

技术中立免责可以平衡网络服务提供者和著作权人的利益。首先，使提供网络传输和临时储存服务的主体专注于技术服务，提升数据传输的效率，而不用担心单纯的技术服务和数据传输受到知识产权侵权责任的指控。对于知识产权的保护不会加重电子商务的成本，不会影响数据传输技术的发展。其次，鼓

---

① 参见王华伟：《网络服务提供者刑事责任的认定路径：兼评快播案的相关争议》，载《国家检察官学院学报》2017年第5期。

② 参见虞婷婷：《网络服务商过错判定理念的修正——以知识产权审查义务的确立为中心》，载《政治与法律》2019年第10期。

励网络服务提供者不协助侵权行为,以责任的免除诱导网络服务提供者保持技术中立,与侵权行为保持距离。①

1. 侵权认定中的"技术中立"

在网络知识产权的侵权认定中,内容提供者直接向用户提供作品,其在提供侵权内容时一般应当承担直接侵权责任,而网络服务提供者只是提供网络接入、传输、存储、搜索及链接等中立的网络服务,故其一般只会涉及帮助侵权或间接侵权;同时,网络服务提供者对用户上传内容缺乏控制力,且难以对上传内容一一核实是否获得授权,故其对用户上传内容的知识产权一般不负有主动审查的义务,只需要在接到版权所有人的通知,对侵权内容进行删除即可。

但随着技术发展,有观点认为网络服务提供者的服务在一定程度上脱离了以往中立性、工具性和非参与性的特征,成为网络社会空间及其内生秩序的主要承担者和建构者。比如,搜索引擎提供的信息搜索或链接服务传统上属于信息定位服务,自然搜索的结果排除人工干预,而目前搜索引擎服务商往往视网页索引数据库为其私产,并利用该数据库为其竞价客户实现利益最大化。这类网络服务提供者,不再具备中立性、工具性、被动性、自动性,并非纯粹的网络服务提供者,故不能再适用"避风港原则"。

2. 犯罪认定中的"技术中立"

主要指的是"技术使用者和实施者不能对技术作用于社会的负面效果承担责任,只要他们对此没有主观上的故意"②。关于网络服务提供者提供中立技术的刑事责任问题,诸多学者主张适用刑法理论上的中立帮助行为理论来解决。"中立行为人通常对正犯的行为有认识(至少有间接故意),客观上对造成结果的正犯行为起到了促进和推动作用的场合,各种刑法理论都试图寻找不将中立行为作为帮助犯处罚的依据。"③

"中立帮助犯"理论起源于德国,但即便是在德国,刑法理论界对中立帮助行为理论也存在较大分歧。Hassmer教授指出,"中立帮助行为是指符合帮助犯不法要件的一般条件,但是最终没有客观帮助不法的行为。中立帮助行为自身具日常性、一般性的行为意义,其在社会性上不需要进一步阐释。"④

---

① 参见郑鹏:《网络服务提供者"避风港"的"中立"前置要件研究》,载《部门法专论》2020年第4期。
② 郑玉双:《破解技术中立难题——法律与科技之关系的法理学再思》,载《华东政法大学学报》2018年第1期。
③ 周光权:《网络服务商的刑事责任范围》,载《中国法律评论》2015年第2期。
④ 王华伟:《网络服务提供者刑事责任的认定路径:兼评快播案的相关争议》,载《国家检察官学院学报》2017年第5期。

虽然"中立帮助犯"理论可用来限制刑法的适用范围,但并不适用解释技术中立网络服务提供者入罪问题。其一,中立帮助行为的界定莫衷一是,可罚的标准含糊不清,① 在实践中难以适用;其二,中立帮助行为与网络服务者提供服务的行为也存在差异,在中立帮助行为的典型案例中,帮助者往往或多或少地知晓正犯的犯罪计划和犯罪行为;而由于网络上传输信息的海量性和行为的匿名性,在绝大多数情况下,网络服务提供者对于接受服务者的犯罪计划与犯罪行为并不知情,这是适用中立帮助行为理论的一个障碍。对网络服务提供者刑事责任的判断,应当遵照共犯认定原理。在侵犯著作权犯罪中,网络服务提供者除了事先与他人共谋外,多因怠于履行审查义务而在客观上为侵权内容传播提供帮助。对此认定构成犯罪的前提是,网络服务商须处于保证人地位,负担一定的作为义务。

(三)"技术中立"下的网络服务提供者的类型化

目前国内的司法实践往往对服务提供者和内容提供者进行"一刀切"式的判断,而域外部分地区已经对网络服务提供者进行了细致分类,以进行精细归责。

1. 网络服务提供者类型化的域外经验

欧盟和美国在立法和司法中将网络服务提供者实质分为了"技术中立"和"地位中立","技术中立"是指传输和缓存服务提供者,这类服务提供者不对信息进行储存和处理,因其被动和自动角色还直接享有免责,无须再经过"避风港原则"中"知道"要件的检验。"地位中立"是指提供储存和搜索服务的主体,这类主体需满足不对信息进行修改、筛选和推荐,还需要经过"知道"规则的检验,免责条件比前者更为严格。在刑事责任领域,德国将网络服务提供者类型化为内容提供者、接入服务提供者、缓存服务提供者和存储服务提供者、链接设置者、搜索引擎运营者等,考虑到不同类型网络服务提供者在功能上和监控可能性上的差异,为网络服务提供者合理而精确的责任模式奠定了更为坚实的基础。②

2. 网络服务提供者的类型化责任

国内对网络服务提供者进行细化的思维在《信息网络传播条例》中已有体现。该条例分别规定了提供网络自动接入服务、自动传输服务的网络服务提供者、网络CDN服务提供者、提供信息存储空间、供服务对象通过信息网络

---

① 参见杨彩霞:《网络服务提供者刑事责任的类型化思考》,载《法学》2018年第4期。
② 参见王华伟:《网络服务提供者刑事责任的认定路径:兼评快播案的相关争议》,载《国家检察官学院学报》2017年第5期。

向公众提供作品、表演、录音录像制品的网络服务提供者、为提供搜索或者链接服务的网络服务提供者,并为这些网络服务提供者设置了不同的免责条款。但这样的分类还是不够系统化,且仍有很多遗漏。

笔者认为,借鉴国际通行做法并综合我国各种实际考虑因素的基础上,可以按照技术控制的可能性以及服务的类型对网络服务提供者进行类型化,以其技术"中立性"程度不同来区分适用不同规则。具体而言,可将网络服务提供者区分为网络底层服务提供者与网络平台服务提供者,网络底层服务提供者是指提供底层基础网络服务的服务商,例如网络接入服务、传输服务、云服务器以及小程序服务的提供者等,这类网络服务提供者还保持着较完备的"中立性",难以对服务对象提供的内容进行审查和控制,提供的服务具有自动性和被动性。网络平台服务提供者是指已经不再是"单纯通道"而是已经超越了这一消极角色、具备了影响网络行为的意志或动机,如具有影响网络能力的服务商,提供网络搜索、链接、存储等多种服务,它不但提供技术上的支持,还往往规定活动主题,制定交往规则,以更加积极的方式推动网络平台上交往的频繁进行和规模递增,乃至引导、帮助网络用户作出选择,中立、工具性和非参与性特征有所减弱。

对此,网络底层服务提供者在经过"中立"性的检验后,无须再承担"避风港原则"的"知道"要件的检验即可直接免责,但需在其控制能力范围内对侵权作品进行处置,如云服务器服务提供者应履行转通知等处置的义务;刑事责任层面,具有"中立"性的网络底层服务提供者原则上无法形成基于危险源监督的保证人地位,其客观上为侵权作品提供服务的行为一般也不能被认定为犯罪。网络平台服务者则归责更加严格,经过"中立性"检验之后,平台服务者才能进入"避风港",并经过"避风港原则"的检验免责,同时,其无须承担主动的事先审查义务,但需要履行"通知—删除"义务;在刑事责任层面,网络平台服务提供者主观明知违法内容存在时,可被认定为因危险源监督而形成保证人地位,从而可能在不履行相应管理义务的情况下构成不作为的共犯,可能构成拒不履行信息网络安全管理义务罪。

流量劫持行为的刑法应对

吴沈括　李　涛[*]

内容摘要

刑法学界在《刑法》第285条、第286条框架内对流量劫持行为展开了广泛的探讨，但多数的探讨往往基于个案，对流量劫持的技术理解较为片面，对其所涉及的法益也认识不足，尚未能总结出一套具有通用性的刑法应对策略，对罪名的适用依然是一个充满争议的问题。在司法实践中，计算机犯罪的包容性设计尽管为打击犯罪提供了强有力的刑法工具，但其弊端也日益凸显。司法实践人员在专业能力不足的情况下，功利性的适用包容性罪名将导致犯罪边界呈现出不确定性。本文拟以相关法律规定和技术资料为基础，以互联网发展与法律制衡的不平衡态势为背景，结合现有案例，对流量劫持犯罪行为进行审视，为司法机关打击犯罪和适用刑法提供一些思考。

1. 方法

（1）通过阅读相关文献，总结流量的技术本质，对常见的流量劫持行为作出符合刑法框架的划分，揭示流量劫持行为的盈利模式、场景与犯罪手段之间的必然联系。作者同时针对近年来学者、司法实践人员关于流量劫持的观点、著作、学术探讨进行了梳理，以求在前人的研究基础之上进行总结、评析、创新。

（2）笔者对近年来的流量劫持民商事、刑事案例进行了搜集，对法院审判观点进行了整理总结。从横向对比上，寻找刑法在流量劫持的司法规制体系中的合理定位，论证引入刑法打击流量劫持行为的必要性；从纵向对比上，探究个案之中司法实践人士的刑法应对逻辑，揭示刑事司法实践之变化，为刑法应对之建议指明方向。

---

[*] 吴沈括，北京师范大学网络法治国际中心执行主任、博士生导师，中国互联网协会研究中心秘书长；李涛，北京市海淀区人民检察院第二检察部检察官助理。

（3）笔者一方面试图运用传统、成熟的刑法理论，回应《刑法》第285条第2款、第286条第2款之适用问题；另一方面，笔者也呼吁刑法理论应与时俱进，重新审视、构建计算机信息系统安全与数据法益。

2. 结果

（1）检察机关急需加强专业化建设，合理布局长、中、短期三个不同阶段的发展规划，从而应对日渐增长的计算机与网络犯罪带来的挑战。

（2）在前置行政法规缺位的情况下，刑法的适当扩大化有助于遏制犯罪态势，维护网络空间秩序，但网络犯罪圈的扩大化必须以明确其法益保护为基本原则。新型的数据法益架构可以总结为一项核心法益要素与三项基础法益要素，其核心法益要素为数据所承载之信息涉及具体法益内容；而数据的三项基础法益是指数据的知悉权、支配权、传输安全，此三项也可以统称为数据安全法益。

（3）就未来立法而言，有必要考虑对计算机犯罪进行适当的扩大和限定。一方面，刑法需要对《网络安全法》所规定的关键信息基础设施进行法律保护上的回应，有效的做法是将其作为特殊保护对象，适用《刑法》285条第1款；另一方面，立法者必须考虑对《刑法》286条第2款之适用进行限缩，不能将其作为治理网络犯罪的唯一答案。

3. 结论

互联网经济日益发展，以流量劫持为代表的技术型网络犯罪行为日渐频发，围绕其产生的刑法适用、法理探讨等问题将愈加频繁，传统刑法理论日渐捉襟见肘。在规制此类犯罪行为时，确有必要不断审视刑法与客观实际的契合度，反思、开拓、完善刑法理论。传统的法益保护理论依然是准确适用刑法罪名的核心关键，而对于新型法益的探讨、确立，迫在眉睫。就检察机关而言，需要长远规划，通过短、中、长期的阶段性措施不断提升检察队伍专业化能力建设，以提升应对网络犯罪适应能力。在现阶段，刑法应对流量劫持犯罪的核心逻辑是准确认定犯罪行为的技术底色，对于通过技术手段实施的"强迫"型流量劫持行为，应予以严厉打击。在适用罪名时，注意区分一般犯罪对象与特殊犯罪对象，对于侵犯承担网络数据传输关键服务功能的计算机信息系统，可参考指导案例予以定性；对于一般犯罪对象，应全面考察非法控制与破坏行为之间的竞合、计算机信息系统是否正常等因素，准确适用罪名，不宜机械适用《刑法》第286条第2款。

随着计算机信息系统技术与互联网的快速发展，计算机与网络已经成为个人生活、经济发展及国家建设的重要支柱，随之衍生的安全问题日渐凸显，其不仅关系到财产安全、数据安全，更已经上升至国家安全的高度。习近平总书记曾指出:"网络空间是亿万民众共同的精神家园。网络空间天朗气清、生态良好,符合人民利益。网络空间乌烟瘴气、生态恶化,不符合人民利益。谁都不愿生活在一个充斥着虚假、诈骗、攻击、谩骂、恐怖、色情、暴力的空间。互联网不是法外之地。"① 维护网络空间秩序,将网络空间的治理纳入社会主义法治建设的体系之中乃是题中之义,也是大势所趋。

就观察当下而言,关于计算机与网络犯罪的治理问题有以下基本脉络:从法学理论研究而言,建言者注重"将风险社会置于法治社会的背景之中"②,研究多以传统刑法学理论为基础而开展,试图通过解释论,寻求传统刑法学理论与网络空间的契合。从司法实践来看,网络犯罪的治理与互联网经济发展、刑事政策、司法人士个体认识紧密相关,呈现出地域上、时间上的差异。以侵犯公民个人信息罪为例,全国省域排名前十当中,排名前两位的浙江省、江苏省案件办理数量远超于其他省份③。而类似的结果,也体现于非法控制计算机信息系统罪,破坏计算机信息系统罪等罪名。从网络犯罪的具体特点来看,进入刑事诉讼程序的网络犯罪往往具有此类特点:第一,侵害行为往往具有明确的形式特征,其违法性易于被司法人士理解、认识。如传播病毒、木马等恶意程序,在实践办理中往往不存在定性上的争议。第二,侵害对象属于传统法益。如被害人的用户身份认证信息失窃而引发的财产受损,因其直接指向财产安全,易于被司法人士感知、理解,并以此作为刑事案件办理的入手点,进而结合其他证据证明犯罪行为,并与犯罪构成进行印证,从而形成明确的司法判断。

上述脉络无疑为计算机与网络犯罪的刑法应对提供了一个方向上的指引,但不应将其作为答案的定型公式。在网络空间内,仍然有大量的灰色空间乃至犯罪黑域在肆意侵犯网络空间秩序。它们因为各种原因,长期活跃于司法实践的视线之外,在网络空间的隐秘角落恣意生长,而流量劫持,正是其中比较有代表性的犯罪行为。

本文拟以相关法律规定和技术资料为基础,以互联网发展与法律制衡的不平衡态势为背景,结合现有案例,对流量劫持犯罪行为进行审视,为司法机关

---

① 2016年4月19日习近平在网络安全和信息化工作座谈会上的讲话,载人民网,http://cpc.people.com.cn/xuexi/n1/2018/0817/c385476 - 30234135.html,访问时间:2020年8月1日。

② 杨春福:《风险社会的法理解读》,载《法制与社会发展》2011年第6期。

③ 笔者于2020年10月1日在无讼网,以侵犯公民个人信息罪、一审为关键字进行搜索,共检索到6831篇刑事判决书,其中江苏省为1311件,浙江省为829件,两省合计占全体数量的31%。

打击计算机与网络犯罪,适用刑法提供一些思考。

一、流量劫持概述

（一）流量劫持的概念

在互联网领域,流量（Traffic）并非是一个具有固定、明确概念的术语。在不同的语境、应用场景下,流量一词的内涵可谓千差万别。如在计算机信息系统学科中,流量被用于代指计算机网络采用数据通信方式传输数据的实现过程,即"通过数据通信系统,将携带信息的数据以某种信号方式从信源（发送端）安全、可靠地传输到信宿（接收端）[1]。流量传输,包含信息、数据、信号、带宽、吞吐量等要素,这些要素决定了流量的性质、机能和效率。其中,信息是流量传输的根本目的,数据是流量传输的形式,信号则是流量传输的载体,带宽与吞吐量决定了流量传输的效率。

一般而言,在通讯链路上存在某些可以影响、决定数据传输路径的关键节点:内容分发网络（Content Ddelivery Network,简称CDN）,是构建在网络之上的内容分发网络,依靠部署在各地的边缘服务器,通过中心平台的分发、调度等功能模块,使用户就近获取所需内容,降低网络拥塞,提高用户访问响应速度和命中率"[2];域名系统（Domain Name System,简称DNS）,是互联网上最为关键的基础设施,其主要作用是将易于记忆的主机名称映射为枯燥难记的IP地址,从而保障网络应用的顺利执行[3]。电信运营商基础网络设施,运营商为了实现数据传送业务,必须投入相应的技术和资本组建互联网骨干网络和城域网。

随着互联网的蓬勃发展,行业人士发现流量同样可以作为用户与网站之间交互行为的数量统计指标。根据我国通信行业标准《互联网服务统计指标第1部分:流量基本指标》的定义[4],流量指标一般包含独立IP地址数、独立访客数、页面浏览量、访问次数、访问时长等。而当互联网商业模式演变为以广告营销为主要盈利手段时,流量指标与网站的盈利能力具有强相关性。有学者曾论述,网站"将那些能够规模化、个性化传播信息的商品,以边际成本的价格出售",并获得"流量、数据和影响力"三项可变现的资产,并将其进行

---

[1] 刘化君:《计算机网络原理与技术（第3版）》,电子工业出版社2017年版,第1293—1295页。

[2] 刘长建:《企业防御DDoS攻击需要多管齐下》,载《计算机与网络》2017年第14期。

[3] 王垚:《域名系统安全性研究》,哈尔滨工业大学2007年度博士学位论文。

[4] 中国互联网协会:《互联网服务统计指标第1部分:流量基本指标》。

"加工、利用与交易"。① 在"流量经济"的理念中，网站为了吸引广告主投放广告，提高广告佣金收入，必须要通过各种手段不断保持并增加网站流量。

在合法的商业环境下，互联网产业的参与主体围绕着流量数据展开商业竞争，通过创新技术，打造丰富多彩的内容信息和服务，提升网站用户数量与流量。但"流量的获取是需要成本的，特别是在用户红利逐渐消失的情况下，流量获取成本也在不断提高"②，在巨额利益的诱惑下，也有人试图通过劫持用户流量的方式降低成本，流量劫持技术也应运而生。一般而言，流量劫持主要分为两种"引诱"和"强迫"两种方式，其最大的区别就在于是否系通过技术否定了用户的自主选择权。

"引诱"型的流量劫持的核心逻辑在于，试图通过技术手段，影响用户产生特定的流量行为，但本质上依然需要通过用户的自主意愿和客观行为才能完成流量获取。如果将视角从用户个体拓展到互联网生态，我们不难发现"引诱"型流量劫持行为"侵犯用户、企业以及第三人的合法自主使用权益，也破坏网络市场经营秩序和网络安全"③。北京市海淀区法院审理的搜狗输入法一案具有一定的代表性，三原告公司诉称：搜狗公司自2015年12月推出的安卓版搜狗手机输入法提供搜索候选词服务，搜索候选词排列在输入法界面的输入候选词上方，用户点击搜索候选词即直接跳转进入搜狗搜索经过页面，三原告主张搜狗公司构成了不正当竞争。海淀区法院经审理认为：用户在已经选定搜索引擎的情况下，搜狗输入法自未在输入法界面添加与搜索经营者相关的明显标识，通过搜索候选词将用户引导至同样没有搜索用明显标识的搜狗搜索结果页面，劫持本属于三原告的搜索用户流量，应认定为利用技术手段，通过影响用户选择的方式，妨碍原告经营活动的正常进行，构成了不正当竞争。④

而"强迫"型与"引诱"型的流量劫持存在本质上的区别。流量本质上是数据通信，其需要遵守相关的技术规范，行为人通过技术手段，在数据通信过程中的关键环节，对数据通信过程施加影响，那么就有可能增加、修改、删除或控制数据传输的内容或路径，最终达到强迫用户访问网站、接收数据的目的。这种技术上的非法干预与控制，从计算机网络最底层、基础的通信数据行

---

① 刘鹏、王超：《计算广告》，人民邮电出版社2015年版。
② 马晓明、翟静芳：《网络不正当竞争损害赔偿研究——以流量、数据为视角》，载《电子知识产权》2019年第12期。
③ 孙道萃：《"流量劫持"的刑法规制及完善》，载《中国检察官》2016年第4期。
④ 北京市海淀区法院集中宣判搜狗输入法劫持三大搜索引擎流量不正当竞争案，载其微信公众号2019年6月28日，最后访问时间：2020年9月1日。

为上彻底否定了用户的自主选择权。

值得注意的是，立法者通过对《反不正当竞争法》增设条款，对流量劫持的问题进行了正面的回应。该法第 12 条第 2 款第 1 项明确规定：经营者不得利用技术手段，通过影响用户选择或者其他方式实施未经其他经营者同意的，在其合法提供的网络产品或者服务中插入链接、强制进行目标跳转的行为。此条款实际上是同时涵盖了"引诱"型与"强迫"型流量劫持行为。上述法律条款的确立，不仅为民商事领域处理此类案件提供了指引，也为此类行为入刑进行了前置法规的铺垫。

（二）流量劫持的行为样态

流量劫持行为的核心本质是行为人通过技术手段，对计算机信息系统和应用程序的数据通信行为进行控制，增加、删除或修改数据通信的路径或内容。数据传输的过程涉及多个场景、节点，其技术、行为样态多种多样、五花八门。我们可以从以下角度对流量劫持的行为样态进行分类：

1. 实施流量劫持的场景

在数据传输的技术框架下，信源、通讯链路上的关键节点、信宿共同决定了数据传输的路径与结果。信源是指发出数据的的计算机信息系统或应用程序，信宿是指接收数据的计算机信息系统或应用程序；而通讯链路上的关键节点则是指服务于数据传输过程中关键服务的计算机信息系统。从承载形式上来看，无论是信源、信宿还是关键节点，都由计算机信息系统功能或应用程序承载。因此，通过技术手段实施的流量劫持往往都伴随着非法控制或破坏计算机信息系统的行为。但从具体发生的场景而言，针对信源、信宿实施的流量劫持行为与针对关键节点开展的流量劫持行为又有着以下不同。

针对信源、信宿的流量劫持行为主要针对一般对象使用的计算机信息系统或应用程序开展。行为人需要借助计算机病毒、木马程序或者其他恶意程序，干预计算机信息系统或应用程序的正常运行，导致用户在不知情或被迫的情况下实施数据通信行为。此类犯罪行为往往影响客体单一，社会危害面较为集中，犯罪行为具有"一对一"的特点。此类案件比较有代表性的是北京市海淀区人民法院审理的××科技（北京）有限责任公司涉嫌破坏计算机信息系统罪一案。××科技（北京）有限责任公司为了提升网站的流量，将可以锁定 Chrome 浏览器启动首页的破坏性程序内置于该公司研发的各类软件中，同时以免费的名义对外推广相关软件。鉴定结论显示，该程序源代码一经用户执行，可以在未获用户同意的情况下自行安装 Chrome 浏览器内核插件，该插件可强制修改用户的浏览启动页面为该公司搜索页面，而用户无法进行修复，从而形成流量劫持。①

网络关键节点作为一种面向不特定对象的网络服务,在数据通信过程中具有不可取代的作用,如果对其服务功能进行干预、控制,犯罪行为借助于服务功能将呈现出辐射性,犯罪行为从而具有"一对多"的特点,导致社会危害呈指数上涨。从实践来看,CDN、DNS、运营商基础网络服务设施都可以作为流量劫持行为的切入点。如我国第一起流量劫持行为入刑案件,付某某、黄某某涉嫌破坏计算机信息系统案②,行为人的主要犯罪手法即是利用 DNS 解析域名的特性,通过修改 DNS 设置,导致用户在访问固定网站时被强制跳转至行为人预先设定的网页,达到流量劫持的目的。而随着陈某某等人非法获取计算机信息系统数据案③、沈某等人诈骗案④的出现,运营商流量劫持也成为业界关注的热点。陈某某、沈某都瞄准了数据通讯链路中最为关键的运营商服务器,或通过植入具有流量劫持功能的程序,或非法获取用户 Cookies 数据。

2. 流量劫持的盈利逻辑

流量劫持的盈利方式决定了流量劫持的行为样态,而其盈利方式与具体商业模式直接相关。参见常见的互联网商业模式,我们大体可以将流量劫持的盈利逻辑区分为"引流""展示"和"替换"。

引流型流量劫持行为是流量劫持的初级形态,其历史可以追溯至互联网商业广告的早期阶段。在当时,网站的广告盈利逻辑与传统广告方式无异:广告主需要根据广告在网站上的具体展现位置和流量等要素支付网站广告费用。而在广告位置固定的情况下,网站的流量将决定网站的盈利能力。行为人通过技术手段,通过影响域名解析或重定向 url 的方式,致使用户无论输入的网站地址如何,其最后都会被跳转至特定网站。这种方法可以在短时间内提升网站流量,但因为劫持方式简单、粗暴,劫持行为易被察觉等特点,现在已经近乎销声匿迹。

而随着互联网商业广告的充分发展,流量劫持的盈利逻辑也随之从强迫用户登录网站产生流量发展为强迫用户接收广告,方式多以弹窗广告、附加网页等方式体现。行为人通过技术手段,在用户正常访问网络的情况下,非法修改或增加数据通信信息,从而达到强迫用户接收广告信息的目的。这种展示型流

---

① ××科技(北京)有限责任公司等破坏计算机信息系统罪案,(2018)京 0108 刑初 714 号。
② 付某某等破坏计算机信息系统案,(2015)浦刑初字第 1460 号。
③ 陈某某等人非法获取计算机信息系统数据案,(2016)渝 0106 刑初 1393 号。
④ 沈某等人诈骗案,(2017)沪 0104 刑初 8 号。

量劫持行为存在较强的隐蔽性，不易暴露，在绝大多数的情况下，用户可能并未意识到自己的流量已经被劫持，而是会误以为相关广告或网页是属于其所访问的网站提供的内容，具有误导性。展示型流量劫持行为较之引流型流量劫持，犯罪行为更具进攻性、双向性：其犯罪行以侵犯关键节点的计算机信息系统安全为基础，影响了数据传输的安全。但其犯罪目的在于强行向用户展示广告内容，还进一步侵犯了信源、信宿的计算机信息系统安全。而因为流量劫持行为人可以自主决定展示广告的内容，其往往也容易产生违法广告推送等侵犯公共秩序的问题。

替换型流量劫持则将盈利的重点从广告转向了推广分成，行为对象也变成了用户手机或电脑中安装的应用程序。以网络游戏为例，游戏厂商为了推广游戏程序，会给予推广商分成奖励，其会在提供推广商的游戏程序中附加唯一可识别ID。当用户从某渠道下载、使用游戏程序后，游戏厂商可以通过收集可以识别ID判断用户下载的渠道，以此作为分成奖励的依据。而替换型流量劫持的最主要逻辑，就是将带有 A ID 的游戏程序替换为带有 B ID 的游戏程序。这种流量劫持行为相较之展示型流量劫持行为更加隐蔽：一方面，对于用户而言，不同识别ID的游戏程序主体功能并无二致；另一方面，对于游戏厂商而言，其依据数据统计结算奖励，流量劫持行为并未侵犯其任何利益。而对于推广商而言，对此种流量劫持行为只能通过数据对比进行推测，往往难以查实流量劫持行为发生的具体环节和方式。替换型流量劫持的行为对象与具体的商业模式、产品紧密相关，有的劫持行为主要针对用户点击的下载链接进行劫持，有的劫持行为主要针对用户在访问过程中形成的识别ID。

二、流量劫持的刑法应对基础

我们可以认为，如果将数据传输理解为邮递包裹的过程，数据是包裹，而通讯协议则是快递工作所需遵循的工作规范。流量劫持的客观行为本质上都是围绕数据和通讯协议而展开的。对数据法益的探讨，构成了刑法应对流量劫持行为的基础，而数据法益的内涵与外延受到了定义与活动形式的约束。《数据安全法（草案）》（以下简称《草案》）第3条：数据，是指任何以电子或者非电子形式对信息的记录。数据活动，是指数据的收集、存储、加工、使用、提供、交易、公开等行为。从形式上来看，数据是一种有别于声音、文字、图画的特殊载体，它是人类通过电子形式对信息进行"数据化"处理活动的结果。从实质上来看，数据所承载的信息来源于行为主体的主观意愿，数据活动则反映了行为主体在意欲对数据实施的操作行为。

探讨数据法益，必须明确的前提是，在计算机学科语境下，任意数据自从产生之初即承载着两类不同的法益：第一类法益是数据作为一种承载形式所具备的独立法益，即数据安全。《草案》第 3 条在数据的定义基础之上进一步明确了数据安全的概念；第 4 条、第 5 条、第 6 条分别说明了数据安全的意义、治理体系的大原则和领导机构，将数据安全与国家安全进行挂钩；第 8 条直接明确了开展数据活动必须承担数据安全保护义务。第二类法益是数据所承载的信息内容内涵的法益，其可能涉及个人信息、财产性权益、隐私等。同时，我们必须意识到，无论是改变数据的知晓状态或者可支配性，亦或是获取计算机信息系统控制权，又或是影响计算机信息系统的正常运行状态，都需要在客观层面对数据进行操作进而实现。这正是计算机犯罪行为最为核心的特点，也是区分相关涉危害计算机信息系统罪名与其他传统罪名的关键钥匙。立法者在当时已经预见到了数据安全与计算机信息系统安全之间的紧密关系，并在相应的条款中以及司法解释中予以明示：如《刑法》第 286 条第 2 款、非法控制计算机信息系统罪可以理解为对数据支配权的保护，而非法获取计算机信息系统数据罪可以理解为对于数据的知晓状态的保护。

以计算机信息系统网络的出现为时间点，对数据法益的认识可以划分为两个阶段。在网络互联技术出现之前，计算机信息系统之间无法相互传输数据，计算机信息系统与数据呈现出"孤岛"的状态。数据活动行为被限制于在单一计算机信息系统环境下完成，数据活动仅限于生成、处理、储存等少量行为方式。在这个阶段，数据呈现出明显的"私权"状态，数据安全与计算机信息系统安全在概念上具有相似性。而随着网络互联技术的出现，数据法益在原有的基础上出现了新的特点：首先，网络互联技术的出现为数据传输提供了可能性，数据从"孤岛"走向了网络。数据活动的形式愈加丰富，围绕数据传输行为产生了众多具有独立功能的计算机信息系统或应用程序。其次，数据传输行为受到网络互联技术标准的规范。国际标准化组织（ISO）确立 TCP/IP 模型与 IPv4 协议为网络互联技术标准，其内涵的 IP 规则、地址解析、IP 数据报转发等多项协议内容对数据传输行为进行了规范，也进一步确立了数据法益的二元结构。再次，数据传输行为导致数据法益具备了新的内容与概念，其进一步涵盖了公共秩序的法益内容，这也决定了数据法益具备走向公共领域的可能性。最后，数据安全从个体计算机信息系统安全问题演变为了数据流转全过程的安全问题，两者概念逐渐相分离。

需要承认的是，对于数据法益的探讨，在国内当下依旧是缺乏体系与共识。劳东燕教授对相关数据法益的论述总结后认为，"可以说，个人数据经常汇集多方主体的不同性质的权益。相应的主体之中既有公法益主体，又有私法益主体，而私法益主体中既有自然人，又有公司等组织。同时，对于单一的主体而言，个人数据既可能涉及人身权利，也可能涉及财产权益"[1]，劳东燕教授以数据指向的具体法益为标准，总结国内刑法对于数据的保护采取了四种模式，分别是：经济秩序保护模式、人格权保护模式、物权保护模式、公共秩序保护模式。但从数据本身的独立性法益而言，《刑法》第 285 条、第 286 条实际上都可以实现数据的保护，对于绝大多数的涉及侵犯数据法益的行为，均可以通过嵌套上述两个罪名予以兜底。当然，其缺点也较为明显，难以揭示犯罪行为的违法本质。例如，对于"展示型"的流量劫持行为，其犯罪行为实际上贯穿了三个不同主体：用户、关键节点、广告主。如果仅将其行为认定为《刑法》第 285 条或第 286 条，并没有充分考虑犯罪行为对于广告主经济利益的侵犯。在流量劫持案件中，全面、正确的审视数据法益，有助于司法人员理解犯罪行为与犯罪目的之联系，准确认定罪名，全面评价犯罪。在此类案件中，沈某、刘某某等诈骗案具有一定的代表性。本案中，行为人通过技术手段对于运营商的 DPI 服务器上植入了流量劫持程序，以弹窗广告的方式强制推送给用户，并诱导用户点击广告，并在网民上网设备上植入特定 cookie，当被植入特定 cookie 的网民通过易迅网、一号店等全国各大电子商务公司的交易网页购物时，使各电商误认为这些交易系来自成果网的推广，因此，将原本应支付其他推广平台网站的返利费用和终端消费客户直接购买无须支付推广的费用全部支付给成果网，之后由成果网根据协议将其中一部分费用转给沈某。法官通过综合审视行为人的犯罪行为、犯罪结果、获利来源等因素后，认定相关行为人通过计算机技术手段，修改、增加计算机信息系统中传输的数据，骗取他人钱款，数额特别巨大，其行为均已构成诈骗罪。

三、流量劫持的刑事治理现状

截至 2020 年 7 月，笔者以"流量劫持"为关键词，在中国文书裁判网、无讼网站共计查询到 8 份刑事判决书，实际涉及流量劫持事实 5 件。就司法机关认定的罪名来看，依然着眼于流量劫持行为对计算机信息系统安全法益的侵犯，判决罪名也以《刑法》第 285 条第 2 款、第 286 条为主。使用上述罪名进行规制符合行为的技术特点和司法人员的直观感受。笔者选取了三个具有代表性的案例，就流量劫持刑事治理的逻辑和发展进行阐述。

（一）付某某、黄某某涉嫌破坏计算机信息系统案

2013 年底至 2014 年 10 月，被告人付某某、黄某某等人租赁多台服务器，

---

[1] 劳东燕：《个人数据的刑法保护模式》，载《比较法研究》2020 年第 5 期。

使用恶意代码修改互联网用户路由器的 DNS 设置，进而使用户登录"2345.com"等导航网站时跳转至其设置的"5w.com"导航网站，被告人付某某、黄某某等人再将获取的互联网用户流量出售给其他公司，违法所得合计人民币 754762.34 元。此案是全国流量劫持入刑第一案，后也被作为 102 号指导案例对外发布，但值得注意的是，在适用具体的法律条款时，审判法院和指导性案例存在不同。原审判决认为："本院认为，被告人付某某、黄某某违反国家规定，对计算机信息系统中存储的数据进行修改，后果特别严重，依照《中华人民共和国刑法》第二百八十六条、第二十五条第一款的规定，均已构成破坏计算机信息系统罪。"而在指导性案例中，裁判理由却认定："根据《中华人民共和国刑法》第二百八十六条的规定，对计算机信息系统功能进行破坏，造成计算机信息系统不能正常运行，后果严重的，构成破坏计算机信息系统罪。"可以看出，针对同一事实，原审判决与指导案例引用了《刑法》第 286 条不同的条款：原审判决引用的是《刑法》第 286 条第 2 款；而指导案例则引用了《刑法》第 286 条第 1 款。在过去，尽管有不同的学者、司法实践人士均对 102 号指导案例进行研究，但都回避了原审判决与指导案例之间在引用第 286 条具体条款时的差异。很显然，两款罪状之间因为"造成计算机信息系统不能正常运行"这一要件的区别，是无法做同一理解的，否则该罪名也没有必要设置上述两个条款。因此，笔者有理由认为，指导案例实际上是在原审判决的基础之上，进一步将行为人实施的"对数据进行删除、修改、增加的操作"认定为"对计算机信息系统功能进行删除、修改、增加、干扰"，并致使"计算机信息系统不能正常运行"。

而对于数据和计算机信息系统功能正常运行的概念剖析将有助于我们理解指导案例的逻辑。在日常生活中，网站的域名在通信数据的技术规范中体现为 IP 地址，但其难以记忆，如百度网站使用其中文拼音作为网站域名（www.baidu.com），其 IP 地址为 61.135.185.32①。为了方便用户访问互联网，为此，需要一种能在 IP 地址和网站域名之间进行解析、跳转的服务，DNS 服务应运而生。在实际运行中，DNS 会根据用户的访问请求在分布式数据库中检索到域名对应的 IP 地址，从而使用户进行访问。显然，DNS 技术原理是我们判断计算机信息系统功能正常运行与否的依据。我们可以近似得认为将"DNS 本质上是一个分布式数据库，也是一个允许用户查询该数据库的应用层协议"②，

---

① 笔者于 2020 年 10 月 7 日，使用 CMD 界面，输入 ping www.baidu.com 获得其网站 IP 地址。由于技术原因，返回的 IP 地址可能因访问者地理位置、时间等因素产生差异。
② 刘化君：《计算机网络原理与技术（第 3 版）》，电子工业出版社 2017 年版。

其服从于"输入数据－调用功能－处理数据－输出数据"的功能逻辑。很显然，DNS系统功能与数据之间存在逻辑上的从属关系。计算机信息系统功能是基础，而数据是功能的对象。进一步而言，对于计算机信息系统功能而言，数据没有对错之分，其均会按照功能设计进行处理。那么问题的核心便在于："计算机信息系统正常运行"的边界究竟是"功能正确"还是必须要求"功能与数据均需正确"？如果是前者，那么行为人在未影响"功能正确"的基础之上通过输入了"错误数据"引发的犯罪结果，仅仅属于利用计算机信息系统功能，更适宜定性为非法控制；如果是后者，则《刑法》第285条第2款实质上将成为规制流量劫持行为的唯一答案。其所引发后果可能正如司法人士所指出的，102号指导案例可以"视为官方层面对流量劫持犯罪刑法规制以破坏计算机信息系统罪定罪量刑的默许"①。

笔者认为，指导案例的观点具有一定的前瞻性。因为从数据通信过程和互联网架构来看，以DNS为代表性的关键节点有着无可替代的基础性作用，其重要性不言而喻。通过适用重罪进一步强调对这一类型对象的保护本无可厚非。但从学理而言，指导案例至少在以下方面有些许不足：一方面，计算机信息系统功能具有独立的价值，完全可以脱离数据的影响进而对其功能的完整性、正常运行状态展开评价。在其功能没有遭受破坏的情况下，通过修改、删除、增加数据以至于引发的结果评价为计算机信息系统功能的非正常运行，存在逻辑上的矛盾。另一方面，指导案例依然将数据法益作为计算机信息系统安全法益的一种，没有考虑到该种法益日渐精细化的发展趋势。在数据法益已经愈发受到关注的当下，如果依然坚持指导案例的逻辑，不仅与社会发展相背离，同时也不利于揭示犯罪行为的不法本质。

（二）××科技（北京）有限责任公司涉嫌破坏计算机信息系统案

被告单位××科技（北京）有限责任公司制作、传播的源代码程序，与免费软件捆绑下载运行后，在用户不知情的情况下针对特定浏览器安装插件，而插件的功能就是用于修改用户浏览器启动页，并阻止用户自行更改，从而达到劫持用户浏览器的目的。相较之102号指导案例，本案审判法院在审理案件的过程中，借助于司法鉴定报告等证据，对被告单位的技术行为进行了深刻的思考，并在判决中详细的论述了罪名的适用逻辑，更为清晰的揭示了流量劫持行为的违法性。审判法官并没有将被告单位增加、删除、修改数据的行为，制

---

① 陈禹衡：《"控制""获取"还是"破坏"——流量劫持的罪名辨析》，载《西北民族大学学报（哲学社会科学版）》2019年第6期。

作、传播破坏性程序等行为简单的认定为《刑法》第 286 条，其认为：涉案源代码程序运行后在未经用户授权的情况下，静默下载安装 crx 插件的行为，属于非法控制计算机信息系统；而 crx 插件未经用户允许，擅自修改用户浏览器启动页，且用户难以自行更改，这一行为则导致用户无法根据其本人意愿选择浏览器启动页，这是对用户计算机信息系统原有功能的破坏，属于破坏计算机信息系统的行为。同时，法官着眼于控制行为与破坏行为之间的逻辑关系，认定该源代码程序的非法控制功能服务于破坏功能，二者之间具有手段和目的的牵连关系，仅以非法控制计算机信息系统罪来评价被告单位的上述行为不完整、不全面，因而对于制作、传播该源代码程序的行为应采用从一重处罚的原则，即应以破坏计算机信息系统罪对被告单位及各被告人定罪处罚。

从 102 号指导案例出台到××科技（北京）有限责任公司案宣判，尽管罪名适用一致，但司法人员的审判逻辑却不尽相同。笔者认为，在这不同之中有以下巨大的进步：第一，随着司法人员对技术行为的深入了解，适用罪名的论理逻辑愈加清晰、完整；第二，审判实践中，司法人员已经开始有意识的针对不同的流量劫持行为进行类型化区分，并以此为根本探讨犯罪行为；第三，司法人员已经意识到《刑法》第 286 条第 2 款与《刑法》第 285 条内在逻辑冲突和法律适用障碍，并试图通过法理论证寻求平衡，这种探索对于丰富网络刑法原理无疑具有巨大的价值。

（三）北京猎豹移动科技有限公司、北京金山安全软件有限公司与上海二三四五网络科技有限公司不正当竞争纠纷案

理论上而言，如果某一行为被反不正当竞争法认定为符合第 12 条第 2 款第 1 项之规定，其已经符合了《刑法》第 285 条、第 286 条前置要件。面对复杂、多样的技术、商业行为样态，司法人员需要进一步通过犯罪构成理论，准确划定合理的犯罪边界。如果说前文的搜狗输入法一案是罪刑法定原则下的出罪化样本，那么笔者在梳理关于流量劫持相关法律判决中，发现部分涉及流量劫持事实的不正当竞争行为已经呈现出犯罪化的特点。如北京猎豹移动科技有限公司、北京金山安全软件有限公司与上海二三四五网络科技有限公司（以下简称二三四五公司）不正当竞争纠纷案[①]。

驱动精灵系猎豹公司、金山公司共同经营的软件，驱动精灵在安装的过程中，对于修改用户浏览器首页的行为，或以虚假选项告知用户，或完全未告知用户，或以隐藏的虚假选项形式告知用户，而事实上去除全部选项勾选后均会

---

① （2019）沪 73 民终 241 号。

产生变更浏览器主页的后果。二审法院认为，两家公司的行为属利用技术手段，违背用户本意，以侵害用户知情权及选择权的方式，误导、欺骗、强迫用户修改、关闭二三四五公司合法提供的网络产品。从刑法角度审视，驱动精灵的技术行为可能已经涉嫌非法控制计算机信息系统罪，具体理由如下：

驱动精灵的违法性实质源于侵犯了"网络用户对其浏览器主页设定拥有完整的自主决定权"，本案一审、二审法院均认定驱动精灵的行为符合《反不正当竞争法》第12条第2款第2项规定：误导、欺骗、强迫用户修改、关闭、卸载其他经营者合法提供的网络产品或者服务。这无疑满足了非法控制计算机信息系统罪前置要件——"违反国家规定"。

从客观行为来看，驱动精灵的行为与卿烨案中被告单位的行为有相似之处，均是在用户不知情的情况下，对用户浏览器首页数据的修改、删除、增加等操作，实现了对浏览器首页功能的非法控制。而两者的行为的区别在于，驱动精灵的行为是在合法软件安装过程中，同时其修改后并未对用户浏览器的首页进行锁定，从刑法意义上来看，其并未直接破坏浏览器首页功能；而××科技（北京）有限责任公司案中，被告单位通过破坏性程序锁定了用户首页，实质上破坏了应用程序的部分功能。也正是因为具体行为上的区别，驱动精灵的行为属于了非法控制行为，而非破坏行为。

但这里存在一个争议，是否可以将非法控制应用程序的数量直接等同于非法控制计算机信息系统的台数？从罪状表述来看，非法控制计算机信息系统罪的罪状表述中明确限定犯罪对象为计算机信息系统，并不包含应用程序，将非法控制应用程序直接理解为非法控制计算机信息系统有扩大解释之嫌。但从体系解释来看，我国刑法实际上是对非法控制应用程序的行为进行了特定的限制，在符合特定条件的情况下，是可以将非法控制应用程序的数量做等同于非法控制计算机信息系统的台数的理解。这里需要厘清几个关系：

《刑法》第285条、第286条的罪状中都使用了计算机信息系统这一表述，显然，其在体系上应该具有相同的内涵与外延。而回到《刑法》第286条，其第1款规定，对计算机信息系统功能的破坏必须达到"造成计算机信息系统不能正常运行"，而在第2款中，立法者取消了该附加要件。而结合"两高"颁布的《办理危害计算机信息系统安全刑事案件应用法律若干问题的解释》（以下简称《危害计算机司法解释》）第4条第2项规定时，"对二十台以上计算机信息系统中存储、处理或者传输的数据进行删除、修改、增加操作"，我们至少可以得出两个结论：第一，立法者对应用程序与数据做同一理解，将应用程序作为一种特殊的数据，因此在本条司法解释中不再单独列举应用程序，而用"数据"一词进行概括；第二，认定"后果严重"时，司法解释重点考察的是受到破坏行为的计算机信息系统数量,而非破坏行为的次数,即在 1 台固定计算机信息系统上进行过 10 次破坏行为,在认定结果时,也只能认定为 1 台。因此,当行为人的破坏行为是针对于应用程序展开时,如果司法机关可以做到将应用程序破坏行为与独立的计算机信息系统一一对应,那么破坏应用程序的数量就等同于破坏计算机信息系统的次数,这是司法解释所允许的。因此,笔者认为,立法者破坏计算机信息系统罪的罪状中列举的计算机信息系统功能、应用程序、数据属于对计算机信息系统概念的列举,而非独立于计算机信息系统重新创设保护对象。在上述观点的基础上,我们可以在同样的限定条件下,得到非法控制应用程序等同于非法控制计算机信息系统的结论。基于本案前述事实,驱动精灵在计算机信息系统上进行安装时会通过技术行为对浏览器的首页数据,如果可以对驱动精灵的安装数量以计算机信息系统为条件进行筛重,那么即可以认定非法控制计算机信息系统台数。这种认定在实践操作上并不具备难点,正如前文关于"推广型"流量劫持行为的论述,互联网厂商在推广软件产品的过程中,势必会自行对安装量进行统计、监控,再结合计算机信息系统唯一性标识对结果进行筛选,便可以获得结果。

与本案事实相关的另外一条"情节严重"标准是《危害计算机司法解释》第 1 条第 4 项:违法所得 5000 元以上或者造成经济损失 1 万元以上的。笔者认为,尽管法院认定的二三四五公司经济损失 250 万元,但无法认定这一结果符合上述情节严重标准。一方面,本案中经济损失对象与犯罪行为侵犯对象非同一,犯罪行为侵害的对象是普通用户的计算机信息系统,而经济损失的发生方是网站,这两点不能进行混淆。而从普通用户角度考察经济损失,对于司法实践而言缺乏可操作性。另一方面,司法解释对"经济损失"的定义是直接的经济损失,包括危害计算机信息系统犯罪行为给用户直接造成的经济损失,以及用户为恢复数据、功能而支出的必要费用。但法院在认定二三四五公司的经济损失时,"由于二三四五公司因侵权行为遭受的实际损失以及猎豹公司、金山公司在侵权期间因侵权所获得的利润均难以确定,而二三四五公司主张赔偿的经济损失数额偏高,故一审法院酌定其数额",这显然与司法解释的精神不相符,因此也不能采用。综上,本案中的经济损失认定是民商事个案平衡的结果,对于刑法认定而言,缺乏借鉴意义。

四、流量劫持行为的罪名适用选择——以短缩的二行为犯为视角

在流量劫持案件中,对于罪名的适用集中体现为对行为人非法对数据的修改、删除、增加等操作如何定性。《刑法》285 条第 2 款规定,"违反国家规定,侵入前款规定以外的计算机信息系统……或者对该计算机信息系统实施非法控制，情节严重的"，应认定为非法控制计算机信息系统罪；《刑法》第286条第 2 款规定，"违反国家规定，对计算机信息系统中存储、处理或者传输的数据和应用程序进行删除、修改、增加的操作，后果严重的"，应认定为破坏计算机信息系统罪。

  非法控制计算机信息系统罪在立法设计上采用了空白罪状，考虑到司法实践中非法控制的手段多种多样，适用空白罪状为司法实践预留了解释的空间。有学者对司法实践进行归纳后，发现该罪名成为名副其实的"口袋罪"①，其实质上可以用于评价所有非法获取电脑系统数据的行为。笔者认为，在体系化立法的前提下，兜底罪名的设计本无可厚非，在司法实践中，也需要空白罪状结合目的性解释包容形式多样的犯罪行为。但一般而言，立法者为避免空白罪状与同体系下其他罪名产生竞合，会进一步细化非兜底性罪名的犯罪构成设计，设置合理的"要素"以进行区分。在我国的立法中，这种合理的"要素"可能是法益、犯罪对象或者主观目的等内容。如在认定普通诈骗罪与合同诈骗罪、集资诈骗罪时，司法人员可以从侵犯法益、是否存在合同行为、是否存在集资行为等方面予以区分。

  观察《刑法》第 286 条，我们不难发现立法者试图进一步区分不同的犯罪行为：三个条款分别从计算机信息系统的功能性、数据和应用程序、破坏性程序方面着手，对犯罪客观要件进行相应的设计。这种区分具备一定的合理性：在当下，计算机信息系统安全法益仍然是一个笼统的概念，其可能体现于数据安全、信息安全、计算机信息系统功能完整性等不同方面，尽可能区分行为对象不仅扩大了法律保护范围，也有助于犯罪行为类型化，有利于司法实践。但立法者不应忽视一个重要的问题，也是计算机犯罪区别于传统犯罪的特点——计算机犯罪行为本质上仍然是一种计算机技术行为，而技术行为实际上受限于技术架构，法律无法脱离技术架构实现对技术行为的规制。法律用语必须符合技术规范，否则极易产生错配的现象。在这点上，《刑法》第 286 条的条款设计就是一个鲜明的例子。在计算机信息技术语境下，数据乃是计算机信息系统构成之基本元素，无论是计算机信息系统还是程序，都是由数据构成。在这点上，可能影视编剧比法律人有更深刻的理解。比如，在《黑客帝国》中，男主角觉醒后发现所处的由计算机信息系统生成的世界是由大量的、不断变化的"数据"所构成，男主角通过对"数据"的修改直接导致虚拟世界产生相应的变化。而对《刑法》第 286 条的审视也是如此，虽然从语义上看起来功能性、应用程序、

---

① 杨志琼：《非法获取计算机信息系统数据罪"口袋化"的实证分析及其处理路径》，载《法学评论》2018 年第 6 期。

破坏性程序是3种不同类别的行为对象，但如果技术架构进行考察，对上述三个对象施加的任意影响都必须从改变数据入手，即任一通过计算机信息系统本身机能达成的破坏计算机信息系统的行为都离不开对计算机信息系统储存、处理或传输的数据实施行为，这种逻辑恰恰切合《刑法》第286条第2款。而该条款相较之第1款、第3款，又缺乏了"造成计算机信息系统不能正常运行"这一限制构成要件，进一步降低了入罪门槛。这就导致了在实践中，司法人员可能功利性的使用《刑法》第286条第2款认定计算机犯罪行为。

而随着计算机技术手段的发展，多样化的计算机犯罪行为之间可能存在互相嵌套的可能性：非法控制行为在实践中可能呈现出"删除、修改、增加数据"的行为样态。如，行为人非法获取计算机信息系统的控制权后，对操作系统的关键数据予以删除，从而导致计算机信息系统不能正常运行，达到破坏计算机信息系统的目的。而同理，破坏计算机信息系统所产生的犯罪结果往往也有可能是行为人实现非法控制计算机信息系统的行为的前提条件。如，行为人通过关闭或者删除计算机信息系统的用户身份验证机制，从而实现对计算机信息系统的非法控制。正如有学者认为刑法涉计算机犯罪的条款所体现的对数据安全的理解还停留在网络时代初期以计算机系统为单位的安全情形，忽略了网络中数据传输与交换安全问题。笔者认为，《刑法》第285条、第286条相应条款的空白罪状为犯罪行为嵌套留下了足够的解释空间，而法律语言与技术规范的不契合进一步加剧了两个罪名竞合的可能性。在实践中，司法人员需要寻找一个既符合犯罪构成要件理论又可以在实践中轻易辨别的要素作为切入点，打破竞合，明确罪名。

在以非法获取数据、非法控制计算机信息系统的行为基础之上构成的破坏计算机信息系统行为，实际上是一种行为与目的的关系，而深究两者之间的具体联系，可以发现，《刑法》第286条第2款与第285条第2款之间的逻辑关系是符合"短缩的二行为犯"的模型。德国刑法从目的与行为的关系角度出发，最早提出了短缩的二行为犯理论，其最主要的意义在于，通过设立判断规则，在特定的犯罪中，承认行为人主观上的特定目的对犯罪构成的影响。我国刑法学者张明楷曾对短缩的二行为犯作如下论述："其基本特点是，完整的犯罪行为原本由两个行为组成，但刑法规定只要行为人以实施第二个行为为目的实施了第一个行为，就以犯罪（既遂）论处；如果行为人不以实施第二个行为为目的，即使客观上实施了第一个行为，也不成立犯罪（或者仅成立其他犯罪）。"[1] 短缩的二行为犯理论进一步考虑了主观目的这一要素，从而在法律机能上实现了

---

[1] 张明楷：《论短缩的二行为犯》，载《中国法学》2004年第3期。

对罪与非罪、此罪与彼罪更加精细化的判断。在我国司法实践中，短缩的二行为犯理论也得到了广泛的认可。例如，通过对行为人主观上是否存在"以勒索财物或者满足其他不当要求为目的"进行判断，从而确定行为人是否构成绑架罪（或只成立非法拘禁罪）。将上述理论适用于《刑法》第285条第2款与第286条第2款之辨析时，我们不难得出以下结论：当行为人实施了修改、删除、增加数据时，在行为人主观故意可以确证的情况下，对行为人主观目的的考察将成为区分此罪、彼罪的要点。其可能产生以下结果：第一种结果，经过判断，行为人主观上仅存在非法控制计算机的目的，其后续的其他行为需要依赖于所支配的计算机信息系统具备的正常性功能实现，并未进一步对控制的计算机信息系统实施其他行为。第二种结果，当经过判断，行为人主观上同时存在破坏与控制的目的，可以认定控制行为服务于破坏目的。在短缩的二行为犯理论框架下，《刑法》第285条第2款与第286条第2款适用问题从关注表面客观行为深入至考察行为人主观目的。而计算机犯罪的特点也为司法人员考察行为人的主观目的提供了一条明确的路径：通常来说，计算机犯罪是一种必须借助计算机拥有的功能才能实施犯罪行为，实现犯罪结果的犯罪类型。计算机信息系统的技术架构决定了计算机信息系统和应用程序的任一功能均指向一种明确的、客观的计算机技术行为。我们近乎可以认为，计算机技术行为本身具备刑法判断所强调的"主客观相一致"特质。司法人员可以通过程序、工具的功能性评价，再结合行为人的使用方式，进而认识行为人的主观目的。

在流量劫持的案件中，通过短缩的二行为犯理论可以对犯罪行为进行明确的划分，对数据的删除、修改、增加的操作行为定性也更清晰。就一般的流量劫持行为而言，其犯罪行为均需借助计算机信息系统功能的正常运作才能执行，因此，其一般应定性为非法控制计算机信息系统罪。但是，如果行为人因为技术上的不当操作或其他原因（如其在通讯链路上的计算机信息系统内安装木马、病毒程序），在实施犯罪行为的过程中，导致数据通信链路上的计算机信息系统功能遭受破坏（如通信中断等），则其行为可能构成破坏计算机信息系统罪。

五、流量劫持的刑法应对建议

（一）加强检察队伍专业性建设

近几年来，我国在治理计算机和网络犯罪方面卓有成效，但仍有很多问题急需解决。传统犯罪借助计算机与网络技术展现死灰复燃，而新型的技术犯罪尚存在巨大的"黑域"未被发现。在司法实践办案中，专业化能力的缺乏已经成为制约案件办理的主要阻力。当面对以技术为客观行为的网络犯罪时，如果司法人员依然只是停留在表面事实的逻辑推衍、语义的解释，而缺乏对于技术的深刻理解，会直接导致法益概念在网络犯罪领域的模糊化。而在另外一方面，技术的革新、犯罪行为的层出不穷也会让立法者不得不采用包容性的立法技术，将违法性判断交给了司法人员，其最终结果导致的现象之一就是网络犯罪治理的地域性、理念性差异。

笔者认为，计算机与网络犯罪的日渐增长直接挑战了检察官现有的知识架构，而知识体系的变革将直接影响检察机关的发展规划。从长期来看，检察机关必须针对网络犯罪的特点优化工作机制，重新构建人才培养体系和标准，方能应对专业化之困境。就中期而言，检察机关有必要定期开展网络犯罪调研、案件办理经验总结、机构制度创建等工作，通过指导性案例、案件办理指南等形式，对常见的网络犯罪类型、专业化知识、案件办理思路进行普及、推广，从而实现刑法的统一适用。就短期而言，检察机关应从上至下，集中力量在部分资源充沛、经验丰富的地区创建试点业务部门，迅速打造出一批专业的从事办理计算机与网络犯罪案件的检察业务团队，发挥好"领头羊"作用，以点带面，以检察专业化前后发力，推动地区公安机关、法院的专业化建设，对网络犯罪进行有效打击。

同时，检察机关应重视互联网企业在打击计算机与网络犯罪中的重要作用。就当下网络犯罪治理实践而言，我们不难发现，在多数网络犯罪案件的背后，除了公安机关的辛勤付出，或多或少都有一些互联网企业的介入。笔者认为，立法者必须要承认互联网企业对于打击网络犯罪的作用至少在现当下是无可取代的：一方面，互联网企业往往是网络犯罪的直接受害者，其天然具备网络犯罪预防、侦查的动力和技术优势；另一方面，大型互联网企业提供的网络服务在服务社会的同时，也被犯罪分子频繁利用，在犯罪侦查与电子数据取证方面，尽管互联网企业肩负配合的义务，但其中尚存许多问题急需司法机关进行引导，否则可能会直接影响案件的办理。检察机关如若在刑事诉讼流程中，依法引导互联网企业，将会发挥事半功倍的效用，而检察机关的办案经验也会成为互联网企业对抗计算机与网络犯罪的宝贵财富，进而辐射至广大用户，最大效果维护网络空间的合法秩序。

（二）谨慎适用刑法

一般而言，法律滞后于社会的发展乃通识，因此司法者需谨慎适用刑法。然而，互联网的迅速发展已经对刑法最后手段之原则提出了挑战。在前置行政法规缺位的情况下，刑法的适当扩大化有助于遏制犯罪态势，维护网络空间秩序，但网络犯罪圈的扩大化必须以法益作为刑法惩治的明确边界。笔者认为，立法者应重新审视计算机信息系统安全这一传统法益，并构建符合网络时代的新型数据法益。

新型数据法益由一项核心法益要素与三项基础法益要素构成,其核心法益要素为数据所承载之信息涉及具体法益内容;而数据的三项基础法益是指数据的知悉权、支配权、传输安全,此三项也可以统称为数据安全法益。如此构建新型数据法益结构至少具有以下优势:新型数据法益是一种概念上的确立,其并不以重新立法为前提条件,可以在最大程度上确保刑法的稳定性;新型数据法益的构建逻辑切合法律、计算机两种学科的要求,核心法益要素承载了传统法益的概念,而三项基础法益的确立则来源于计算机学科对于数据安全要素的界定,新型数据法益的构建可进一步消弭法律语义与技术概念的隔阂;同时,新型数据法益在法律适用可以有效解决犯罪竞合问题。笔者认为,如果行为侵犯了数据基础法益中的知悉权或支配权,即为符合《刑法》第285条第2款客观构成要件,其中数据的知悉权对应的是非法获取计算机信息系统数据罪,数据的支配权对应的是非法控制计算机信息系统罪;如果行为侵犯了数据的传输安全,则需要结合数据的核心法益要素从而进行判断。在上述基础之上,司法机关需要进一步审视行为是否侵犯了数据的核心法益要素,这里存在两种结果:第一种结果,行为人以侵犯了数据基础要素的方式达到了侵犯了核心法益要素目的,则其行为牵连犯,又因其只有一行为,因此属于想象竞合犯罪,从一重判处;第二种结果,如果行为停留在侵犯数据基础要素阶段,尚未侵犯核心法益要素,则其行为可视具体情况认定为非法控制计算机信息系统罪或者非法获取计算机信息系统数据罪。而对于一般的流量劫持犯罪行为,其应该认定侵犯传输安全法益的行为构成非法控制计算机信息系统罪。

(三)对计算机犯罪进行适当的扩大和限定

立法者在《网络安全法》中提出了关键信息基础设施的概念,其明确关键信息基础设施一旦遭到破坏、丧失功能或者数据泄露,可能严重危害国家安全、国计民生、公共利益,并要求在网络安全等级保护制度的基础上,对其实行重点保护。从行刑衔接的角度而言,刑法应该对此予以回应。笔者建议,立法机关应该将承载数据传输服务的关键计算机信息系统作为特殊的保护对象,从计算机犯罪的一般对象中予以划出,降低侵犯关键信息基础设施的行为的入罪标准。而针对于一般的计算机犯罪行为,立法者应考虑对《刑法》第286条第2款进行限缩解释,不能将其作为治理网络犯罪的唯一答案,以免"将破坏计算机罪作为一个口袋罪使用,却将非法控制计算机罪空置,因为尽管带来了司法'便利性',但无疑不具有正当性"①。

（四）明确价值导向，维护网络秩序

网络空间刑事治理的重要目标之一是明确网络空间的价值导向，维护网络空间的公共秩序。除了刑事法律以外，网络空间的技术标准、社群规范等要素实际上也具备"类法律"效果，其也在时时刻刻引导、影响公民的价值观念。将法律精神融入技术标准、社群规范将会成为网络空间刑事治理的重要突破口。这就要求检察机关紧扣当前多项改革后检察机关转型发展的重要历史节点，以及相关法律修订从而导致检察机关作出的职能调整，提升检察机关的能动性，积极深入开展普法宣传工作，不仅需要向社会公众展示检察改革的成果和决心。也需要提升互联网企业、核心工作人群对于检察机关的认知度，增强对检察工作的认同感。在实践中，检察机关需要与具有影响力的互联网监管机构、企业、社群开展深入交流，就检察机关开展网络犯罪打击工作进行重点介绍，强调了检察机关参与治理网络犯罪，构建和谐网络空间的目标，传达了检察机关在相关工作中坚持双赢、多赢、共赢的理念。

六、结语

互联网经济日益发展，以流量劫持为代表的技术型网络犯罪行为日渐频发，围绕其产生的刑法适用、法理探讨等问题将愈加频繁，传统刑法理论日渐捉襟见肘。在规制此类犯罪行为时，确有必要不断审视刑法与客观实际的契合度，反思、开拓、完善刑法理论。传统的法益保护理论依然是准确适用刑法罪名的核心关键，而对于新型法益的探讨、确立，迫在眉睫。就检察机关而言，需要长远规划，通过短、中、长期的阶段性措施不断提升检察队伍专业化能力建设，以提升应对网络犯罪适应能力。在现阶段，刑法应对流量劫持犯罪的核心逻辑是准确认定犯罪行为的技术底色，对于通过技术手段实施的"强迫"型流量劫持行为，应予以严厉打击。在适用罪名时，注意区分一般犯罪对象与特殊犯罪对象，对于侵犯承担网络数据传输关键服务功能的计算机信息系统，可参考指导案例予以定性；对于一般犯罪对象，应全面考察非法控制与破坏行为之间的竞合、计算机信息系统是否正常等因素，准确适用罪名，不宜机械适用《刑法》第286条第2款。

---

① 肖怡：《流量劫持行为在计算机犯罪中的定性研究》，载《首都师范大学学报（社会科学版）》2020年第1期。

数据爬取行为刑法应对问题研究

课题负责人：于 冲[*]

内容摘要

随着网络黑灰产业链的形成与危害性递增，数据爬取很大程度上成为"网络黑产"的源头，无论是作为非法交易的对象，还是作为数据爬取伴随犯罪的侵犯公民个人信息罪等犯罪对象，数据爬取同时成为业界、学界、司法实务界以及行政监管共同关注的话题。网络爬虫技术的普及和优化大大降低了普通人参与数据犯罪的难度、提高了数据获取的效率，以数据窃取为基础的黑色产业链也随之成熟，逐步转向"技术密集型"，展现出规模化、链条化的趋向。在数据互联互通的时代，各种非法网络爬虫除了依附于主流的数据产业之中扮演"搅局者"的角色之外，还有可能直接参与网络犯罪，成为网络黑灰产业链的"帮凶"，甚至作用越来越关键。对此，刑法在规制网络黑色产业链的过程中，应当全面打击包括非法爬虫行为在内上下游犯罪，阻断数据非法流通的源头。

企业利用网络爬虫所实施的数据爬取行为是否违法，还存在一定的模糊性。"数据泄露通知规则""数据保护官制度""隐私风险影响评估义务""从设计保护安全理念"等原则和要求正成为数据企业需要承担的新型数据保护义务，大幅度提高了数据企业的法律责任。同时，前置规范对网络爬虫问题的规范性不足，也造成了网络爬虫获取数据的行为违法性判断的困惑。大多数案件的办理往往回避犯罪行为所抓取的数据类型、数量、价值等，将关注重点放在造成的经济损失或违法所得上。换言之，这并非基于数据本身的价值，而是围绕数据产生的其他方面的损失来定罪量刑。为此，有必要对数据本身进行足

---

[*] 于冲，中国政法大学刑事司法学院副教授。课题组成员：王宸，中国政法大学刑事司法学院2020级刑法学硕士研究生；李一鸣，中国政法大学刑事司法学院2019级硕士研究生。

够的精细研究，从而使得我们能够将法益保护的重点重新切换到数据本身。对于不同的数据的法益类型，对于不同场景、不同行业、不同类型的数据，尤其对于非个人数据（non-PII）和个人数据（PII）、公开数据和非公开数据，进行分类、分级保护。

从刑法规制的角度看，数据爬取行为某种程度上体现了网络犯罪的共性趋势，即网络犯罪已经改变了传统犯罪的单一法益侵害模式，由集中侵害某种、某类法益的犯罪转向"横跨"刑法分则各章节的犯罪、同时侵害多类法益类型，仅仅依靠单一罪名对于犯罪行为的刑法评价开始变得困难。犯罪的"链条化""集群化"使得作为犯罪链源头的数据爬取行为，社会危害性呈现出倍增式增长。同时，恶意数据爬取行为，游走在数据爬取行业"惯例"与非法获取数据的违法犯罪之间，罪与非罪的边界界定更加模糊。对此需要明确，在权利属性上，个人信息同时具有了人格权属性、财产属性、数据属性、信息安全属性、公共属性等"信息复合属性"；在权利外延上，个人信息同时涵盖了信息决定、信息保密、信息查询、信息更正、信息删除、信息可携、被遗忘等权利类型。因此，刑法对个人信息的保护，应当将数据属性、信息安全属性等剥离出个人信息之外，在个人利益与公共利益平衡的基础上，确立侵犯公民个人信息犯罪的豁免事由，实现个人信息合法应用与保护的刑法兼顾。同时，数字经济的发展更对数据共享、数据开放提出了极大需求，个人信息的多元数据属性不断增强，有必要系统审查刑法"法域"内的个人信息属性，将不值得刑法保护的信息属性剥离出刑法之外，同时以教义学解释原理为依托，将侵犯公民个人信息的"正当化行为"予以明确化，明确相关的豁免事由，在行民分界、行刑分界的基础上，发挥民法、行政法等前位法的法律功能，兼而实现刑法对个人信息的精准保护。

在大数据时代，数据已经成为新的生产资料，对与个人相关的数据的获取、筛选、分析与利用成为数字经济时代生产的新特征，规模化的个人数据迸发出了巨大的价值，成为商业经济和社会管理中的主要对象。利用数据产生价值首先要迈出的一步就在于数据的获取，而数据的获取方式在新技术整合之后发展出了更为有效的手段方式，网络爬虫技术凭借着其获取方式的规模性、高效性和简便性成为在互联网中收集信息数据的有力手段。但数据的获取并不是毫无底线的，数据安全问题一直都是数据开放的主要考量，当前的网络犯罪已经由传统的单独侵入与掠取的方式转化为有组织的犯罪链条化的背景下，个人相关的数据因其高价值、强识别性和附随性成为数据犯罪链所追逐的对象，加之获取的"技术密集型"程度提高，本为高效中立技术的数据爬取行为开始被利用成为网络黑产的源头。当前，刑法对于异化的数据爬取行为的规制落脚于侵犯公民个人信息罪与非法获取计算机信息系统罪两罪名之上，但是由于司法实践中对于数据属性的关注缺失而未能明确区分数据的对象分类，造成数据爬取行为面临罪与非罪边界模糊、前述两罪对于恶意数据爬取的评价出现交叉不清的困境。因此有必要对数据爬取进行类型化判断，通过明确不同类型的行业规则下数据爬取行为、爬取对象的合法性边界，进而明确数据爬取行为的入刑判断路径。

一、数据爬取行为的异化

网络爬虫，又称为数据爬虫、网络蜘蛛，是指根据使用者所设置的指令在不同的网络站点跳转的过程中自动提取网页内容的脚本工具，使用者在万维网上利用这种程序预设规则来筛选、抓取所需要的数据的行为就是数据爬取行为。由于网络信息资源的指数级增长，数据信息的获取已经不再是通过站点式的访问、分析来进行，巨量化的数据筛选与获取往往需要通过搜索引擎、大数据挖掘等技术来实现，作为前述技术底层应用的网络爬虫成为强而有力的数据获取手段。数据爬取长期以来一直被视为是中立的技术，但随着数据的经济价值的迸发以及网络爬虫技术的所固有隐蔽性及高效性，数据爬取行为开始表现出其不受控制的违法性的一面，一些数据爬取行为如今已经成为网络"分割化"的有组织犯罪前端的重要一环，进而需要法律对其进行评价。整体上来说，这种异于正常使用网络爬虫的行为开始异化成为违法犯罪行为，或者说数据恶意爬取行为的异化特征主要表现在数据爬取行为的"链条化""法益侵害多元化"和"违法性边界模糊化"。

（一）数据爬取行为的"链条化"

囿于传统的经济模式无法将个人的敏感信息成规模的流通，侵犯个人信息犯罪曾一直处于小规模发生状态，但随着"双层社会"形态的形成，网络空间中给储存的个人信息数据渐趋地转化为有驱动力的经济利益，一条主要以"公民个人信息"为核心的具有明确分工的黑色产业链开始形成。在其侵犯的对象上，在上游行为人利用各种特殊技术手段获取个人信息数据，而通过中间的数据信息集散者对流出的数据进行清洗、整合以形成精致数据以后出售给下游的犯罪人，[①] 其中数据的获取更是成为了这一链条的关键环节，数据爬取也

---

① 张婷：《犯罪产业链背景下"技术中立原则"对犯罪定性的干扰和反思——以"侵犯公民个人信息犯罪"为视角》，载《青海社会科学》2018年第2期。

成为侵犯个人数据犯罪的重要途径;而在空间上,随着移动互联网的快速发展,数据获取的主要"阵地"已经从较为开放的互联网浏览器转移为较为封闭的 App 之中,数据爬取面临着越来越多的软件内部的反爬虫加密措施的技术壁垒的限制,加大了作为黑产源头的数据爬取行为触犯计算机信息系统犯罪的可能性。① 数据爬取行为冲破了技术中立的原则,存在于主流的数据产业之间的各种非法的网络爬虫不再只是充当"搅局者"的角色,其更有可能深度参与数据犯罪链之中,成为后续纵向层级的犯罪的帮凶,在数据犯罪链中所发挥的作用也愈发关键。例如,在 2019 年,魔蝎科技有限公司——一家从事"大数据风控"公司的高管因涉嫌违规收集数据和助力暴力催收被警方带走,魔蝎科技有限公司所推出的"同业爬虫"产品,能够在通过授权后在后台收集公民的通话信息和消费记录等信息,甚至有较高的概率还可以爬取用户的职业、银行卡信息、贷款记录、理财信息等,从多方面对借款人进行综合评估,为金融贷款平台的决策作出判断。② 在此事件中,魔蝎科技有限公司违规收集公民的个人信息并交给现金贷机构,对于贷款平台获取客户、推销自己的贷款服务业务甚至暴力催收都提供了重要的帮助,部分贷款机构甚至与网络黑产团队形成合谋对于主要的手机软件所掌握的用户数据进行爬取,以此获取利益。在网络空间的有组织犯罪不再是传统社会中的线性的递进过程,而是呈现出一种复杂的网络化一对多、多对多的关系。③ 整条网络黑灰产业链表现"组织套组织"的集群化特征,整体上而言,由于大数据时代的整个纵向产业上都分布着数据的收集、储存、传输与应用等环节,在这些不同环节中也都存在各种不同的法律要求,要想保持共享网络数据的行为在法律的框架范围之内防范数据犯罪链的形成,就有必要前移评价节点,从链条源头上的网络爬虫行为的刑事规制必要性进行考量。

(二)数据爬取行为的"法益侵害多元化"

在数据爬取行为异化的挑战下,如何平衡数据开放和数据保护成为互联网的新主题,在以往的判决中一般认为数据犯罪所侵犯的法益仅为计算机信息系

---

① 上海赛博网络安全产业创新研究院:《数据爬取治理报告》,载中国大数据观察网,http://www.cbdio.com/BigData/2019-12/02/content_6153175.htm,最后访问时间:2020 年 11 月 28 日。
② 许莉芸:《数据抓取与贩卖迎来强监管?大数据风控公司遭遇"生死劫"》,载新快网,https://epaper.xkb.com.cn/view/1147567,最后访问时间:2020 年 11 月 28 日。
③ 张明楷:《网络时代的刑事立法》,载《法律科学(西北政法大学学报)》2017 年第 3 期。

统的管理秩序，更为具体的说，是侵犯了计算机信息系统安全。但是在大数据时代，数据的价值不仅在于数字在技术上所表现出的代码本身，随着数据与社会各个领域的交融进一步加深，尤其是与社会中的每一个体的交互逐步加深，个体之间的聚合出的整体数据的价值更加具有保护的必要性，针对数据犯罪所侵犯的法益也更加多元化。从微观的个人角度出发，具有可识别性的个人信息、个人的社会生活甚至个人的偏好设置都以数据的形式分布于互联网之中，实现数字化的个人数据可以在互联网上通过各种技术手段，轻易地整合拼凑出足以反映特定个体的相关信息，[①] 对于随意获取个人的关键信息的行为势必会侵犯到数据中所包含的个人法益，更为具体的说，对单一的个体来说，数据同样涉及人格权利、财产权益等众多权益。从较为宏观的聚合数据角度来看，随着数据犯罪的产业化和链条化，个人数据中所包含的法益已经延展至国家及社会层面，一方面，数据主权的发展包容进了国防利益以及国家重大发展战略等国家安全利益，数据犯罪可能侵犯到国家安全；另一方面，随着数字经济的进一步发展，当今社会的运行对于聚合的个人数据的依赖程度加深，个人数据与社会公共管理深度融合在一起，对于社会生活具有十分强大的影响力，对于社会管理数据的侵犯则会进一步地破坏社会公共安全以及社会生活秩序在内的社会公共法益。总而言之，数据爬取作为新的典型网络犯罪已经从单一的法益侵害转向为多元的法益侵害，通过单一的罪名对数据爬取行为进行评价已经力有不逮，尽管数据犯罪链中会侵害到多元的法益，但是司法实践中却不明确行为人所爬取的数据中包含的法益而将数据爬取行为一概归入侵犯公民个人信息罪或者非法获取计算机信息系统罪之中，会导致扩大网络爬虫的入罪范围，从而限制数据产业的发展。因此，当前对于数据爬取行为的评价进路亟待转变。

（三）数据爬取行为的"违法性边界模糊化"

网络爬虫本质上是一种能为人类的发展带来极大帮助的中立技术，在大数据分析、数据筛查与收集方面存在无可比拟技术优势。但"新技术新应用一方面催生着新威胁形态，为数据安全带来新风险；另一方面导致传统数据安全保护策略的有效性降低甚至失效"[②]。长久以来，由于网络爬虫所侵害的权益关涉到了不同的部门法，难以将其纳入特定的部门法中进行规制，从而不能合理地明确侵犯数据的行为所承担的责任。虽在当下治理数据的内生性，整体性

[①] 张里安、韩旭至：《大数据时代下个人信息权的私法属性》，载《法学论坛》2016年第3期。

[②] 黄道丽、胡文华、大阿来：《安全视角下的大数据治理与合规应对》，载《保密科学技术》2018年第10期。

的法律框架并未建成，但是刑法对于个人数据的保护更多需要的是观照数据法的整体框架来进行相应的调整，① 在当前学界普遍认同的数据私权主义的保护进路之下，对于数据爬取的治理应当坚持刑法的谦抑性，对数据的保护首先尝试使用私法来进行保护，其后在加之公法进行最后的规制。在数据犯罪链条化的背景下，为了实现更为有效的治理，当前的刑法与行政法等公法在数据安全的领域一直呈现出主动出击的状态，但由于当前恶意数据爬取行为，游走在数据行业的"惯例"与非法获取数据的违法犯罪之间，而刑法并没有区分不同类型下的数据爬取行为，对于符合数据行业经营模式、行业规则的数据爬取行为也一并进行入罪处理，造成了数据的合规爬取与恶意爬取之间的刑事违法性的边界不分，使得本应该在民事法律范围内规制的数据爬取行为落入刑事法网之中，扩大了刑法的打击范围，因此需要转换评价思路，明确不同行业规则下数据爬取行为类型以及对象的合法性就变得尤为重要。

二、数据恶意爬取行为法益侵害的多元复杂性

恶意数据爬取侵害的法益是多元复杂的，作为恶意爬取的行为对象，当前的数据同时又是公民个人信息、公司企业商业秘密、计算机信息系统数据、计算机信息系统安全等诸多的利益载体，数据背后这些法益属性的杂乱造成了刑法保护的不明确，致使部分在刑法中规制的与数据有关的犯罪出现口袋化的特征，无法对数据爬取行为进行合理的规制，对此需要重新思考数据背后所包含的法益类型。

（一）数据爬取侵犯的法益具有多元性

在数据共享作为核心特征的 web3.0 时代，数据犯罪的对象已经从静态的计算机设备中保存、管理的数据信息转变为互联网中的数据流，不断升级的数据处理技术也赋予数据新的动态价值，对数据的犯罪利用活动也不再局限于以往的静态形式，在数据的筛选、分析、处理等数据爬取的下游阶段中往往会出现持续性的危害后果，数据爬取行为成为犯罪链的源头，某种程度上体现了网络犯罪的共性趋势，即网络犯罪已经改变了传统犯罪的单一法益侵害模式，由集中侵害某种、某类法益的犯罪转向"横跨"刑法分则各章节的犯罪，仅仅依靠单一罪名对于数据爬取行为的刑法评价开始变得困难，犯罪的链条化、集群化使得其社会危害性呈现出倍增式增长。对此，刑法有必要予以规制，而刑法早在数据的私权争议之前已对数据所表征出的各项权利展开了保护，在数

---

① 劳东燕：《个人数据的刑法保护模式》，载《比较法研究》2020 年第 5 期。

保护的层面上表现出"先刑后民"的局面,《刑法修正案(七)》和《刑法修正案(九)》中增设修改了侵犯公民个人信息罪以及相关的数据犯罪,较为周延的保障数据上的权益,为规范各类的数据爬取行为所侵犯的法益留下衡量的空间。[1] 数据犯罪的对象虽然是因为个人的社会活动而产生,但是正是由于数据的动态式的处理,使得数据爬取的行为所爬取的数据中承载了多元的传统的法益,其中既包括了个人的人格权益和财产权益,数据的控制主体对于数据的控制,甚至还可能涉及社会公共秩序和国家安全方面的利益。其中个体层面的数据的人格权属性是指具有识别性的个人数据中所表现出的个人信息权益,其与隐私权并列产生一定的交叉重合,主要是指包含了人身属性、财产属性以及社会属性的数据法益,其权利内容包罗了信息保有权、更正权、锁定权、复制权、知情权以及被遗忘权等;[2] 而具有经济价值和可交易性的数据中所表征的财产权属性则是指个人数据实际上已经开始发挥维护主体相应的财产性利益的功能,具体可以理解为对于数据所享有的占有、使用、处分以及收益的权利,其以个人数据推动数据产业的发展,以数据的交换带来经济利益为基础,将数据视同为一项新型的财产在刑法上进行保护。在宏观层面上的国家安全则是指对于同国家的利益密切相关的数据进行保护,如国家机密、情报的安全以及军事秘密的安全等;而社会公共秩序这部分涉及的是与市场经济秩序或者公共社会的利益密切相关的数据,包含了计算机信息系统安全、商业秘密等法益。整而言之,这种广义上的数据范畴造成了对于数据爬取行为的评价是不同种类的法益侵害,其保护的法益内涵和外延含混不清,给相应的罪名解释和界分造成了困难。

而随着独立保护数据的需求性增高,大数据时代也催生出了新的法益,大数据时代不仅奠定数据的统领地位,还确立了以数据共享和数据安全为主题的理念,数据安全法益的保护正成为立法的重点。[3] 这一新生的法益不再依附于传统的法益而自身具有独立的价值属性。与传统的计算机信息系统安全法益相比较,数据安全法益是基于数据自身内容、使用价值和侵害风险所进行的独立规范评价,能更合理地解释数据犯罪的构成要件,[4] 其主要关注数据的保密

---

[1] 杨志琼:《数据时代网络爬虫的刑法规制》,载《比较法研究》2020年第4期。

[2] 杨立新:《个人信息:法益抑或民事权利——对〈民法总则〉第111条规定的"个人信息"之解读》,载《法学论坛》2018年第1期。

[3] 孙道萃:《大数据法益刑法保护的检视与展望》,载《中南大学学报(社会科学版)》2017年第1期。

[4] 杨志琼:《我国数据犯罪的司法困境与出路:以数据安全法益为中心》,载《环球法律评论》2019年第6期。

性、完整性以及可利用性内容。其中的数据的保密性就是指数据主体所拥有的数据不被随意读取、访问或复制从而避免被扩散、公布的风险,[1]而数据爬取行为正是违反了数据的保密性原则侵犯了数据安全法益,这克服了数据保护所呈现的传统法益中定位不清的困难,为刑法直接规制爬虫提供了良好的思路。但是数据安全的内容也经历了从数据"静态安全"到"动态安全"的转变,尤其是在纵向上,随着数据安全犯罪从私人领域不断向社会公共领域转进,再加之社会对于网络数据的依赖性和需求性愈增,在当前数据的跨境流动背景之下,数据安全问题越来越影响包括国家政治、经济和文化在内的国家安全,数据安全问题也不可避免的上升到国家战略高度,对数据安全法益的刑法保护提出了新的要求和新的挑战。[2]而对于数据安全法益的新的期待中也存在了从个体数据到公共数据的扩展,数据安全内容的扩展也对刑法保护的法益带来了冲击,使得有关数据保护的法益更加的复杂化。

(二)困境:数据爬取行为入罪标准不明确

承前所述,由于数据犯罪链条在数据获取阶段所获取的与个体相关的数据之中包含了众多的法益类型,这不可避免地造成了刑法在对与爬取行为所造成的法益侵害判断出现了困难,造成了对于数据爬取行为的定性的争议。当前,刑法为保障数据产业的正常发展的,打击数据处理过程中的黑色产业链,将评价节点已经前移到数据获取的阶段,主要体现于侵犯公民个人信息罪以及非法获取计算机信息系统罪之上,但是从两罪之中抽象出的数据信息其上承载的法益繁多复杂,致使两罪的犯罪圈不可避免的扩大化,两罪中展现出了"口袋化"的发展倾向。例如在侵犯公民个人信息罪之中,"两高"发布的《关于办理侵犯公民个人信息刑事案件适用法律若干问题的解释》中规定"公民个人信息"是指为以电子或者其他方式记录的能够单独或者与其他信息结合识别特定自然人身份或者反映特定自然人活动情况的各种信息,包括姓名、身份证件号码、联系方式、住址、账号密码、财产状况、行踪轨迹等。其与网络安全法中关于个人信息的界定相比,刑法将可直接识别或间接识别的自然人的活动

---

[1] [德]乌尔里希·齐白:《全球风险社会与信息社会中的刑法》,周遵友、江溯等译,中国法制出版社2012年版,第308页。

[2] 于冲:《数据安全犯罪的迭代异化与刑法规制路径——以刑事合规计划的引入为视角》,载《西北大学学报(哲学社会科学版)》2020年第5期。

情况也纳入了公民的个人信息之中,①虽然这种保护范围的扩大实现了对于个人信息法益的全面保护,但是其超越了前置法中评价范围,造成了刑法评价为违法而在前置法中却并不违反法律的现象出现,没有做到侵犯公民个人信息罪中"违反国家有关规定"的二次违法的要件,这种积极的保护模式反映出了在当前的司法实践中,爬取与个人有关的数据就有可能的会落入侵犯公民个人信息罪的口袋之中,而不去考虑数据的爬取行为所造成的法益侵害。同时司法实践中部分数据的法益也会造成刑法在规制数据爬取行为时的罪名的认定障碍,不同罪名之间的构成要件以及罪量要素都会有所不同,此时导致罪与非罪、此罪与彼罪的问题出现。如在"两高"发布的《关于办理危害计算机信息系统安全刑事案件应用法律若干问题的解释》第1条将非法获取计算机信息系统数据罪中的"数据"限定为身份认证信息,该解释同时还在第11条进一步规定"身份认证信息"主要是指用于确认用户在计算机信息系统上操作权限的数据,主要包括账号、口令和密码以及数字证书等。因此在数据爬取行为的对象为具有身份认证功能的信息时,如个人的住房信息、车辆登记信息,个人相关的账号密码时,所爬取的数据中的个人信息权益以及数据信息的安全法益发生重叠而无法达到合理的区分,造成侵犯公民个人信息罪与非法获取计算机信息系统罪之间的定性争议。刑法上具体适用罪名范围的混乱造成无法明确数据爬取行为应当承担何种刑事责任,难以对数据爬取行为进行有效的规制。

(三)原因分析:数据属性的关注缺失

承前所述,恶意的数据爬取行为所侵害的刑法保护的利益种类也是复杂的,这就给恶意地利用网络爬虫行为的定性带来了一定的障碍,而这也源于当前司法实践中在对于恶意爬取数据行为的定性时,普遍忽视了对于数据属性的认定,对于数据的认定并不明确造成了给行为定性的困难。有学者认为现行的法律对于数据的确认是一种静态的、线性的而没有从动态的数据角度出发去考量,这就使得包括刑法在内的诸多法律没有意识到作为对象的数据已经发生了重大的变化,换言之,大数据时代意味着海量的数据规模、快速的数据流转和动态数据体系、多样的数据类型,而司法实践中却仍然只是关注于数据所表现出的计算机中的二进制代码的形式,刑法中对于数据的解释为计算机信息系统数据,这与大数据时代所要面对的数据处理和数据的掌握程度都是不相符合的,计算机信息系统中的数据,是指在计算机信息系统中实际处理的一切文

---

① 《网络安全法》第76条规定,个人信息是指以电子或者其他方式记录的能够单独或者与其他信息结合识别自然人个人身份的各种信息,包括但不限于自然人的姓名、出生日期、身份证件号码、个人生物识别信息、住址、电话号码等。

字、符号、声音、图像等内容有意义的组合。① 造成在对于数据犯罪进行认定时，只要是与个人相关的数据就会将其归入侵害公民个人信息罪的范围之下，而只要是计算机信息系统内的以代码形式呈现的数据就会被划入非法获取计算机信息系统数据罪之中。这是在司法实践中对于数据属性的关注缺失而导致的，仅仅依据数据本身的技术性的属性进行判断，但忽视了由于现实中的动态的数据的发展，在判断数据权利或者利益时所依据的数据发生了改变，从特定指向的数据发展为超出虚拟空间而直接融入现实生活的各种数据，数据的处理已经从单一的计算机系统设备发展为多样的移动互联网终端中的储存、分析与利用的全过程，更多的权利开始以数据的形式承载，数据的外延的扩大化认识也给数据所承载的利益进行了扩张，使得数据利益出现了不同领域、不同属性的共同叠加，个人数据中所包容的权利越多，数据的内涵就越发的模糊不清，从而加剧了侵犯公民个人信息罪以及非法获取计算机信息系统罪定性边界的模糊性，如在侵犯公民个人信息罪之中，其作为刑法规制数据犯罪链的主要罪名，其保护的主要为具有可识别性的个人数据，但是在个人数据背后又有个人信息权益、相关的财产性的利益以及多数个体聚合而形成的信息整体安全的权益属性，但是包容前述的多个法益属性势必会扩大该罪的入罪范围，造成该罪的评价半径过于扩大，不利于数据共享和数据产业的正常发展。因此笔者认为，在认定数据爬取行为的性质之前，要先关注到所爬取对象的相应类型，要以"动态的数据"取代"数据库中的数据"，以类型化的方法对于行为对象进行考察，明确不同类型的数据中具体所承载的法益，划分侵犯公民个人信息罪与非法获取计算机信息系统罪之中所保护的法益界限，合理的确定前述两罪之中所真正保护的数据类型以及数据背后所表征的法益，明确并适当缩小数据犯罪中评价半径成为当务之急。

三、数据恶意爬取行为刑事违法性的边界模糊性

随着数字经济的发展，与信息数据相关的业务都关注与信息主体日常生活相关的数据中所包含的价值，而大数据挖掘和云技术的发展使得对互联网终端计算能力的要求减弱，数据的储存和流转不再是针对数据的主要技术过程，仅仅数据的获取就已经足够。数据价值的发掘也需要网络爬虫的参与，爬虫作为一项技术本应服务于正常的产业，但是随着恶意的使用技术的行为进入市场，打破了原有的技术中立。在主流数据产业中，数据的恶意爬取行为从原来的"不和谐的音符"变为了网络有组织犯罪的帮凶，但是目前恶意的数据爬取行为

---

① 陈兴良：《规范刑法学》，中国人民大学出版社2008年版，第814页。

的刑事违法性的边界存在一定的模糊,主要表现在判断恶意爬取与"合规"爬取边界的模糊性。恶意判断的模糊性,爬取行为的主观罪过没有明确;爬取对象判断的模糊性,不分网络爬虫所爬取的数据类型而一概地思考规制的可能性。

(一)数据恶意爬取与"合规"爬取的边界模糊

如何界定数据恶意的爬取与"合规"的爬取首先需要明确的便是有关于数据安全与流通共享的理念问题。当前从数据安全的角度出发,社会的运行当前数据安全所关注的重点内容已经由数据静态安全向数据动态安全转变,表现为从数据所承载的内容的安全转向数据处理活动的安全,而这种数据安全内容的演变也为数据的刑法保护提出了新的挑战,一方面,在动态数据的各个环节上都出现了数据安全的保护需求;另一方面,数据由私人领域扩展至公共领域,个人信息数据的网络化和透明化趋势已经难以逆转。① 而在数据的共享与开放层面,数据共享是数据所具有的本质特性,也是推动数据立法的关键所在,在数字经济时代,数据作为一项新的生产资料,开始驱动传统的生产关系结构发生变革,并逐渐地在重构社会生活,数据的流通和共享降低数据收集的成本,实现了同类数据社会效益的最大化,促进了数据产业的发展。② 然而在当前由于数据中所包容的法益属性不断的增加,加之司法实践中对数据类型所起到的媒介作用的关注的缺失,造成侵犯公民个人信息罪与非法获取计算机信息系统罪的犯罪圈不断的扩大,数据的流通与共享也在不断的让步于数据安全的需要。但实际上面临着更大挑战的数据安全与面临着进一步扩大化的数据共享之间并不是相互对立的,两者出于同样重要的地位而应当在整个数据行业之中协调的发展,刑法当然保护数据上的法益,但是对于数据上利益的过度保护则会导致数据的流动不畅,从而造成数据壁垒,最终会反过来减损数据本身的价值,刑法对于数据爬取的行为应当坚持谦抑性,对于数据爬取的相关罪名应当明确其中所应该保护的数据类型从而明确其中所真正保护的法益属性,避免由于保护的过度而阻碍数据的正常流动。而另一方面,新的技术创新必定会带来一定的不确定性和社会风险,网络爬虫作为数据共享的重要手段,其并不会阻碍数据行业的发展布局,在一定程度上,数据爬取还会为数据的流通提供新的助力,申言之,刑法对于网络爬虫所带来的风险在一定程度上需要容忍,刑事规范应当在数据保护、数据共享以及数据开放之间形成一种有张力的平衡,决不能过度地保护数据,也不能对数据共享放任自流,刑法

---

① 于冲:《数据安全犯罪的迭代异化与刑法规制路径——以刑事合规计划的引入为视角》,载《西北大学学报(哲学社会科学版)》2020年第5期。
② 王利明:《数据共享与个人信息保护》,载《现代法学》2019年第1期。

需要在价值冲突下实现有效的沟通与协调，从而能够保障明确一个合理的入罪边界。

若是进一步的考察数据爬取的刑事违法性的边界，在检视非法获取计算机信息系统数据罪与侵犯公民个人信息罪的构成要件时，上述两罪在构成要件中规定了"违反国家规定侵入并获取"以及"非法获取"数据的违法行为，由于"非法"和"违反国家规定"在此处起到的是对违反法律、法规的表示作用，[1] 那么对于"合规"获取数据的边界的又该如何界定，梳理当前的相关法律规范，《网络安全法》第41条规定："网络运营者收集、使用个人信息，应当遵循合法、正当、必要的原则，公开收集、使用规则，明示收集、使用信息的目的、方式和范围，并经被收集者同意。"其中虽然确定了收集信息必须经过被收集主体的同意这一原则，但若将这一原则作为合法数据收集的唯一标准，意味着数据收集的合法与否将会依赖于被收集主体的主观来确定，这一认定往往是从实质上将客观行为的性质放于被收集者的意愿之下进行判断，缺少了形式上客观的标准。《数据安全管理办法（征求意见稿）》中虽然规定了数据爬取行为的相当性的界限，但是仍然没有明确的规定"合规"获取数据的边界所在。[2] 另一方面，上述法律规范中所规定的"正当性"以及"必要性"的原则都较为的抽象，从规范意义上说对于确定"合规"的数据获取并不能发挥具体的指示作用。而《个人信息保护法（草案）》中较为具体的规定了在合法的情况下处理数据的集中情况，[3] 虽然其中仍然存在"订立或履行合同所必需的""履行法律职责、法律义务所需"以及"公共利益所需"等执行起来仍存在解释空间的用语，但是与前述法律中规定的抽象的原则相比，则更为具体。结合上述所规定的合法处理数据的情形，"合规"获取数据的边界，首先是在于法律规范的遵守，即按照相关的法律法规来行使数据权利并履行相应的义务；其次应当是遵守数据服务的提供者与数据主体双方所达成的相关授权协

---

[1] 张明楷：《刑法分则解释原理》（第二版），中国人民大学出版社2011年版，第535—538页，第544页。

[2] 《数据安全管理办法（征求意见稿）》第16条规定，网络运营者采取自动化手段访问收集网站数据，不得妨碍网站正常运行；此类行为严重影响网站运行，如自动化访问收集流量超过网站日均流量三分之一，网站要求停止自动化访问收集时，应当停止。

[3] 《个人信息保护法（草案）》第13条规定，符合下列情形之一的，个人信息处理者方可处理个人信息：(1) 取得个人的同意；(2) 为订立或者履行个人作为一方当事人的合同所必需；(3) 为履行法定职责或者法定义务所必需；(4) 为应对突发公共卫生事件，或者紧急情况下为保护自然人的生命健康和财产安全所必需；(5) 为公共利益实施新闻报道、舆论监督等行为在合理的范围内处理个人信息；(6) 法律、行政法规规定的其他情形。

议,履行根据特定的行业规则达成的服务协议所必需的,如前述的魔蝎科技有限公司在后台抓取使用者的通讯记录、银行卡信息等与其所提供的服务本身无关的个人数据,其获取的数据已经超出了与数据主体所达成的服务协议的范围,也超出了行业规则中所允许的范围,因为该公司获取数据的行为是违法的;最后应当是从利益衡量的角度来说数据的"合规"获取不能违背更重要的社会公共利益,"合规"的数据获取在满足数据采集行为人的利益之时需要尊重数据主体的权益,但在更高一级的层面来说还需要满足社会公共利益,在被收集者个人利益与社会公共利益相一致时,"合规"的数据获取行为所符合的利益方向是一致的,但在社会突发性事件之中,如在新冠肺炎疫情之中,个人信息利益必须让步于社会秩序和公共卫生安全,而为了有效防疫必须收集相关患者的行踪信息、家庭住址等个人信息也应当认为是"合规"的数据获取。当前刑法并没有确定区分不同类型下的数据爬取行为,对于符合数据行业经营模式、行业规则的数据爬取行为也一并进行入罪处理,造成了数据的合规爬取与恶意爬取之间的刑事违法性的边界不分,使得本应该在民事法律范围内规制的数据爬取行为落入刑事法网之中,扩大了刑法的打击范围,造成恶意的数据爬取与"合规"的数据爬取之间仍然存在一定的模糊性。

(二)爬取数据对象的边界判断不清

我国目前对于防止数据被非法爬取的保护散见于《民法典》《反不当竞争法》《刑法》以及《网络安全法》等法律规范中,司法实践中只有考量案件的不同性质才能做出相应的法律保护或救济。刑法由于其谦抑性和最后性,成为规制网络爬虫的最后一道防线,而行为对法益的侵犯程度成为判断对该行为是采取刑法手段规制还是划入民法、行政法的领域之内的关键,如何判断数据爬取行为严重侵犯刑法所保护的法益而落入刑事法网之中则应当取决于数据爬取的对象,而依据数据的公开程度将数据划分为开放数据、限制重新使用数据和保密数据。对于不同类型的数据,网站的主体也会对其设置不同的获取和利用规则,数据的掌握者对于数据的管控程度也不尽相同,基于前述的数据的共享、开放与保护的平衡理念来看,数据的开放程度代表了数据主体对于数据上承载的信息的可获取程度的认定和分级,根据数据开放程度所划分的数据类型表示了数据的排他性需求,依照各种数据所得到的不同授权和保护的需求对数据进行分享,也是在数据流通时保障数据安全的有效手段,而对于数据安全的保护也应当根据数据上所承载的多重权益确定保护的路径。

1. 对开放数据的抓取

对于开放的数据,其代表了数据权利人认可了访问者有访问、获取和利用的权限,因此对于该种类型的数据,利用网络爬虫进行爬取应当也能肯定是经过数据权利人的认可的,因此爬取开放的数据无论从传统法益还是从新的数据安全法益的角度考虑都没有侵犯到刑法所保护的法益,爬取此类公开的数据不需要承担刑事责任。而对于处于公开可访问状态但又限制重新利用的数据来说,利用数据爬取手段获取数据是经过数据主体同意的,但是需要注意的是在获取数据之后的利用行为,可能会承担包括侵犯知识产权和企业竞争秩序在内的民事责任,而其中不免也会侵犯刑法保护法益,但需要注意的是,此时侵犯法益的是在获取数据之后的非法利用行为,而非利用网络爬虫的数据爬取行为本身,因此以该类型的数据为对象的数据爬取行为也并不需要承担刑事责任。

2. 对非开放数据的抓取

对于部分数据,网站可能出于特定的原因在一定的范围内授权于特定的主体以访问一定的数据,如网站设置身份验证等技术措施限制数据被公开,数据的权利主体设置此类数据访问和获取规则是因为这种数据中通常包含了个人隐私、企业商业秘密等信息,数据主体出于数据排他性的需求,保障这些信息的保密性而对于此类数据做了不同的访问获取权限。由于当前针对数据以私权利保护的状态远远不够,对权利的相关规定容易处于虚化的状态,社会由此经历着数据私权公法化的趋势,[①] 刑法更需要提前采取手段而不是最后的规制,以保护这些特别重要的数据法益,保护数据的保密性、完整性与可利用性。因而行为人爬取这部分的非开放的数据可能要承担相应的刑事责任。

总而言之,只有厘清爬取不同类型的数据所承担的责任才能正确地认识恶意数据爬取行为的刑事违法性。对于爬取开放数据的行为,由于其实质上并没有侵犯刑法保护的法益,因此也不应当承担刑事责任,只需要依照民法和竞争法对其进行规制即可;而爬取非开放的数据的行为由于可能侵犯数据中所包含的特别重要的法益而应该进入刑事规制的范畴之内。但是在司法实务中,并没有针对行为所爬取的不同类型的数据分别确定数据爬取行为的性质,而是将其一概入罪,如在元光公司与谷米公司不正当竞争案有关的刑事判决中,元光公司的邵某等人利用网络爬虫抓取谷米公司后台服务器中储存的公交车行驶信息等数据被判非法获取计算机信息系统数据罪,有观点认为公交车的行驶信息等数据是开放数据,抓取该类型数据不应当适用刑事制裁手段,只需要在民事违法的层面进行解决即可,当然,当前也存在不少类似的开放数据爬取行为被认为是刑事不法的判决,这种不分数据类型而一概入罪的做法造成了数据爬取行为民事违法性与刑事违法性判断冲突,数据恶意爬取行为刑事违法性边界模糊

---

① 连玉明主编:《数权法2.0:数权的制度建构》,社会科学文献出版社2020年版,第108页。

不清的情况发生。

(三) 爬取行为的恶意性判断存在障碍

在给数据爬取行为定性时,其恶意性的判断成为性质认定的关键,"恶意"是指行为人对其行为所具有的一种"恶"的意思,从本质意思上说是行为人对其行为具有坏的用意、意图,这在文义上通常表示为一种目的,而刑法中的犯罪目的通常是指犯罪人主观上通过犯罪所希望达到的结果,即是以观念形态预先存在于犯罪人大脑中的犯罪行为所预期达到的结果,这种犯罪目的在刑法上又被称为主观的超过要素,它是故意内容之外的对于某种结果、利益、状态、行为等的内在意向。[1] 但是"恶意"并不是与犯罪目的相同而作为主观超过要素,因为"恶意"只是一个单纯的概念,对于法益的侵害并不具有实践意义,而在另外一个方面,其与刑法规范语言中的"故意"有着明显的不同,因为从希望达到所认识犯罪事实心理状态上来说,故意中的意志因素虽然也是一种目的,但是故意的意志因素中包含着对犯罪结果的内容,而"恶意"作为一种目的仅仅只有价值上的评价,只是一种坏的目的,并不包含具体的内容。[2] "恶意"本身就具有模糊性,依此对行为的性质判断也必然具有一定的任意性,就比如侵入网站并抓取数据的行为,行为人若是自称"白帽子",其抓取数据旨在发现平台的安全漏洞并敦促平台进行修复,这种目的是善意还是恶意恐怕难以真正的判断。笔者认为,此处对于数据爬取行为的恶意性判断其实是指对于要进入刑事规制视野内的数据爬取行为的主观心理要素的判断,而在数据爬取行为前加上恶意仅仅是为了表明对这种数据爬取行为的归责的迫切性,因此爬取行为的恶意性判断其实就是指严重侵害法益的数据爬取行为的主观罪过的判断。

在谷米公司与元光公司不正当竞争案中,被告辩称其爬取数据的行为仅仅是为了对比数据,最终为社会公众谋益,并不具有主观上的恶意。[3] 可以想到在相当多的相关案件中,被告人都会辩称其利用网络爬虫仅仅是将它作为一种数据获取技术,并没有认识到行为所造成的危害后果,也没有希望或者放任这种结果的发生,因此不具备犯罪的故意,不应当对其归责。而此时如何限定数据爬取行为的主观罪过成为一个难题,加重了恶意数据爬取行为的违法性边界的模糊性。当然,目前有多数的观点认为在主观上应当从明知其爬取了网站主

---

[1] 张明楷:《刑法学》(第五版),法律出版社2016年版,第299页。

[2] 孙万怀、卢恒飞:《刑法应当理性应对网络谣言——对网络造谣司法解释的实证评估》,载《法学》2013年第11期。

[3] (2017) 粤03民初822号判决书。

体所禁止爬取的数据的角度来认定该行为的主观罪责，行为人基于自由的意志在违背权利人的意愿的情况下爬取数据，即能够证明其具有犯罪故意。这种从行业准则遵守的角度来判断行为的主观心理思路也十分具有参考意义。

四、数据恶意爬取行为的刑事应对思路

针对恶意的爬取行为与"合规"的爬取行为边界不清的难题，应当在明确只有在未授权或者超越授权的情形下爬取非开放的保密数据才具有刑事违法性的情况下，进一步对于违反刑法的数据爬取的行为方式及行为对象进行类型化整理，重点采取不同行为方式针对不同行为对象的数据爬取行为的刑事责任；对于恶意数据爬取中的恶意性判断不清的困境，应当明确爬取行为的主观罪过，并最终将数据爬取行为的责任与行为的违法性判断相结合，保障刑法能够合理的规制恶意的数据爬取行为。

（一）爬取行为的类型化明确

"合规"的数据爬取行为应当注意尊重且不侵犯数据主体所拥有的权益，而数据爬取行为有无侵犯刑法所保护的个人信息权、数据安全法益则需要对行为进行实质的判断，而对于正当的数据爬取在形式上需要做合意、合理与合法的要求，其中合意与合理是判断爬取行为合法与否的具体认定途径，即将场景化的治理模式带入数据爬取行为的判断之中，在不同的行业中，在不同的场景下对数据爬取行为进行具体的判断，这也正是做到数据爬取行为达到合意与合理从而最终达到合法的有效的治理方式。因此，刑法在规制相应的数据爬取行为时需要对何种数据爬取行为具有正当性进行明确，对于合法的数据爬取行为进行类型化的明确，从而将合法数据爬取行为分为合意与合理两类。承前所述，合意的数据爬取行为就是指数据爬取行为人与数据主体之间所达成一致的意思，主要为业务经营所必需的数据爬取；合理的数据爬取行为是指在个人利益与社会公共利益发生矛盾时，爬取行为人所采取的符合社会公共利益的数据爬取行为，具体又可以分为与职权行为相关的数据爬取、为维护重大利益相关的数据爬取行为。

第一，业务经营所必需的爬取行为，是指相关的数据行业经营者根据其所提供的服务特点和经营模式所必需采取的数据爬取行为。在大数据时代，数据控制者对于其所掌控的海量数据的分析与利用能够推动社会的发展以及为个人生活提供便利的服务，而当前数据流动的主要空间已经由固定的互联网浏览器转变为移动端的 App 之中，如相应的社交软件、地图导航软件或者外卖软件等，在不同的行业规则之下，其所提供的基本功能服务的正常运行都需要收集一定的数据，只有对其收集的数据加以分析才能利用为相关的数据主体提供一

定的服务，实质相当于数据服务提供者与数据主体之间达成了服务合同，为履行相关的合同，数据主体允许爬取必要的相关数据，而数据服务提供者依据行业规则在其所提供的基本功能服务范畴之内即在数据主体允许的范畴之内对必要的数据进行爬取。如在地图导航类软件中，其提供的是定位与导航的基本功能服务，而因此需要爬取使用者的位置信息等必要的信息。再如网络支付类的软件提供的是根据特定的支付制定而发起的资金转移服务，此时，该行业的数据经营者爬取使用者的身份证件号码、银行卡号码以及付款人、收款人的相关个人信息的行为便是正当的。总而言之，我国《网络安全法》对于的数据行业的经营者也将合法的数据爬取行为限定在"与其所提供的服务相关"和"双方约定"的范围之内，① 而数据行业的行业规则是判断相关特定行业在提供服务的过程中爬取数据行为是否正当的具体准则，行业规则中所包含的具体的经营模式与提供的基本功能服务特点都是判断其数据爬取行为合法与否的重要依据，只有在明确所处的行业中的经营特点以及功能服务所必要的数据，而出于业务经营所必需的情况下进行的数据爬取应当被认为是合法的数据爬取行为。

第二，为维护重大公共利益所必需的爬取行为，是指在包括社会秩序、公共安全以及国家利益在内的社会公共利益受到危害的状况下，相关的行为人爬取为维护重大社会利益所必需的数据的行为。此类数据爬取行为虽然实际上可能侵犯了数据主体的个人信息权、破坏了数据的保密性从而侵犯了数据安全法益，但是从利益衡量的角度来说，相关的数据爬取行为所保护的是更为重要的法益，因此应当作为违法性阻却事由来阻却数据爬取行为构成侵犯公民个人信息罪或者非法获取计算机信息系统罪，如在新冠肺炎疫情期间，有权单位为稳定公共卫生秩序和维护社会秩序，需要对相应的患者在必要的限度内采集其家庭住址、工作单位、行踪轨迹以及与其接触往来人员等相关信息，这在一定程度上虽然侵犯了个人信息权，但是爬取行为维护了更为重要利益。因此出于维护重大公共利益所需的目的利用网络爬虫采集相关的数据应当被认为是刑法所允许的数据爬取行为。

第三，职务行为所必需的数据爬取行为，是指基于成文的法律法规行使相应的职务或者履行一定的法定职责时需要对特定的数据进行抓取的行为。职务行为是一种法律义务，是法令行为的一种，对于履行职务过程中所必须要收集的数据进行相应的爬取也是在履行相应的法律义务的行为，其主要适用于打击

---

① 《网络安全法》第41条第2款规定，网络运营者不得收集与其提供的服务无关的个人信息，不得违反法律、行政法规的规定和双方的约定收集、使用个人信息，并应当依照法律、行政法规的规定和与用户的约定，处理其保存的个人信息。

违法犯罪活动中,例如司法机关为打击相应的犯罪需要爬取犯罪分子个人身份信息、住址以及通信记录、行踪轨迹等相关的个人数据,在此种情况下,为了维护更为重要的公共利益,犯罪分子相关的个人信息权益也应当得到相应的限缩。但是应当注意的是,职务行为过程中需要严格的符合相关的必要性和比例性要件,应当明确为不能抓取超过合理限度的相关数据。总而言之,在履行职务行为的过程中,为履行一定的法定义务而有必要对于相应的数据进行抓取的行为应当认为是合法的爬取行为,由于其维护更为重要的公共利益而具有正当性,因此不认为是犯罪。

(二)爬取数据对象的类型化明确

由于数据权限的开放程度不同表现了不同类型的数据有着不同的保护需求,因此在判断爬取行为的刑事违法性时,需要依据所爬取的数据的类型来判断数据爬取行为对法益的侵害是否达到了刑法的可罚程度。承前所述,由于开放数据的排他性需求低,即便是在未授权情况下爬取该类数据,对法益的侵害程度也较低,并未达到刑法的惩罚的程度,因此该类型的数据爬取行为仅需要划入民法、反不正当竞争法规制的范畴之内考虑其对于经济秩序、竞争秩序的影响即可,而不需要将爬取此类数据的行为入罪,对于非公开数据,由于具有较高的排他性需求,因此对于非公开数据的爬取才应当是刑法规制的关键。

在对非公开数据进行刑法规制保护的基础上进一步的思考,由于司法实践中大多数案件的办理往往回避犯罪行为所抓取的数据类型、数量、价值等,将关注重点放在造成的经济损失或违法所得上,换言之,在对于数据爬取类型进行评价时并非基于数据本身的价值,而是围绕数据产生的其他方面的损失来定罪量刑,作为数据爬取的对象,不同类型的数据的真正价值在于其背后所表征出的法益,因此,我们应当对数据本身进行足够的精细研究,从而使得我们能够将法益保护的重点重新切换到数据本身。[1] 在数据犯罪链条化的背景下,由于规模化的个人数据中所附加的巨大价值,有组织的数据犯罪主要针对是与个人相关的数据信息,企图在收集海量的个人数据之后对于碎片化、低敏感度的数据进行重新整合,拼凑并分析出具有较高敏感性的个人相关信息,并其后开展针对个人隐私、财产安全或者其他权益方面的下游犯罪。而在大数据技术背景下个人数据与个人信息已经呈现出交融而不可区分的状态,个人数据中既包括了与人的生理密切相关的生物数据、敏感数据,又有与个人自由密切相关的

---

[1] 林维:《利用"爬虫"非法获取数据案评析:不完美法律制度下的解决方案》,载搜狐网,https://m.sohu.com/a/297646379_741570/,最后访问时间:2020年12月10日。

数据，还含有一定的个人社交信息等。① 但是个人数据中并不只是具有个人信息权意义上的属性、同时还存在财产的属性、数据安全等法益属性，承前所述，由于在司法实践中并没有关注数据所包含的具体属性，造成了刑法在规制爬取行为时所落脚的侵犯公民个人信息罪与非法获取计算机信息系统罪两罪名的评价范围不适当的扩大的现象，因此有必要明确数据作为对象在各罪之中所真正需要保护的具体法益，从而对于前述两罪的犯罪圈进行适当的限缩。

在刑法所规定的侵犯公民个人信息罪中，在评价所爬取的与个人相关数据时，对于所包含的财产属性，有观点认为"个人信息属于人格权的范畴，是以人格属性为其保护对象，而个人数据则是将个人信息以电子化形式记录的客观存在作为保护对象，属于财产权的范畴"②。个人数据实质上是在经过一定的脱敏化和碎片化处理之后不再具有可识别性的信息，强调的是能在数据产业链中进行交易和流转，从保障数字经济时代个人数据的买卖、开放与交换的角度出发，财产化的数据属性需要从侵犯公民个人信息罪的数据之中脱离出去，以财产化的模式进行独立的保护也是数字经济发展的应然要求，而个人数据中的数据安全法益属性应当是保护整体的数据安全，而个人数据的安全只是数据安全的一部分，数据安全法益代表着公众对于数据储存状态及其内容的信赖感，内涵是维护数据在社会往来中的安全性与可信赖性，③ 若是将数据安全法益限制在个人数据之中，将会造成个人数据中的具有可识别性的个人信息权的混同，换言之，数据安全法益的宏大性将会使对于个人信息权的保护沦为虚置，因此应当将整体的数据安全性从前罪的数据中独立出来，而在侵犯公民个人信息罪的数据中仅保留个人信息权法益，而独立出的数据安全法益可纳入非法获取计算机信息系统罪之中，以独立地保护数据的安全。

由于"刑法上的犯罪不可能仅按照行为手段进行分类，而是要按行为所侵害的具体法益进行分类"④，在数据爬取行为中，不同类型的数据因为承载了相应的法益，而成为刑法中不同罪名中的保护对象，因此笔者认为可以进一步将刑法所规制的行为对象分为：第一，具有可识别性的个人数据，主要是指已经识别的和可能识别的相关的个人数据，主要包括姓名、身份证件号码、住

---

① 劳东燕：《个人数据的刑法保护模式》，载《比较法研究》2020 年第 5 期。
② 申卫星：《论数据用益权》，载《中国社会科学》2020 年第 11 期。
③ 杨志琼：《我国数据犯罪的司法困境与出路：以数据安全法益为中心》，载《环球法律评论》2019 年第 6 期。
④ 张明楷：《网络时代的刑事立法》，载《法律科学（西北政法大学学报）》2017 年第 3 期。

址、通信信息、财产状况、生物识别信息以及相关的个人记录信息等。该类型的数据表征出刑法对于个人信息权益的保护，在个人数据的储存或流转之时就会面临被爬取的风险，而爬取具有可识别性的个人数据的行为已经符合了"非法获取"的构成要件可能构成刑法中的侵犯公民个人信息罪。第二，去除了识别性与财产性的一般数据，主要是指不具有可识别性的非个人数据，一般数据在去除可识别性、创造性以及财产性之后仅仅是技术意义上的数据，本质上是"0"和"1"组成的代码，该类型数据主要承载了数据安全法益，即保护数据的保密性、完整性和可利用性，其中包含如单纯的账号、用户名、医院用药数据等大多数不具有可识别性的相关数据，而爬取的行为对象为一般数据，则可能构成非法获取计算机信息系统数据罪。①

（三）爬取行为主观罪过的明确

承前所述，在恶意爬取行为中"恶意"一词并无任何实质的内容含义，其仅仅作为一种纯粹的价值评价，以"恶意"修饰数据爬取行为意在评价此种数据爬取行为会造成严重的危害后果从而应当接受刑法的规制，爬取行为人采取"合意"或"合理"之外的方式爬取非公开数据，对于此类行为往往可以推定其主观上有了违法性的认识，即表征为"恶意"，因此，把握数据抓取行为的"恶意"其实就是明确该行为的主观罪过。而在恶意的爬取行为的主观罪过集中在犯罪故意中的认识因素之上，行为人对于爬取行为的违法性以及社会危害性有认识，便具有了故意的心理状态，即可认为其具有这种"恶意"。

笔者认为，确定爬取行为的主观罪过可以结合行为的具体客观事实来进行判断，即在主观罪过方面，行为人具有"恶意"是一种推定的知道。行为人对于恶意的数据爬取行为具有犯罪故意要求行为人必须明知恶意爬虫的功能、爬取行为性质以及所造成危害结果，而刑法上的明知的概念本是较为狭义的"认识"，因为其属于明确的认识知道②，但司法解释中将"应当知道"纳入了明知的范畴中③，有观点认为立法者使用"应知"一词的真实含义应当是指推定知道，这种应当知道应当与明确知道是并列的，同是明知的情形。④ 虽然

---

① 刘艳红、杨志琼：《网络爬虫的入罪标准与路径研究》，载《人民检察》2020年第15期。

② 许玉秀：《当代刑法思潮》，中国民主法制出版社2005年版，第213页。

③ 最高人民法院、最高人民检察院《关于办理侵犯知识产权刑事案件具体应用法律若干问题的解释》第9条第2款规定，下列情形，应当认定为属于《刑法》第214条规定的"明知"：其他知道或者应当知道是假冒注册商标的商品的。

④ 陈兴良：《"应当知道"的刑法界说》，载《法学》2005年第7期。

对此也有反驳的声音，但实际上正反双方对于犯罪故意的论证都是殊途同归，可以在形式上不使用"应当知道"的术语，却在实质意义上使用"应当知道"的内核，都是在故意中引入推定的知道。① 因此，在判断恶意爬取行为是否具有主观故意时可以结合有关客观事实与证据，推定出行为人对恶意使用网络爬虫的事实具有明知。

明确恶意爬取行为的主观故意主要从三方面进行判断：第一，行为人所处的行业及行业规则，行为人若从事经营特定的数据行业，根据其所属行业的经营模式或经营特点来看，完全不需要抓取相关的数据来维持其所提供的基本功能时；若行为人设置网络爬虫爬取刑法所保护的数据，则应当认为其对于行为的性质具有明知。第二，行为人对于网络爬虫的特殊功能指令的设置，行为人为满足其犯罪的需求在爬取数据时需要设置网络爬虫来针对特定的数据类型，而当该数据属于具有可识别性的数据获取其他限制访问、获取的一般数据时，说明行为人对此必定是对目标是具有明知的，也能推定出行为人对于其在抓取特定类型数据之后所造成的危害后果是明知的，因此具有相关犯罪故意的认识因素，从而可以表明行为人主观上具有相应的犯罪故意。第三，行为人的数据爬取行为具有一定组织性、分工性，当前数据爬取行为已经成为网络黑灰产业链的"源头"，具有一定的组织性和分工性，若是考察出行为人实施数据爬取行为是为了有组织实施下一步犯罪行为，则可以判定行为人主观上对于其数据爬取行为的危害性和违法性是具有认识的，从而判断该恶意爬取的行为人具有主观故意，但是在判断爬取行为具有组织性时不能从形式上进行判断，由于当前有组织犯罪的网络"分割化"，过去严密的组织的从属性已经由于网络犯罪对组织和空间的依托性的淡化而发生了明显的松动，因此在判断时要从犯罪组织的功能化、节点化进行判断。

总而言之，结合上述三点客观方面的内容，便可以推定出行为人认识到了恶意爬取行为具有违背数据权利人意愿的行为性质、造成危害后果以及行为违法性，而行为人依然希望或者放任此种行为造成危害后果的发生，因此可以证明出恶意爬取的行为人主观上具有犯罪故意，从而能够合理的将恶意的数据爬取行为纳入刑法的规制范围之中。

---

① 王新：《我国刑法中"明知"的含义和认定——基于刑事立法和司法解释的分析》，载《法制与社会发展》2013年第1期。

第四编　程序研究

网络犯罪案件办案程序问题研究*

浙江省杭州市人民检察院课题组**

内容摘要

一、实然现状：杭州互联网经济的市域特征

杭州数字经济呈现出三个突出特点：（1）数字产业规模化。（2）金融科技普惠化。（3）社会治理智慧化。互联网经济带来了新的社会形态，也改变了人与人之间的关系。与之相对应的，网络犯罪具有隐蔽性、集团化、非物态、欺骗性和共生性。

二、本体思考：对传统程序法的坚守与突破

（一）管辖问题

长臂管辖原则确定了最低联系标准，看似是对传统管辖权的无限延展，但仔细分析其产生背景，这种最低联系并非是不加选择的，其中斯通法官得出的"斯通公式"给我们解决目前网络犯罪管辖权泛化提供了启发。结合我国法律关于地域管辖的规定，可探索建立网络犯罪案件地域管辖双层判断体系，即确立是否符合犯罪地和与行为人是否有紧密关联的双层评判标准。

（二）电子数据

电子数据有别于传统证据的最主要方面在于其易丢失、易篡改特性，为了解决电子数据存储、流转和审查的困境，应将区块链技术运用到电子数据的提取和审查中。区块链技术使用哈希算法，使得数据之间两两相互校验，形成证

---

* 本文为2020年度最高人民检察院检察理论研究课题"网络犯罪案件办案程序问题研究"（GJ2020WLB06）的阶段性研究成果。

** 课题主持人：陈海鹰，杭州市人民检察院党组书记、检察长。课题组成员：徐剑锋，杭州市人民检察院副检察长；史笑晓，杭州市人民检察院法律政策研究室主任；董彬，杭州市人民检察院第二检察部副主任；周浩，杭州市上城区人民检察院第四检察部副主任；张爽，杭州市余杭区人民检察院第三检察部副主任；姜琪，杭州市西湖区人民检察院第一检察部副主任。

据锁链,并将数据分布存储在各个节点上,杜绝私下篡改,能有效地保障电子数据的原始性、完整性。在应用区块链技术办理刑事案件时,还需注意以下两点:(1)上链前电子数据的原始性。(2)收集、提取过程的合法性。

(三)抽样验证

面对批量交易和海量数据,作为一种蕴含着统计学原理的证明方法,抽样验证规则的作用得到凸显。进行抽样验证时需注意把握以下几条标准:第一,研判能否抽样。抽样要建立在有证据证实基础事实且涉案样本具有同质化特征的基础上。第二,合理选择样本。司法抽样中广泛应用的是概率性抽样,实践中运用较多的是简单随机抽样和分成抽样。第三,确保样本数量。应建立分层审查制度,针对入罪和量刑科学设置抽样数量和证据审查标准。第四,形成抽样规则。

三、引申设计:对保障性程序的探索与创新

(一)企业合规审查程序

(1)起诉权与企业合规。建议引入附条件不起诉制度:附条件不起诉制度能够通过所附不同的条件和所附长短不一的期限,将已经形成的违法犯罪行为加以规制,并在一定期限内为企业建立较为审慎的合规制度奠定基础,形成刑事威慑力。在确立合规计划实施有效后,再作出相对不起诉的决定,使得针对合规问题特殊预防的作用得以有效发挥。(2)认罪认罚从宽制度与企业合规。单位(企业)认罪认罚从宽制度的成立,有必要针对其犯罪问题,建立起整体的合规制度,使得其在认罪认罚的过程中显示出已经完成了部分的特殊预防,其再犯可能性、预防必要性能够和所判处的刑法减轻幅度相互适应。

(二)行刑衔接联动程序

网络犯罪治理中存在行政监管弱化、行政处罚缺失、行刑对接不畅。多年来制约检察机关发挥法律监督职能的,不是没有相关规定,而是欠缺有效监督手段。可借助阿里云技术优势打破数据壁垒,探索构建包涵"风险研判""数据传输""会商指导"等多种功能的新型联动机制,借以更好地发挥检察机关法律监督职能。该联动机制可有效保障检察机关对行政部门移送涉嫌犯罪案件活动的监督,具体体现在三性上:一是同步性;二是智能性;三是专业性。

(三)财产追缴配套程序

涉众型网络犯罪案件涉及财产追缴问题,目前存在的主要问题有财产追处主体错位、财产追缴范围受限和财产先行处置难题。制度完善进路如下:(1)构建协同机制。建立跨区域、跨领域的追赃挽损协同机制,将司法机关、行政机关及金融等相关部门囊括其中,便于检、法及时了解案件及涉案财产追缴进程,实现司法办案与追赃挽损协同推进。(2)优选处置方式。探索针对不同案件的具体形式、涉案金额及追赃情况确定更加灵活的涉案财产处置方式，以诉讼终结处置为原则，以审前处置为例外，强化检察机关地位作用，以个案探索推动最优处置模式的形成。

互联网本体及其由此产生的行为是社会技术和文明演进的结果，其在刑事实体裁判层面面临刑法教义论与政治法学和法社会学理论研究的深度融合。如何在程序上把握好证据、管辖、财产处置等问题，为形式与实质的入罪和出罪提供基础。2020 年，习近平总书记提出要加快把浙江建设成为"新时代全面展示中国特色社会主义制度优越性的重要窗口"。互联网正是一扇不需要物理基础却受众广泛的"大窗口"。网络犯罪中的程序问题研究，作为一篇紧扣时代的"大文章"，亦与区域特色息息相关。考量网络犯罪的程序问题，既要嵌入个案处理的"应然法"，又要融入社会治理的"大格局"，努力为打造法治文明"重要窗口"贡献检察智识与支撑助力。

一、实然现状：杭州互联网经济的市域特征

（一）数字经济表征

习近平总书记在 B20 峰会上指出："杭州是创新活力之城，在杭州点击鼠标，联通的是整个世界。"杭州数字经济超脱于土地资源，将未来城市的发展方向建基于数据资源，在网络空间抓准经济发展的新引擎。杭州数字经济正在迈向全面稳步发展阶段，并呈现如下特点：

1. 数字产业规模化

依托于"云网端"的基础设施，数字经济通过互联网平台，营造了全新的商业环境。数字经济在杭州全市经济总数的占比不断提升，数字经济对杭州全市经济增长贡献率不断攀升，正是背靠数字经济的蓝海、依托数字经济的平台。数字经济的平台化，打破信息流的代际传递，缩短供应商和消费者之间的对话距离，降低沟通成本，支撑大规模协作，在数字资源的共享和叠加下，数字产业规模化的形态越发显现。

2. 金融科技普惠化

随着数字技术的发展和广泛运用，数字技术打破了以自我为中心的生态圈。其中区块链技术作为金融科技的重要力量，在解决因信息和数据不对等导致的影响实体经济问题上当有作为。数据的流动与共享，推动商业、金融跨越企业边界，创造"人人参与、共建共享"的数字环境，实现普惠科技、普惠金融和普惠贸易。

3. 社会治理智慧化

数字经济带动城市服务、城乡一体化、社会治理发展的全面升级。杭州以"城市大脑"为代表的社会治理新型模式，在推动生活服务便利化的同时，还能实现行政职能的协同、政企协作的创新和管理内涵的拓展。在社会治理的现代化建设进程中，杭州加快了"城市大脑"统筹各行业各领域数字化建设应用的进程，2019年已完成"城市大脑"在交通治理领域实现主城区全覆盖，2020年城管、医疗、房管、安监、市场监管等领域系统建成投用，首个全区域社会治理"驾驶舱"在杭州上城区落地。预计到2022年，"城市大脑"在城市管理等领域的应用将实现全覆盖，亚运、旅游、环保、消防等领域系统建设全面完成并投用。

（二）网络犯罪样态

数字经济以互联网为平台、以数字资源为核心，与杭州数字经济欣欣向荣相伴而生的是网络犯罪人数连续三年破千并呈上升的态势。杭州检察机关深耕网络犯罪治理，以独特市域特征作为网络犯罪的研究基础，在大量案例中提炼出网络犯罪的主要特点。

1. 隐蔽性

隐蔽性是指网络犯罪案件中的主体和行为隐藏于侦查的视野盲区。其中，犯罪主体的隐蔽性是指虚拟身份在犯罪过程中的广泛应用，导致网络身份和现实身份出现"断层"，从而需要依赖较强的"技战力"实现身份"接续"的特性。如，犯罪嫌疑人使用代理和"肉鸡"服务等技术，在网络身份和真实身份之间设立技术屏障，使真实身份难以被侦查机关追踪。又如，某种意义上为犯罪而生的暗网，掩藏着海量的违法犯罪信息，且暗网搭建的技术门槛较低，仍在源源不断地诞生，为网络犯罪的滋长提供天然的遮罩。犯罪行为的隐蔽性是指电子证据存在提取难和篡改易的二元困境，追溯犯罪、还原事实的难度大。随着互联网技术的发展，传统取证方式和侦查模式经受着新的挑战，证据的时效性和稳定性都在考验着侦查部门的侦查能力，同时也考验着检察机关对电子证据的审查判断能力。

2. 集团化

互联网的遍在性带来新的社会形态，但同时使犯罪主体获得聚集性、紧密性的便利条件，致使犯罪主体集团化的进程大大缩短。近年来，在电信诈骗模式中，通话技术对物理沟通的效率横跨已初显集团化特征，而互联网技术的发展更让电信诈骗坐上了技术的"快车"，犯罪集团无须接触即可在各地完成目标定位、实施诈骗、骗取钱财和转移赃款的犯罪流程。同时，互联网的集团化特征不仅便于犯罪主体集聚，更使不同的犯罪形态集中化。如，犯罪产业互联网的通信群组和网络平台上，聚集着众多网络灰黑产集团，长期从事恶意注册、技术分享、赃款转移等活动，分工明确，专业性强。常见的电信网络诈骗、DDoS攻击背后往往隐藏着错综复杂的产业链，近年来出现的组织刷单、恶意退货等违法犯罪也都以团伙形式出现。

3. 非物态

网络犯罪的非物态是指网络犯罪在实施过程中，犯罪主体间、犯罪主体与被害人之间呈现出无须物理上接触的特征。网络犯罪案件的非物态是由互联网的开放性、虚拟性、交互式决定的，地域将不再是犯罪活动的限制，由于网络上建立联系的便捷性，犯罪行为所辐射的被害人可以遍布全国各地。

4. 欺骗性

犯罪主体在网络犯罪过程中运用科技化、技术化手段，为网络犯罪披上具有欺骗性的"外衣"。随着技术的革新和进步，网络犯罪平台的搭建更趋低成本和便利化，犯罪主体通过技术人员设计虚假网站、搭建诈骗平台、传播不实信息，使广泛的被害人因非理性因素陷入网络犯罪的陷阱。在网络犯罪中，欺骗性不仅体现在形式上的引诱，更体现在实质上的欺骗。因为网络犯罪本质上来说是指令型犯罪，被害人在受到引诱进行互联网指令操作时，犯罪主体往往在虚假的网络外壳下对被害人的指令进行转换和修改。

5. 共生性

网络犯罪作为近年诞生、滋长蔓延的新类型犯罪，往往与经济发展样态共生、与网络健全程度同步。当前社会形态下，市场经济发展的鲜活力与不均衡同时存在，网络发展的速度又超前于法律规范的步伐，在市场经济和网络发展的共因影响下，网络犯罪吸附于市场经济和网络发展的进程并实现共生。网络犯罪的共生性使犯罪治理具有长期性，需要在互联网发展时进行同态研究、同态治理。

二、本体思考：对传统程序法的坚守与突破

网络的遍在性、扁平化、交互式，给传统刑事程序法带来无法回避的弱化、异化、虚化影响，坚守法律框架和解决实务问题的平衡迫在眉睫。

（一）管辖问题

1. 地域管辖难题

网络犯罪打破了时空概念，其固有的跨区域特征与我国传统刑诉法中的地域管辖规定形成天然内在紧张关系，也给管辖权的合理确定带来挑战。针对网络犯罪地的复杂性，目前我国采用相对宽泛的模式。传统模式将与犯罪有关联的人员、地点及网络资源所在地等均囊括其中，同时强调管辖冲突的解决方式

为：有多个犯罪地的由最初受理的公安机关或者主要犯罪地的公安机关管辖，冲突时则指定管辖。然而，现有模式并未解决实践中的所有问题。一是地域管辖虚置。互联网的遍在性使网络犯罪具有极强的传播力、影响力和渗透力，尤其在涉众型网络犯罪中，由于犯罪地认定节点众多，常会出现遍布全国的侦查机关均具有管辖权的情形。二是管辖争议频发。侦查机关为完成考核指标等原因，相互间可能产生管辖争锋。如，最初受理地仅有少数被害人报案，但只要达到追诉标准即可立案，在主要犯罪行为地与实际管辖的侦查机关不同的情况下，跨域追捕、取证不仅浪费司法成本，也在一定程度上影响办案质效。三是管辖盲区尚在。侦查机关互相推诿情况没有发生根本转变。如，在电信网络诈骗中出现的"小额多笔"区域性立案管辖难现象，因单笔金额尚未达到追诉标准，导致案件在多地均无法立案。又如，新型网络非法集资案件中出现资金流转链条中断，导致部分集资参与人立案维权难。上述问题的解决，需要我们探索建立在大数据时代信息共享基础上的新的管辖原则和模式。

2. 长臂管辖检验

长臂管辖权（Long Arm Jurisdiction）的概念提炼于美国民事诉讼实务。概念明确了当被告的住所不在法院地州，但和该州有某种最低联系（Minimum Contacts），而且所提诉讼请求的产生也和这种联系具有相关性时，就该项诉讼请求而言，州法院对于该被告具有属人管辖权。① 长臂管辖原则确定了一种"最低联系标准"，看似是对传统管辖权的无限延展，但仔细分析其产生背景，这种最低联系并非不加选择的联系，其形成过程中斯通法官得出的"斯通公式"，给我们解决目前网络犯罪地域管辖权泛化提供了重要启发。美国诉讼实务确立的最低联系标准，是以考察行为人活动品质和性质两个变量为依据的。该公式指出行为人获得管辖的条件有两个，其一是被告在法院地的活动水准，其二是诉讼请求与被告活动的相关程度。② 反之，如果被告在该地区活动零星，且诉因与活动缺少关联性，该地区将不能取得管辖权。斯通公式在适度拓展管辖权的同时，提出了评估行为人活动的二变量标准，实则建立了地域管辖基础上，以行为人为核心的管辖原则。在此基础上，结合我国刑诉法中关于地域管辖的规定，可以探索建立网络犯罪案件地域管辖双层判断体系，即实在法不予变更的前提下，确立是否符合犯罪地和与行为人是否具有紧密关联的双层

---

① 韩德培、韩健：《美国国际私法（冲突法）导论》，法律出版社1994年版，第43页。

② ［美］史蒂文·N. 苏等：《民事诉讼法——原理、实务与运作环境》，傅郁林等译，中国政法大学2004年版，第577页。

评判标准。在此标准之下,主要犯罪地(侵害直接指向地或行为人所在地)的地位得到凸显,最先受理地如不符合紧密联系标准,则应依法将案件移送主要犯罪地管辖,诉讼时效也将得以大幅提升。

3. 云上报案探索

长臂管辖下确立以行为人为核心的原则可能会造成被害人报案难及成本增加,为便利被害人,可探索构建云上报案平台。近年来,依托于"云网端"基础设施,杭州的数字经济发展迅速,将云技术充分应用于司法办案,可成为针对网络遍在性难题的解决新方案。云技术的应用主要在涉众型网络犯罪的报案环节,将网络犯罪中报案和管辖分离,从而实现以下情景:第一,"小额多笔"损失金额汇总。被害人可在居住地公安机关就地报案,将基本案情和损失金额等关键信息录入云上报案平台,从而有效缓解信息不对称造成的损失金额较小的被害人维权难的难题。第二,碎片化证据形成链条。报案人只需将其掌握的涉案人员信息及账号提供给公安机关,云上报案平台可实现数据比对,自动梳理人员层级和资金流向,形成证据链条。第三,减少被害人报案成本。云上报案平台收集数据后利用信息技术对数据进行识别、分析,进而实现确定主要犯罪地、智能提示案件管辖地、反馈被害人立案信息等,在确保数据安全的前提下,逐步完善数字经济时代新的管辖模式。

(二)抽样验证

1. 抽样验证的现实需求

网络空间的无限延展性,使得网络犯罪中的诸多要素均呈海量之势。如,电信网络诈骗案件中数量庞大的被害人难以一一核实,网络售假案件中的交易数据无法逐条印证,涉及的上千万条公民个人信息难以逐一验证,利用第三方支付平台骗购外汇案件中的批量跨境贸易记录是否真实也不可能穷尽查明等。在这样的背景下,抽样验证开始更多的被司法机关运用到证据收集和证明过程中,用来解决网络时代的证明难题。2016年"两高一部"《关于办理电信网络诈骗等刑事案件适用法律若干问题的意见》(以下简称《意见》)规定,在被害人人数众多等情况下无法逐一取证,可结合已收集被害人陈述及查证的交易记录、电子数据等证据,综合认定被害人的人数、诈骗犯罪金额。该《意见》一定程度肯定了抽样验证规则在刑事诉讼中使用的合理性。事实上,面对批量交易和海量数据,传统的全面取证和验证方式不仅成本高昂,还会降低司法效率,不利于压缩"案-件比",作为一种蕴含着统计学原理的证明方法,抽样验证理应成为互联网时代下的一种新的证据审查方式。

2. 抽样验证的具体标准

抽样验证涉及用部分证据证明全体证据属性,具有推定性质,司法实践中既要使用抽样验证解决网络时代的审查和证明难题,也要守住法律的底线,审慎适用推定,二者的平衡带来了抽样验证需要关注的标准问题:第一,研判能否抽样。抽样验证的目的是通过证明基础事实来认定待证事实,其基础事实和推定的法律事实之间具有或然性,故判断案件是否可以抽样是非常重要的一步。抽样要建立在有证据证实基础事实且涉案样本具有同质化特征的基础上。对基础事实的初步审查是对抽样必要性的考量,对样本同质化特征的判断是对抽样有效性的预先评估,两者均系抽样验证的重要前提。第二,合理选择样本。选择样本涉及抽样的科学性,需要合理运用统计学的基本抽样方法,并结合司法的严谨性。司法抽样中广泛应用的是概率性抽样,主要包括简单随机抽样(simple random sampling)、分成抽样(stratified sampling)、系统抽样(systematic sampling)、整群抽样(cluster sampling)、多阶段抽样(multistage sampling)等。实践中运用较多的为前两种,即简单随机抽样和分成抽样。通俗来讲,简单随机抽样中每个成员被选为样本的概率相等,通常适用在同质性较高且没有种群属性的情况下。如,电信网络诈骗中诈骗金额均有明显"1888"特征,即可对向犯罪嫌疑人账户转账符合这一典型特征的被害人随机抽样。分成抽样将总体分成不同的样本区间(子群),然后对所有的子群进行抽样,该种抽样方式考虑到样本的种群特征。至于其他的抽样方式,因为涉及样本属性较为复杂,仅适合在和其他证据印证的情况下选择适用。当然,从取证合理性而言,分层抽样的科学性要超过随机抽样,而系统抽样、整群抽样和多阶段抽样也可看作是分层抽样的变种。第三,确保样本数量。样品的"量"和"质"同样重要,关于需要多大比例的量作为抽样验证的标准一直没有定论。实践中网络非法集资案件主要依靠集资参与人主动报案,各案抽样验证的数量多有不同,电信网络诈骗中抽样被害人数量一般把握在保证构罪的基础上。针对抽样验证最低比例问题,近年来理论界也一直在探讨,其中有学者提出了底线证明,"即要追究网络犯罪者的刑事责任,指控证据必须证明其已经触及法定的入罪门槛;而要追究网络犯罪者的加重刑事责任,指控证据还必须证明其已经触及法定的加重处罚门槛"[①]。这一观点在我国现行法律制度不变的前提下,较好克服了抽样验证的风险和局限,具有一定积极意义,但其所要求的验证数量达到加重处罚门槛,实践中仍难达成。以网络犯罪中常见多发的诈骗案为例,《意见》规定利用电信网络技术手段实施诈骗,诈骗金额50万元以上认定为"数额特别巨大"。然而,验证犯罪金额合计50万数量的被害人,对于"小额多笔"形式存在的该类犯罪仍很艰难,假设单笔诈骗金额人民币1000

---

① 刘品新:《网络犯罪证明简化论》,载《中国刑事法杂志》2017年第6期。

元，需要验证500个被害人，而实践中单笔诈骗金额甚至达不到1000元。据此，样本数量的要求，应考虑建立案件事实、性质和责任承担的分层审查制度。第一层次针对入罪，要求抽样满足法定入罪门槛，对这部分证据达到"证据确实、充分"。第二层次针对量刑，该部分原则要求抽样达到加重处罚门槛，但设置例外，且须满足以下要求：确有抽样困难、其他证据可以印证，以及保证行为人充分行使异议权，结合多个条件并全案综合审查后方能进行认定。

（三）区块链取证

抽样验证的运用给海量证据的提取和审查带来一定便利，但多年来，刑事诉讼法并未对其合法适用进行回应，抽样验证的适用范围、样本选择、样本数量、行为人异议等都不甚明晰。故在合理适用抽样验证规则同时，司法机关也一直在致力提升取证能力，其中包括将区块链技术在司法实践中加以运用。区块链技术在保障电子证据真实性和解决远程取证方面均有较大优势。区块链技术自动计算电子数据哈希值，并自动记录取证信息上传区块链进行存储，无须人工操作。上传区块链的哈希值和取证信息分布存储在各个节点（如公检法等不同的机构），各节点通过共同的上链信息对各自接收的电子数据进行验证，能有效杜绝私下篡改。最重要的是区块链验真平台能自动校验电子数据真实性，并提供取证信息（提取电子数据时间、地点、格式、大小等）供司法人员对该份电子数据的合法性、关联性进行审查。

1. 区块链在取证中的实践

区块链技术也存在"短板"，即上传到区块链之前的证据的真实性是区块链技术无法证明的，所以在区块链取证实践中，不仅要保存取证结果，还要自动记录并上链保存相应的取证过程信息，通俗来讲就是给每一份电子数据建立一份档案。为加强证据的客观真实性，该记录过程应排除人工操作，由机器全自动进行，在这方面杭州检察机关已在刑事办案领域有了初步实践。如，杭州市西湖区检察院参与研发的"区块链执法记录仪"用于音视频取证场景，该设备运用区块链和物联网技术在普通执法记录仪内嵌入区块链芯片。首先，"区块链执法记录仪"在拍摄过程中自动对视频、照片等电子数据进行原始性、完整性校验，并将哈希值上链保存，防止篡改证据；其次，该设备还对取证过程合法性进行自动记录和智能采集，对所有拍摄、拍照行为的侦查人员身份识别、对象信息采集、现场经纬度定位、取证时间及时长等取证信息进行自动记录并上传区块链保存，保障照片、音视频证据的真实性。又如，杭州市余杭区检察院参与研发的"云上取证"系统用于远程笔录制作场景，该系统综合运用了区块链、网络视频、人脸识别、电子签章、云存储等技术。首先，

"云上取证"系统对被询问人采用静态身份认证与动态人脸验证相结合的方式,以确保被询问人为其本人;其次,该系统对询问过程进行全程录音录像,并自动记录询问时间、地点等取证信息,与实人核验、录音录像哈希值等信息同步上链保存;最后,该系统在笔录结束时生成电子笔录,发送给被询问人供浏览确认,系统实时记录被询问人阅看笔录以及签字捺印过程,并将笔录内容和签字捺印进行叠加校验并上传区块链保存,不仅能保证询问笔录的合法性、真实性,还彻底打通了异地询问取证的时间和空间壁垒。

2. 区块链证据的审查实践

应用区块链技术收集和提取电子数据的哈希值和取证信息被分布式存储在公检法等不同机构的区块链服务器上,司法人员依据相应权限登录区块链验真平台,就能对接收的电子数据进行校验,该份证据是否上链、何时何地上链、是否被篡改等信息都能一一查询到。但是应用区块链技术获得电子数据并不当然具有合法性,所以在审查区块链证据过程中仍需严格审查证据三性:首先,对于侦查过程中收集、提取的电子数据,司法人员仍要结合上述区块链自动记录的上链时间、地点等取证信息和搜查证、勘验笔录、同步录音录像等在案证据,综合判断证据的内容是否客观、完整,证据的提取过程是否及时、规范,最终排除证据在上链之前被篡改、污染的可能性;其次,对于保存在第三方平台(如区块链认证平台、数字货币交易平台等)上的电子数据,司法人员除了对电子数据持有者、提供者的主体身份的合法性进行审查外,还需审查使用区块链保存相应电子数据是否为提供方的定期常规做法,以此来判断区块链证据的合法性和客观性;最后,还需审查数据是否有上链时间、区块编号、哈希值等信息,以此来确定区块链证据的关联性。区块链技术在民事领域已得到人民法院认可,在刑事领域的应用尚在探索中,通过在刑事司法实践中设置科学、规范、高效的区块链取证和审查程序,将其有效运用到网络犯罪案件办理中,对破解海量网络证据提取和审查难题将具有重要现实意义,若与当前各地深入推进的政法一体化、电子卷宗共享等政法信息化项目相结合,或将引发刑事电子证据制度的创新革命,成为打通电子证据跨部门认证、应用的司法"新基建"。

三、引申设计:对保障性程序的探索与创新

在数字化进阶,永立潮头的过程中保障法治前移,治理杭州地区的网络犯罪应充分考虑其地域特点。检察机关作为国家法律监督机关,更应立足大格局,紧扣时代脉搏,将案件的程序办理与互联网时代的社会治理相结合,以优化的程序设计推动网络犯罪办理法律效果和社会效果的有机统一。

(一) 企业合规审查程序

1. 企业合规问题的产生

(1) 外部环境：网络时代催生的法律风险

互联网金融、电子商务、网络媒体及共享经济等，都借助网络平台衍生。然而，相比互联网经济发展的速度，法律法规并未随之到位，新兴企业对业务合规的边界认识也不甚清晰，由此累积的民事、行政乃至刑事的法律风险，已高于以往任何一个时期。

(2) 内部需求：企业生存发展的内生要求

企业合规曾经是大型企业提升发展竞争力、实现锦上添花的重要手段，而在网络时代，它显然已经成为各类互联网相关企业生存和发展的基本要求。一方面，企业需要在追求利益最大化和符合法律规定之间合理平衡，这就必须正确对待法律发展滞后形成的真空地带。另一方面，在原有的"非法经营罪""非法吸收公众存款罪"等常见涉企犯罪基础上，刑法新增了"拒不履行信息网络安全管理义务罪""帮助信息网络犯罪活动罪"等罪名，给网络服务提供企业戴上了"紧箍咒"，刑事合规已成为企业的必修课。

2. 检察职能与企业合规

互联网企业的合规问题，从表面看似乎与检察职能的触及力有限相关。一方面，刑事合规不是企业合规的重点，刑事业务却是检察业务的重点，二者关注点存在差异。另一方面，从案件处理的角度上看，合规似乎是一种特殊预防的制度，而检察机关的案件办理则具有司法后盾化的显性特征。但实际上，检察机关与企业合规存在着相对紧密的联系，其路径也有优化的必要。

(1) 起诉权与企业合规

从刑事案件的办理流程看，企业与检察机关之间联系最为紧密的是起诉裁量权，原因在于起诉权（或者说不起诉权）本身是检察机关的核心权能。而对于已经进入审查起诉阶段的案件，如何用好起诉裁量权，当然是检察机关在企业合规上有所作为的首要问题。

刑事诉讼法规定了检察机关有绝对不诉、存疑不诉、相对不诉三种不起诉制度，所对应的领域各不相同。从引导合规、落实最高人民检察院《关于充分履行检察职能加强产权司法保护的意见》等文件的角度看，似乎只有对于较为轻缓、缺乏实质法益侵害的单位犯罪，在作出相对不起诉的决定问题上仍有空间。但对企业如果作出简单的相对不起诉也存在一些难以克服的障碍：比如预防功能和威慑力不足，对于改变企业内部治理结构改进有限等。①即使辅之以行政处罚，可能与刑事预防的要求也相距甚远。

为了解决上述问题，部分诉讼法学者提出了将美国的暂缓起诉制度（即DPA）引入我国的建议。②尽管从美国实践的效果上看，达成暂缓起诉协议和不起诉协议的结果是积极的，但设置一项新的不起诉权能，相应的配套措施能否跟上及其效果评估，仍有赖于实践的检验。另一个方案是，将相对不起诉中的特殊制度——针对未成年人的附条件不起诉制度引入。

本文认为，引入附条件不起诉制度，将有如下优势：第一，在作用上，附条件不起诉制度能够通过不同的附带条件和长短不一的附属期限，将企业涉嫌犯罪的行为加以规制，在一定期限内为企业建立较为审慎的合规制度奠定基础，形成刑事威慑力。且只有在确立合规计划实施有效后，再作出相对不起诉的决定，使得针对合规问题（不仅仅只是案件所引发的刑事合规问题）特殊预防的作用得以有效发挥。第二，在实践上，附条件不起诉本身是检察机关经过实践后所形成的较为固定且有效的权能，不存在新制度所面临的"排异"问题。第三，在内涵上，对于企业的附条件不起诉制度在实质上与DPA制度并无本质上的差别，在制度建设的过程中，也可以听取企业的意见，进而避免对企业经营的过度干涉，从而形成双方良性互动的关系。

（2）认罪认罚从宽制度与企业合规

近年来，认罪认罚从宽制度在检察机关刑事案件的办理过程中全面铺开，但认罪认罚从宽制度似乎针对的是个人，单位能否认罪认罚的问题尚在讨论之中。其主要的质疑在于，单位对其罪与罚的"认"，如何表现其认罪悔罪的态度？但既然认罪认罚从宽制度确定在刑诉法制度之中，就没有理由将单位犯罪排除在外。正如张军检察长所言："对于涉企业犯罪，要落实好修改后刑事诉讼法有关认罪认罚从宽的规定，对符合改变羁押强制措施的及时改变，对符合从宽处理的案件依法坚决从宽。"③

然而，单位认罪认罚从宽不仅要求企业有认罪和悔罪的态度，更在于其对过去罪行的有效反思和犯罪的再次控制。由此，单位（企业）认罪认罚从宽制度的成立，有必要针对其犯罪问题，建立起整体的合规制度，使得其在认罪

---

① 李勇：《检察视角下中国刑事合规之构建》，载《国家检察官学院学报》2020年第4期。
② 陈瑞华：《论企业合规的中国化问题》，载《法律科学》2020年第3期。
③ 姜洪：《"三个没有变"关键在落实，着力为民营经济发展贡献检察力量》，载《检察日报》2018年11月7日。

认罚的过程中显示出已经完成了部分的特殊预防,其再犯可能性、预防必要性能够和所判处的刑法减轻幅度相互适应。对于企业合规计划的形成与量刑之间的关系,美国的《组织体量刑指南》(以下简称《指南》)中也有所提及,尽管与辩诉交易相分离,但建立合规计划与"认罚"似乎也不可分割。该《指南》正是从企业犯罪预防的角度出发,将构成单位犯罪的企业与合规计划相结合,进而使得对单位整体量刑的下降与预防必要性的下降形成合理的正相关关系。

也许有人会提出,除了单位犯罪,如果在个人犯罪案件办理过程中发现某项企业合规的漏洞时,是否需要提出企业的合规计划?从刑罚的角度看,刑罚中的罪责是自身的,尽管单位形成有效的合规计划,"可以判断企业对其构成人员的违法行为所持的态度"①。作为个体行为人本身不能因为合规计划的成立与否认定其犯罪的认罪态度相互挂钩。因此,对于个人犯罪,企业是否制定合规计划是企业违法预防和权益维护中需要探讨的问题。但是,合规是企业文化的重要组成部分之一。② 如果行为人是公司的企业主或重要经营者,其本身的行为与企业文化相互黏连,则在考量认罪认罚的必要性、量刑减免等问题上,也存在与企业合规计划相互关联的空间。

(二) 行刑衔接联动程序

1. 分级防治体系尚未形成

(1) 行政监管弱化

在执法过程中,如果行政机关发现行为人涉嫌犯罪,应向司法机关移送线索。目前,网络违法行为的行政监管相对薄弱,面对纷繁复杂的社会新业态,行政机关在保护创新和预防违法方面不能有效平衡,对新型网络违法行为发现不及时、判断不准确、监管不全面。以常见的网络非法集资为例,工商、金融办等部门均依法负有监管职责,但行为人(企业)的经营业务风险、利诱性宣传、异常银行收支均未被有效监管和防控,一旦行为人资金链断裂,由此产生区域性金融风险,将可能导致社会稳定风险。

(2) 行政处罚缺失

行政处罚作为一种对违法行为的制裁方式,本应和刑事处罚互为补充,但因为网络犯罪包含许多突破传统犯罪手段的新形式,所以相应的行政处罚规定

---

① Pamela H. Bucy. Corporate Ethos: A Standard for Imposing Corporate Criminal Liability, Minnesota L. Rev., 1991, 75: 1149~1150.

② [美] 菲利普·韦勒:《有效的合规计划与企业刑事诉讼》,万方译,载《财经法学》2018年第3期。

显现出了滞后性。这造成部分案件因没有对应的行政处罚规定，当社会危害性达到一定程度时，直接被认定为刑事犯罪的后果。行政处罚缺失，还直接导致我国法律体系对网络灰黑产的打击长期停滞不前。近年困扰基层司法机关和互联网企业的虚假认证、虚假交易、买卖空包等现象，不仅是现象级事件，隐藏在其表象之下的正是需要法律规制的灰黑产业链。

(3) 行刑对接不畅

一方面，行政机关需充分发挥行政监管职能，及时对涉网络违法行为进行处罚。我国行政体系部门齐全且种类繁杂，与常见网络犯罪相关的外汇管理、工商、税务等部门都具有较强的专业性，行政机关对其领域流程、规范及专业知识架构相较司法人员具有天然优势。另一方面，行政机关在网络犯罪治理中存在的问题需要司法机关更早介入和引导。司法机关相较行政机关具有更强的侦查能力和更精准的判断能力，网络时代的违法犯罪常披着令人炫目的创新"外衣"，在"穿透式"审查罪与非罪的领域中，司法机关明显更具优势。然而，在上述迫切需求和时代背景下，网络犯罪领域的行刑衔接仍停滞不前，已无法和大数据时代相匹配。

2. 智能构建行刑联动程序

行政机关作为判断案件是否涉嫌犯罪的第一道门槛，对案件是否涉罪进行实质性审查能力不足，"以罚代刑"依然普遍，而检察机关虽有监督职能，但无从知晓行政机关的案件情况。以往的行刑对接机制强调建立对接平台，然而由于技术难度和部门间数据壁垒等多重阻碍收效甚微，应探索构建包含"风险研判""数据传输""会商指导"等多种功能的新型联动程序，借以更好地发挥检察机关的法律监督权。

新型联动程序的构建，倡导以数字赋能解决网络犯罪办案程序问题，与服务打造"重要窗口"的要求相契合。该程序融合大数据、人工智能、云计算等现代化技术，打破数据壁垒，在利用各部门原有数据资源的基础上，实现资源整合及协同互联。该联动程序可有效保障检察机关对行政部门移送涉嫌犯罪案件活动的监督，具体体现在"三性"上：一是同步性。通过联动程序共享案件信息，检察机关可实现对重大、疑难、复杂案件在线线索排查、取证研判阶段及时参与，监督指导行政机关落实"穿透式"审查。二是智能性。改变以往线下会议的传统形式，以数据库和线上平台为依托，以云上会商为常态，提升检察机关法律监督的时效性。三是专业性。将行政机关各领域知识和监管手段的专业性，与司法机关法律知识的专业性充分对接，弥补各部门单一知识的局限，在智慧碰撞过程中形成工作合力。该程序在具体设计上可细化为风险研判程序和案件会商程序。风险研判程序具有社会治理属性，倡导构建融入检察监督模块的风险研判机制，将行政监管过程中掌握的企业基本信息数据库和检察机关提供的涉罪风险提示数据库对接，智能识别新型网络犯罪风险，帮助风险企业树立合规意识，强化行政监管的同时提升一般预防成效。案件会商程序侧重案件对接和指导，智能实现检察机关对行政执法机关移送涉嫌犯罪案件的依法监督。"云会商"是适应数字化转型的会商方式，是智能化行刑联动程序的有效保障。现阶段，这种会商模式已经在企业会议、政务办公、司法办案等多种场景中应用并在疫情时期取得了良好的社会效果。检察机关应充分运用该会商模式，与行政机关建立更加紧密的联系，指导行政机关准确识别违法犯罪线索，有效提升法律监督质效。

（三）财产追缴配套程序

1. 财产追缴障碍

电信网络诈骗、网络传销、网络非法集资等涉众型网络犯罪案件，常涉及财产追缴问题，该问题的解决直接关系到检察机关公信力、社会矛盾化解和案件办理质效。目前，财产追缴中存在的主要问题有财产追处主体错位、财产追缴范围受限和财产先行处置难题。

（1）财产追处主体错位

根据我国相关法律规定，公安机关属于财产追缴主体，承担着对涉案财物查封、扣押、冻结等具体职责，然而涉案财产的处置及分配主体却是审判机关。此外，在涉众型网络犯罪较为漫长的司法进程中，处于审查起诉环节的检察机关承担财产追缴义务的同时，也面临着此类案件带来的巨大信访风险，实质上已经成为被害人表达诉求的主要接收者。财产追缴和处置本应全面统筹，但现行规定中财产追处主体错位，难以满足群众诉求，一定程度影响了涉众型网络犯罪案件办理的社会效果。

（2）财产追缴范围受限

涉案财物包括犯罪所得及其孳息、用于犯罪之物、违禁品、其他证据性财物。根据我国"两高一部"《公安机关办理刑事案件适用查封、冻结措施有关规定》等法律规定，查封、冻结等方式的适用必须严格按照法定条件和程序进行，公安机关在执行中往往会对财物性质进行严格界定，谨慎采取相关手段。相较于互联网时代财产转移的方式和速度，涉众型网络犯罪案件利益主体众多导致的信访压力，现有的财产追缴方式和范围已难以最大限度满足群众需求。如，网络非法集资案件中存在未被追究刑事责任的普通业务人员，此类人员由于主观明知、参与时间及所起作用等因素综合未被列为犯罪嫌疑人，但其工作期间获得的提成收入却系违法所得，对于该部分违法所得范围内的财物如何追缴，法律规定尚不明晰。

(3) 财产先行处置难题

《关于刑事裁判涉财产部分执行的若干规定》明确,刑事裁判涉财产部分,由第一审人民法院执行。执行涉案财产前,刑事审判部门应当提交生效裁判文书给执行机构审查立案。上述规定说明通常情况下判决生效是财产处置的先行条件。然而,涉众型网络犯罪案件涉及人员众多、资金流转复杂、跨区域取证等因素均会造成诉讼周期较长,这些都和被害人急于处置涉案财物以弥补损失的诉求形成矛盾。

2. 制度完善进路

(1) 构建协同机制

涉众型网络犯罪案件的办理不仅需要准确认定案件事实,更涉及大量的协同配合。其中包括全国各地甚至跨国司法机关的配合;检察机关和追赃主体公安机关的配合;检察机关和现行财产分配主体法院的配合;检察机关和各类金融机构、行政机关的配合。这些协同配合的实现除了完善相关法律法规之外,还必须事前建立对接机制,机制构建的意义在于将个案办理提升到社会治理层面,进而形成合力。应探索建立跨区域、跨领域的追赃挽损协同联动机制,将司法机关、行政机关及相关部门囊括其中,在追赃挽损的过程中检察机关可以起到一定的统筹协调作用。联动机制的建立可发挥以下三方面的作用:首先,联动机制中各部门可设定完整的资产处置流程,明确司法机关和工商、金融等行政机关各自的职责分工,尽可能快速有效地追缴涉案财产;其次,公检法等司法机关应借助智能化的联动机制形成有效的信息共享机制,在案件侦查、审查起诉、审判等刑事诉讼各阶段都应当对追赃挽损工作进行及时的会商,明确追赃的具体对象和范围;最后,联动机制可便于检、法及时了解案件及涉案财产追缴进程,针对不同案件的具体形式、涉案金额及赃款赃物的数量、形式等确定更加灵活的退赃方式,通过综合运用民事、行政、刑事等法律手段,构建和完善追赃挽损工作体系,实现司法办案与追赃挽损协同推进。

(2) 优选处置方式

涉众型网络犯罪案件的涉案财产处置时间和方式一直存在争议。刑事诉讼终结后处置会因此类案件办案周期过长进一步积聚信访压力,审判前处置又因财产混同、被害人人数尚未确定、利益分配易不平衡等原因无法轻易推动。应探索针对不同案件的具体形式、涉案金额及追赃情况(赃款赃物的数量、形式等)确定更加灵活的涉案财产处置方式,以诉讼终结处置为原则,以审前处置为例外,强化检察机关地位作用,以个案探索推动最优财产处置模式的形成。具体来说,一是落实先行处分不宜保管财物。《关于办理非法集资刑事案件适用法律若干问题的意见》《公安机关办理刑事案件程序规定》等,对特殊涉案财物可先行处分已有规定，但实践中因规定较为模糊，制度概括性强，处分经验欠缺，尚在不断摸索阶段。先行处分涉案财物需要进一步构建相关制度，细化具体规定，完善权责分配。法律规定上可采取列举式的方式对可先行处分财物进行明确，本着"财产保值"这一原则，将价值折损较快的车辆、船艇、计算机等物列入此类财物，最大限度保障被害人权益。实践操作上可在个案上进行尝试，积累经验并进行推广。二是规范审前处置现金及等价物。审前处置不适用于所有涉众型网络犯罪，但也不应局限于某一类犯罪，对涉案财物充足、权属明确且被害人均已查实的案件可进行财产审前处置。具体财产处置可借助司法机关协同互联平台，检、法应提前了解案件及涉案财物情况，综合评估涉案财产是否属于可以先行处置财产，对符合标准财产的，可拿出部分财产先行处置，分配对象既可以是全体被害人，也可以是因经济困难、身体疾病等原因有提前分配需求的被害人。

互联网是技术发展的产物，许多新的行业和样态，造就了当下的互联网社会。在网络的大环境下，不仅创造了福利和价值，也会让风险甚至犯罪凸显在国民面前。对网络犯罪的精准打击，一方面，需整合当下犯罪方式和社会结构变迁的众多面向和维度；另一方面，需要司法活动兼顾打击本身的长期和应变。解决网络犯罪案件办案程序中的若干问题不可一蹴而就，各类制度的构建尚在探索之中，以更完善的程序设计满足数字经济时代的发展要求是检察机关不懈追求的最终目标。

电信诈骗案件电子数据收集和固定研究
——网络服务提供者侦查协助义务的范围

刘林呐　李小恺[*]

内容摘要

随着各地各级公安机关在电子数据收集和固定方面的技术能力和人员实力都有了非常大的提高,加之近几年在电子取证设备和工具等方面的投入日益加大,现已基本可以满足目前办理电信网络诈骗犯罪案件的工作需要。同时,2016年"两高一部"《关于办理刑事案件收集提取和审查判断电子数据若干问题的规定》以及2019年《公安机关办理刑事案件电子数据取证规则》颁布实施之后,对电子数据的收集、提取和固定等措施建立起比以往更加完善的程序规范,也明确了对电子数据证据能力的审查判断标准,确保侦查机关在办理电信网络诈骗案件中收集和固定的电子证据满足合法性和完整性、真实性的要求,大大降低了其在证据能力方面遭受质疑的可能性。

然而,由于电信网络诈骗的犯罪行为基本都是借助各种网络平台和网络通讯工具加以实施,大量与犯罪行为以及犯罪行为人有关的信息都产生并存储在各类网络服务提供者的服务器中,例如群组信息、架设于云服务器中的网站、包含IP地址等重要落地信息登录访问日志等。对于大多数面向公众提供服务的网络服务提供者,侦查机关不能直接采用查封、扣押其服务器的方式进行取证,同时也会因不熟悉数据存储技术和存储逻辑而无法娴熟的完成直接提取电子数据的操作。因此,通常情况下,侦查机关是通过要求相关网络服务提供者配合调取电子数据、冻结电子数据、提供解密方法等方式完成取证。而相关主体之所以会予以配合,主要是因为其需要履行法定的侦查协助义务。不仅如

---

[*] 刘林呐,国家检察官学院教授、法学博士;李小恺,中国政法大学刑事司法学院教师、法学博士。

此,随着大数据侦查在打击和预防电信网络犯罪等网络犯罪案件中发挥的作用日益显著,侦查机关要想发挥大数据的技术优势,也需要企业配合共建共享数据平台,甚至直接提供常态化的数据分析和数据挖掘技术支持,这些都属于网络服务提供者履行侦查协助义务的范畴。

课题组在调研中发现,几乎所有办理电信网络诈骗案件取得突出成绩的侦查机关和侦查人员,都提到了互联网企业的协助在取证和案件侦破过程中所发挥的关键性作用,各企业也表达了愿意配合侦查机关打击犯罪的意愿。但与此同时,参与调研的企业也表达了一些疑惑,例如,企业存管的数据中涉及大量的用户个人信息,公安机关调取数据的范围是否应该明确且有明确限度,因为企业保护公民个人信息不受侵犯也是法定义务;一些企业是跨国企业,在数据存管方面不仅要符合中国法律的要求,还要满足国外法律的要求,否则就会遭受处罚甚至是制裁,那么当我国执法机关要求企业在数据方面协助侦查时,企业如何做才能满足"合规要求",最大可能确保自身不承担法律责任。总而言之,随着侦查协助的不断发展,企业自身面临的"义务冲突"也日益尖锐。

上述问题实际上是网络服务提供者履行协助侦查的具体要求和程序规范,但是,我国现行立法中对网络服务提供者侦查协助义务的规定过于粗糙、简单,未能形成体系,对于网络服务提供者侦查协助义务的范围都尚未明晰。因此,课题组决定将网络服务提供者侦查协助义务的范围界定这一基本问题作为本课题的关注点,同时也是作为解决当前实务领域所面临的现实问题的起点。

网络服务提供者在承担协助执法义务的同时,还要依法承担公民个人信息保护、隐私权保护、财产权保护以及遵守商业活动所涉及的其他国家法律等多重法律义务和责任,加之商家对维护其自身商业利益的内在动机,这些因素综合决定了网络服务提供者在协助侦查时,不可能、也不应当是没有任何异议的"完全配合"。那么,侦查协助义务是不是应该有一个边界?这个边界究竟在哪里?

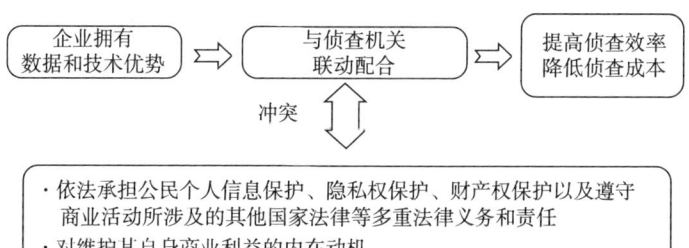

目前,我国相关法律并没有对"网络服务提供者"的明确界定,各种学术概念层出不穷,既没有达成共识,也没有司法机关的释义。以《刑法修

正案(九)》《关于办理刑事案件收集提取和审查判断电子数据若干问题的规定》为代表的刑事法律体系普遍采用"网络服务提供者"的说法,而《网络安全法》则是将网络运营者定义为网络服务提供者的上位概念。从司法实践的需求,和《刑法》的立法意图来看,此处出现的承担法律义务的网络服务提供者,实际上就应当是《网络安全法》中范围最广泛的网络运营者。

我国当前网络服务提供者承担侦查协助义务的法律依据主要有:一是根据《刑事诉讼法》的相关规定,包括网络服务提供者在内的一般单位都负有的在不同阶段协助侦查的义务;二是"两高一部"以及公安部相关规定进一步强调和扩充,如调取数据、冻结电子数据的协助义务;三是《网络安全法》《反恐怖主义法》专门规定的网络服务提供者应当为侦查机关、国家安全机关提供的必要的技术支持和协助;四是《网络安全法》《互联网信息服务管理办法》等法律法规规定的数据存留义务、数据审查义务和数据披露义务等义务;五是其他相关法律文件和政策文件鼓励和规划的政府和企业之间数据共享平台的建设和支持义务。这些法律义务主要可分为配合模式和主动模式两种类型。

无论是配合模式的义务还是主动模式的义务,其背后都直接对应到获取与案件有关的信息。而网络服务提供者的协助执法义务很有可能侵犯到这些信息主体的隐私权、个人信息权以及商业秘密等基本权利和重要财产权利。然而,网络服务提供者所承担的侦查协助义务尚未与承担的其他义务形成体系化结构,形成了目前在网络服务提供者的个人信息保护义务与涉及侦查协助义务之间的紧张关系。

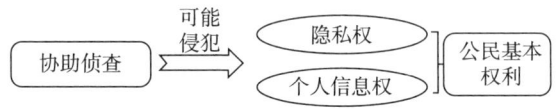

以协助行政执法和监管为名,行强制性侦查措施之实
⇩
网络服务提供者实际上已经陷入了两种甚至多种法定义务的
冲突之中

侦查协助义务作为执法权的延伸,构成了对公民基本权利的保护义务的例外突破。这种优先履行是冲突义务背后利益的博弈结果。宏观上,侦查协助义务是法定的强制义务,如果不履行,可能需要承担相应的责任。微观上,需要基于具体的个案,通过比例原则等调和公民的基本权利与国家执法权的冲突。这两项原则共同作用于界定侦查协助义务范围的边界。

一、问题的提出

在打击网络犯罪案件的过程中，网络服务提供者的参与度在不断上升，与侦查机关的合作亦在不断密切。特别是对于电子网络犯罪案件，网络服务提供者的积极配合与及时协助，会对打击此类案件带来非常大的促进作用。2018年，在阿里安全运用技术手段的配合下，警方成功发现并捣毁7个窝点，破获涉及国内多个省、自治区、直辖市的700余起电信网络诈骗案，从海外抓获并押解回国的犯罪嫌疑人达200余人，涉案金额达1800余万元。[①] 凭借自身的信息和技术优势，网络服务提供者与侦查机关的联动配合，对提高侦查效率、降低侦查成本有十分重要的成效。

然而，网络服务提供者在承担侦查协助义务的同时，还要依法承担公民个人信息保护、隐私权保护、财产权保护以及遵守商业活动所涉及的其他国家和地区法律等多重法律义务和责任，加之商家对维护其自身商业利益的内在动机，这些因素综合决定了网络服务提供者在协助侦查时，不可能、也不应当是没有任何异议的"完全配合"。遗憾的是，目前我国立法中对于这两个问题并没有作出明确的规定，实务界也大多只是按照自身办案需要和现有的程序规范对企业提出配合和协助的要求，却很少顾及相关企业在响应这些"简单粗暴"的要求时，可能会因陷入多种法定义务和多方利益的相互冲突而左右为难。

不仅如此，由于现有立法尚未针对侦查协助义务形成系统、明确的规定，实践中也常常出现网络服务提供者不配合警方要求的现象。如2018年发生的滴滴顺风车乐清女孩遇害案中，滴滴客服以安全专家会介入为由，多次拒绝警方获取信息的要求。由于有关案件信息只保存于滴滴公司的服务器等设备中，滴滴公司的不配合行为阻碍了侦查进程的进一步推动，最终延误时间，酿成惨剧。然而在这一事件中，滴滴公司所谓的"不配合"实际上也并没有明显违反现有法律的规定，反而是警方提出的要求因缺少明确的法律依据而显得"理不直气不壮"。

在学术研究领域，关于网络服务提供者的协助侦查或协助执法义务的研究，大多是从侵权领域入手，即将此种协助义务概括的描述在网络服务提供者安全保障义务的子义务中；也有部分学者专门针对信息披露义务或者协助解锁义务进行具体论述，通过比较国外相关立法实践，对我国现状提出建议。这些研究固然提供了宝贵的经验，但是却对我国侦查实务中正在发生的实际问题有所忽视，并未将网络服务提供者在协助侦查义务与其他法定义务和权利之间面

---

① https://www.sohu.com/a/276905626_422931，最后访问时间：2020年12月15日。

临的矛盾与纠结放在关注的焦点上。

在信息社会与互联网产业化的时代,通过刑法建立的网络风险规则与网络犯罪控制的重点已经指向网络服务提供者。[①] 法律法规为网络服务提供者设定了广泛的侦查协助义务,并呈现出扩张的趋势,这些义务可能与公民或者自身的合法权益发生冲突。然而,网络服务提供者所承担的侦查协助义务尚未与承担的其他义务形成体系化结构,形成了目前在网络服务提供者的个人信息保护义务与涉及侦查协助义务之间的紧张关系。两种义务均呈现出强化之势,但就义务交叉区域则避而不谈。[②] 这种现象表现出我国目前在数据层面关于公权力与私权利冲突的立法缺位。因此,为了使侦查协助义务在实践中发挥其应有的作用,并且尽可能减少对合法权益的侵犯,有必要对侦查协助义务的范围予以明确。

二、网络服务提供者侦查协助义务的法律依据和义务类型

(一) 对网络服务提供者的概念界定

目前,我国相关法律并没有对于"网络服务提供者"的明确界定,各种学术概念层出不穷,既没有达成共识,也没有司法机关的释义。

已经出台的大量法律、法规和规定却都采用了"网络服务提供者"的说法,特别是刑事法律体系。例如,《刑法》第286条之一的拒不履行信息网络安全管理义务罪规定,网络服务提供者不履行法律、行政法规规定的信息网络安全管理义务,经监管部门责令采取改正措施而拒不改正,有法定情形之一的,处3年以下有期徒刑、拘役或者管制,并处或者单处罚金。《关于办理刑事案件收集提取和审查判断电子数据若干问题的规定》第12条规定"冻结电子数据,应当制作协助冻结通知书,注明冻结电子数据的网络应用账号等信息,送交电子数据持有人、网络服务提供者或者有关部门协助办理。解除冻结的,应当在三日内制作协助解除冻结通知书,送交电子数据持有人、网络服务提供者或者有关部门协助办理";第13条规定"调取电子数据,应当制作调取证据通知书,注明需要调取电子数据的相关信息,通知电子数据持有人、网络服务提供者或者有关部门执行"。然而,根据《网络安全法》第76条,"网络运营者,是指网络的所有者、管理者和网络服务提供者",这实际上是将网

---

① 梁根林:《传统犯罪网络化:归责障碍、刑法应对与教义限缩》,载《法学》2017年第2期。

② 裴炜:《针对用户个人信息的网络服务提供者协助执法义务边界》,载《网络信息法学研究》2018年第1期。

络运营者定义为网络服务提供者的上位概念。

从司法实践的需求和《刑法》的立法意图来看，此处出现的承担法律义务的网络服务提供者是一种泛指，实际上指的就是《网络安全法》中范围最广泛的网络运营者。并且，所谓的网络所有者和管理者，在本质上也应属于网络服务的提供者，因为网络的所有者和管理者一般都会直接或间接参与到网络服务的提供过程中。① 因此，为了保持体系性和延续性，本文统一采用刑事法律体系中的说法，即"网络服务提供者"的称谓，但其范围是包括网络所有者和管理者在内的所有网络运营者。

（二）网络服务提供者侦查协助义务的法律依据

虽然我国现有的法律法规对于企业和个人协助侦查和协助执法的义务也有所规定，但相关规定分散在不同的法律法规之中，且尚未形成比较清晰的框架体系：

首先，根据《刑事诉讼法》的相关规定，网络服务提供者作为一般单位，负有在不同阶段协助侦查的义务，具体表现为报案或者举报、作证以及对各种侦查措施的配合义务。《刑事诉讼法》第54条规定："人民法院、人民检察院和公安机关有权向有关单位和个人收集、调取证据。有关单位和个人应当如实提供证据。"第110条规定："任何单位和个人发现有犯罪事实或者犯罪嫌疑人，有权利也有义务向公安机关、人民检察院或者人民法院报案或者举报。"规定这些义务的实质原因，是网络服务提供者了解与犯罪行为有关的情况，掌握与犯罪行为有关的证据和线索，因此在打击犯罪时，当然需要履行协助侦查的义务。

其次，网络服务提供者在协助侦查方面表现出的天然优势逐渐受到重视，相关法律法规也专门对此进行了强调和扩充。例如，《关于办理刑事案件收集提取和审查判断电子数据若干问题的规定》和《公安机关办理刑事案件电子数据取证规则》既强调了电子数据取证过程中网络服务提供者对调取证据的配合义务，也创设了关于电子数据冻结的配合义务。《关于办理刑事案件收集提取和审查判断电子数据若干问题的规定》第3条规定："人民法院、人民检察院和公安机关有权依法向有关单位和个人收集、调取电子数据。有关单位和个人应当如实提供。"第13条规定："调取电子数据，应当制作调取证据通知书，注明需要调取电子数据的相关信息，通知电子数据持有人、网络服务提供

---

① 霍永库、冯潇洒：《社会角色理论的网络运营者安全保障义务分析》，载《西安交通大学学报（社会科学版）》2016年第1期。

者或者有关部门执行。"第12条规定:"冻结电子数据,应当制作协助冻结通知书,注明冻结电子数据的网络应用账号等信息,送交电子数据持有人、网络服务提供者或者有关部门协助办理。解除冻结的,应当在三日内制作协助解除冻结通知书,送交电子数据持有人、网络服务提供者或者有关部门协助办理。"

再次,《网络安全法》《反恐怖主义法》则在《刑事诉讼法》之外,专门规定了网络服务提供者应当为侦查机关、国家安全机关提供必要的技术支持和协助的义务,并且后者列举了提供技术接口和解密等具体协助方式。《网络安全法》第28条规定:"网络运营者应当为公安机关、国家安全机关依法维护国家安全和侦查犯罪的活动提供技术支持和协助。"《反恐怖主义法》第18条规定:"电信业务经营者、互联网服务提供者应当为公安机关、国家安全机关依法进行防范、调查恐怖活动提供技术接口和解密等技术支持和协助。"

最后,在《网络安全法》和《互联网信息服务管理办法》等行政法律法规中,规定了网络服务提供者应当承担数据存留、数据审查和数据披露等义务,这些义务也成为侦查机关得以通过网络服务提供者大量获取数据并开展警情筛查、大数据侦查等活动的基础。这类义务要求网络服务提供者需要在日常的经营活动中对违法信息进行审查、监控并及时保存和报告;同时,在经营活动模式之外单独留存用户的部分信息以备有关机关查询。例如,《互联网信息服务管理办法》第14条规定互联网信息服务提供者应当记录提供的信息内容及其发布时间、互联网地址或者域名;互联网接入服务提供者应当记录上网用户的上网时间、用户账号、互联网地址或者域名、主叫电话号码等信息,并保存记录备份60日,并在国家有关机关依法查询时予以提供。

除此之外,在一些警企合作和共建的项目中,网络服务提供者也需要根据合作和共建的要求履行一些义务,但是,这些义务并非法律所明确规定的。例如,在警企合作共建数据共享平台过程中,作为网络服务提供者不仅要共享自己所掌握的用户数据和部分运营数据,还需要结合数据的内容、特点、格式,配合公安机关提供相应的数据存储、数据检索和数据分析技术,只有这样才能发挥出这些数据的功能。在此类合作和共建中,尽管相关法律文件仅仅是确定了公检法等机关与企业之间应尽快建立共享平台的发展规划和政策建议,并未有任何关于企业以及相关平台如何应用于侦查和刑事诉讼程序的具体规定。但是,在实务中对这些共建和共享平台大多主要为侦查所用。因此,这些未经立法确定的义务,实质上也可以算作网络服务提供者履行的"非法定"的侦查协助义务,其依据不是法律,而是政策和协议。

(三) 网络服务提供者侦查协助义务的类型

根据上述分析，网络服务提供者应尽的侦查协助义务大致可以分为配合模式和主动模式两种义务类型。

配合模式的义务通常是某种侦查措施的附属。侦查措施是指侦查机关在刑事案件侦查过程中，为了查明案情，收集证据和查获犯罪嫌疑人，依据法律采取的各种侦查方法。[①] 例如调取证据、搜查、扣押等传统侦查措施，以及通过网络在线提取电子数据、远程勘验、冻结电子数据等专门针对网络电子数据取证新增的侦查措施。侦查措施具体又包括任意性侦查措施和强制性侦查措施。无论是强制性侦查措施还是任意性侦查措施，都是侦查权行使的过程，因此其主体只能是侦查机关和侦查人员，相关实施行为需要满足正当程序的要求。因此，在电信网络诈骗等网络犯罪案件的侦查过程中，虽然网络服务提供者也实际参与了侦查措施的具体实施，甚至是某些具体行为的直接实施者，但是其并非侦查措施的实施主体，只是协助地位，其实施的所有行为也只是侦查人员行使侦查权的一部分内容。所以，这类网络服务提供者的侦查协助义务，只是侦查措施的附属，表现为其对侦查人员的配合。

主动模式的义务主要包括案前的信息存留、审查，和对违法信息的披露，目的是为了及时发现犯罪事实、防止相关线索和证据灭失。尽管网络服务提供者履行这些义务的最终目的，依然是为了协助公安机关打击犯罪，但是，相关企业在实际履行这些义务时，多数情况下还未进入刑事案件正式立案后的侦查阶段，甚至尚未发现具体犯罪行为发生的迹象，而是希望通过这些数据的审查、披露等措施来主动查找线索和疑点，或者是提前进行数据保全以防止潜在的证据灭失。由于此类业务所涉及的数据量通常较大，并且其中绝大部分数据最终是不会转化为涉案证据的，只有最终被发现涉案的部分用户数据及系统数据需要被作为证据加以提取。所以，在这些措施的实施过程中，网络服务提供者实际承担了主要的数据存管工作，以及绝大部分的数据分析工作；相比之下，侦查机关往往只是从犯罪趋势、犯罪特点以及打击犯罪的整体工作部署的角度，对企业作出一些宏观的方向引导和提出需求，并不参与具体的工作。随着网络犯罪黑产日益猖獗，打击网络犯罪已经不止是公安机关维护社会秩序的职责要求，同时也是企业从保护自身利益不受侵害的角度出发的主动诉求。因此，这些义务与之前的配合模式不同，具有非常明显的主动性特点。

[①] 任惠华、马方：《侦查学教程》，法律出版社2014年版，第54页。

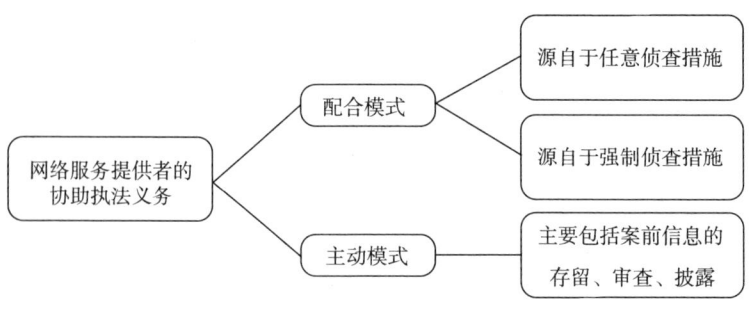

图 1 两类侦查协助义务

三、网络服务提供者协助侦查时的义务冲突及正当性来源

无论是配合模式的义务还是主动模式的义务，其背后都直接对应获取与案件有关的信息。前者是通过某种侦查措施获取信息，后者是通过前置性的信息留存来确保与案件有关的信息在一定时间内被记录。事实上，与案件有关的信息多种多样，而为打击网络犯罪的需要，网络服务提供者协助获取的数据，往往是那些通常情况下不予公开或者不便公开的信息，比如用户登记注册信息、IP 地址，甚至更为隐私的聊天记录、活动轨迹信息等。这一层面上，网络服务提供者的协助执法义务很有可能侵犯到这些信息主体的隐私权、个人信息权以及商业秘密等基本权利和重要财产权利。实践中，网络服务提供者也常常以侵犯公民个人隐私、维护自身商业发展为由拒绝履行相应的协助义务。

在信息社会与互联网产业化的时代，通过刑法建立的网络风险规则与网络犯罪控制的重点已经指向网络服务提供者。[1] 法律法规为网络服务提供者设定了广泛的侦查协助义务，并呈现出扩张的趋势，这些义务可能与公民或者自身的合法权益发生冲突。然而，网络服务提供者所承担的侦查协助义务尚未与承担的其他义务形成体系化结构，形成了目前在网络服务提供者的个人信息保护义务与涉及侦查协助义务之间的紧张关系。两种义务均呈现出强化之势，但就义务交叉区域则避而不谈。[2] 这种现象表现出我国目前在数据层面关于公权力与私权利冲突的立法缺位。因此，为了使协助执法义务在实践中发挥其应有的

---

[1] 梁根林：《传统犯罪网络化：归责障碍、刑法应对与教义限缩》，载《法学》2017 年第 2 期。

[2] 裴炜：《针对用户个人信息的网络服务提供者协助执法义务边界》，载《网络信息法学研究》2018 年第 1 期。

作用,并且尽可能减少对合法权益的侵犯,有必要对侦查协助义务的范围予以明确。

因此,为了更好地厘清网络服务提供者侦查协助义务的本质,有必要深入分析网络服务提供者所面临的"冲突"。

(一) 保护公民基本权利与侦查协助的冲突

依据获取的方式不同,网络服务提供者协助获取的用户信息既可以源自于基于授权收集的信息,也可以源自于其通过技术破解等方式获取的存储于网络服务提供者之外的信息。下面分别对这两种情况展开论述:

第一,信息保存于网络服务提供者,所有者与持有者相分离。大数据时代,个人信息和数据控制者往往相分离,基于同意使用协议中的个人信息授权,网络服务提供者可以无障碍地使用用户的数据信息。① 而用户之所以同意将个人信息授权给网络服务提供者,是因为网络服务提供者承诺将这些信息仅用于日常运营,并且对这些信息进行保护。我国也在相关法律法规中对这种保护义务作出专门规定,如《网络安全法》第 40 条规定网络运营者应当对其收集的用户信息严格保密。因此,此时网络服务提供者虽然是数据的持有者,但并不是数据全部权利的所有者,仅具备了管理权和部分使用权。

对于真正的信息主体(即用户)而言,因为其授权网络服务提供者收集信息,即使是"必须授权",用户依然享有对信息的所有权。《民法典》第 1035 条规定了获取他人个人信息的知情同意原则②,《网络安全法》对于违反相关规定的收集也做出了规定。③ 所以,这种授权并不意味着用户放弃对这些信息的保护,而是同意有限制地使用。现代网络的发展使得个人对于隐私的控制已经越来越弱,如果这种授权意味着对信息保护的放弃,那么信息保护义务也将成为一纸空谈。

第二,信息保存于网络服务提供者之外,通常由信息主体所有并持有。此

---

① 王学光:《计算机犯罪取证法律问题研究》,法律出版社 2016 年版,第 39 页。
② 《民法典》第 1035 条规定,处理个人信息的,应当遵循合法、正当、必要原则,不得过度处理,并符合下列条件:(1)征得该自然人或者其监护人同意,但是法律、行政法规另有规定的除外;(2)公开处理信息的规则;(3)明示处理信息的目的、方式和范围;(4)不违反法律、行政法规的规定和双方的约定。个人信息的处理包括个人信息的收集、存储、使用、加工、传输、提供、公开等。
③ 《网络安全法》第 43 条规定,个人发现网络运营者违反法律、行政法规规定或者双方约定收集、使用期个人信息的,有权要求网络运营则删除其个人信息,发现网络运营者收集、存储的其个人信息有错误的,有权要求网络运营者予以更正。

情形最好的例证就是个人手机、电脑等。现代社会,智能化设备尤其是手机几乎记录了一个人每天的所有行程。如果在第一种情形中,用户的数据所有权受到了限制,那么在这种情形下,用户的数据所有权是排他性的存在。也因此,网络服务提供者等其他人都负有对信息的保密义务。

综上,在网络服务提供者获取的用户信息中,包括了"个人信息"与"个人隐私"这两个敏感的概念。个人信息与隐私具有天然的联系,甚或可以将个人信息理解为隐私并直接以隐私保护的法律制度来保护个人信息。[①] 这在我国宪法以及相关部门法中都有相关规定和强化。这种保护义务的实质是公民基本权利的延伸,即只有经过用户同意授权,网络服务提供者才可以收集和存留相关信息,并且必须在用户已经明知、授权的指定范围内从事相关活动。比如在使用 App 时,如果 App 要获取用户的信息,往往会弹出对话框进行授权申请。或者如阿里巴巴在隐私政策中写明,"为实现向您提供我们产品及/或服务的基本功能,您必须授权我们收集、使用的必要的信息"[②]。除了数据主体明确的同意之外,也出现了同意的推定原则。这部分包括了部分政府平台的基础信息及开放的第三方网络平台的发布信息,其发布平台的开放性使得相对人理应知悉其信息会被不特定第三方所知悉或收集,其继续发布或提交的行为应视为对相关信息的隐私权放弃,而推知其符合"自愿"与"同意"的主观标准。[③] 除此之外,其他没有经过同意授权的使用行为就属于对个人信息保护义务的例外突破,必须寻找其他的正当性来源基础。

(二)企业自身商业利益与侦查协助的冲突

商业利益是网络服务提供者的权利范畴,保障商业利益是对于其作为商业主体自身利益的维护。然而,这并不是法律层面上明确规定的义务,所以并不能引起与协助执法义务之间的根本冲突。此外,对于商业利益而言,其底线或者更为重要的考量因素就是保护公民的基本权利。所以在这一层面上,保护义务不仅是出于商业利益或者商业信誉的考量,更是公民权利的延伸。当然,网络服务提供者的设立目标是为了获取利益,那么是否有损其利益可以作为一种

---

① 苏青:《隐私权法律保护的限制规则及网络服务提供者的协助执法义务》,载《网络法律评论》2016 年第 2 期。

② 参见 https://terms.alicdn.com/legal-agreement/terms/suit_bu1_b2b/suit_bu1_b2b201703271337_94551.html?spm=a261p.8650866.0.0.293e36c3NHoluz,最后访问时间:2020 年 11 月 12 日。

③ 吴桐:《任意侦查视角下信息化侦查的规制进程》,载《贵州警察职业学院学报》2017 年第 4 期。

义务履行程度的参考因素，但不足以作为拒绝履行协助执法义务的理由。

从另一个角度看，如果网络服务提供者积极主动配合履行侦查机关提出的协助义务，也并不是当然可行的。网络服务提供者仅仅是相关义务的执行者，并不能真正决定是否履行义务。只有当信息主体放弃了对这些基本权利的保护，或者有其他正当理由如法律规定，网络服务提供者才能突破保护义务而对相关信息进行使用。综上，只有决定了网络服务提供者是否应当履行协助执法义务，才需要根据其自身利益权衡是否愿意协助或者应当协助，所以商业利益和能力限度是第二顺位考虑的问题。

（三）网络服务提供者侦查协助义务的正当性来源

因为网络服务提供者对公民的基本权利保护是日常性的，因此协助执法义务对于保护义务的突破属于一种例外情形。比如阿里巴巴在隐私政策中声明对于部分情形存在授权同意的例外，如与犯罪侦查、起诉、审判和判决执行等有关的个人信息。① 基于上文分析，我们可以得知这种突破要么在用户声明放弃其权利的情况下进行，要么在有相关法律依据的情况下进行。针对前者，网络服务提供者使用相关信息具有天然正当性，所以下文主要针对后者的正当性进行分析。

通过上述讨论，我们可以得出，网络服务提供者只是义务的履行者，在信息与主体分离的时候拥有对数据的有限权利，在信息未与主体分离的时候负有对信息的完全保护义务。在这一基础上，国家公权力与公民基本权利的直接冲突看似因为网络服务提供者的协助执法义务而被淡化，但事实上网络服务提供者的协助执法义务博弈仍然是协助义务与保护义务的冲突。

法律层面上具体的义务冲突仅仅是表象，根源上是能给予法律义务的基础理由之间的冲突。② 所以，协助执法义务能否优先履行是冲突义务背后保护的利益之间的博弈结果。协助执法义务是为了协助侦查机关打击犯罪，其背后对应的是国家安全和公众利益，侦查过程中涉及的公民个人权利通常包括了隐私权，而相对于个人隐私，国家安全与公共秩序在立法价值序列中总是处于更高

---

① 参见 https://terms.alicdn.com/legal-agreement/terms/suit_bu1_b2b/suit_bu1_b2b201703271337_94551.html?spm=a261p.8650866.0.0.293e36c3NHoluz，最后访问时间：2020年11月12日。

② 汪雄：《刑事诉讼中的角色冲突与义务权衡》，载《法学杂志》2019年第12期。

的位阶。① 隐私权从来就不是一项绝对的、排他性的权利。② 我国《宪法》第40条即对此作出表述。③ 因此，网络服务提供者可以基于追诉犯罪和保障国家安全、公共利益的目的，向侦查机关提供协助。

四、明确界定网络服务提供者侦查协助义务范围的路径

随着对打击犯罪的重视和网络信息技术的发展，网络服务提供者的侦查协助义务被不断强化，对公民基本权利的冲突也不断扩张。正因为侦查协助义务是对保护公民基本权利的例外突破，所以其具体范围必须受到严格的限制，这种限制体现在两个方面：一方面，侦查协助义务的范围必须清晰明确，因为侦查协助义务同时也构成了保护义务的边界，例外规定的模糊会使得这一限制无所适从；另一方面，侦查协助义务不得过度侵犯公民的基本权利，即义务范围不得任意扩张，必须尽可能减少对基本权利的侵犯。基于此，本文引申出界定其义务范围的两项原则。宏观上，网络服务提供者的侦查协助义务是法定强制义务，通过法律明文确定侦查协助义务的基本形式；微观上，在适用于具体个案时，需要结合比例原则具体判断网络服务提供者以何种方式承担协助义务。

（一）侦查协助义务的法定强制性

1. 法律应明确规定网络服务提供者的侦查协助义务

网络服务提供者的侦查协助义务是执法权的延伸，那么从法治原则的角度出发，这种延伸应当由法律明确规定。公民基本权利构成对国家权力的天然制约，当两者出现对立时，法治原则介入并进行调和，要求对于公开发布、平等实施和独立裁断并符合国际人权规范和标准的法律，国家权力机关应遵守并对其负责。④ 即网络服务提供者的侦查协助义务必须依据法律的明确规定，也即这种冲突的优先与否必须于法有据。而前文所述的警企合作建立数据共享平台，因为这种行为针对了不特定多数人的信息，以及缺乏明确的法律规定，所

---

① 苏青：《隐私权法律保护的限制规则及网络服务提供者的协助执法义务》，载《网络法律评论》2016年第2期。

② 苏青：《隐私权法律保护的限制规则及网络服务提供者的协助执法义务》，载《网络法律评论》2016年第2期。

③ 《宪法》第40条规定，中华人民共和国公民的通信自由和通信秘密受法律的保护。除因国家安全或者追查刑事犯罪的需要，由公安机关或者检察机关依照法律规定的程序对通信进行检查外，任何组织或者个人不得以任何理由侵犯公民的通信自由和通信秘密。

④ 该定义取自联合国安理会2004年发布的《冲突和冲突后社会的法治和过度司法：秘书长的报告》，转引自裴炜：《针对用户个人信息的网络服务提供者协助执法义务边界》，载《网络信息法学研究》2018年第1期。

以暂时不能成为侦查协助义务。

2. 网络服务提供者的履行侦查协助义务具有强制性

因为网络服务提供者的侦查协助义务有具体的法律来源,所以其在履行时具有强制性。因为该义务可以突破网络服务提供者对掌握的用户信息的保密义务成为免责事由,所以网络服务提供者不能以可能侵犯到第三人隐私或者商业利益为由,拒绝履行此义务。此外,义务的强制性不仅意味着网络服务提供者必须履行,也意味着必须配合履行,并且只能在执法权延伸的应然范围内配合履行。当侦查机关的要求超出范围时,网络服务提供者应当拒绝履行,以保护公民的基本权利不受侵犯。

现有法律也对相关违法行为设置了处罚措施。如《网络安全法》第69条、《刑法》第286条之一都对网络服务提供者的不履行行为作出了规定。但是这些规定较为笼统且条件过高,在实践中,公安机关只能对企业相关负责人进行训诫、批评教育,缺乏其他有利的追责手段。[1]

如前文所述,虽然商业主体的身份并不能对网络服务提供者的侦查协助义务起到根本性的冲突,但是应当作为其履行义务的程度参考。这些可以参考的因素包括了网络服务提供者的类型、经营目的、技术能力等。比如,不同规模的网络服务提供者承担的义务应当与其规模和发展状况相适应;又比如,有关机关应当以该方现有技术所能达到的最高程度为限,而不应提出超出其现有技术水平的要求,勉为其难。[2] 国外立法中也有相关规定以供参考,如欧盟《通用数据保护条例》第30章第5段,如果公司不太可能对数据主体的权利和自由构成风险,以及从未或者仅仅偶尔处理特殊类别的数据,那么员工人数少于250人的公司或机构可以免于保留记录。但同时《通用数据保护条例》也说明这种豁免很少使用,因为大部分公司都需要明确地定期处理数据,这种义务也成为审查《通用数据保护条例》实施情况的重点。

(二) 以比例原则限制侦查协助义务范围

由上文可知,侦查协助义务的本质是执法权的延伸。在这一层面上,网络服务提供者侦查协助义务的边界限制与侦查机关的权力边界具有一定的相似性,网络服务提供者的侦查协助义务需要在国家权力的行使边界内履行,此时可以类推适用比例原则进行限制。比例原则最初起源于德国,被认为是现代公法领域中的"帝王条款",是现代法治国家划分国家权力与公民个人权利界限

---

[1] 杨敏:《网络服务提供者的侦查协助机制研究》,重庆邮电大学2019年硕士学位论文。
[2] 樊崇义、李思远:《论我国刑事诉讼电子证据规则》,载《证据科学》2015年第5期。

的一项基本原则,① 包括了适合性原则、必要性原则、相称性原则三项子原则。

1. 适合性原则

适合性原则是指国家机关所采取的每一手段都必须用于实现法定的职能目标。② 这项原则要求了这种目标必须是可以识别的,并且可以准确界定。具体到侦查协助义务的履行,宏观上,应当以维护国家安全与公众利益为前提,为了追查犯罪而履行相应义务;微观上,要根据具体的个案对义务的目标予以明晰。

就后者而言,这要求了侦查机关的要求必须符合要求且明确具体,也要求网络服务提供者在"代为"履行时必须严格按照要求和规定进行。在传统的侦查过程中,侦查措施受到了明确的范围限制,即对相关物品、场所采取侦查措施时必须符合相关性的要求。这是因为侦查措施的对象可能作为证据或者线索,其必须具有与案件事实的关联性。而涉及电子数据,各种与案件有关或者无关的信息交织在一起,更需要通过相关性对范围进行限制,否则就可能会因为搜查或者扣押范围过大而侵害被调查对象的财产权、隐私权。③

侦查协助义务的履行也是如此。对于侦查机关而言,首先,侦查机关必须明确信息和技术的基本种类与范围,绝不能要求对不限定的人群展开调查取证,也不能采取一劳永逸的办法要求网络服务提供者提供某一型号手机的解锁程序。其次,这一要求必须予以明示、符合正当程序规定。就类型而言,如果侦查协助义务源自于任意侦查措施的配合义务,那么其履行需要得到用户的放弃声明;如果侦查协助义务源自于强制侦查措施,则需要得到明确的执法文书;如果针对需要网络服务提供者主动履行的义务,则需要预先通过法律规定其存留的数据类型、存留期限以及用途,防止网络服务提供者以此为由随意收集信息。

对于义务履行主体来说,网络服务提供者只能向侦查机关提供与案件有关的信息,不允许以漫无边际的数据搜索代替对特定案件犯罪证据的搜查。④ 然而实践中,网络服务商往往不会耗费大量精力,按照侦查机关的要求只提供与

---

① 陈永生:《论电子通讯数据搜查、扣押的制度建构》,载《环球法律评论》2019年第1期。

② 陈永生:《论电子通讯数据搜查、扣押的制度建构》,载《环球法律评论》2019年第1期。

③ 谢登科:《论电子数据与刑事诉讼变革:以"快播案"为视角》,载《东方法学》2018年第5期。

④ 刘品新:《电子取证的法律规制》,中国法制出版社2010年版。

案件有关的信息，而是简单地将大量复制的文件交予侦查机关，而不管是否会侵犯其他公民的隐私权。①

2. 必要性原则

必要性原则是指如果为实现某一职能目标，存在两种以上的手段，那么必须采用对公民个人权利损害最小的手段。② 因为侦查协助义务作为执法权的延伸必然会在一定程度上侵犯个人权利，尽管网络服务提供者的协助可以极大地提升侦查效率，但必须加以限制，防止滥用。所以，必须审查不同侦查措施可能侵犯公民基本权利的大小。例如，讯问犯罪嫌疑人获取的密码属于相关用户自愿放弃其对个人信息的保护，而网络服务提供者提供技术协助与支持既是对个人信息保护的例外，并且不能完全排除因为技术原因而留下的技术漏洞对其他持有相同手机的用户的影响。因此，侦查机关必须证明已经讯问犯罪嫌疑人而无法获得相应密码，才能要求网络服务提供者履行技术协助义务。

因此在侦查实践中，必须以任意侦查措施为原则，以强制侦查措施为例外，坚持任意性侦查措施优先适用于强制性侦查措施，对公民基本权利侵犯小的强制性侦查措施优先适用于对公民基本权利侵犯大的强制性侦查措施的审查标准。侦查协助义务是公权力的延伸，而基本权利多数时候难以对抗国家机器的运行，所以必须尽可能地限缩侦查协助义务的范围。只有在其他方式无法合理地实现目的时，才能适用对公民的基本权利侵犯程度更高的方式。

3. 相称性原则

相称性原则是指只能采用对公民个人权利损害较小的手段来保护较大的国家、社会公共利益；不得采用对公民个人权利损害较大的手段来保护较小的利益。③ 这一原则要求损害的公民基本权利应该与维护的国家、社会公共利益的重要性相对等。上文已提到，从侦查协助义务中识别出了个人信息与个人隐私。区分不同的个人信息以划定保护和利用程度的不同，在个人信息法律保护中并不陌生。④ 因此，侦查协助义务也需要针对不同等级的基本权利，设置阶梯式的对应方式。因为侦查协助义务贯穿整个刑事诉讼阶段始终，裴炜教授提出，可以在不同的侦查阶段匹配不同的侦查协助义务。即将侦查阶段划分为立

---

① 杨正鸣、倪铁等主编：《侦查实务前沿问题研究》，法律出版社2016年版。
② 陈永生：《论电子通讯数据搜查、扣押的制度建构》，载《环球法律评论》2019年第1期。
③ 陈永生：《论电子通讯数据搜查、扣押的制度建构》，载《环球法律评论》2019年第1期。
④ 张新宝：《从隐私到个人信息：利益再衡量的理论与制度安排》，载《中国法学》2015年第3期。

案侦查阶段、初查阶段以及预测警务阶段,并且对敏感类信息的干预仅限于立案侦查阶段;初查阶段以不干预个人敏感信息为原则,并以经特殊程序许可的有限干预为例外;预测警务阶段则严格禁止对个人敏感信息的干预。① 其次,不同的犯罪类型对应了不同的法益,因此在确定侦查协助义务的履行方式时,有必要区分不同的案件类型和侦查措施。比如技术侦查措施是最有可能侵犯隐私的侦查方式,根据刑事诉讼法的规定②,只能适用于严重危害社会的犯罪案件,并且经过严格的程序审查,网络服务提供者履行配合技术侦查的义务时,也应当在此范围内进行。

---

① 裴炜:《个人信息大数据与刑事正当程序的冲突及调和》,载《法学研究》2018年第2期。

② 《刑事诉讼法》第150条规定,公安机关在立案后,对于危害国家安全犯罪、恐怖活动犯罪、黑社会性质的组织犯罪、重大毒品犯罪或者其他严重危害社会的犯罪案件,根据侦查犯罪的需要,经过严格的批准手续,可以采取技术侦查措施。人民检察院在立案后,对于利用职权实施的严重侵犯公民人身权利的重大犯罪案件,根据侦查犯罪的需要,经过严格的批准手续,可以采取技术侦查措施,按照规定交有关机关执行。追捕被通缉或者批准、决定逮捕的在逃的犯罪嫌疑人、被告人,经过批准,可以采取追捕所必需的技术侦查措施。